New Zealand   Britain   Japan

                                              Australia

中小学核心价值观教育：
核心素养时代的必然追求

广东教育出版社将出版左璜教授的《中小学核心价值观教育的国际比较研究》一书，这是一部深入贯彻中共中央、国务院印发的《中国教育现代化2035》中提出的"明确学生发展核心素养"之要求的重要读物。

习近平总书记强调"立足中国，借鉴国外"。"国际比较"研究是为了"批判吸收"对我们国家教育发展有益的内容。在全球化、信息化时代，人才培养目标寻求"知识、能力、情感态度价值观"三者的整合，指向核心素养。在实现中国现代化、建设教育强国的过程中，我们有必要对各种"价值观"作个国际比较，以便借鉴国外、去伪存真，从而更好地"为党育人、为国育才"。这正是本书的意义所在。

本书深度解读了十个国家的中小学核心价值观教育课程与教学体系，对比分析了十个国家的中小学核心价值观教育的理论和实践进展，包括其历史发展、课程目标、课程内容与组织形式、课程实施模式、评价方式以及相应的教师专业发展等。从中我们可以看到教育的多元化和丰富性。书中详尽解析了当前国外中小学核心价值观教育目标的构建，大致存在三大类型：民主自由导向型、宗教信仰导向型、民族精神导向型。本书还提出，当前国际上在构建价值观教育课程体系时存在三种不同取向，分别是独立型学科课程取向、综合型跨学科课程取向和联通型融合课程取向。通过比较和分析这十个国家中小学核心价值观的教育实践方法，本书归纳出三种教学范式："认知—发展"范式、"情感—认同"范式、"行为—实践"范式。基于不同的文化情境脉络，各国采取了侧重点不同的评价方式，包括关注学科课程为本、关注学生个体为本和重视综合实践为本。本书还介绍了各国在促进教师开展价值观教育方面的两种培养模式：素养结构导向的培养模式和实践应用导向的培养模式。显然，这些范式为我们呈现出多元共生的价值观教育生态，更突出了作者参与研究的中国学生发展核心素养"必备品格、关键能力"的重要性与"强教必先强师"的迫切性。

当然，这本书的价值与魅力不只在于对各个国家核心价值观教育的广泛考察和深度研究，更在于其独特的理论视角，即比较各国、借鉴国外，为我所用。作者为我们提出了一系列有益的建议，帮助我们在理论洞察和实践创新的道路上看到了更多可能性。本书指出，我国在实施核心价值观教育时，既要把握价值观的内涵并将其落实，更要关注国情，始终坚持民族立场，通过正确有效地转译政策话语来推进，使教育工作者"躬耕教坛、强国有我"。因此，作者在书中强调，我们的教育需要各方参与，建立一个包括政府、学校、研究机构等在内的行动者网络，将不同的行动者联结起来，发挥网络效应。这就像是在一部交响乐中，每一个乐器都有其独特的声音，只有当它们一起演奏时，才能产生最美妙的音乐。同理，中小学核心价值观教育课程也需要走向网络化，既要重视核心价值观的课程教学，以素养导向培育学生的社会主义核心价值观，更要重视开发和设计隐性课程，将核心价值观融入教育活动之中，把发展学生的核心素养作为细化和具体化党的教育方针的一种手段。这就如同在画布上描绘一幅画，需要同时关注整体和细节，每一笔都是必不可少的。让我们共同自信自强、踔厉奋发，为强国建设、民族复兴伟业作出贡献。

我恳切地希望所有选择阅读这部作品的朋友，无论是教育理论研究者、教育政策制定者，还是一线中小学教师，都能从中找到自己所需要的，能与作者一起做深度的讨论，一起做理论分析、跨国比较研究，最后落实到自己的教育实践中来。

是为序。

林崇德

2024年4月于北京师范大学

目 录

第一章

中小学核心价值观教育的
国际比较分析

以科学技术为核心特质的现代化社会在彰显理性的同时也淡漠了对人类情感和价值观的关注，使得价值观和理性逐渐陷入事实与价值二元对立的困境中。人类高扬理性教育之时，可能就是价值观教育被悬置之时。为了摆脱这一困境，价值观教育理应成为现代学校乃至未来学校的必然追求之一。然而，在充斥着多元价值观的现代社会，价值相对主义和情感主义亦成为社会发展的另一大难题，使得作为主导社会发展的核心价值观应运而生。"基础教育的结构性变革，需要首先解决好价值观教育问题。"[1] 尤其在思想多元、文化交织的全球化时代，开展好核心价值观教育对于维护我国的政治意识形态安全，发扬和传承民族精神、中华优秀传统文化以及促进青少年健康成长有着重要的意义。作为一种在人类社会存在已久的价值教育体系与实践活动，核心价值观教育既有普遍性，也有特殊性。一方面，核心价值观教育在各国弘扬和培育核心价值观、维护本国根本利益方面有着共同的作用；另一方面，不同国家基于自身文化和社会背景所开展的核心价值观教育又各具特色。许多国家已意识到在基础教育阶段开展核心价值观教育的重要性，并展开了全面的实践探索，形成了一系列相关理论和实践经验。本书基于比较教育研究的原则和方法，从历史演进、课程目标、课程内容、课程实施方法、课程评价以及教师发展等多个方面，对比和分析了十个国家的中小学核心价值观教育情况，坚持以我为主、为我所用的原则，以更加开放的、世界的和整体的视角来反观和审视我国中小学核心价值观教育的情况，合理吸收和借鉴他国中小学核心价值观教育的优秀成果，推进我国中小学社会主义核心价值观教育理论研究与实践的不断发展。

一、中小学核心价值观教育概述

（一）价值观与核心价值观

1. 价值观

在漫长的社会发展过程中，人类总是与各种事物相互影响、相互作用，进而认识、评价和追求事物的价值，而"价值观是人们关于价值的根本观点、根本看法"[2]。因

---

[1]　刘复兴. 试论新时代我国基础教育的结构性变革 [J]. 教育研究，2018，39（10）：57-63.

[2]　吴向东. 论价值观的形成与选择 [J]. 哲学研究，2008（5）：22-28，57.

此，价值观始终与个体的判断紧密联系，不同的人对于同一事物的价值判断会因为自身的利益而产生差异。从社会学的角度来看，基于个体各自的价值判断，人们会采取不同的行为。因此，社会在发展过程中总要确立一定的价值规范和行为准则来缓解与调和矛盾，并达成一定的价值共识，最终形成社会层面的价值观。然而，从文化心理学的角度来看，价值观又与文化息息相关。人们在生活实践的过程中潜移默化地孕育并形成文化，2009年版《辞海》将广义的"文化"解释为人类在社会实践过程中所获得的物质、精神的生产能力和创造的物质、精神财富的总和。正是在这样的文化土壤上，由于国家和民族气质的不同，孕育出了各自不同的生活方式和思维方式，进而形成各国人民对自身文化与价值观的认同。"文化认同包含丰富的内容，它的核心是认同该文化所包含的理想、信念和价值观，它可以使人们在价值取向、思维模式、行为模式等方面达成一致，形成一股强大的凝聚力和向心力"[1]。可以说，价值观的差异实质上也是文化的差异。从中西方的文化差异和价值本位来看，中国深受儒家文化传统影响，因此，中国传统价值观是以社会为本位的整体主义；而西方文化则是沿袭希腊精神，其传统价值观则是以个人为本位的个人主义。[2]总的来说，价值观既受到个人主体的利益、价值判断和外部环境的影响，同时还反映着不同时代、不同社会的精神面貌。

2. 核心价值观

在一个社会中，由于人们所处的时代和立场不同，会产生不同的价值观。而其中，核心价值观是指在价值观体系中占据核心地位的价值观。[3]有学者提出，核心价值观的内涵包括三个方面：一是在社会价值体系中处于支配地位的、起主导作用的；二是能够反映现实生活和社会发展的内在要求与趋势，反映统治阶级根本利益；三是为大多数社会成员所认可的核心价值目标与价值导向。[4]透过一个国家的核心价值观，可以看到这个国家的文化特质和民族特性。核心价值观一旦形成，就会对个人的思想、行为产生持久性的影响，进而影响整个国家和民族的发展，"作为一个社会居于统治地位、起主导作用的价值理念，核心价值观不仅是指导社会成员价值选择和行为取向的标尺，更

---

[1] 罗迪. 文化认同视角下的大学生社会主义核心价值观教育 [J]. 思想教育研究, 2014 (2)：106–109.

[2] 徐晓丹. 中西方文化价值取向的差异及其融合趋向 [J]. 理论探讨, 2005 (3)：122–124.

[3] 张学森. 核心价值观的历史演进与当代构建 [M]. 北京：人民出版社, 2014：15.

[4] 周文华. 美国核心价值观建设及启示 [M]. 北京：知识产权出版社, 2014：4.

是向世界展示本国发展所秉持并为本国人民所认同的根本价值观念"[1]。因此，无论是对于个人还是国家，培育和弘扬核心价值观都是有必要的。

（二）价值观教育与中小学核心价值观教育

在现代社会中，人们无时无刻不在追求效能最大化和探寻世间万物"是其所是"的道路上，试图运用理性的立场和方法解决所有问题。深受笛卡尔（Descartes R.）"身心二元论"的影响，人们也陷入主客对立、事实与价值分离的思维方式中。随着大数据、人工智能等科学技术的快速发展，人们进一步获得了自由和解放的机会，[2] 但与此同时，各种社会性问题也日渐暴露，人们深陷现代性技术和物质所带来的异化困境之中，"当现代性对理性的强化发展成理性的专制和霸权，现代性就在对于理性的片面趋向中，使自身也陷入工具理性与价值理性的分裂与冲突之中"[3]。在这种背景下，人们对价值观的观照具有重要的现实意义。基于此，价值观教育亦开始从融入宗教信仰的原始状态走向与知识教育共存的境遇。它与道德教育、品格教育、宗教教育和伦理教育等概念相关，[4] 且又引领着道德教育、宗教教育等的发展。

随着全球化的发展，现代性社会也成为一个多元文化充斥与交织的社会。在价值观方面，学生对于事物价值的认知和判断也会受到各种价值观的影响，如何在多元文化碰撞的浪潮中使学生坚守正确的信念和理想、维护和传承符合人类社会利益的价值观成为教育面临的挑战之一。与此同时，由于现代性社会缺乏明确的、共识性的评价标准，价值观被裹挟在情感主义和价值相对主义之中，最后陷入价值虚无主义的困境中。[5] "正是在现代性精神中，一切绝对的、普遍的价值变得不再可能，而价值纷争成为生活的常态。如何在相对、有限的历史性、个人性生存基础上重建稳定的价值根基，成为现代人面临的基本精神问题"[6]。为了应对价值多元化和价值相对主义，世

---

［1］ 张雅光. 加强核心价值观建设的国际经验与启示［J］. 理论导刊，2014（8）：72-75.

［2］ 孙伟平. 人工智能与人的"新异化"［J］. 中国社会科学，2020（12）：119-137，202-203.

［3］ 王葎. 价值观教育的合法性［M］. 北京：北京师范大学出版社，2009：33.

［4］ 杨威. 国外价值观教育的当代复兴及研究现状［J］. 教学与研究，2017（9）：103-112.

［5］ 刘尚明，李玲. 论确立绝对价值观念：兼论对价值相对主义与价值虚无主义的批判［J］. 探索，2011（3）：161-165.

［6］ 邸利平，袁祖社. "相对主义"与"绝对价值"之争：价值相对主义与现代性精神存在根基的缺失［J］. 人文杂志，2010（1）：7-12.

界各国纷纷从本国的民族文化和历史中寻找核心价值观根源，并结合时代发展特点，建立起符合本国根本利益、为大多数人所接受的核心价值观。

价值观教育也是一种文化认同的教育。从核心价值观教育实践的场域来看，家庭、学校和社会都能为个体提供核心价值观教育资源。然而，从现实来看，凭借专门性、计划性和权威性等特点，学校可以有组织地向社会成员开展核心价值观教育的实践活动，将社会价值观转化为个体的思想规范和行为准则，[1] 从而逐渐成为当今开展核心价值观教育的重要场域。与此同时，一方面，青少年代表国家和民族的未来与希望，是核心价值观和本民族文化的重要传承者；另一方面，从教育规律和人的心理发展规律来看，少年儿童时期是个人价值观形成和发展的关键期。此时少年儿童处于身心快速发展阶段，对价值观缺乏正确、稳定认识的同时，其价值观又具有极强的可塑性。[2] 因此，中小学阶段是开展核心价值观教育的重要阶段，有效的核心价值观教育对于唤醒青少年对本民族的文化认同感、培育核心价值观具有不可取代的作用。通过开展核心价值观教育，中小学生能够在教育与领悟的基础上正确看待理性，明白理性的局限，以新的视角看待自我与他者，走向理性运思与价值反思相结合的整体思维方式。[3]

（三）中小学核心价值观教育国际比较研究的缘起与方法

近年来，国内一些学者对我国的中小学核心价值观教育进行了探究。如曹格和石中英在《中小学社会主义核心价值观教育的一项问卷调查：学生视角》一文中，从学生视角出发，为改进我国中小学社会主义核心价值观教育提供了实证依据。[4] 又如罗敏和王英在《中小学社会主义核心价值观培育现状的实证研究》一文中，对我国六个省市中小学教师和学生进行随机抽样和调查，了解中小学核心价值观培育现状，并提出了相

[1] 孙成，任志锋. 国外学校价值观教育课程及其实施路径 [J]. 东北师大学报（哲学社会科学版），2022（3）：30-38.

[2] 余林，苏欣宇. 中小学社会主义核心价值观教育：基于心理健康教育的视角 [J]. 中国特殊教育，2019（10）：8-13，33.

[3] 崔振成. 现代社会风险与价值观教育的作为 [J]. 当代教育科学，2010（17）：8-10.

[4] 曹格，石中英. 中小学社会主义核心价值观教育的一项问卷调查：学生视角 [J]. 南京师大学报（社会科学版），2021（3）：16-31.

应的对策和建议。[1] 还有一部分学者则通过文献研究法和思辨研究法对核心价值观教育的内容、价值、问题和实施路径进行探究。如雷鸣在《中小学核心价值观教育问题与改进》中提出当前我国在中小学核心价值观教育方面存在的问题和原因，并提出对策。[2] 为了更好地推进我国中小学核心价值观教育改革的深化，还有一部分学者采用比较教育研究法，对不同国家核心价值观教育进行了对比和探究。如艾政文在《中美学校核心价值观教育比较研究》中专门对中美学校在核心价值观教育的目标、内容和方法途径方面进行了比较，并提出美国学校核心价值观教育对我国学校开展社会主义核心价值观教育的启示。[3] 贾仕林在《美、日、韩三国学校的核心价值观教育比较研究及其启示》一文中对美、日、韩三国的核心价值观教育的特色与经验进行了比较与探究。[4]

　　可以说，随着全球化和科技的发展，各国的联系与交往更加密切，核心价值观教育兼具民族性和世界性的特点。[5] 同时，人才的价值从技术理性和能力为本的价值取向逐渐趋向"知识、能力、情感态度价值观"三者整合统一的素养导向。世界各国纷纷围绕本国的核心价值观理念展开价值观教育，推动本国核心价值观教育理念更新与实践变革。在此背景下，遴选具有代表性的国家，对其中小学核心价值观教育进行比较研究，对于我国构建以社会主义核心价值观为引领的中小学德育体系，实现立德树人，具有一定的借鉴意义。因此，本书观照整体而开展系统的国际比较，依托贝雷迪的比较四步法，以行动者网络理论为基础，结合大量文本资料，将"描述"和"解释"的纵向研究与"并列"和"比较"的横向比较相结合，系统地梳理了多国的中小学核心价值观教育体系，主要包括历史演进、目标、内容、实践方法、评价以及教师发展，以期形成系统的、可供我国深化核心价值观教育改革参考与研究的相关成果。

———————————

[1] 罗敏，王英. 中小学社会主义核心价值观培育现状的实证研究 [J]. 现代中小学教育，2018，34（9）：16-20.

[2] 雷鸣. 中小学核心价值观教育问题与改进 [J]. 中国教育学刊，2014（12）：82-85.

[3] 艾政文. 中美学校核心价值观教育比较研究 [J]. 河北师范大学学报（教育科学版），2010，12（12）：28-31.

[4] 贾仕林. 美、日、韩三国学校的核心价值观教育比较研究及其启示 [J]. 教学与管理，2014（30）：153-156.

[5] 杨晓慧. 中外大学生价值观教育调查与比较 [J]. 教育研究，2022，43（3）：97-109.

二、中小学核心价值观教育目标的国际比较

核心价值观教育目标指的是核心价值观教育的预期目的，体现了国家的价值追求，为价值观教育指明方向。通过比较各国的中小学核心价值观教育目标，可以深入探究价值观教育目标与人才培养目标的关键联系。

受历史文化的影响，不同国家的核心价值观教育目标有各自的侧重点。从中小学核心价值观教育目标确立的过程来看，"铭文"[1]带来的话语转换是一个关键的过程。不同层次的价值观教育目标都是以文本话语的形式出现。国家层面的核心价值观教育目标主要通过政策话语体现；课程层面的核心价值观教育目标主要通过课程话语或课程文本话语呈现；而个体层面的价值观教育目标则通过学生作业中的文本话语与课堂话语共同呈现。不同文本中的转换、用词和转述构筑了国家核心价值观的图景。基于"铭文"分析，可以了解到该国的核心价值观教育目标的生成逻辑以及背后蕴含的民族文化，从而为我国中小学核心价值观教育的目标转化与落地提供一定的经验参考。

从整体来看，这十个国家的核心价值观教育目标均由国家核心价值观主导，从国家、社会、个体层面层层递进，大多以教育政策或教育法案的形式融入学校课程目标中。

按照核心价值观教育目标的内涵和特点，国外中小学核心价值观教育目标主要可分为三大类型：民主自由导向型、宗教信仰导向型、民族精神导向型。

（一）民主自由导向型

尽管每个国家的文化具有差异性，但是以美国为代表的西方国家受历史的影响，在核心价值观教育方面具有一定的相似性。这些国家的核心价值观教育目标侧重"民主自由"。民主、自由、人权理论是以美国为首的当今国际垄断资产阶级对自由、平等、博爱的继承与发展，而"自由、平等与博爱"是18世纪法国资产阶级在革命时期为摆脱封建王权和神权束缚提出的政治口号。[2] 以美国为例，其核心价值观教育目标体现了对民主、自由的重视。在国家层面，目标指向身份认同与民族建构，形成了以理性为核心

---

[1] 本书中的"铭文"指的是各级各类指涉了核心价值观教育的文本话语。

[2] 肖黎朔. 美国民主、自由、人权战略的来龙去脉 [J]. 红旗文稿，2009（3）：12—15.

的，包括自由、民主、法治、平等、爱国五大方面的价值观体系，迅速融合来自不同地区、不同种族的人，使其团结形成"美利坚民族"；在社会层面，价值观教育目标指向公民能力与公民责任意识。其中，公民能力是核心，对于民主思想与价值观的形成至关重要；在个体层面，价值观教育目标指向预期能力表现期望，主要体现在"公民理想与实践"和"权利、权威与管理"两个主题中。国家层面的五大核心价值目标引领、发展公民的能力与责任意识，鼓励学生个体参与公民实践。三大目标层次彼此关联又层层递进，形成了丰富的核心价值观教育目标体系。

（二）宗教信仰导向型

宗教信仰是一种特殊的社会意识形态和文化现象。纵观国外中小学核心价值观教育目标的内涵与特点，可以发现在一些宗教信仰占据重要文化地位的国家，其核心价值观依然与宗教信仰有着紧密的联系。

以印度为例，它是世界上极具代表性的、受宗教影响最深的国家之一，它的社会与文化都深受宗教影响，因此，印度的核心价值观教育目标也体现了对宗教信仰的重视。在国家层面，印度独立前，其核心价值观教育以宗教信仰为主，宣扬自由、爱、非暴力等价值观念；独立后，其价值观教育目标则强调"民主"和"世俗主义"。其中"世俗主义"解释为"公民有完全的信仰自由，但是没有官方宗教，政府平等尊重所有宗教信仰和习俗"，支持人民自由信仰宗教，支持所有宗教平等发展。在社会层面，提倡共建和谐社会，而"公正"和"平等"是提高学生社会责任、增强社会意识必不可少的价值观念。其中"公正"解释为社会、经济和政治方面的公平与正义，旨在使公民不因种姓、宗教和性别而受到歧视；"平等"解释为地位和机会的平等，旨在打破印度由根深蒂固、影响深远的宗教制度和种姓制度造成的压迫。在个体层面，关注个体知行合一，主要表现为"自由"和"博爱"。不难发现，印度的中小学核心价值观教育目标无论是在国家层面还是在社会、个体层面无不渗透着宗教信仰的影响。

（三）民族精神导向型

民族精神对于形成核心价值观教育目标具有重要的影响，"民族精神是一种激发人向上的动力源，是人类群体间一种强大而具普遍意义的凝聚力和向心力，它们彼此有时是紧紧地交织在一起的"[1]。因此，民族精神也是国外中小学核心价值观教育目标设定的类型之一，并且通常与该民族的历史文化有着密切的联系。以韩国为例，长期为维护国家而抗争的特殊历史，造就了韩国人鲜明的民族性格和强烈的民族意识，韩国将这一民族特质提升为"国民精神"。[2]因此，韩国的核心价值观教育始终把国民精神教育作为德育工作的核心任务。[3]在社会层面，通过公民教育这个独立学科，注重对公民民族意识的培养，包括民族自尊心、自信心和自豪感。[4]在个体层面，强调凝练人性教育，实现全面发展，其中就包括为实现国家发展和人类共荣作贡献的宗旨。[5]韩国的民族精神教育全面渗透在三维目标体系中。

三种不同导向的价值观教育目标并无优劣之分，只是再次验证了价值观教育所具有的鲜明的民族性，以及深深的文化印迹。

三、中小学核心价值观教育内容的国际比较

综合考察各国的核心价值观教育内容体系，不同国家在构建价值观教育课程体系时，均具有本国或本民族的特色，或强调道德，或强调品格，或重视国民精神，等等。但本质上，无论侧重哪个方面，所有核心价值观教育的内容几乎都体现了生活性、政治性和道德性。生活性强调在不同层面的生活世界中去体验、感悟核心价值观，并以之为行动指南；政治性凸显了各国执政党及其执政思想在核心价值观引领方面的核心作用；道德性倡导核心价值观必然与个人的道德品质、优良品格紧密联系。

比较和分析各国中小学核心价值观教育的内容体系，大致可以发现，在构建价值观教育课程体系时，存在着三种不同的取向：独立型学科课程取向、综合型跨学科课程取向和联通型融合课程取向。

[1] 葛春. 美国学校价值观教育的特点及启示 [J]. 江苏社会科学，2008（S1）：32-35.

[2] 蔡旭群. 韩国民族精神教育探略 [J]. 教育评论，2009（6）：155-157.

[3] 孙莉. 儒家文化对思想政治教育的影响：中、日、新、韩思想政治教育之比较 [J]. 山西师大学报（社会科学版），2004（S1）：1-3.

[4] 刘冰清. 韩国公民道德教育研究 [D]. 南宁：广西民族大学，2013.

[5] 全婵兰. 韩国《人性教育五年综合计划》述评 [J]. 世界教育信息，2018，31（11）：57-59.

（一）独立型学科课程取向

为了更好地推进核心价值观教育，凸显核心价值观教育的核心地位，每个国家都会结合本国的文化特色，设立一些独立的价值观教育学科课程。这些课程有着独立的课程标准，设置了专门的课程目标、课程内容，并开发了相应的教材，甚至还有专门的课程评价工具和手段。一旦价值观教育课程独立后，它便拥有了与其他文化课程一致的地位，同时也将价值观教育知识推至研究的中心。事实上，价值观教育知识与语文、数学、物理等文化学科的知识存在着本质上的差异。一旦成为独立的学科课程，核心价值观教育就必须回应关于价值观知识的性质、意义以及形式，甚至包括认识论的问题。基于此，各国纷纷开展适应本国文化土壤的课程设计。

例如，英国专门开设了中小学价值观教育的"SMSC"课程，包括蕴含宗教色彩的"精神"课程、注重品格养成的"道德"课程、倡导民主法治的"社会"课程、增强国家认同的"文化"课程。与之类似，新加坡也设置了专门的核心价值观教育课程——品格与公民教育课程。这门课程旗帜鲜明地将坚毅不屈（个人）、尊重（他人）、关怀（他人）、和谐、责任、正义等六大核心价值观融入各类主题教学中。法国也设置了专门的道德与公民教育课程（Enseignement moral et civique，简称EMC课程），课程内容主要包括多元文化，认同多元信仰的价值导向。该课程以道德与公民教育的世俗性框架为指导，落实道德与公民学科核心素养和塑造法兰西共同价值观。[1]

（二）综合型跨学科课程取向

尽管独立型学科课程能促进核心价值观进入学校教育场域，然而，必须承认的是，作为一种社会意识形态，核心价值观的教育绝不能局限于专门课程内容的知识，而应融合在学生日常学习的过程中。从这个角度来看，只有将核心价值观的内容与呈现方式拓展到学生学习的各个方面，才能让学生更好地感知与领悟。而跨学科课程为实现这样的价值观教育目标提供了一种新的课程统整形式。以项目式学习为依托的教学，很好地将核心价值观从学科知识教学转变为融合于情境的综合问题里。在这个过程中，学生是主体，教师的职责是为学生提供项目进行过程中所需的硬性条件，同时在其中扮演启发、

---

［1］ 赵明辉，杨秀莲. 法国义务教育新道德与公民教育课程：内容、特点及启示［J］. 外国中小学教育，
     2018（4）：20-29.

引导、监督和评估的角色。[1]

以美国为例。美国中西部的13所中小学专门开设了科学教育和公民教育相结合的STEMhero跨学科课程。该课程主要目标是培养对STEM学习感兴趣，并且有能力对基于科学的社会和社区问题进行讨论并采取集体行动的"公民科学家"。其中，某项目的主要内容就是学生使用网络应用程序来跟踪和分析公用事业的消耗情况，如利用家中的资源和学校已有的技术，如水表、煤气表和电表等进行自然资源管理。通过利用家庭和学校中已有的数据，学生能够充当公民科学家以改变他们的社区。因此，STEMhero课程项目不仅使学生掌握相关科学知识与技术，而且培养了青少年的公民政治参与意识。[2]

可以说，与独立型学科课程相比，综合型跨学科课程更强调实用性，其指向生活的行动力也更强。因此，在不断强调跨学科创新实践的今天，综合型跨学科课程也有望成为价值观教育的主要载体。

（三）联通型融合课程取向

与上述两种取向不同，联通型融合课程取向的中小学价值观教育内容体系，强调的是价值观与各科文化知识课程之间的关联和联通。这一课程取向以联通主义（Connectivism）为理论基础，强调在价值观教育的目标与已经结构化的学科知识之间构建联结的知识网络。

以澳大利亚的核心价值观教育内容为例。澳大利亚学校课程共有英语、数学、科学、体育健康、人文与社会科学、艺术、信息通信技术、语言八个学习领域与一个选修科目，每一学习领域中都有详细的目标及评价方案。众所周知，价值观是意识层面的表现，通常以间接的方式表达，以象征、比喻等晦涩的概念为载体，[3] 并在相应的价值活动中形成，为人的实践活动与认识活动提供导向。[4] 基于此，澳大利亚课程框架

[1] 饶丹，沈晓敏. 指向人文底蕴素养的跨学科课程研究：以融合美术、语文、德育为例［J］. 课程·教材·教法，2020，40（2）：106-112.

[2] CONDON M, WICHOWSKY A. Developing citizen-scientists: Effects of an inquiry-based science curriculum on STEM and civic engagement［J］. The Elementary School Journal, 2018, 119（2）：196-222.

[3] 布尔. 价值观溯源：信念的哲学与社会学追问［M］. 邵志军，译. 南京：江苏教育出版社，2015：5.

[4] 袁贵仁. 价值观的理论与实践：价值观若干问题的思考［M］. 北京：北京师范大学出版社，2013：136.

中，根据价值观教学单元的目标及内容特点，将价值观教育全面渗透至每一学段的八大学习领域以及一个选修科目中。同样，在加拿大，除开设了专门的社会科之外，核心价值观教育还与英语、文学、社会科学与人文科学、健康—生涯教育与体育等课程进行联结，实现核心价值观教育的跨学科融合。

四、中小学核心价值观教育实践方法的国际比较

实践方法是实施中小学核心价值观教育的有效工具，也是实现教学目标、落实人才培养模式、提高教育质量的重要因素。[1] 由于核心价值观的内隐性、复杂性，核心价值观的教学实践方法一直是价值观教育研究的重中之重。纵观本研究考察的十个国家，各国基于自身文化背景，也探索出了各式各样的教学方法。在这些方法当中，一些是沿袭传统的价值观教育方法，另一些则是紧跟时代的发展创新出来的方法；有些实践方法具有强烈的民族特色，例如印度倡导的"静坐法"，法国倡导的"辩论法"，等等。

各国的教育实践方法尽管形式各异，但总的来说还是存在一些共性，大致可以归结为三种："认知—发展"范式、"情感—认同"范式、"行为—实践"范式。

(一) "认知—发展"范式

德性伦理学家朱丽叶·安娜思（Julia Annas）曾提出，"德性涉及两个方面：认知和情感"[2]。基于此，"认知—发展"范式的价值观教育立足"道德认知发展"理论，主张价值观教育首先是要让学生了解、理解甚至铭记一些基本的概念、原则和标准。在此基础上，才能促进学生价值观的形成和发展。的确，从人的学习心理发展规律来看，认知是认识和感知事物基本面貌的过程，是开展核心价值观教育实践活动的基础。"认知—发展"范式认为，学生唯有在了解核心价值观的基本内涵、概念、标准和相关理论的基础上，才能进一步接受和传承核心价值观。因此，各国在开展价值观教育的过程中，纷纷启动了以概念性知识图谱为基础的学科型课程建设，践行"认知—发

---

［1］　张树伟，王建国，戚世钧，等. 知识经济与人才培养新模式［M］. 成都：西南交通大学出版社，2000：209.

［2］　ANNAS J. Virtue Ethics: The Oxford Handbook of Ethical Theory［M］. Oxford: Oxford University Press, 2006：516.

展"范式。

比较典型的有加拿大和新加坡。在加拿大，中小学围绕核心价值观展开社会科课程学习。教师教学的主要方法是提供资料、引导思考和综合讨论等。例如，在安大略省某小学五年级"早期文明"主题的一堂教学案例中，学生需要学习加拿大早期文明的历史知识。同时，学生还要运用不同的资料，对加拿大早期文明的现象进行观察和比较，形成对加拿大多元文化社会历史和现状的基本认识。为了让学生了解多元文化，教师同步开展多元文化课程，以语言课程为载体，传递加拿大本国的核心价值观教育理念。新加坡也是倡导采取"认知—发展"范式开展核心价值观教育实践的代表之一。其品格与公民教育课程建立在认知理论的基础上，倡导通过叙述法、设身处地考虑法、显性技能教学法、体验式学习法、认知发展法和价值澄清法，帮助学生掌握有关新加坡核心价值观的基本知识，形成对核心价值观的基本认知。

"认知—发展"范式最大的优点是具有比较清晰的逻辑结构与知识体系，便于规范性地实施与评价，但同时也存在感性贫瘠、难以深入真实生活世界的不足。

(二) "情感—认同"范式

与"认知—发展"范式不同的是，许多国家的核心价值观教育方法更倾向于以"情感"来驱动，帮助学生进行自我反思，并最终形成对本国核心价值观的认同。如果说，"认知—发展"范式重在帮助学生认知核心价值观"是什么"的话，那么，"情感—认同"范式则强调如何让学生在情感上接受和认可核心价值观，理解核心价值观存在的意义并予以认同，即要回答核心价值观"为何存在"的问题。

从心理学的角度来看，情感驱动的教学具有一系列的积极作用：动力功能、疏导功能、强化功能、调节功能、协调功能、保健功能、信号功能、感染功能、迁移功能。[1] 通过唤醒学生的内心，让学生对核心价值观产生认同。从学生主体来看，"学生是有生命的个体，没有情感渗透的教学是平淡无奇的，它不可能引起学生心灵的共鸣，不可能激发他们学习的内在兴趣，学生只能处于被动状态，而不会成为学习的主人"[2]。因此，有必要充分发挥学生的主观能动性，继而强化价值观教育的效果。从

---

[1] 卢家楣. 情感教学心理学研究 [J]. 心理科学，2012，35（3）：522-529.

[2] 张燕燕. 情感教学：学生主体性发展的助推器 [J]. 现代教育科学，2009（12）：115-117.

核心价值观的本质来看，核心价值观与情感有着密切的联系，接受核心价值观教育实际上也是激发内心情感的过程。

"情感—认同"范式几乎在每个国家都有应用。例如，在法国，学校倡导采用"两难故事法"。这种方法与一般的认知型价值观教学法有所区别，并不直接给学生问题的答案，而是创设一定的问题情境，包括日常生活中的"道德困境"与基于故事文本的"道德困境"，再通过背景介绍、挖掘"道德困境"、确认所有学生对"道德困境"的理解、组织讨论、展开辩论以及从不同的角度来分析问题这六个步骤来展开教学。当学生面对道德困境时，心情和态度会随之改变，而后通过教师的引导，实现情感上的认同。再如，英国会采用"角色扮演法"，重视学生在情境体验中形成情感认同。而印度则会采用"静坐法"，强调学生内心深处的自我体悟。

总之，"情感—认同"范式特别注重调动学生的情感因素和主观能动性，无论是两难情境营造还是角色体验，最终都指向促使学生的情感发生转变，内化核心价值观。它的优点是人文关怀特色明显，而不足之处就是由情感性丰富而导致的不稳定性，许多时候会呈现出与行为表现不一致的结果。

（三）"行为—实践"范式

无论是认知的发展还是情感的认同，其实最终都是为了达成行为上的落实或改变。本质上，价值观教育成功与否，最终还是以外显的行为表现来检验最为直观可靠。与"认知—发展"范式感性不足而理性有余相比，"情感—认同"范式感性充分却行动不足。因此，许多国家开始转向探索"行为—实践"范式的教学法。这一范式主张学生个体的价值判断与立场、生活环境与作为行为实践场域的真实社会是融为一体的。正如班杜拉（Albert Bandura）从理论层面研究了个体、环境和行为之间动态关系的交互决定论，将个体、环境和行为视作一个整体。[1] 因此，许多国家都在探索"行为—实践"范式的核心价值观教育实践方法，旨在从行为层面落实核心价值观教育，并充分利用学生与环境的相互作用，沟通校内外的联系，从整体上培育学生的核心价值观。而学校的教师则基于各种环境和条件，组织开展一系列相关行为实践活动，促进价值观教育的落地。

---

[1] 徐欢，吴国斌. 班杜拉社会学习理论的德育价值探索 [J]. 人民论坛，2015（2）：208-210.

以英国为例，英国中小学在进行核心价值观教育时，会采取课程教育与社会实践相结合的方式，倡导和鼓励学生参与各种社会实践活动。学生在行动中学习核心价值观的内容，感知核心价值观的意义，从行为层面落实核心价值观。澳大利亚的中小学核心价值观教育也十分重视多个主体的合力，除了以学校为主体开展核心价值观教育之外，还注重家庭和社区的参与，以家庭教育和社区活动的方式影响青少年的核心价值观，鼓励学生与他人互动，在行动中培育核心价值观。

综上所述，三种不同的核心价值观教育实践方法对培育青少年核心价值观均有成效，但也各有利弊。综合考察后发现，综合运用"认知—发展""情感—认同"和"行为—实践"三种范式的教学实践方法，是各国在开展核心价值观教育中表现出来的共同趋势。

五、中小学核心价值观教育评价策略的国际比较

评价对明确核心价值观教育的方向，进一步诊断、引导和激励核心价值观教育有着至关重要的作用。然而，受制于核心价值观的内隐性、主观性、抽象化以及多样化等问题，核心价值观的评价理论与实践的发展始终不尽如人意。尽管如此，世界各国依然致力于探索核心价值观教育评价的方法、工具、手段和策略，为深化核心价值观教育改革提供了一定的经验和参考。各国在实施核心价值观教育评价的过程中，始终坚持过程性与终结性相结合的原则，把"发展"作为评价的终极价值追求。

尽管各国有相似的评价理念，但是由于文化背景不同，评价方式上各有侧重。以学科课程为本的国家，侧重于大力发展标准化测验，以期客观地评价学生价值观学习的成效性；以学生个体为本的国家，侧重于建构过程性评价的"指导要录"和"成长手册"，以期能在过程中不断监管和促进学生价值观的发展；以综合实践为本的国家，侧重于开发项目式的价值观教育评价，以期能够帮助学校更好地推进核心价值观教育实践。

（一）以学业成就为本的终结性评价

以学业成就为本的终结性评价是目前学校教育中普及性最高的评价方式，它主要依托的是标准化测验。这种评价方式注重结果的甄别、排序与评级作用。例如，美国的

公民教育评估，英国的高级普通教育证书（The General Certificate of Education Advanced Level，简称为A-Level）考试中的政治科，法国的"各学科取样测评循环"（Cycle des 'Evaluations Disciplinaires R'ealis 'ees sur' Echantillons，简称为CEDRE）中的历史—地理—道德与公民学科（Histoire-g'eographie et enseignement moral et civique）评价，以及新西兰国家教育成就（National Certificate of Educational Achievement，简称为NCEA）中的社会科评价等，都属于标准化评价。

这些标准化测验的题型大致包括选择、判断、简答、论述以及短文写作等类型。其中，选择题、判断题与简答题考查的是学生对价值观相关知识的识记与辨别。而论述以及短文写作，考查的是学生的分析思辨能力，同时还映射出学生内隐的价值观。标准化测验能够对学生阶段性价值观素养发展的水平进行鉴定，且概括性水平较高，考试或测验的范围、内容与程序都经过精心设计，能通过一个题目综合地考查价值观素养的基本知识、技能，对于政府全面掌握价值观教育现状，及时进行反思和调整有着重要的意义。但是，以标准化测验为依托的终结性评价，工具主义色彩突出，难以体现价值观教育本身所具有的人文关怀。

（二）以学生发展为本的过程性评价

当评价的价值追求转向人文关怀时，以学生发展为本的过程性评价便进入了人们的视野。有研究者指出，教师对学生成长优势和劣势的持续监测与记录，有助于学生客观评估自我的学习能力，判断个体发展与社会需要之间的差距，这对学生了解与提高自身的价值观素养具有重大意义。过程性评价的优势在于能有效改善终结性评价给学生带来的压力、焦虑与抵触情绪，它基于"学习即评价"（Assessment as learning）的理念，通过对学生日常表现与学习作品的连续性收集与评价，包括使用成长手册（英国）、学校生活记录簿（韩国）等工具，让学生清楚自身的价值观学习水平。学生不再是被动的评价者，而是主动的学习者。对于教师而言，过程性评价融入日常教学之中，使其能够关注到学生成长的细节，及时给学生提供适当的反馈，并调整教学策略，使价值观教育在不断的测评、反馈、修正或改进过程中趋于完善，实现学生价值观教育的发展目标。

以英国为例，尽管已经有了A-Level政治科的评估，但英国教育发展计划（SMSC）还是采用"成长手册"作为重要的评价工具。无独有偶，法国也利用了"反思文件夹"（Portfolio Réflexif）和"评价表格"（Grille d'évaluation）等工具来对学生价值观素养进行过程性诊断。"反思文件夹"指学生学习过程中所形成的作品集，包括学生报告、辩论中的论点等个人或集体创作的作品。首先由学生选择作品，再由教师或同学评价与分析该生在价值观领域中知识和能力获取的情况，这些工具伴随整个学习阶段。因此，"反思文件夹"被视为连续性的评价工具，不仅可以反映出学生价值观的发展过程，还展现了自我反思和同伴评价的意义。而"评价表格"则是基于法国新一轮义务教育课程指导纲要的"新共同基础"（nouveau socle commun）之"个人和公民培养"领域[1]所形成的，根据学习阶段设置的总目标及知识、能力和态度标准填写的学生成绩单，它为每个学习阶段评价（日常评价、针对性评价、阶段性评价）的四个维度设计了二至三项评价指标，用以跟踪学生价值观课程的学习情况。可以说，过程性评价更加重视学生核心价值观形成和发展的过程，强调过程性的监督、反馈。本质上，评价不是目的，促进发展才是旨趣。

（三）以学校实践为本的项目式评价

有别于上述两种评价方式，以学校实践为本的项目式评价是对参与价值观教育的学校以及师生的全面评价。以学校实践为本的项目式评价采取质性与量化相结合的方式，通过教师访谈，对学校的价值观教育氛围、教学效果、学生的学习情况、师生关系以及家庭参与度等方面进行数据收集，形成专业化的年度总结报告。

这一评价方式在澳大利亚得到了广泛应用。为了实现《价值观教育国家框架》的目标，满足学校价值观教育项目的效果监测需要，澳大利亚联邦政府委托高校及科研机构对价值观教育项目进行跟踪调查，推进"价值观教育优秀试点学校项目"（Values Education Good Practice Schools Project）。该项目以质性研究为主，全面收集学校、教师、学生等方面的材料，对价值观教育实践的方法进行梳理和提炼，并从各学校群的项目方案和预期开展的活动中提取关键点，最后形成报告。这些报告与《价值观教育国家框架》中的指导原则进行对照，对各州、各学校的价值观教育方法进行分析与评价。而另一个项目"价值观教育对学生和学校氛围影响效果的测量"（Test and Measure the Impact of Values Education）则以实证研究为主，探索价值观教育对学校教学和风气及学生成绩和行为的影响。这一项目的数据用"自上而下"的调查方式对部分具有代表性的

---

[1] 朱莹希，裴新宁. 法国义务教育的"新共同基础"解读[J]. 比较教育研究，2016，38（8）：36-42.

学校数据进行检验，并进行前后比较和多元回归分析，配合半结构式提问、观察、小组访谈等方法，比较实施价值观教育前后学生价值观素养的变化，评估个人、班级和学校因素对学生行为、课堂氛围、教学实践、师生关系等的影响。

综上所述，世界各国在价值观教育评价方面，具有内在的共性，即以价值观教育评价促进学生价值观素养的发展，并形成了以学业成就为本的终结性评价、以学生发展为本的过程性评价、以学校实践为本的项目式评价，三种方式各具特色、相辅相成，共同推进核心价值观教育的落地。

六、中小学核心价值观教育教师发展的国际比较

价值观教育的成效在相当程度上取决于教师的价值观教育素养。有效的核心价值观教育必然需要唤醒教师的价值观主体性以及提升教师的价值观教育素养。因此，纵览世界各国的教师专业发展现状，不难发现，尽管各国在促进教师发展的过程中都会提及价值观培养的部分，但其在整个教师专业发展标准中占比并不高，而路径大多以职后培训为主，或采用专门的道德修养培训，或推进项目式培训等。

各国教师发展模式归结起来大致分为两种：素养结构导向的培养模式和实践应用导向的培养模式。其中，素养结构导向培养模式将核心价值观与教师发展的各个方面相融合，以理念、知识和能力三者共同促进教师专业发展。而实践应用导向则体现了教师发展与时代发展相呼应的特点，以方式转变助推反思研究型教师的发展，以空间拓展凸显职前职后一体化格局。

（一）素养结构导向：教师培养标准比较分析

培养高质量教师是推动核心价值观教育整体发展的关键。针对核心价值观教育，教师的培养往往更倾向于对教师素养和能力的构建。为了便于解读，下面将从专业理念塑造、专业知识积累、专业能力建构三个方面来比较分析各国教师培养标准。

专业理念是指由专业人员构成和共有的观念与价值体系，是一种职业意识形态。一般来说，教师专业理念的塑造主要包括三个方面：对职业的理解与认识、对学生的态度与行为、教育教学的态度与行为。因此，在教师专业发展标准中，许多国家会将价值观教育素养融入这一部分。以加拿大为例，在对职业的理解与认识方面，加拿大安大略省

教师专业标准由"教师实践标准"和"教师伦理标准"两部分组成，其中"教师伦理标准"与教师的核心价值观相关。在教育教学的态度方面，新加坡提出的V³SK（Values³, Skill and Knowledge）框架则十分重视培养教师的职业认同感。

专业知识是教师科学有效地进行教育教学工作时必备知识的总和，是教师从职业走向专业的最基本依据和标志，它与专业理念、师德、专业能力等共同构成了教师的专业素养，也是各国中小学教师专业发展标准的重要构成部分。[1] 教师的专业知识包括本体性知识、条件性知识、实践性知识、文化知识。[2] 基于此，作为价值观教育的主导学科，社会科教师则有着专门的培养内容。例如，2018年版美国《全国社会研究理事会国家社会学教师培养标准》（以下简称《社会科教师国家培养标准》）将教师的培养内容概括为五大核心素养：学科内容知识、通过规划应用内容、教学与评估的设计与实施、社会研究的学习者与学习、专业责任和知情行动。

专业能力是教师在解决教育实践问题和完成教育实践任务时所表现出的专业水准。美国《社会科教师国家培养标准》中提到了"专业责任和知情行动"，教师反思并扩展他们的社会研究知识、探究技能和公民倾向，通过在学校或社区的知情行动，推动社会正义、促进人权。基于此，"随着反思性实践的深入进行，教师日益意识到，教育情境的多样性与复杂性不仅要求自身具备熟练的观察和诊断技能，更要能够根据不同的教育情境，整合、调动和迁移所学的知识、技能、理论和策略，解决具体教育情境中遇到的不同问题或完成特定教育教学任务"[3]。

（二）实践应用导向：教师培养模式比较分析

教师的专业素养是一个动态的系统结构，是教师作为社会个体在具备一般社会素养的基础上，通过教师教育和教育教学实践活动不断生成的。[4] 因此，一部分学者主张，教师的专业发展应该体现在实践应用中。例如，新加坡教育部与南洋理工大学教育学院合作，创建了价值观基础教育VBE（Values Basic Education，以下简称VBE）

［1］ 王飞. 教师专业知识的优化路径［J］. 集美大学学报（教育科学版），2020，21（5）：22-27.

［2］ 罗润生、杨云苏. 教师知识种类和结构研究综述［J］. 井冈山师范学院学报，2001（4）：75-78.

［3］ 户清丽. 教师专业能力发展的核心要素及发展层次解析［J］. 教学与管理，2018（28）：4-6.

［4］ 周红. 浅谈教师专业理念素养的生成途径［J］. 中国成人教育，2009（14）：70-71.

项目，[1] 并在南洋理工大学开始试点。这就是一个旨在培养教师价值观教育能力的培训项目。VBE包括三门核心课程，即美兰蒂项目（Meranti Project）、团体服务学习（GESL）以及新加坡万花筒（SGK)。这三门课程均基于"环境扩展"的逻辑（即从自我到社区到国家）构建而成。通过参与这些课程，职前教师可以阐述和分享自己的核心信念，建立正确的价值观，明确自身的职业选择，审视个人价值。其中，"美兰蒂项目"围绕"我自己"展开，该项目旨在培养一个人的抗压能力、自我意识、自我肯定和个人动机。"团体服务学习"则主要通过职前教师参与社区服务学习来了解"我的社区"。在"团体服务学习"中，职前教师既有机会学习服务，也能够通过服务他人来学习。最后，"新加坡万花筒"能够让职前教师对国家所面临的挑战和问题进行理解，并对"我的国家——新加坡"形成自己的看法。通过学习该课程，职前教师能够接触到不同的观点，通过一系列的"镜头"了解和体验新加坡，并探索新加坡的社会、文化、物理、环境和地缘政治景观。这样的培训项目，不仅能够有效地促进职前教师个人正确价值观的形成，还能够帮助职前教师发展培养学生价值观的教育教学能力。

综上，作为中小学核心价值观教育质量的核心保障，教师的发展日益受到重视。如何提升教师的价值观教育素养也必将成为未来极具研究价值的课题。

七、中小学核心价值观教育国际发展趋势与未来展望

通过对各国中小学核心价值观教育的目标、内容、实践方法、评价策略和教师专业发展等五个方面进行深度对比与分析，不难发现，各国的中小学核心价值观教育虽各具特色，但也体现了共同的发展趋势。概括起来，大致存在"文化导向、政府主导和课程为本"这三大特征，并彰显出走向网络化的实施路径。

（一）国外中小学核心价值观教育的共同特征

1. 文化导向

从各国开展核心价值观教育的实践活动来看，"文化"始终是一个绕不开的关键词。文化是各国开展核心价值观教育的根基和由来。文化的差异来自区域的地理环境、

---

[1] Programme Features of ITP [EB/OL]. [2022-06-17]. https://www.nie.edu.sg/te-undergraduate/programme-features/.

历史演进和社会活动，蕴藏着一个国家和民族的人文精神。以东亚国家和西方国家为例，这两个地区从文化的角度可以被归为东方和西方两种不同的文化圈。在本书中，韩国、日本和新加坡是亚洲文化圈的代表。由于历史原因和地理位置的影响，这三个国家的核心价值观教育均体现出儒家文化传统的特征。首先，为了应对西方文化和价值理念带来的冲击和社会道德问题，新加坡确立将儒家文化与核心价值观联结，并将其作为核心价值观教育的重要内容。韩国是东亚文化圈的典型国家之一，其核心价值观教育强调的"爱国主义"和"孝义精神"也来自儒家传统文化和哲学。以英国、美国为代表的西方国家，则主要追求自由与民主，强调平等和法治，其价值观教育的目标与内容凸显出浓厚的西方文化色彩。以美国为例，美国的核心价值观教育内容在一定程度上体现出美国实用主义哲学思想和清教主义文化。[1] 从内容上看，当今美国核心价值观教育的"民主""自由"等概念与其自身文化吻合。可以说，不同国家、不同民族的核心价值观教育，实质上也是各国、各民族文化的内核与精神追求的表征。因此，文化导向成为核心价值观教育的关键特征之一。

2．政府主导

从世界各国开展的核心价值观教育实践来看，尽管学校、社会和家庭也逐渐作为重要角色参与到中小学核心价值观教育之中，社会力量及其协同成为当今核心价值观教育的重要表现之一。[2] 但是，政府往往作为一个"掌舵者"的角色存在。[3] 从政府本身的特点和职能来看，政府具备公共性和行政职能，也在一定程度上决定了政府在核心价值观教育中扮演着重要的主导者角色。政府通过颁布一系列政策和法规，自上而下地影响各级各类教育实践，从而能从整体上确保核心价值观教育与核心价值观的一致性。在价值观多元的全球化时代，为了维护社会稳定和国家根本利益，各国政府都会尝试通过政策文本和媒体宣传等方式来推行本国的核心价值观，进而深入主导着本国的核心价值观教育。例如，为了推行本国的核心价值观，美国政府与新闻媒体结合，重视学校教育中的核心价值观内容。[4] 在美国政府的推动下，2001年的《不让一个孩子掉队法案》

［1］ 饶旭鹏，贺娟娟. 国外核心价值观教育的实践探索及其启示［J］. 继续教育研究，2016（9）：111-114.

［2］ 张宝予，高地. 国外价值观教育的社会力量及其协同［J］. 东北师大学报（哲学社会科学版），2022（3）：15-21.

［3］ 孙晓琳，韩丽颖. 国外价值观教育中的政府角色及其评价［J］. 东北师大学报（哲学社会科学版），2022（3）：8-14.

［4］ 周文华. 美国核心价值观建设及启示［M］. 北京：知识产权出版社，2014：84.

给予了公民科作为价值观教育主体的合法地位。此后发布的《公民教育纲要》和《公民与政府课程全国标准》，明确了美国核心价值观教育的目标。又如，澳大利亚教育科学与培训部（Department of Education, Science & Training）制定了《澳大利亚价值观教育国家框架》（*National Framework for Values Education in Australian Schools*）。《澳大利亚价值观教育国家框架》获得了州和地区教育部长的认可，最终自上而下地落实到所有澳大利亚学校。类似地，2014年英国政府颁布的《将英国核心价值观纳入SMSC》，借助政策的力量将核心价值观教育纳入学校课程。

3. 课程为本

学校是各国核心价值观教育发生的主要场域，而课程则是学校场域开展核心价值观教育的重要载体。课程不仅承载着传授知识的任务，还可以反映一个国家的育人导向，体现知识传授和价值教育的一致性。[1] 同时，与课程体系结合可以提升核心价值观教育的地位，发挥核心价值观的教化功能和育人价值。[2] 一方面，核心价值观教育本身可以作为一门独立的学科课程存在，对学生的价值观产生直接的影响。另一方面，核心价值观还可以全面渗透在其他学科课程和教学实践活动中，与知识、能力共同构成学生的素养。在核心价值观课程的基础上，中小学核心价值观教育走向规范化和体系化。围绕核心价值观课程，不同的国家根据自身的文化特色和社会背景设置了学科课程，以专门的课程标准和教材作为教学参考。例如法国将《道德与公民教育》作为教材开展核心价值观教育，形成一门独立的学科课程。还有一部分国家，如韩国和日本将道德科等作为核心价值观课程，将核心价值观教育理念融入这些课程中，以更为显性的方式培养学生的核心价值观，实现素养导向的育人目标。除了专门设置独立的核心价值观课程之外，有的国家还开设了综合型跨学科取向的核心价值观课程。以美国的科学教育和公民教育相结合的"STEMhero"跨学科课程为例，该跨学科课程基于不同学科的特点，挖掘和组织其内在的核心价值观知识。与独立的价值观课程相比，学生能够在融会贯通学习知识的同时培育核心价值观素养。除此之外，在课程的导向下，澳大利亚突破了一般学科知识课程的框架，以联通融合的方式整合课程资源。在《国家框架》的指导下，澳大利亚开发了以主题活动为主的核心价值观教育课程，以教学单元、主题网站、学校指

---

［1］ 高国希. 构建课程思政体系的教育哲学审视［J］. 思想理论教育，2020（10）：4-9.

［2］ 张良，易伶俐. 核心价值观如何进课程：联合国教科文组织的嵌入式设计模式及其意蕴［J］. 比较教育研究，2021，43（11）：73-79.

南及辅助书籍等作为教学资源，联通社区、学校，通过让学生在真实场景中体验，培养其核心价值观。

（二）中小学核心价值观教育实施路径：走向网络化

行动者网络理论（Actor-Network Theory，简称ANT）是一种关注网络关系、研究人（human）和非人（non-humans）相互联系的方法论。[1] 在行动者网络理论中，所有人或非人都统称为行动者（actant/actor），通过转译（translation）形成网络（network）。行动者网络理论打破固有的二元对立论，赋予行动者平等的地位，走向事物为本哲学（Object-Oriented Philosophy，简称OOP）。[2] 因此，通过跟踪行动者在网络中的行动以及如何产生和增强网络效应，可以探究教育场域中行动者网络形成和发展的机制，从而为教育研究提供新的视角。[3] 基于行动者网络理论，对各国核心价值观教育的实施进行考察发现，当前各国核心价值观教育正在走向网络化。具体表现为：以核心价值观教育为核心，联通目标、课程内容、实践方法、评价和教师专业发展，多种内外要素共同参与到实现核心价值观教育目标的活动中，打破时空界限，最终形成教育网络。具体而言，主要包括三个阶段：核心价值观概念化、建构核心价值观教育网络节点以及核心价值观课程网络化。

1. 核心价值观概念化阶段

从核心价值观到核心价值观教育，首先需要经过一个"转译"的过程。"转译"指的是行动者通过一定的方式将自己与其他行动者联系起来，而这个过程需要行动者之间不断转换和联系。一旦行动者们实现相遇，行动者之间的沟壑消弭，转而形成重要节点。以美国核心价值观教育过程为例，仔细考察其价值观教育的实施路径可发现，核心价值观的概念化经历了两个"转译"的双向互动过程：第一个是自下而上的认同过程，第二个是自上而下的推行过程。[4] 众所周知，美国是一个多民族、多文化的国家，在

［1］ FENWICK T, EDWARDS R. Introduction: Reclaiming and Renewing Actor Network Theory for Educational Research［J］. Educational Philosophy & Theory, 2011, 43（s1）：1-14.

［2］ 左璜，黄甫全. 拉图尔行动者网络理论奠基事物为本哲学［J］. 自然辩证法通讯，2013，35（5）：18-24，125.

［3］ 左璜，黄甫全. 行动者网络理论：教育研究的新视界［J］. 教育发展研究，2012，32（4）：15-19.

［4］ 周文华. 美国核心价值观建设及启示［M］. 北京：知识产权出版社，2014：19-23.

构建有利于美国社会发展、为大部分民众所认可的核心价值观的道路上，美国进行了大量的探索和实践。如何将散落在人们内心的、抽象的普遍信念和情感凝练成为精简的、具体的、可接受的单词和词语，发展成为整个国家的精神和核心价值观象征，又不失本国和本民族特色？对此，包括美国在内的许多国家采取了"转译"的方式将核心价值观进行提炼和转化，这也是"铭文"的过程，从而建立起规范化和体系化的核心价值观。可以说，一个国家的核心价值观可以在政策文本和课程标准中体现，经过学者的解读、转化、解构和凝练，成为可供民众、学生理解和认知的词语与概念。

2. 建构核心价值观教育网络节点阶段

经过核心价值观的概念化阶段，便确定了核心价值观教育的基本目标和内容。但是要真正落实核心价值观教育，实现"人"与"非人"之间的联结，还需要通过进一步的"转译"，实现更强的网络效应，完成行动者之间的有效对话与交流。政府和各类协会作为行动者参与到价值观教育网络中，形成重要节点。以美国为例，其承担价值观教育的主导学科——社会科的课程标准和框架在发布与修订过程中，都可以看到美国教育部（United States Department of Education）、全美教育协会（National Education Association）、美国国家社会科协会（National Council for the Social Studies）参与的影子。在这些政府部门和协会的支持下，国家层面的核心价值观实现了课程层面的转变，核心价值观以课程内容和课程标准的形式呈现，最终落实到学生个人层面。在新西兰，政府发布的《新西兰课程》（*The New Zealand Curriculum*）规定了社会科学课程的课程目标。总之，政府教育部门和协会作为组织卷入到行动者网络之中，发布和制定课程标准，进而以此为节点来"征募"更多的行动者，推进价值观教育的落地。

3. 核心价值观课程网络化阶段

依托"课程标准"这一关键节点，世界各国的核心价值观教育课程正在走向网络化。事实上，课堂是完成核心价值观教育的重要场域。然而，在课堂上，核心价值观并不是以独立的形态存在，而是与历史文化、现实世界和人类愿景相交融呈现在教学中。透过本民族的历史文化、现实世界与未来愿景，核心价值观课程网络打破时空界限，将过去、现在与未来联通。同时，在理论与生活相结合的前提下，核心价值观课程可以避免过度的抽象化和世俗化，而是通过转译和行动走向意识与物质、意义与生活的联通，使核心价值观课程目标走向网络化。在课程内容上，课堂教学网络并不囿于核心价值观本身，而是结合与核心价值观相关的知识、能力和情感要素，将核心价值观与知识、能力联通，走向素养导向。以澳大利亚为代表的国家并不是以具体的学科课程作为载体，而是设置综合性和跨学科主题教学，以项目式任务对核心价值观教育内容予以呈现，打破固有的学科课程结构，以多领域实现核心价值观课程的网络化。从实践过程与方法来看，核心价值观课程需要行动者积极参与。行动者通过核心价值观课程相遇、联结与互动，师生、生生间的对话与交流，课程任务与作业以及与核心价值观课程有关的物质和意识材料，都通过行动者网络联结在一起。[1] 在实践方法上，不少国家的核心价值观课程并不会单一地使用知识灌输或者价值澄清的教学方法，而是将多种方法融合。部分国家如新西兰，核心价值观教育的特色内容是凸显实践性，以核心价值观课程联结学校与社会，让学生参与到相关的社区活动中，从而实现学生自我与外界的联结、校内与校外的联通。随着行动者的行动和联结持续进行，核心价值观课程的网络效应也在不断增强，吸纳和征募更多的行动者参与进来。核心价值观课程评价和教师专业发展作为子网络也在逐渐形成和发展，由此诞生的各级核心价值观课程评价体系及以培养教师核心价值观教育能力的培训正是课程网络辐射与影响的有力体现。

八、对我国社会主义核心价值观教育的启示

在我国，社会主义核心价值观反映了国家、社会和公民三个层面的内容，继承和发扬了中华民族的传统文化和思想精神，旗帜鲜明地表明了中国学校教育的价值取向与价值立场。[2] 尽管由于国情、历史文化的差异，国外中小学核心价值观教育及课程的具体情况与我国有所不同，但其课程与教学建设的方法和思路，也能为我国开展社会主义核心价值观教育提供一定的启示。

首先，核心价值观教育的内涵是丰富的、历史性的。[3] 我国中小学核心价值观教育要始终坚持民族立场，通过转译和概念化让学生理解社会主义核心价值观的内涵和意义。同时，文化导向的核心价值观教育理念启示我们，我国的社会主义核心价值观教育

---

［1］ 刘冰，左璜. 价值观教育网络化取向：美国中小学核心价值观教育的行动者网络理论分析［J］. 中国校外教育，2021（4）：49-58.

［2］ 杜时忠，曹树真. 社会主义核心价值观"进教材"的教育学探索［J］. 教育研究，2015，36（9）：34-39.

［3］ 王雪亚，薛晓阳. 核心价值观教育的文化根基及价值依托：基于中小学核心价值观教育的问题与策略［J］. 教育发展研究，2018，38（2）：14-21.

需要立足于自身优秀的传统文化，加强青少年对自身文化的认同，在文化认同中培育和弘扬社会主义核心价值观，在传承和创新本民族优秀传统价值观的过程中开展本国的核心价值观教育，在坚持世界性和民族性相结合的原则中开展本国的核心价值观教育。[1]

其次，我国中小学开展社会主义核心价值观教育要发挥好政府的作用，征募如学校、社会组织和家庭等行动者，将人、组织、物质和意识等多种异质行动者联结起来进行核心价值观转译，[2] 构建完善的核心价值观教育机制。通过"课程标准"的研制、活动方案的确立等重要节点，构建社会主义核心价值观教育的行动者网络。

再次，打破单一学科课程的视域限制，走向课程的网络化。学校教育是我国中小学开展社会主义核心价值观教育的重要途径。学校既要重视课程教学，从知识、能力、情感态度的素养导向培育学生的社会主义核心价值观，更要重视隐性课程的开发和设计。同时，我国中小学社会主义核心价值观教育既要重视以德育、道德与法治、思政课程为主的核心价值观课程，更要重视走向联通主义，打破课程时空的界限，以跨学科主题式教学和项目式教学联通课程内外，将核心价值观融入多学科课程和活动，实现课程的网络化。

最后，我国中小学社会主义核心价值观教育要进一步向外辐射，建设课程评价和教师专业发展等子网络，加强网络效应，建立中小学社会主义核心价值观教育的课程行动者网络共同体。

展望未来，我国中小学社会主义核心价值观教育将进一步探索和构建深入而系统的理论体系，包括课程与教学、评价、教师专业发展等方面的理论探讨，进而不断提升文化自信，为世界各国贡献中国的经验典范。

---

[1]　饶旭鹏，贺娟娟. 国外核心价值观教育的实践探索及其启示 [J]. 继续教育研究，2016（9）：111-114.

[2]　刘冰，左璜. 价值观教育网络化取向：美国中小学核心价值观教育的行动者网络理论分析 [J]. 中国校外教育，2021（4）：49-58.

第二章

美国

中小学核心价值观教育

America

美国作为典型的移民国家，三百年间逐步形成了以"美国梦"为核心的价值观教育体系，使各色人种、各民族逐渐认同并融入这个国家。当然，学校是核心价值观教育的最佳苗床，也是产生和维系公民品德的关键底线。[1] 中小学核心价值观教育尤为关键。考察美国的中小学核心价值观教育，不难发现其以"社会科课程标准"为起点，融入相应的课程、教材、教法之中，在"关系质"与"历史质"的双维结构审视下，美国中小学核心价值观教育的目标、内容、实践与评价独具特色。

一、美国中小学核心价值观教育的历史演进

美国中小学核心价值观教育的发展历程与其殖民国家、移民国家的历史密不可分。在不同的历史时期，其中小学核心价值观教育呈现出不同的特点。

（一）朴素主义时期的核心价值观教育

美国早期的核心价值观是在人与自然、人与奴隶社会斗争的过程中形成的。殖民地时期的美国，需要同时面对英国、法国、西班牙等宗主国的压迫以及与未开发的自然世界抗争。这一历史条件奠定了美国居民追求平等，向往自由，既有个人主义的奋斗，又有团队互助的精神根基。[2]

这一时期，美国的独立运动进一步强化了《五月花号公约》中"自由""平等""法治""民主"的价值观，并写入了美国的建国文件《独立宣言》中。如"人人生而平等，造物者赋予他们若干不可剥夺的权利，其中包括生命权、自由权和追求幸福的权利"和"为了保障这些权利，人类才在他们之间建立政府，而政府之正当权力，是经被治理者的同意而产生的"，这些内容奠定了美国核心价值观体系的基础。

随着美国正式建国，其核心价值观教育以把新一代培养成为"合乎本国政治制度的人才"为宗旨。与此同时，乔治·华盛顿、托马斯·杰斐逊和富兰克林等领导人的民族主义思想确立了"民主"作为美国核心价值观的地位。而在这一时期，新移民也不断涌入美国。因此，1916年，全美教育协会（National Education Association，简称为NEA）

---

［1］　金里卡. 当代政治哲学［M］. 刘莘，译. 上海：上海三联书店，2004：509.

［2］　马博主. 世界大百科（第1册）［M］. 图文珍藏版. 北京：线装书局，2014：27.

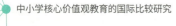

提出学校课程中应该设立"社会研究"（Social Study）科目，用以培养善于思考并且具有参与能力的公民。由此，奠定了美国中小学核心价值观教育的基本样态。

这一时期强调以培养公民为目标的核心价值观教育，以公民资格理论为基础。所谓公民资格，是指国家或政治共同体与公民之间关系的总和，以及公民对这种关系在心理上的体认与实践。[1] 马歇尔（T.H.Marshall）将公民权利划分为三种：民事权利、政治权利与社会权利。而对于这三种权利不同的理解，就形成了不同流派的公民资格理论。有研究者认为，公民资格是缓和阶级冲突并赋予公民平等地位的一种方式，是对共同体自治的参与，同时也是普遍性法律意义上的制度以及自足的责任。总之，公民资格理论作为核心价值观教育的基础理论之一，为核心价值观教育的内容与目标奠定了框架，是一种具有实践意义的基础理论。

可以说，这一时期的中小学核心价值观教育以朴素的形态出现，主要依靠教会、教会学校以及家庭教育来完成。

（二）自由主义时期的核心价值观教育

自由主义是美国的一种政治哲学观念，是基于伊曼努尔·康德、约翰·洛克、亚当·斯密与托马斯·杰斐逊等哲学家的理念，在美国的社会历史发展中逐渐形成的。自由主义支持的是一种"中立"的价值假设，即"国家在法律上不提供任何一种'良善生活观'，提供的只是一种权利框架，把人们视为能够选择自己价值和目标的自由且独立的自我"[2]，体现了美国自由与理性的精神。相较于古典自由主义而言，起源于美国的自由主义更加强调以罗尔斯为代表的程序公正。在自由主义的背景之下形成的道德认知发展理论和价值澄清理论，在这一时期中小学核心价值观教育中发挥着重要作用。

然而，正因为自由主义的冲击，20世纪中后期，美国经历了由"价值失落"带来的道德无序时期。有部分学者将其归因于价值澄清理论，认为其所提倡的"价值中立"导致了功利主义与个人主义的兴盛。与此同时，美国曾尝试通过扩展范围来进行更广泛的核心价值观教育，结果造就了一个前所未有的贪婪和对经济不负责任的时代。于是，作为核心价值观教育的一种样态，品格教育得以复兴，而品格教育的基础是社群主义。社

---

[1]　马晓燕. 多元时代的正义寻求：I.M.扬的政治哲学研究［M］. 北京：光明日报出版社，2012：29.

[2]　贺文发. 言论表达与新闻出版的宪政历程：美国最高法院司法判例研究（上）［M］. 北京：中央编译出版社，2015：97.

群主义批判个人主义倾向所带来的社会混乱，代表人物有阿拉斯代尔·查莫斯·麦金泰尔（Alasdair Chalmers Macintyre）、查尔斯·泰勒（Charles Taylor）、迈克尔·沃尔泽（Michael Walzer）以及迈克尔·桑德尔（Michael Sandel）等人。社群主义持有者批判自由主义的原子论，认为人是在社群中成长和塑造的，强调共同的善与集体价值。

可以说，这一时期的中小学核心价值观教育，开始转向社会学科教育形态，同时以品格教育为主导来推进。

（三）新自由主义时期的核心价值观教育

20世纪末期，面对全球化带来的竞争，美国遭遇了"新自由主义"思潮的挑战和冲击。新自由主义总体上是一种政治经济实践的理论，其宗旨是在私有财产权、自由市场和自由贸易的体制框架内，通过解放个人的企业家精神、自由和技能以提升人类的幸福感。国家的作用是建立和保持适合这种做法的体制框架。[1] 总而言之，"新自由主义作为话语模式已居霸权地位……它已成为我们许多人解释和理解世界的常识的一部分。"[2] 事实上，新自由主义思潮的启蒙源于人们对个体思想和言论自由的追求，以及否定绝对的道德标准，这就导致了个人主义的泛滥。

2001年的《不让一个孩子掉队法案》给予了公民科作为价值观教育主体的合法地位，也体现了"平等"成为核心价值观的重要地位。至此，美国核心价值观教育的总目标从移民国家的"美国化"过渡到了现代化国家公民的培养。进入21世纪，面临全球化带来的冲击，美国在2010年和2013年两次更新了社会科课程标准，先后发布了《公民教育纲要》（CIVITAS: a Framework for Civic Education）与《公民与政府课程全国标准》（National Standards for Civics and Government），将核心价值观教育的目标明确为具体的公民知识、公民技能和公民道德。由此，美国建构了以理性为中心，包含自由、民主、平等、法治、爱国的核心价值观体系。

从美国核心价值观教育的历史来看，青少年群体进行核心价值观教育的路径多样，由教会转向家庭再到学校。教会、社区和家庭这些资源型团体虽然有助于"公民礼仪"的习得，但是其成立的理由往往不是公民教育，因此相关的教育效果始终是附带的。家

---

[1] HARVEY, D. A Brief History of Neoliberalism [M]. USA: Oxford University Press, 2005：2.

[2] 哈维. 新自由主义简史 [M]. 王钦，译. 上海：上海译文出版社，2010：3.

庭所传递的母爱对于责任意识和品德的形成有着特殊的作用，但是能否帮助青少年形成社会核心价值观仍处于未知。[1] 而学校则是规范的机构，负责帮助孩童形成判断与选择的能力。现今，美国的核心价值观教育依然主要通过中小学的社会科课程进行。基于此，本书拟聚焦社会科课程这一核心载体，探究美国的中小学核心价值观教育。

二、美国中小学核心价值观教育的目标分析

消解抽象的核心价值观与教育实践之间的张力，是推进核心价值观教育的关键。据此，美国首先将核心价值观转化为国家、课程以及个体层面的核心价值观教育目标，而后通过《公民教育纲要》《公民与政府课程全国标准》《美国国家社会科课程标准——卓越的期望》（*Curriculum Standards for Social Studies: Expectations of Excellence*，简称《全美标准》）以及《大学、职业和公民生活框架——社会科课程国家标准》（*The College, Career and Civic Life Framework for Social Studies State Standards: Guidance for Enhancing the Rigor of K-12 Civics, Economics, Geography, and History*，简称《C3框架》）等多个课程标准来落实和推进。

（一）国家层面：指向身份认同与民族建构

核心价值观是国家精神的主要体现，因此，不同时期政治任务的政策倾斜可能会导致核心价值观教育的侧重点有所不同。比如，联邦化时期的美国更加重视宣扬自由、民主等核心价值观，从而达到维护民主制度的目的；而在国家化时期则强调通过法治维护人们的民主自由，以此促进国家建立初期维稳的首要目标。[2] 美国核心价值观的内容与形式相对稳定，国家层面的核心价值观目标均指向民族的建构，使来自不同地区、不同种族的人在核心价值观的指导下能迅速团结成为"美利坚民族"。如此一来，所有居住在美国的居民都能获得统一的身份认同，从而保证新生的国家能得到广大民众的支持和拥护。

在上述背景下，美国逐渐形成了以理性为核心的价值观体系，包括自由、民主、法

---

[1] 金里卡. 当代政治哲学［M］. 刘莘，译. 上海：上海三联书店，2004：551.

[2] 苏守波. 美国现代化进程中的公民教育研究［D］. 长春：东北师范大学，2010.

治、平等、爱国等五大方面（如图2-1所示）。

图 2-1　美国的核心价值观体系

具体来说，五大价值观的内涵如下：

自由：自由作为美国的核心价值观，源于殖民地时期人民对自由的渴望。强调作为一个公民所具有的权利，为自由主义的发展奠定了坚实的基础。

民主：民主是伴随自由形成的另一核心价值观，强调政府是在被管理者同意的情况下建立的，是美国在摆脱殖民地控制的观念影响下的产物。

法治：法治是由美国建国的核心文件《独立宣言》与《美国宪法》中三权分立的思想而形成的核心价值观。

平等：平等强调的是任何种族的公民都具有相同的权利。

爱国：爱国的核心价值观根植于美国的建国史，承担着国家与民族建构的主要任务。

而理性是统整核心价值观体系的中心，是建构核心价值观的主要方法与目标，也是批判性精神的体现。

（二）课程层面：指向公民能力与公民责任意识

国家层面的核心价值观目标为核心价值观教育的实施指明了方向。要使国家核心价值观内化为每一个公民的核心价值观，学校教育是最佳的途径。在美国，社会科课程承担着中小学核心价值观教育的责任。

美国国家社会科协会将社会科定义为："社会科是旨在提升公民能力而进行的社会、人文科学的综合课程。在学校的各门课程中，社会科整合人类学、考古学、经济学、地理、历史、政治心理学、宗教和社会学等学科内容，从人文科学、数学和自然科学中选取了恰当的内容，为学生提供互相联系而又系统的学习机会。"[1] 这一定义明确指出，中小学核心价值观教育的目标是提升"公民能力"。

美国国家社会科协会1994年研究制定的《美国国家社会科课程标准——卓越的期望》（以下简称《全美标准》）对于课程目标还有如下陈述："把每个学生培养成为能够承担责任的公民，以保障我们这个自由国家的存在""通过社会科学习，学生能够理解社会科各学科领域中丰富的观点，并在个人与公共生活中加以运用；同时，能够表现出教育的思维和行为习惯，又能展现出推动公益事业的责任感""社会科的首要目标是帮助年轻一代提高能力，以使他们作为多元文化、民主社会的公民，能够在这个相互依存的世界中，为公众利益作出明智的、理性的决定"。可以说，社会科课程的目标是以提高学生的公民能力与公民责任意识为旨归。[2]

同年，在美国联邦教育部的支持下，公民教育中心发布了《公民与政府课程全国标准》（*National Standards for Civics and Government*），提出"公民与政府的教育目标是培养有能力，认同美国宪政式民主的基本价值观和原则，明智而又负责任地参与政治生活的公民"[3]，并且将核心价值观教育的目标进一步概括为公民知识（Civic Knowledge）、公民技能（Civic Skills）、公民品格（Civic Dispositions）三个方面。[4] 相比之下，公民与政府课程作为社会科课程体系中的重要科目之一，对促进青少年学生认同美国宪政民主原则和价值、主动负责地参与社会公共事务及政治生活发挥了更为直接的重要作用。[5]

此后，美国国家社会科协会分别在2010年和2013年修订与发布了《社会科课程标准：教、学、评的框架》（*Curriculum Standards for Social Studies: Teaching，Learning，Assessment Framework*，以下简称《教、学、评框架》）以及《C3框架》。在这两个文件中，公民能力是中小学核心价值观教育的核心目标，而且对于民主的思想与价值观的形成至关重要。《教、学、评框架》进一步解释了公民能力的内涵：它"致力于以民主

［1］　美国国家社会科协会. 美国国家社会科课程标准：卓越的期望［M］. 高峡，杨莉娟，宋时春，译. 北京：教育科学出版社，2008：2.

［2］　同上。

［3］　孔锴. 试析美国公民教育的实施策略：内容与途径［J］. 外国教育研究，2010，37（8）：63-68.

［4］　同上。

［5］　乐先莲，邹燕. 美国公民学课程国家标准探析：兼论我国公民教育课程的设计［J］. 中小学德育，2015（8）：4-8.

价值为基础，并且需要运用有关一个团体、国家和世界的相关知识的能力，运用调查方法进而收集与分析数据的能力，协作、作决定和解决问题的能力"，并且要求全体学生"增加文化、语言学习和学习的多样化"，从而促进多元文化社会中的民主化。此外，在附录中，还进一步拓展了社会科的学习技能与策略，包括读写能力、批判性思维能力、教师的研究型读写能力、学习策略、个人互动和公民参与策略等。[1]

回望课程标准的发展历程，不难发现，美国中小学核心价值观教育的课程目标的内涵逐渐丰富：

"学生应为大学和职业的挑战做好更多准备，这一呼吁换言之就是：为公民生活做好准备。公民教育的倡导者跨越了各个政治领域，但他们都有一个共同的信念，除非学生意识到他们处于不断变化的文化和物质环境中，了解过去，阅读、写作和深入思考，并以促进共同利益的方式行动，否则我们的民主共和国将无法维持下去。尽管人们对这些目标总是有不同的看法，但培养知识渊博、思想活跃的公民这一目标是普遍的。"[2]

《C3框架》以探究弧整合课程目标，将核心价值观的教育目标拓展到"开发问题和规划探究，应用学科概念和工具，评估来源和使用证据，传达结论和采取明智的行动"等四个方面。显然，社会科课程主要承担着美国公民的培养职责，因而核心价值观教育贯穿该课程的全部内容。

（三）个体层面：指向预期能力表现期望

美国中小学核心价值观教育的目标落实到个体身上表现为心理上的体认与行为上的实践。基于此，《全美标准》确立了最为基础的公民能力要求，通过对《全美标准》里低、中、高年段的标准与能力表现期望（见表2-1）的具体分析，就能确立个体层面的核心价值观教育具体目标。

从表2-1可以看出，个体层面的核心价值观教育目标，不只是浅层学习或了解什么是核心价值观，更是经历"识别""分析""比较""探究""证明""解释""判断""评价""实践""参与"等学习过程之后的深度学习。学习的过程也是学生思考

---

［1］　National Council for the Social Studies. National Curriculum Standards for Social Studies: A Framework for Teaching, Learning, and Assessment［S］. National Council for the Social Studies, 2010.

［2］　同上。

与践行核心价值观的内化过程。可以说，美国所倡导的中小学生个体核心价值观教育目标强调的是体认与实践协同的深度学习。

表2-1　1994年《全美标准》预期目标的行为动词统计表

主题	低年级	中年级	高年级
1．文化	探究和描述、举例说明、描述、比较	比较、解释、清晰地说明	分析并解释、预测、理解、比较和分析、证明、作出合理的判断、考察与应用
2．时间、连续与变化	达成一种共识、证实、比较和对照、了解、揭示	达成一种共识、鉴别和使用、了解并描述、了解并运用、增进、揭示	证明解释分析和展示、了解并描述、解释、调查解释和分析
3．人、地域与环境	建立并运用、解释运用和区分、生成并处理和解释、估算与计算、描述和推测、定位并区别、研究、观察、思考	在脑海中精心绘制；创造、解释、使用和区分；生成、利用和解释；估算与计算；定位和描述；研究、解释和分析；描述；观察和推测；提出、比较和评价	修正；创造、解释、使用和综合；生成、利用和解释；计算举例；描述和比较；描述和评价；分析和评价；提出、比较和评价
4．个体发展与自我认同	描述、阐述、识别、探究、分析	联系、描述、识别并描述、鉴别和描述、举例说明	清晰说明；描述；研究；考察；分析；比较和评价
5．个体、群体与公共机构	了解；举例说明；识别并举例；识别并举例说明	描述；分析；识别并分析、说明；识别并举例	描述；分析；识别并分析、说明；评价；促进；考察、解释并运用
6．权利、权威与管理	考察；解释；举例说明；认识；区别；识别并描述；探究；识别并举例	考察；描述；分析和解释；识别并描述；阐明；描述和分析；解释、运用和考察；实例说明	考察；解释；分析；比较和分析；比较和评价；分析和评价；解释并运用考察；提交与宣讲
7．生产、分配与消费	举例说明；识别；描述；解释并证明；回答	举例说明；解释；区分；比较	说明；分析；考虑；描述；比较；评价

America

主题	低年级	中年级	高年级
8．科学、技术与社会	举例说明；提出建议	研究并描述；说明；叙说；解释；寻求	确定并描述；评判；分析；评价；了解并解释；制定与形成
9．全球关联	探究；例举；研究；调查	分析；描述和分析；探究；描述和解释；展示；确认和描述	解释；分析；描述和解释；描述和评价；说明
10．公民理想与实践	了解；定位、获取、组织和利用；解释；认识；说明；描述	研究；了解；定位、获取、组织和应用；实践；分析；解释	解释；了解、解释和评价；定位、获取、分析、组织和应用；实践；分析和评价；制定；评价与参与

如前所述，美国核心价值观包括爱国、法治、民主、自由、平等这五个方面。那么，个体层面的核心价值观教育目标究竟如何对应上述五大价值观呢？下面将逐一分析美国核心价值观在《全美标准》中各个主题内的转化。

爱国："时间、连续与变化"主题下的爱国价值观教育目标包括对历史、时间和实践的基本认识，不同历史文化背景下人们的信仰、价值观，运用历史分析的方法解释评价历史对个体、群体与国家的影响。"个体、群体与公共机构"主题中所涉的个体、群体与公共机构之间关系的内容，也体现了爱国价值观。

法治：法治核心价值观教育的目标是在更广阔的视角下讨论法律的起源、影响与对于民主共和政府的持续作用，还包括了识别与说明信仰系统、政府政策和法律之间的对立统一。

民主：民主价值观教育目标主要体现在"公民理想与实践"和"权利、权威与管理"两个主题中。在这里，民主价值观首先体现在鼓励学生多角度思考与自身、群体、国家层面的问题，如"考察与公共福利有关的个人的权利、角色和身份等这些由来已久的重大社会问题""解释政府的宗旨，以及政府权力是如何获得、运用并确保其是正当的""评价政府在国内外实现国家理想和政策的程度"。与此同时，还鼓励学生将思考过后的想法汇编成文与公开实践，培养学生参与公共事务的意识。

自由："自由"和"民主"两个价值观总是一起出现，强调的是美国公民的权利与义务。相比之下，自由所强调的权利范围更广，包含各种身份的公民对自身权利的追求，如"个人在预期相关的社会群体，如家庭、同辈团体和学校班级中的权利与义务"，与个人的需求更加接近。

平等：平等作为核心价值观教育的目标是使不同种族、家庭、宗教、性别的公民，具有相同的权利和义务的意识，主要体现在"权利、权威与管理"以及"公民理想与实践"中，如"解释个人尊严、自由、正义、平等与法律规则等作为民主共和政府的核心理想的起源和持续影响"。

至此，我们发现，国家层面的核心价值观是美国核心价值观教育的总纲领。与此同时，美国的公民文化主要由立法、执法、司法和公民组成，其中作为政府职能的立法、执法、司法依赖于公民执行。这就要求美国公民必须是具有完善法律能力以及懂得公民权利和责任的人。因此，课程层面的核心价值观教育目标转化为公民能力与公民责任意识的培养。最终聚焦个人层面，其核心价值观教育目标就是将自由、民主、法治、平等、爱国等价值观内化于学生的主题学习与日常行为之中。

三、美国中小学核心价值观教育的内容透视

为实现国家与民族建构的总教育目标，美国中小学核心价值观究竟给学生提供了哪些课程经验？这些经验又是以怎样的形式组织？通过对中小学社会科课程标准以及相关教材的深度分析可知，美国已经形成了以知识为基、以技能为本、倡导品格养成的理性主义核心价值观教育内容体系。

（一）从价值观到课程标准：观念转化为素养

从本质上看，核心价值观作为国家精神的高度凝结，其本身必然带有国家的政治色彩，是国家希望本国居民共同享有的信念、行为和决策的准则。而学校教育则更需要具体的内容。因此，转译 [1] 是必然的。

选取《公民与政府课程全国标准》《全美标准》以及《C3框架》作为考察的课程标准，对其内容进行分析后可以发现，核心价值观在不同版本的课程标准中转译并形成不

---

[1]　左璜，黄甫全. 行动者网络理论：教育研究的新视界［J］. 教育发展研究，2012，32（4）：15-19.

同的样态，比较分析见表2-2所示。

表2-2　美国的核心价值观与课程标准内容对照表

核心价值观	《公民与政府课程全国标准》内容	《全美标准》十大主题	《C3框架》探究弧
自由民主平等法治爱国	公民技能公民知识公民品格	1．文化；2．时间、连续与变化；3．人、地域与环境；4．个体发展与自我认同；5．个体、群体与公共机构；6．权利、权威与管理；7．生产、分配与消费；8．科学、技术与社会；9．全球关联；10．公民理想与实践	维度1：开发问题和规划探究维度2：应用学科概念和工具维度3：评估证据来源和使用证据维度4：传达结论和采取明智的行动

　　如表2-2所示，在《公民与政府课程全国标准》中，核心价值观被直接转译为由公民知识、公民技能和公民品格构成的内容标准。以民主为例，在美国的核心价值观体系中，民主指的是"人民所享有的参与国家事务和社会事务管理或对国事自由发表意见的权利"[1]。而民主的实现依赖于公民的参与，公民的参与又需要相应的知识和技能。换言之，民主这一核心价值观在课程标准中就被转译为"参与国家事务"所需要的素养，包括知识、技能和品格。正因为如此，《公民与政府课程全国标准》又将相应的知识、技能和品格具体化为以下内容（见表2-3）。

表2-3　《公民与政府课程全国标准》具体内容

内容维度	具体内容
公民知识	什么是公民生活、政治和政府？美国政治制度的基础是什么？宪法建立的政府如何体现美国民主的宗旨、价值观和原则？美国与其他国家和世界事务的关系是什么？公民在美国民主中扮演什么角色？等等。
公民技能	①智能技能：识别和描述；解释和分析；评估、采取和捍卫公共问题立场；②参与技能：公民能够通过与他人合作、明确表达想法和利益；建立联盟、寻求共识、谈判妥协和管理冲突；监测和影响公共与公民生活。
公民品格	成为独立的社会成员；尊重个人价值和人格尊严；承担公民的个人、政治和经济责任；以知情、周到、有效的方式参与公民事务；促进美国宪政民主的健康运行。

---

[1]　中国社会科学院语言研究所词典编辑室. 现代汉语词典［M］. 5版. 北京：商务印书馆，2005：909.

虽然《全美标准》和《C3框架》没有像《公民与政府课程全国标准》一样严格地区分知识、技能和品格，但它们实质上彼此紧密联系、相互影响，共同促进美国中小学生核心价值观的养成（如图2-2所示）。

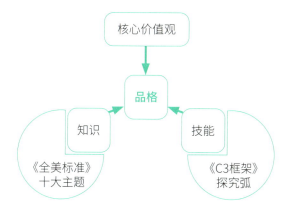

图 2-2　美国中小学核心价值观教育的课程结构体系

可以说，核心价值观在转译为课程标准的过程中，无论从哪个角度出发，最终都汇聚为这样一个模型：依托知识和技能的培养，最终促进品格的形成，并在实践中展现。

基于此，美国的中小学核心价值观教育内容首先表征为一系列知识，以《全美标准》中的十大主题为核心，围绕公民素养的提升，所涉猎的知识主要包括以下几类：（1）概念知识。如，什么是公民生活、政治和政府？（2）制度知识。如，三权分立的制度以及相关法律是怎样的？（3）价值知识。如，美国政治制度的基础是什么？宪法建立的政府如何体现美国民主的宗旨、价值观和原则？美国与其他国家和世界事务的关系是什么？公民在美国民主中扮演什么角色？等等。

其次，基于对理性精神的传承和追求，美国中小学核心价值观教育内容则表征为一系列的技能。《公民与政府课程全国标准》中明确了两大类型的技能：智能技能（Intellectual Skills）和参与技能（Participatory Skills）。前者包括"识别和描述""解释和分析""评估、采取和捍卫公共问题立场"这三大技能。后者则包含公民能够通过与他人合作、明确表达想法和利益，建立联盟、寻求共识、谈判妥协和管理冲突，监测和影响公共与公民生活等内容。而《C3框架》中明确地提出将"探究弧"（Inquiry Arc）作为内容组织的结构与原理，强调社会科的探究性质，提出了"开发问题和规划探究""应用学科概念和工具""评估证据来源和使用证据""传达结论和采取明智的行动"四个维度的技能。例如，"开发问题和规划探究"中的重点就是通过提问能够将丰富的社会事实和概念用问题组织起来，这就要求学生必须具备提出"引人注目的问题"以及"支持性问题"的能力。由此看来，美国中小学核心价值观教育内容包含了思维能力、判断能力、表达能力、探究能力、参与能力在内的系列能力。

最后，无论是知识还是技能的运用，都一定涉及"想不想"的问题，而这就渗透了价值观判断与选择，并最终表征为人的"品格"。因此，在《公民与政府课程全国标准》中，公民品格作为单独课程内容被列出，可见其重要性。"公民品格"又被翻译为"公民品性"，是指德托克维尔称之为"心灵习惯"的品格，它渗透到公民社会的方方面面。公民品格内容多样，既包含社会与理性，又包含个人与情感。可以说，公民品格强调作为一国公民的实践行为，是知识与技能以及社会责任感、国家认同感的综合表现，是实践过程中流露出来的素养，是根植在人们心中的品格与规范，也是维护体制运行的重要基础。公民品格的培养在课标中又常常以"两难问题"的形式出现，例如群体与个人利益以及传统与现代道德观念的冲突等。在学生代入情境，选择并解释自己的行为时，可以透过反思观照个人的价值观。

（二）从课程标准到教材：素养转化为学习主题

如果说核心价值观转译到课程标准中，历经了知识、技能和品格的转化，那么从课程标准到教材，还需要进一步转译，通过聚焦学生的学习生活进行转化。因为教材是每个教师开展教育教学活动的直接依据，它应该凸显活动性。

美国各州根据各自实际情况选编社会科教材，因而美国社会科教材存在诸多版本。本研究选取部分具有代表性的版本：①2005年霍顿·米夫林（Houghton Mifflin）出版的小学社会科教材，这套教材共有5册，每册都有一个主题书名，一至五年级各册分别为《学校与家庭》（School and Family）、《邻居》（Neighborhoods）、《社区》（Communities）、《州和地区》（States and Regions）和《美国历史》（United States History）。其中每册约5个单元，5册教材共有32个单元。②哈考特（Harcourt Brace Jovanovich）出版社出版的小学社会科教材，名为《反思》（Reflections），一至六年级各册分别为《儿童的视角》（A Child's View）、《我们认识的人》（People We Know）、《我们的社区》（Our Community）、《不断变化的加州》（California: A Changing State）、《美国：建立新国度》（The United States: Making a New Nation）和《古代文明》（Ancient Civilizations）。③斯考特·福斯曼（Scott Foresman）出版的小学社会科教材，一至六年级各册分别为《在一起》（*all together*）、《人和地方》（*People and Places*）、《社区》（*Communities*）、《地区》（*Regions*）、《美国》（*The United States*）和《世界》（*The World*）。④麦克米伦/麦克劳－希尔（Macmillan/McGraw－Hill）出版的社会科教材，名为《时间链接》（《*Time Links*》），主要用于加州地区。一至六年级各册分别为《人和地方》（*People and Places*）、《社区》（*Communities*）、《我们的国家与地区》（*Our Country and Region*）、《美国》（*the United States*）和《世界》（*The World*）。此外，还有培生版（Pearson Education）等多个出版社的小学社会科教材，以及美国公民教育中心出版的公民科教材，此处不再赘述。

从不同视角对多个版本的教材进行对比后不难发现，将价值观教育课程标准落实到教材中，需要经历以下环节：

第一，从知识的表征上看，课程标准中的价值观目标会基于知识逻辑进行层级化与细致化处理，沿着从知识到概念再到生活中的案例这一逻辑展开。例如，核心价值观"法治"在霍顿·米夫林版小学社会科教材中首先转化为以下六个方面的内容：①法律的概念和功能，法律的制定、实施和修改等；②法治精神，如自由、平等和公正等；③法律与人、与社会的关系；④公民的权利和义务；⑤权威，如政府、司法机关和立法机关等；⑥美国国家奠基性法律文本，如《美国宪法》《独立宣言》和联邦党人文集等。[1] 紧接着，如何将这些抽象的法治概念在教材中展示出来便成了核心问题。法治教育内容在教材中呈现往往先用通俗易懂的语言解释抽象的概念，然后通过生活中的事例，采用图文结合的形式进一步说明概念的含义。例如，一年级第五单元第一课《人们需要法律》，课文中的"法律"先被释意为"规则"，随后用图片展示了社区中常见的交通标志，如停车标志、人行道标志和禁止停车标志，帮助学生将抽象的概念转化为日常所见。结合图文资料，"法治"这一抽象的核心价值观就在教材中得以显性呈现。

第二，从教材的组织形式上看，核心价值观进入教材会通过"单元主题与框架结构"的建构来实现，按照螺旋上升的内容组织逻辑而展开。例如，美国公民教育中心出版的公民教材，就直接将价值观转化为"权威""隐私""责任"和"正义"四大主

---

［1］ 谢晓英，沈晓敏. 美国小学法治教育内容架构：以HM版社会科教材为例［J］. 上海教育科研，2017（2）：55-58.

题，每个主题形成一册教材。[1] 而在每一册教材中，主题被细分为不同的亚主题。例如，在《责任》一册书中，"什么是责任""承担责任有什么利弊得失""在相互冲突的责任之间如何作选择""谁应该承担责任"四个单元共同构成了"责任"主题的教材内容。在霍顿·米夫林版的小学社会科教材中，我们可以看到"公民的义务与权利"这一项内容在每一个年级都循环出现，在课文的陈述方式与内容的广度上呈现为螺旋上升态。[2] 公民的权利义务在低年级表达为"美国公民享有权利。权利就是你有做某事的自由""公民有履行职责的义务。义务是你有做某事的职责"，并在解释后面附上简单的例子，如选举领导、享有隐私权以及制定与遵守法律。到三年级时，就补充介绍了《权利法案》，四、五年级则融合了如民权运动等历史事件。

第三，从教材内容的选择上看，核心价值观会转译为课程内容的选择来予以落实。例如，为凸显"爱国"的价值观教育，教材中都会选择美国国家政策以及历史事件等内容，彰显"美国特色"。譬如，霍顿·米夫林版小学社会科五年级教材《美国历史》第四单元"独立战争"以及第六单元"美国内战"。教材中除了呈现美国独立战争的起因、经过和结果，还纳入了《独立宣言》和《美国宪法》的颁布原因及发展历史，将法治教育与爱国主义的学习结合起来。通过历史事件让文本变得"鲜活"，学生感受到前人为了国家的独立进行了艰苦的斗争，并付出了巨大牺牲。[3] 爱国教育和法治教育在教材中也得以整合。又如，"平等"的价值观会转译为对多元文化的尊重。以哈考特版的小学社会科教材为例，教材内容主题体现出多元文化：第三册第二单元的"美国与其最初的居民"，从地理、历史和文化三个方面对美国早期印第安居民进行了介绍；第二册第二单元"了解你的家庭"介绍了不同国家的移民家庭背后的故事。教材中还涉及了墨西哥家庭的风俗习惯以及文化传统，包括墨西哥新年传统食品"波瑞多"的制作方法以及墨西哥人庆祝生日的特殊方式。

---

[1]　胡春娜. 权威·隐私·责任·正义：美国公民教育中心公民教材述要及评析 [J]. 外国中小学教育，2013（4）：21-27，6.

[2]　谢晓英，沈晓敏. 美国小学法治教育内容架构：以HM版社会科教材为例 [J]. 上海教育科研，2017（2）：55-58.

[3]　同上.

四、美国中小学核心价值观教育的实践方法

越来越多的研究表明，以学校为基础的公民教育和丰富的课堂实践是可以影响学生的公民知识、技能和品格的。进入21世纪，美国的核心价值观教育教学实践继承了"价值澄清"的模式，强调探究式学习。尤其是以《C3框架》中探究弧的四个维度为框架，构建社会科学习的全过程。经考察发现，目前美国的中小学开展价值观教育的主要教学模式有以下三种类型。

（一）依托情感：促进身份认同的价值观教学模式

立足情感的视角，不难发现，情感是学生价值观形成的关键点。基于此，巴迪和古德温总结了"启动、适应、身份认同、自我一致性维持以及劝说"[1] 这五种能导致价值观发生变化的因素。以情感驱动价值观教学，是与价值观建构过程中的道义原则（Deontological principles of ethics）相通的。毕竟，核心价值观的内化程度越高，学生就越容易依据事件的行为性质而非结果来进行判断。基于此，教师常常会采用具体历史事件、讲故事等方法来调动学生的情感。

下面是《全美标准》中低年级的一个教学案例：[2]

希科克的三年级学生运用故事情节法，建造起一个他们称为康特维尔的城镇。城里的每个学生还组建了家庭、建造了住房，组成一个相当复杂的社区。现在，他们沿着墙和桌子摆放好了城镇的展览公告牌，并俨然成了康特维尔城镇的人了。然而，一天早晨，他们发现，公园里有垃圾，围墙上到处是涂鸦，某家的兔子丢了，广场前一棵新种的树也被砍倒了。

学生们迫切需要法律，否则无法阻止他们的财产被破坏。第二周，学生们在合作小组工作，分别处理一系列不同的事务，开始制定康特维尔镇的法律法规。

学生们与希科克用"头脑风暴法"列举了因财产毁坏而产生的一些问题，提出一份康特维尔全体人员"要做的"和"不要做的"清单。对照这份清单，学生们形成了关于

---

［1］ BARDI A, GOODWIN R. The dual route to value change: Individual processes and cultural moderators［J］. Journal of cross-cultural psychology, 2011, 42（2）: 271-287.

［2］ 美国国家社会科协会. 美国国家社会科课程标准：卓越的期望［M］. 高峡，杨莉娟，宋时春，译. 北京：教育科学出版社，2008: 53.

什么事"可接受"或"不可接受"行为的观点。他们研究了一套经希科克简化、改写的真实城镇的法律，然后从中找出与他们所遇情形相关的法律条文。

希科克一起邀请他们所在城镇的现任镇长、警察局长与消防队长来到班里。每位嘉宾讲述了有关的法律，并和学生们一起讨论。学生们从嘉宾那里收集信息，并制作各种图标简要说明康特维尔的居民对每一项设定的法律所应承担的责任。

作为最重要的活动，希科克让学生们准备一份康特维尔的"法律文件"。然后，把这个文件送给当地的地方官员和法律专家，并要求他们写信或者拍摄录像，对学生的文件作出回复。学生们就有关法律的意义及其在社区中的重要性按顺序进行记录。

希科克评价学生报告质量的标准是：语言是否清楚，是否运用了案例研究中的事例，是否对成人的各种反馈意见进行了总结。

从上述案例可以看到，美国教师的核心价值观教学遵循了社会科的综合性，在跨学科视域中通过情境的创设、情感的激活最终实现价值观教育目标。如案例所述，在建立模拟城镇的法律过程中，教师先引导学生发现城镇居民的财产被破坏，从而唤醒学生保护家园的情感，为制定城镇法律奠定情感基础。接着，要制定城镇法律，就需要学生具备相应的法律知识，进而引导学生开展相关法律知识的学习。与此同时，还需要教师和学生一起找到当地的专家进行访谈学习，在行动中促使学生对核心价值观形成更深刻的理解。

（二）融入科学：探索"公民科学家"价值观教学模式

由于美国近年来对科学与数学教育的重视程度提高，公民教育在课程中获得的资源和时间越来越少，公民教育逐渐被忽视。这与近几十年来公民教育的课程要求有所下降有关，美国40%的州没有将公民教育标准纳入州问责制度。在许多小学，阅读和数学占据了绝大部分的教学时间。在小学和初中后期，科学开始获得更多的关注，社会研究仍然是一门"边缘化"学科。[1]

事实上，部分学者认为将公民参与教学融入科学课程中，可以改善STEM和社会科的学习成果。范斯坦和基尔希加斯勒认为："科学教育解决可持续发展问题的一个

---

［1］　HEAFNER T L, FITCHETT P G. Tipping the scales: National trends of declining social studies instructional time in elementary schools ［J］. Journal of Social Studies Research, 2012, 36（2）:190-215.

有前途的方法是通过与社会教育研究的系统合作。"[1] 基于此，康登和威科夫斯基对美国中西部的13所学校（六年级、七年级和八年级）进行科学教育和公民教育相结合的"STEMhero"课程[2]。该课程的主要目标是培养学生对进一步学习STEM课程感兴趣，并且成为有能力对基于科学的社会和社区问题进行讨论并采取集体行动的"公民科学家"。

以STEMhero课程为核心的公民科学家跨学科学习模式结合了STEM教学的探究式方法和公民教育中的"新公民范式的最佳实践"。实际上，探究式STEM教学和新公民范式所建议的实践之间存在着显著的重叠。表2-4"公民科学家教学模式"（Condon&Wichowsky，2018）说明了这种重叠。表中第二列呈现出两种教学方法所建议的实践，其余只列出其中一种方法所建议的实践。而公民科学家的跨学科教学方法正是整合了三项内容。

表2-4　公民科学家教学模式

探究式科学	重叠	新公民范式
1. 学生收集与分析数据； 2. 学生发展与测试科学模型。	1. 教学注重社区发展或解决实际问题； 2. 教学注重跨学科的联系； 3. 在广阔的社会环境中进行学习； 4. 学习是以项目为基础； 5. 学习是合作式的； 6. 学生参与自我指导的探究： （1）提出问题； （2）组织信息； （3）形成观点； （4）辩论可选的解决方法。	1. 教学以现代事件为中心； 2. 学生与公民领袖接触，并扮演角色； 3. 学生参与服务学习； 4. 学生参与真实的公民行动。

STEMhero是为中学科学课堂设计的课程，它使用基于网络的应用程序来跟踪和分析公用事业的消耗。它利用学生家中和学校已有的技术设备，如水表、煤气表和电表等整合关于自然资源管理的科学和公民课程。

---

［1］ FEINSTEIN N W, KIRCHGASLER K L. Sustainability in science education? How the Next Generation Science Standards approach sustainability, and why it matters［J］. Science Education, 2015, 99（1）: 121-144.

［2］ CONDON M, WICHOWSKY A. Developing citizen-scientists: Effects of an inquiry-based science curriculum on STEM and civic engagement［J］. The Elementary School Journal, 2018, 119（2）: 196-222.

在STEMhero项目中，学生相互协作，注意跟踪家里和学校的水表读数。他们利用众包数据进行设计和测试，提出能够提高用水效率的策略。同时，通过合作试图解决全球重要的、待集体解决的环境问题。该项目通过让学生利用家庭和学校的水表数据，充当公民科学家的角色，为他们所在社区作出贡献。通过这种方式，STEMhero项目不仅能引起通过促进公民参与来改善共同利益的公民策略类型的思考，而且能增强青年的公民感和提高青年的政治参与度。通过关注保护水资源等问题，该项目也尝试培养更多有能力应对当前全民亟须解决的问题和挑战的公民。

STEMhero的课程设置比较灵活，适合所有中年级学生。下面举例说明STEMhero课程实施的一般步骤：

第一步，识别和读取家中的水表。学生将每天（有时是每小时）的水表读数记录到一个网络化应用程序中。STEMhero使用的软件平台可以在平板电脑、智能手机和所有的互联网浏览器上访问。没有智能手机或互联网接入的学生可以用纸笔记录读数，再在学校或图书馆的电脑上在线输入数据。此外，也有的学生使用STEMhero的阅读计划和日志手工记录电表读数，然后使用教室的电脑在线输入数据。

第二步，建立模型和分析数据。解释这些数据与自然资源的直接联系和对自然资源的影响，并介绍一系列影响用水效率的行为和技术。作为STEMhero任务的一部分，学生制作了家庭效率档案和家庭审计记录。

第三步，学生进行数据驱动的探究。选择一种效率行为或技术，自己设计实验，测试其对用水的影响。学生写出他们的研究结果，在课堂上辩论有关水管理政策的优缺点，并写出有说服力的文章，探究他们的学校和社区如何更好地管理用水。这一项目既展示了应用性学习成果，又锻炼了学生的交流技能。

在每一个步骤中，学生都参与了STEM和社会学习。在科学和数学方面，学生加深了对单位、测量和技术系统的理解，学会了收集和绘制数据，以及遵循多步骤的科学协议等技能。在核心价值观方面，学生对人类影响环境、资源稀缺带来的集体行动问题和公平问题以及水管理政策带来的法律、社会和道德问题进行了思考，对核心价值观有了深刻的理解。

（三）项目驱动：建构综合化的项目式价值观教学模式

除了正式课程，美国的中小学核心价值观教育还通过校内各种项目式学习进行。这

些项目往往不是单一学科的教学，而是将多个学科融合在一起，以便学生能够从不同的角度探讨和理解核心价值观的重要性。例如，一个项目可能会涉及历史、文学、社会科学和道德哲学等多个领域，让学生能够更全面地思考和讨论核心价值观的实际应用。通过这种跨学科的项目式学习，美国的中小学生不仅在课堂上获得了知识，培养了综合思维和跨领域的能力；而且有机会将课堂学到的知识应用到实际生活中，从而更深刻地理解和内化价值观。这种教育方法有助于塑造具备广泛知识和价值观觉悟的下一代公民。

美国亚利桑那州凤凰城一所生物科学高中通过"参与式预算编制"（Participatory Budgeting，简称PB）项目来培养和提高学生的公民参与能力。[1] 参与式预算编制是对资源分配进行审议和决策的过程，通常在市一级政府进行。这一过程的起始点是由当地居民确定地方需求，集思广益找出满足这些需求的潜在对策，同时选出代表，以在全市范围内代表各个社区进行决策。代表们讨论各自社区的优先事项，并提出解决这些问题的建议，各社区代表将提案带回给他们所代表的居民，然后由居民投票选出他们希望资助的项目。社区投票为代表和市政人员制定最终预算提供信息。最后，市政府在居民监督下执行选定的项目。[2] 以下是研究人员通过参与式行动研究的方法在该高中实施这个参与式预算编制项目的步骤与细节。

第一步，明确项目程序。

研究人员在与学校校长、教师沟通好之后，确认将本次实施的项目作为该校学生会（STUGO）的标志性项目，并且明确其为学生驱动的项目。在前期会议上，研究人员解释了学生参与项目的基本规则：（1）学生将分配2000美元；（2）资金不能直接用于金钱或礼物；（3）资金必须用于造福学生、学校或社区；（4）STUGO将帮助指导这一过程，但没有决策权。全体学生将通过投票程序作出最终决定。

第二步，指导委员会的成员组成与职责确认。

STUGO董事会对该项目感到兴奋，并决定成立一个指导委员会来设计参与式过程，他们提出，指导委员会将由八名STUGO董事会成员和八名学生代表（每个年级两名）组成。但是，在选出指导委员会成员的过程中学生产生了不同意见。一些董事会成

————————————

[1] COHEN M, SCHUGURENSKY D, WIEK A. Citizenship education through participatory budgeting: The case of Bioscience high school in Phoenix, Arizona [J]. Curriculum and Teaching, 2015, 30(2): 5−26.

[2] BAIOCCHI G, LERNER J. Could participatory budgeting work in the United States? [J]. The Good Society, 2007, 16(1): 8−13.

员很难接受指导委员会应通过民主程序选出。两位董事认为，董事会应该亲自挑选委员会成员，以确保他们能找到"认真"的学生。另一名董事会成员，一名高二男生回应说："如果这是为了民主，那么我们难道不应该让他们投票吗？"因此，这主要是"任命代表"和"选举代表"之间的矛盾，以及"代表制决策"和"参与制决策"之间的矛盾。

为解决这个问题，在随后的一次会议上，STUGO董事会确定了指导委员会的组建程序。他们决定在全校大会上向学生介绍PB和指导委员会。然后，STUGO代表将在各年级进行指导委员会选举。为了准备这次大会，两名初三女生和她们的一名老师一起起草了一份演讲稿。其中一名学生在大会上发表了演讲，大多数学生参加了大会。大会结束后，每个年级都召开了一次提名会议。最初的指导委员会由16名学生组成：8名STUGO董事会成员和每个年级的两名代表。在项目实施过程中，16名指导委员会成员中有12人定期参与，但有4名学生无法继续参与。指导委员会在STUGO导师和研究人员的指导下每周召开一次会议。从一开始就向学生们说明，这是他们自己的项目，成年人只会在必要时提供协助或进行干预。指导委员会首先为自己制定了基本规则，包括起草章程、议事规则和项目时间表。

指导委员会成立后，设计了学生参与预算编制的程序，制作了一份项目提案表，由年级代表在班上向同学分发申请表。每个年级的经验都很独特。高一年级的教师为学生创造了课堂时间，让他们讨论潜在的项目、与指导委员会代表交流、研究项目预算并填写项目表格。高二年级很少有课堂时间专门讨论项目预算，而高三年级则灵活处理。

第三步，拟议项目和决策。

最后，共有45名学生合作提交了32份提案，总计15,462.14 美元。在对项目提案的初步审查中，指导委员会剔除了7项不完整、不可行或提议学校已免费提供服务的提案。在获得批准的25份提案中，15份提案要求为娱乐目的提供资金，7份提案建议改善设施，3份提案建议为学术目的提供资金。指导委员会对这些提案进行了第二次审查，以合并多余的项目，并最终确定了18个项目，由学生会进行审议和投票。表2-5列出了最终的18个项目及其预算。

表2–5 美国某高中学生建议的项目和预算

拟议项目和说明	预算
*生物科学室外展馆（用于校园教育展览）	$1,510.00
*三维打印机墨水（学校三维打印机彩色墨水线轴）	$266.00
*显微镜相机适配器（将数码相机安装到显微镜上）	$763.20
预备军官训练营计划（提供启动资金）	$2,000.00
学校花园	$217.16
增加回收箱（增加市政厅的回收箱数量）	$150.00
延长电源插座（供学生在教室为笔记本电脑充电）	$150.00
大伞（九把遮阳伞，供学校操场的桌子使用）	$740.00
室外绿荫（学校庭院的三角绿荫结构）	$129.00
体育器材（各种运动球）	$555.00
音乐俱乐部（新音乐俱乐部的乐器）	$999.97
校园秋千	$149.99
加加球池（为学生建造一个玩"加加"游戏的球场）	$500.00
新篮球架和背板（用于学校庭院）	$263.04
排球设备（在露天体育馆设立第二个排球场）	$157.99
足球门（两个小足球门，供学生在午餐时间踢球）	$169.88
漆好的篮球场（乳胶漆，用于标记篮球场）	$36.44
香味、发光植物和爱的栅栏（仿照巴黎的栅栏）	$203.20

"*"表示经学生投票最终获选的项目。

　　指导委员会在接下来的一周里制作了宣传材料，向同行介绍拟议的项目。他们为每个项目制作了海报，包括项目名称、简要说明和总预算。指导委员会将海报悬挂在学校食堂"市政厅"（Town Hall），这是一个多功能区域，同时也是入口大厅和集会场所。他们还在学校的内部社交媒体网站上发布了项目说明。每个年级都为指导委员会举办了一次论坛，介绍各个项目，并允许学生提问和讨论每个项目的优缺点。在高一年级，教师帮忙组织一次论坛，让学生进行辩论，并共同确定了前三名的项目。在其他年级，教师不参与，由指导委员会代表主持不太正式的讨论。论坛结束几天后，学生被要求对他们最喜欢的三个项目进行投票和排名。随后，每个年级的学生代表统计投票结果，并根据第一、第二和第三名的排名对结果进行加权。最受欢迎的三个项目是生物科学室外展馆（BOP）、三维打印机墨水和显微镜相机适配器，BOP和三维打印机墨水与课程项目直接相关，而显微镜相机适配器则用于科学课。这三个项目略微超出2000美元的预算，但校长得知学生支持学术项目后非常高兴，决定全额资助，并且计划在学生暑假返校后实施这些项目。研究者的后测表明，项目式研究可以作为公民教育的一种有效工具，此次项目实施后学生大多数相关能力指标都有积极的增长。

此种方式需要注意以下四点：第一，需要教师鼓励学生参与。项目式价值观教学需要教师的支持和示范。只有教师充分发挥自己的作用，才能确保学生真正理解、内化和实践有关价值观的重要概念。第二，在低年级的时候就开始实施。低年级的学生处于教育的早期阶段，通常还没有受到来自升学和就业的强烈压力。这意味着他们可以更加专注于项目开展，不必受到升学压力的限制。第三，将课外实践项目过程与课堂学习联系起来。这种综合方法不仅有助于深化学生的学习体验，还有助于将理论知识与实际应用相结合，促进综合素养的发展。第四，需要学校领导给予支持。领导层可以分配足够的预算，确保项目所需的材料和设备得到妥善安排，以便学生能够充分参与项目。此外，领导层还可以协调学校的时间表，确保学生有足够的时间用于项目的策划、实施和评估。

总的来说，跨学科整合式的项目式学习"是一个完整的探究过程，其中蕴含着丰富的探究技能，同时整合批判性思维、问题解决、交流合作、信息媒介与技术、社交技能等21世纪公民应当具备的最基本技能"[1]。经历了完整的探究过程以后，学生对于社会事务的参与度更高，对于作为一个公民的责任和权利意识也更加明确，也更有利于共同核心价值观的形成。

---

[1] 李潇君. 美国社会科课程中的价值观教育研究 [D]. 长春：东北师范大学，2017.

五、美国中小学核心价值观教育的评价策略

美国中小学核心价值观教育的成功得益于其对评价的重视。资料显示，针对中小学核心价值观教育的评价，主要分为国内的NAEP评价与国际评价。

（一）国内评价：NAEP公民教育评估

国家层面的中小学核心价值观教育评价依托于全国教育进步评估（National Assessment of Education Progress，简称NAEP）中的公民科评估，是对全国范围内中小学生公民素养培育成效的测量。NAEP公民教育评估是"为了明确四、八、十二年级学生应具备的公民知识和技能，并对这些知识和技能进行评估；描述公民是否具有被希望的品性的评估方法"[1]，后来逐渐成为美国中小学核心价值观教育的主要评价方式之一。其发展历程大致如表2-6所示。

表2-6　历年来公民教育评估实施情况

科目	年份	参加人数
公民	1969—1970年	—
社会研究（包括公民）	1971—1972年	—
社会研究（包括公民）	1975—1976年	—
公民与社会研究	1981—1982年	24,400人
公民：美国政府与政治	1988年	—
公民	1998年	四年级学生：5,948人 八年级学生：8,212人 十二年级学生：7,763人
公民	2006年	四年级学生：7,000人 八年级学生：9,200人 十二年级学生：9,100人

---

[1] 美国国家社会科协会. 美国国家社会科课程标准：卓越的期望［M］. 高峡，杨莉娟，宋时春，译. 北京：教育科学出版社，2008：2.

科目	年份	参加人数
公民	2010年	十二年级学生：9,800
公民	2014年	八年级学生：9,100
公民	2018年	八年级学生：13,400

如表2-6所示，公民教育的评估实施最早可以追溯到1969年，直到20世纪90年代才开始定期进行评估，从2006年开始固定每四年进行一次八年级公民评估。

NAEP公民教育评估试卷包括"背景调查"和"正式试卷"两部分。背景调查是对参与公民教育评估的学生、教师和学校管理者进行的问卷调查。该评价不记名，与奖学金的获取也不挂钩，用于收集和报告学生在课堂内外学习经验的相关信息。正式试卷中有多选题、问答题和论述题，题目难度分为简单、中等、困难三个水平，按学生测试情况计分，满分300分（学生的表现通常在110～150分之间）。以1998年的公民教育评估结果为例，公民教育评估的平均分是150分，标准差是35分。以此为标准，NAEP公民教育评估的成绩分为基础、熟练和高级三个水平。该结果主要用于评估美国中小学公民教育（包括价值观教育）的国家整体水平以及进行不同学生群体的比较分析。

下面通过对NAEP公民教育评估2018年部分试题的分析，探究NAEP中核心价值观教育评价具体是如何实施的。（见表2-7）

表2-7　2018年NAEP公民教育评估八年级例题

题型	例题	考查重点	维度	正确率
选择	1. 即便总统不同意，美国国会依然可以通过一项法案，这是因为： A. 国会必须确保所有公民的需求得到满足。 B. 国会在不需要总统参与的情况下，可以更快地制定法律。 C. 国会通常比总统更了解法律的含义。 D. 国会是政府的主要立法机构。 答案：D	了解国会的否决权	美国政治制度	50%
简答	2. 除了投票和成为候选人之外，公民还可以通过哪两种方式参与总统竞选和选举？ 答案：通过担任竞选经理或出借竞选资金；被指派在投票日分发选票。	能解释公民参与	美国政治制度	26%

题型	例题	考查重点	维度	正确率
选择	3. 联合国的中心宗旨是： A. 民主建国。 B. 维护国际和平与安全。 C. 定国界。 D. 将国际罪犯绳之以法。 答案：B	知道联合国的目标	世界事务	69%
论述	4. 下面的图表举例说明了人们从事志愿服务的领域以及他们从事志愿服务的原因。请从图1中选择列出的三个志愿者活动领域，为每一个领域确定个人在家庭以外可以采取的具体行动，并解释它将如何在自己的社区中发挥作用。 比率/% 44 41 34 23 16 16 12 教育 青年组织 健康 贫困与饥荒 艺术与文化 政治 环境 图1　各领域志愿者参与人数 比率/% 97 93 89 76 40 15 10 我想帮助他人 我享受在其中 特定的原因吸引我 通过志愿活动我能感受到责任 交新朋友 获取工作经验 我的雇主鼓励我去做 图2　人们参加志愿者活动的原因 参考答案：教育—　他们可以在图书馆和食堂帮忙，这将减少他们的社区必须支付给图书馆和食堂工人的费用。 环境—　他们可以清理公园旁的垃圾，使他们的社区变得更好更漂亮。 贫穷与饥荒—　捐献金钱和食物或组织食物募捐活动，这将帮助当地的无家可归者收容所。	知道志愿者的作用	公民的角色	13%

在NAEP公民教育评估中，美国的核心价值观被转化为公民知识的五个领域：政治和政府、美国政治制度、政府的角色、世界事务和公民的角色。

例题1考查学生是否了解国会的否决权，用选择题的形式对基础知识的掌握情况予以考查。三权分立是美国民主政治制度的突出表现。

例题2考查学生是否能解释公民参与的方式。题干中给出的是两种最为普遍的和两极化的参与方式，投票和成为候选人。正确答案展现了美国民主参与的多种途径，体现的是民主和自由的思想。

例题3间接体现了美国核心价值观教育的价值取向。一直以来，美国宣称"维护国际和平与安全"是美国的责任，即将世界共同的责任作为自身的责任。其更深层的意图是将自身的核心价值观传播出去，意图将美国的核心价值观等同于普世价值观。

例题4是一道相对复杂的论述题，需要学生读图之后表达自己的见解。这道例题首要考查的是批判性思维，即学生阅读分析图表后要从中作出选择。另外，"选择具体行动，并解释它将如何在自己的社区中发挥作用"是从观念上的考查过渡到行为上的考核。志愿服务实际上也是美国核心价值观教育的重要途径之一，这实际上也是爱国价值观的间接考查。

由上，我们可以看到，美国国内中小学核心价值观教育评价具有以下特点：

第一，以行动方案来测评价值观。NAEP公民教育评估考查的是学生对核心价值观的体认，特别注重加强与实践的紧密联系。例如，上述例题4，让学生分析数据并且阐释自己可能会进行的社区志愿服务。从这一点可以看到，美国的核心价值观教育重视观念与行为的联结，因为"只有一个持续不断的行为才能从比较不确定的、分开的和犹豫不决的状态，进到一个比较外显的、决定的或完全的状态。"[1] 因而，即便是纸笔测评，也十分强调以行动来透视价值观。

第二，以情境设计来测评价值观。最能体现情境化命题的题型还是材料题。题目中首先呈现需要深层解读的材料，如漫画、海报和图片等，而后再提出问题。如，2010年四年级试题第4小题：

---

[1]　杜威，民主主义与教育［M］．王承绪，译．北京：人民教育出版社，2001：365.

图 2-3　四年级公民教育材料题

漫画中的孩子是一个六岁的男孩，名叫卡尔文。这幅漫画的要点是什么？

A. 宪法规定了一个人的任期。

B. 家庭和政府的运作方式不同。

C. 民选官员和任命官员的任期不同。

D. 卡尔文不知道宪政是如何运作的。

这是一道关于家庭和政府如何运作的组合题，同样考查公民的角色，学生阅读漫画内容后必须结合已有的公民知识才能分析出漫画的核心思想。这样的漫画本身带有幽默感，是学生喜闻乐见的，但同时又渗透着对批判与分析思维的考查。这样的材料题，能够真正地测评出学生的价值观素养水平。

第三，探索数字化价值观评估技术。2018年1月至3月间实施的公民教育评估，以数字化评估（Digitally Based Assessments，简称DBA）和纸质评估（PBA）两种形式同时进行。从内容上看，2018年基于数字化的公民教育评估继承了2014年纸质评估的内容，主要差异在于部分问题被调整为适合平板电脑屏幕的形式。评估是在进步教育中心提供的平板电脑上进行的，使用的是安全的本地NAEP网络。这使得NAEP管理员能够通过自带设备创造一个稳定的评估环境，不受校内设备或学校网络连接的影响，从而保持各受评学校的一致性。学生可以通过触摸屏、连接键盘或使用NAEP提供的手写笔与平板电脑互动。基于数字化的公民教育评估为学生提供了交互式的项目类型和在线工具，如缩放功能，以及为视障人士提供不同的对比度设置。在评估开始前，学生需要先观看一个互动教程，该教程提供了在平板电脑上进行评估所需的所有信息。

（二）国际评价：公民素养评估项目与价值观调查

全球化的背景下，社会经济日益发展，推动各国青少年的价值观发生改变。与此同时，人们开始意识到价值观对于公民社会与民主制度的发展也有着重要的作用。因此，国际范围内的价值观评估项目也悄然兴起。其中覆盖范围最广的国际评估项目主要包括"世界价值观调查"组织（World Values Survey Association，简称WVSA）举办的世界价值观调查（World Values Survey，简称WVS）研究，以及国际教育成就评价协会（International Association for the Evaluation of Education Achievement，简称IEA）组织的国际公民素养研究（International Civic and Citizenship Education Study，简称ICCS）。

世界价值观调查研究源自欧洲价值观调查EVS（European Values Survey，简称EVS），1981年EVS调查结果显示，政治、家庭、宗教、性别等价值观念在受访国家居民之间存在较大差异。这个结果引起美国密歇根大学的政治学教授英格尔哈特（Ronald Inglehart）的关注和认可，此后便开展了全球范围内的价值观调查。世界价值观调查致力于研究变化中的价值及其对社会和政治生活的影响。通过价值观的调查与对比分析，我们可以了解到价值观的历时态变迁从而理解社会行为的变化，这对社会现象的解释以及文化价值观的多样性都有一定的作用。[1] WVS实行每五年一次的连续滚动调查机制，至今进行了七次调查（1981—1984，1990—1994，1995—1998，1999—2004，2005—2009，2010—2014，2017—2021），主要以面对面访谈的形式进行。第七次价值观调查（2017—2021）包括了以下14个主题：社会价值观态度和典型观念、社会福利、社会资本、信任和组织成员、经济价值观、腐败、移民、后物质主义指数、科学技术、宗教价值观、安全、伦理价值与规范、政治利益与政治参与、政治文化与政治制度和人口学。除此之外，还有一些特定区域如中东或者是特定性别等附加问题。

自第二次调查起，美国就一直参与其中，由于WVS是针对人类普世价值观的调查研究，调查人群年龄范围比较广，对美国中小学核心价值观教育评估只是起到补充作用。例如，在第七次价值观调查的美国卷"社会价值观态度和典型观念"这一板块中的调查，前6题就要求调查对象对家庭、朋友、休闲时间、政治、工作以及宗教分别进行四点赋值，指出它在生活中的重要性。实际上这一道基础的赋值就考查了国家核心价值观教育的效果。一直以来，美国的核心价值观教育目标之一就是培养积极参与国家事务

---

［1］ 韩广华. 世界价值观调查（World Values Survey）的介绍［J］. 实证社会科学，2017（2）：109-118.

的公民。例如，"政治利益和政治参与"这一板块中的调查包括"你说你对政治有多大兴趣？""人们从各种渠道了解这个国家和世界正在发生的事情。对于以下每个来源，请说明你是每天、每周、每月、少于每月还是从不使用它来获取信息"（考查网络来源）；"政治文化与政治制度"这一板块中的调查包括"许多东西都是可取的，但并非所有这些都是民主的基本特征。请告诉我，你认为下列每项事物作为民主的基本特征有多重要。请用这个尺度，1表示'完全不是民主的基本特征'，10表示'绝对是民主的基本特征'""你为自己是［_____国家的国籍］而感到骄傲吗？"这些问题都和美国核心价值观密切相关，为美国核心价值观教育的国内评价提供一定补充。

与WVSA相比，IEA组织的国际公民素养研究与国际价值观调查更贴近于美国的核心价值观，其历年来的评价都是围绕"学生是否具备公民所需素养"这一核心目标展开。正式测验中，公民素养评估框架由公民知识内容领域（Content Domains）、公民情感—行为领域（Affective-behavioral Domains）以及认知领域（Cognitive Domains）三部分组成，主要考查"公民知识、学生对政府和法律的态度、公共事务的角色与责任以及身份认同"[1] 等方面。

值得注意的是，无论是国际的还是美国国内的核心价值观教育评价，均非常重视历时态的对比。毕竟，随着社会发展与需求的变化，核心价值观也在发生变化。与此同时，通过核心价值观教育评估的结果，相关部门可以及时了解青少年核心价值观教育存在的问题并予以改正。

六、美国中小学核心价值观教育的教师发展

对于任何一种教育而言，教师都是落实教育任务、实现教育目标的关键，教师的素养直接影响着中小学核心价值观教育的质量。基于此，个体自成为社会科教师起就需要经历一系列的专业培训，保证其能够胜任社会科教师的角色。因此，本节选取了社会科教师专业发展过程中的"教师教学标准以及教师发展标准"，深入剖析美国社会科教师的专业发展过程，借以总结美国中小学核心价值观教育教师培养的经验。

---

[1] 刘争先. 儒家文化与亚洲认同：东亚学生的价值观与态度比较——基于IEA第三次国际公民素养研究报告的分析［J］. 外国教育研究，2014，41（9）：103-112.

（一）核心素养导向：基于标准的教师培养

美国的社会科教师承担着价值观教育的主要责任，因而本研究以社会科教师的标准来分析承担着美国中小学价值观教育的教师是如何培养出来的。下面以2018年版《全国社会研究理事会国家社会学教师培养标准》（简称《社会科教师国家培养标准》）（*National Council for the Social Studies National Standards for the Preparation of Social Studies Teachers*）为载体予以分析。《社会科教师国家培养标准》（2018）包括前言、简介、标准、术语表、证据指南和参考文献六大部分。标准专门将教师的培养内容概括为五项核心素养（见表2-8）。

表2-8　社会科教师的五项核心素养

五项核心素养	具体描述	构成要素
内容知识	候选人展示了社会研究学科的知识，并对"学科概念、事实和工具，探究结构，以及表征形式"都有所了解。	要素1a：候选人了解公民、经济、地理、历史和社会/行为科学的概念、事实和工具。
		要素1b：候选人对学科知识有一定的了解。候选人对公民学、经济学、地理学、历史学和社会/行为科学的学科探究有一定了解。
		要素1c：候选人对公民学、经济学、地理学、历史学和社会/行为科学中的学科代表形式有一定的了解。
通过规划应用内容	候选人规划学习顺序，利用社会学知识和素养、技术、理论和研究来支持学习者的公民能力。	要素2a：候选人计划学习顺序，展示与《C3框架》、州要求的内容标准、理论和研究相一致的社会研究知识。
		要素2b：候选人规划的学习顺序，能让学习者掌握社会研究学科的概念、事实和工具，以促进公民生活中的社会研究素养。
		要素2c：候选人规划学习顺序，能让学习者参与学科探究，以发展公民生活中的社会科学素养。
		要素2d：候选人规划学习顺序，让学习者创造传达社会学知识和公民技能的学科表现形式。
		要素2e：候选人计划使用技术来培养公民技能的学习顺序。

（续上表）

五项核心素养	具体描述	构成要素
教学和评估的设计与实施	候选人根据数据知识和学习者的自我评估，设计和实施能够提高公民技能的教学和真实评估。	要素3a：候选人设计并实施一系列真实的评估，以衡量学习者对学科知识、探究以及公民技能的表征形式的掌握程度，并证明与国家要求的内容标准一致。
		要素3b：候选人设计并实施学习经验，让学习者参与学科知识、探究以及公民技能的表征形式，保证与州要求的内容标准一致。
		要素3c：候选人运用理论和研究来实施各种教学实践和真实的评估，以学科知识、探究以及公民技能的表征形式为特色。
		要素3d：候选人通过使用评估数据来指导教学决策，并反思与学科知识、探究以及公民技能的表征形式有关的学生学习成果，展现数据素养。
		要素3e：候选人让学习者参与自我评估实践，支持与学科知识、探究以及公民技能的表征形式有关的个性化学习成果。
社会研究的学习者与学习	候选人利用对学习者的了解，规划和实施相关的、有针对性的教学法，创造协作和跨学科的学习环境，并培养学习者具备包容性，成为公平社会的知情倡导者。	要素4a：候选人利用对学习者的社会文化资产、学习需求和个人身份的了解，规划和实施相关的、有针对性的教学法，以确保社会研究的公平学习机会。
		要素4b：候选人要促进跨学科的合作学习环境，让学习者在其中使用学科事实、概念和工具，参与学科探究，并创造学科的表现形式。
		要素4c：候选人让学习者参与道德推理，以审议社会、政治和经济问题，交流结论，并采取明智的行动，以实现一个更加包容和公平的社会。
专业责任和知情行动	候选人反思并扩展他们的社会研究知识、探究技能和公民品格，通过在学校或社区的知情行动，推动社会正义和促进人权。	要素5a：候选人运用理论和研究不断提高自己的社会学知识、探究技能和公民品格，并调整实践以满足每个学习者的需求。
		要素5b：候选人利用理论和研究不断提高自己的社会学知识和探究技能，以及公民处置能力。候选人探索、审视和反思自己的文化框架，以关注学校或社区内的公平、多样性、机会、权利和社会正义等问题。
		要素5c：候选人在学校或社区采取知情行动，并成为学习者、教学专业或社会研究的倡导者。

America

如表2-8所示，所有社会科教师的培养标准中包含内容知识、通过规划应用内容、教学和评估的设计与实施、社会研究的学习者与学习、专业责任和知情行动。而其中的"构成要素"关涉的是标准中所表达的知识、技能或品格的深度和细节。每个标准和要素共同描述了高质量社会科教学的一个特征。从教师知识学的视角审视，不难发现，从事价值观教育的教师至少应该具有以下三个方面的知识（如图2-4所示）。

图 2-4　社会科教师的知识结构示意图

由上述可知，作为一名能够开展价值观教育的教师，首先应具备相应的核心价值观，而后才是具备能够对学生进行价值观教育的教育教学知识和相关技能。

近年来，为了更好地推动社会科教师的发展，《社会科教师国家培养标准》中提出了雄心壮志型教学（Ambitious Teaching）。这种教学要求教师能够在学生解决问题的过程中给予回馈，同时能够引导学生对学习目标负责，包括解决问题的过程之流畅性、策略性知识、适应性推理以及对结果的期待。作为社会科教师，从事雄心壮志型教学需要达到三个要求：第一，熟悉自己的学科，并从中看到丰富学生生活的潜力；第二，熟悉自己的学生，包括学生过着什么样的生活，这些年轻人是如何思考和感知世界的，他们的能力远比自己和大多数人认为的要强；第三，在其他人（如管理者、其他教师）可能不欣赏他们努力的情况下，能够为自己和学生创造必要的教育情境。在教师教育项目中，雄心壮志型教学将使未来的社会科教师能够引导学生通过产生强大体验的方式来面对持久和未知的挑战。更具体地说，社会科教师旨在帮助学生建立自身对美国核心价值观的认同，强调体验式学习，让学生认识到核心价值观与日常生活的紧密联系，遇到困难的时候，能够在核心价值观支持下破除障碍与迎接挑战。

（二）目标导向：基于评价的教师发展

在具体实施上，1997年和2018年的美国社会科教师国家标准建立了科学合理的评价体系，旨在建立社会科教育领域严格的"准入门槛"，以避免社会科教师的教育水平出现较大差异，同时也成为衡量社会科教育专业发展质量的标杆。

对于教育培训机构和学院而言，如果目标是为有志于成为社会科教师的个人提供初级许可（或证书），或者推荐成功完成教育项目的人获得州许可（或证书），那么他们需要将NCSS颁布的社会科教师专业标准作为基准。这意味着这些培训机构和学员需要仔细检查社会科教育培训项目，以确保这些项目满足标准的要求。对于未达到标准要求的项目，需要进行反思和改进；而对于达到标准要求的项目，则需要提交相关证据，证明其培训项目满足标准中的各个要素。对于州级机构或州许可（或认证）办公室而言，社会科教师专业标准扮演了评估和认证教育培训项目的关键角色。批准社会科教育培训项目的州级机构可以使用这些标准作为评估所审查项目的依据，而州许可（或认证）办公室则可以根据这些标准来评估申请获得社会科教师执照（或证书）的个体教师的能力水平。因此，社会科教育专业标准被不同单位、群体和个体广泛采用，作为衡量和评估社会科教育培训质量的共同依据。这有效地避免了不同群体采用不同评估标准可能导致的培训质量差异和评价指标混乱，有助于管理和监督社会科教育专业发展，确保社会科教师培训质量的稳定性和一致性。[1]

七、启示与借鉴

综观美国的中小学核心价值观教育体系，从目标到课程，从教材到教学，从评价到教师培养，我们能发现其一些特点：有旗帜鲜明的价值观目标、特别重视"理性"的作用、倡导认知与情感的联结，并鼓励跨学科以及网络化合作等形式。这些做法都能为推进我国社会主义核心价值观教育带来一定的启示。

（一）旗帜鲜明地进行全方位的核心价值观教育

美国的核心价值观教育最为成功之处就在于，人们无论是否接受过正式的核心价值

---

［1］　王欣玉. 美国社会科教师专业标准研究［D］. 济南：山东师范大学，2020.

观教育，都知道自由、民主、平等、法治和爱国是美国的核心价值观。这得益于美国内容鲜明、目标明确的核心价值观教育。这一点体现在各层级的核心价值观教育目标中，从国家层面的民族意识建构到课程层面的公民技能培养，核心价值观以不同的形态融入教育目标。与此同时，这一特点在教学实践上也有明显体现。比如，"公民科学家"项目式学习的整个过程都是学生亲身参与，教师在开始和结尾给予学生需要的支持与总结指导，过程中怎么做全凭学生自己去发挥。如此，自由、民主等核心价值观既转化为教师教学的指导条目，也体现在学生参与式学习的过程中。这就启示我们，对于社会主义核心价值观教育，我们可以更加旗帜鲜明地进行转化和宣传，不仅重视在中文语境下的传播，更应该进行国际化表达，以此增强我国文化的国际影响力和学生的民族自豪感，增强文化自信。将核心价值观进行课程化，制定核心价值观教育的课程标准与教学指导，将社会主义核心价值观转化为层次分明的教育目标，融入贴近学生生活的教育内容，强调体验与参与的教学方法，从而保证价值观教育的效果。

（二）形成打破学科界限的综合性核心价值观教育

核心价值观教育是学校教育的重点，需要多门学科共同完成。因此，以美国为代表，许多国家开展了跨学科的核心价值观教育。一方面，将核心价值观教育的内容分散到各个学科中，如美国社会科中包含历史、公民、政治、地理等多门学科，每一学科都侧重于不同层面的核心价值观。另一方面，建构基于项目式学习的跨学科核心价值观教育课程，例如，美国联合STEM教育和社会科教学形成的STEMhero课程。综合性核心价值观课程能扩展学生的视阈，帮助学生从不同角度理解并建构个人的核心价值观体系。在实践中，部分美国学校还突破性地综合了STEM教育和社会科教育，利用社区空间，实现校内和校外的联通。

这启示我们，推进我国社会主义核心价值观教育，应该打破学科界限，走向构建综合化的教学方法体系。同时，应该更进一步地将学校教育延伸到社区，加强学校、家庭、社会之间的协同教育。

（三）建构融合理性与情感为一体的价值观教学方法

在美国中小学核心价值观教育中，核心价值观主要通过社会科课程标准转译成教学目标与内容，如《C3框架》中的十大主题以及公民教学标准中的公民知识与技能，进而进入课堂教学。那么，在课堂中究竟如何开展核心价值观教学呢？在很长一段时间内，价值澄清作为道德教育的方法遭到了人们的贬斥，许多学者将20世纪中后期美国的社会问题都归咎于价值澄清。事实上，这是一种基于经验的错误归因。从德育方法的角度来看，价值澄清本身是价值无涉的，它只是一种指导学生更新价值观的方法而已。然而，倘若我们结合美国的社会历史背景便不难发现，美国核心价值观教育中的价值澄清教学方法是有价值取向的，它最本质的是对人性的理性假设。在这一前提之下，美国的价值观教育也默认人性的理性假设，认为在一个自由的国度中，具有理性的人通过价值澄清之后的行为，会更加合乎理性与道德。正因为如此，"理性"成为美国中小学核心价值观教育的一大特征。但是，在以理性为主导的核心价值观教学过程中，教师也被鼓励通过情感教育进行渗透。比如，多个版本的美国历史教材中都呈现了殖民地时期的波士顿倾茶事件、黑人奴役以及种族身份认同等内容。理性与情感共同助力，方能促进核心价值观教育质量的提升。这一经验启示我们，在推进社会主义核心价值观教育的过程中，一味地强调情感或者一味地强调理性分析，都是失之偏颇的，我们应该尝试二者融合的综合性价值观教学方法。

（四）确立教师的价值观教育素养标准，推动教师专业化发展

在学校，教师是核心价值观教学活动的主体，其自身的价值观水平是至关重要的。可以说，教师的言行是其价值观水平的主要表现。而学生学习过程中可能会无意识地模仿教师行为。因此，教师的价值观水平对学生有直接的影响。同时，教师还是开展融合价值观在内的综合教学活动的主体。他们具备教育的综合素养，也是保证高质量教育的关键。因此，为了保证核心价值观教育的质量，美国非常重视教师培养标准的制定和评估。鉴于此，我国在推进社会主义核心价值观教育的过程中，制定教师的价值观教育素养标准并进行系统的测评，也将成为教师教育的核心内容。此外，应增加社会主义核心价值观教育的国家培训项目，鼓励教师通过自我研究，撰写教育反思日志，进行自我的价值观建构，并最终助力学生社会主义核心价值观的养成。

（五）建构联通国内外的核心价值观教育评价体系

美国在推进核心价值观教育的过程中十分重视评价，建构了融合国内公民素养评估和国际公民素养评估为一体的综合性价值观教育评价体系。这一体系通过持续的数据反

馈，推动着各学校价值观教育不断改进和完善。鉴于此，我国的社会主义核心价值观教育评价也需要建构一个联通国内外的多层次核心价值观教育评价体系。第一，积极参与国际上的价值观调查，譬如，世界价值观调查和国际公民素养研究。第二，发展全国性的核心价值观教育评估。基于课程标准建构核心价值观教育智库，定期抽样测评，作为核心价值观教育评定的一部分。第三，推进以学校为单位的核心价值观教育评价。各学校基于课程标准结合实际进行相对灵活的测评。这一层面的关键是评价维度与指标的处理与应用。如此，三个层次的核心价值观教育评价体系形成合力，建构更具实效性、与时俱进的社会主义核心价值观教育体系。

一直以来，美国都比较注重文化输出，强调个人主义、自我表达胜过集体主义精神和团结合作。根植于西方文化土壤中的美国，其价值观教育凸显了"理性"的特点，倡导"独立"却弱化了包容，这无不折射出价值观及其教育都是境域性的，"自由民主的空气"不一定适合所有的国家。因此，我们应该辩证地认识美国的中小学核心价值观教育，坚守中国文化之根，努力建构以"中国梦"为核心的社会主义核心价值观教育体系。

第三章

加拿大

中小学核心价值观教育

Canada

加拿大是世界上国土面积第二大的国家，位于北美洲北部，其独特的地理环境、气候条件、自然资源造就了极具地域特色的加拿大文化，塑造了加拿大人独特的价值观。中小学是学校教育的起始阶段，是培育公民核心价值观的摇篮。加拿大的核心价值观教育以培育国家认同、凝聚社会共识为主要目的，以培育公民对核心价值观的理解和认同为主体内容，彰显了加拿大对其独特文化内核与社会意识形态本质的自觉阐释与传播，并将其逐渐转化为加拿大公民对其国家精神与价值理想的坚守与践行。[1] 因此，深入了解加拿大中小学的教学大纲、课程标准、课程设置、课本、课堂，才能真正了解加拿大中小学核心价值观教育的深刻内涵。

一、加拿大中小学核心价值观教育的历史演进

核心价值观的形成得益于社会土壤的滋润，是在历史发展传承和社会生活实践中所积淀的时代思想精华和价值共识，与社会的地理环境、经济因素、政治制度、文化底蕴息息相关。加拿大自建国以来就非常重视核心价值观教育。加拿大独一无二的国家发展史开拓了其独具特色的核心价值观建设路径。由于多民族国家建构历史过程的复杂性和民族构成的多样性，加拿大在塑造国家认同及培育核心价值观的进程中"呈现出非常复杂的面相"[2]。回望历史不难发现，加拿大中小学核心价值观教育的路径与不同的历史阶段所倡导的核心价值观紧密相连，大致可以分为以下四个阶段。

（一）殖民地时期：盎格鲁价值观主导

15世纪伊始，由于法国和英国的入侵，加拿大被迫形成了上、下加拿大的割裂局面。此后，加拿大成为英国独占的殖民地，英国成为当时加拿大最大的贸易伙伴。第二次世界大战以后，美国扩张势力迅速崛起，出于地缘政治的影响，加拿大在经济上对美国十分依赖，使得美国的主流文化与价值观念也逐渐渗透到加拿大社会生活的各个方面。1867年，加拿大获得自治领地位初期，为了抵御美国的扩张，获得宗主国的持续庇护，自治领政府构建了以"盎格鲁价值观"为主导的核心价值观体系。联邦政府要

---

［1］　刘晨. 加拿大核心价值观教育研究［D］. 长春：东北师范大学，2018.

［2］　周少青. 加拿大多民族国家建构中的国家认同问题［J］. 民族教育，2017（2）：16-30.

求早期移民放弃自己母国的文化传统与民族习惯，接受"盎格鲁–撒克逊"的世界观、价值观和行为方式。[1] 加拿大政府于1867年颁布了第一部宪法文件——《英属北美法案》，以宪法形式提出了加拿大的立国价值原则——"和平、秩序、良政"，明确了加拿大与英国之间的联合方式，保留了英女王权力和议会制传统。[2] 通过"盎格鲁价值精神"的灌输和传授，加拿大努力使居住在其领土内的人们逐渐淡忘本土文化和传统，进而建立一种"包裹在大英帝国归属意识之下"的双重国家认同情感。[3]

（二）寻求独立时期：公民新身份认同的价值观主导

1947年1月，加拿大颁布了《公民法案》（*Canadian Citizenship Act*）。这一法案的生效，标志着新的国家认同方式的出现。加拿大认同不再依附于大英帝国或英联邦而存在。[4] 在"加拿大新认同"精神的引领下，该法案对加拿大公民身份进行了重新定义，赋予加拿大公民新的身份内涵、法律地位、权利和义务等，人们的公民地位不再因其不具有"盎格鲁–撒克逊"血统而不被承认。在此之前，加拿大并无真正的"公民"概念，加拿大人只是英国臣民，而非真正的加拿大公民。公民身份的转换不仅是加拿大国家认同的象征，也进一步明晰了加拿大人所应该具有的价值取向。这一时期，"相互了解""包容""独立""统一""团结"等核心价值观，逐渐成为加拿大人建构的共识，为加拿大寻求独立主权国家地位、构筑民族国家共同体奠定了扎实的价值观基础。

（三）追求发展时期：多元文化并存的价值观主导

随着加拿大的独立，其在不断寻求发展的阶段里，继续进一步保持对多元文化人才的吸纳。毕竟加拿大地广人稀，它需要不断地通过移民政策来吸引世界各地优秀的人才到本土，为国家的发展作出贡献。基于此，该时期的加拿大发展出多元文化主义。多元文化主义是加拿大在对民族和文化多样性问题进行理论和实践探索的基础上形成的

---

［1］ MANDEL E, TARAS D. A passion for identity［M］. London: Methue Co Ltd, 1987：212.

［2］ RIENDEAU R. A brief history of Canada second edition［M］. New York: Facts On File, 2007：181–186.

［3］ BERGER C. The sense of power: studies in the ideas of Canadian imperialism, 1867–1914［M］. Toronto: University of Toronto Press, 1970：256–257.

［4］ CHAPNICK A. The gray lecture and Canadian citizenship in history［J］. American Review of Canadian Studies, 2007, 37（4）:444.

一种新社会意识形态和教育理论，其核心要义是承认多元文化存在的合理性。因此，这一时期的核心价值观教育体现为以多元文化主义教育为主要内容的"包容教育"。其"包容"既体现在教育理念的"宽容性"方面，也体现在教育形态的"多元化"方面。一是通过多元文化主义公民身份的建构，塑造"泛加拿大"认同（Pan-Canadian Identity）。[1] 在加拿大的语境中，多元意味着"多元理解、多元认同、多元忠诚、多元权利和多元责任要求"等；然而，这种"多元"并不意味着对"共同价值"的摒弃，而是更加强调"民族平等"和"尊重差异"。[2] 这一时期的核心价值观聚焦为"多元""正义""平等""包容""理解""尊重"等，从而激发学生对国家统一、社会正义的理想。

（四）新繁荣时期：社会融合的价值观主导

20世纪90年代后，加拿大日益繁荣。在多元文化主义政策的指导下，开放的移民政策、包容的社会环境加剧了加拿大"马赛克式"（指多民族多文化之间相互交流，但没有同化融合，仍具有一定独立性，保留各自的特征）的社会文化特征。新繁荣时期，经济、文化全球化的纵深发展，对加拿大社会的和谐与稳定提出了新的挑战。因此，新时期，加拿大力图破解的重要难题是如何在文化多样性和社会凝聚力中实现一种平衡。以"社会融合"为核心的价值观教育迈入新时期，加拿大开始理性反思多元文化主义的当代意蕴和未来出路。加拿大联邦政府强调，多元文化主义并不意味着松散的"文化聚合"（cultural convergence），而是要形成真正的"社会融合"（social cohesion）。这意味着多元文化主义作为加拿大文化遗产和国家认同的基本特征，需要在维护国家统一和完整，促进联邦内部民族团结方面发挥重要作用。[3] 进入21世纪，加拿大的核心价值观教育更加关注"多元"与"整合"的限度以及二者之间的辩证关系，力图通过促进社会公正，提升公民参与的质量，进一步优化加拿大联邦政治一体化的进程。尤其是2010年以后，加拿大开始步入"后多元文化主义"时代，其教育的根本目标逐渐调整为"建

---

［1］ 李亢. 魁北克民族主义的挑战与泛加拿大认同的建构：皮埃尔·特鲁多的法政观念研究［J］. 齐齐哈尔大学学报（哲学社会科学版），2018（7）：68-71.

［2］ 范微微，赵明玉，饶从满. 多元文化社会中的国家建构与公民教育［J］. 教育学报，2012，8（5）：11-17.

［3］ HUGHEY M. New tribalisms: the resurgence of race and ethnicity［M］. London: The Macmiillan Press, 1998：7.

立一个更加融合且充满凝聚力的公正社会，努力通过制度的完善回应不同社会成员的需求，并在国际范围内探讨多元文化主义推广及其多样性呈现的可能性"[1]。这一时期，"社会融合"取向成为加拿大中小学核心价值观教育新的立足点和增长点，致力于培养能够积极融入加拿大社会、坚持拥护加拿大文化多样性、自觉认同核心价值观的责任公民。

可以说，一个国家的价值观教育史就是一个国家的发展史。1867年宪法中，加拿大已明确提出了立国价值原则——"和平、秩序、良政"。随后，加拿大又尝试在各种政策文件中凝练核心价值观的基本内容，引导人们认同"民主""有序自由""多元文化主义""包容""社会正义""和平""平等""责任""保护文化遗产""爱护环境"等核心价值观。[2] 在多元文化主义的外交实践中，加拿大确立了"包容自由、保护人权、遵守法律、尊重秩序"的核心价值观，为民众观察和认识世界，以及认识本国在世界政治舞台上的位置和角色提供了一种新的视角。[3] 此外，联邦政府不断在实践中探索加拿大核心价值观的时代内涵，如在《加拿大概览》（*A Look at Canada*, 2005）、《发现加拿大：公民的权利与责任》（*Discover Canada: The Rights and Responsibilities of Citizenship*, 2012）、《欢迎来到加拿大：你所应该知晓的》（*Welcome to Canada: What You Should Know*, 2013）等公民教育指南和文件中更新对核心价值观的归纳和阐释，以不断完善加拿大核心价值观的内涵。综上所述，加拿大逐渐形成了以下核心价值观体系。

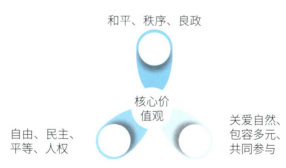

图 3-1　加拿大的核心价值观体系

［1］　DEWING M. Canadian multicultural［R］. Ottawa: Library of Parliament, 2013：8-9.

［2］　资料来源：Citizenship and Immigration Canada. Discover Canada: the rights and responsibilities of citizenship［R］. 2012：2-13.

［3］　郝光. 加拿大文化外交的缘起与特色：基于多元文化主义的分析［J］. 科技资讯，2017，15（13）：177-181.

"和平"是加拿大文化中根深蒂固的传统价值，也是宪法精神之基。

"秩序"是加拿大宪法价值理念中的核心内容，是关于社会交往规则及人们相处之道的基本原则。正如查尔斯·泰勒（Charles Taylor）所强调，"秩序"理念为政府的存在提供了"无可置疑的合法性"。

"良政"代表着加拿大人对美好民主社会的至高追求，也是加拿大政府治理国家的核心政治理想。自由主义传统认为，"政府存在的合法性并不单纯源于社会成员的需要，而是对赋予自由的赞许和接受"。

"自由"是加拿大一切价值理念的基石。在加拿大的政治文化中，自由被加以一定的限制，即"有序自由"（ordered freedom）。自由并不是自我意志的任意支配，而是在一定社会秩序下通过个体的理性审视和经验研判而实现的公民权利。

"民主"是国家政治体制和运行模式的核心取向，是全体公民共同参与国家事务管理的最高价值理想。加拿大国会对于"民主"的定义是让所有具有公民资格的成员都能直接或间接地参与到社会生活中来，通过他们的决定影响各级政府的决策。

"平等"作为民主精神的核心，是人类社会共同追求的核心原则。

"人权"是加拿大宪政体系中的核心价值理念，也是指引加拿大人自身发展的终极追求目标。加拿大"人权"价值的内涵在于强调"每个个体均具有内在的道德价值属性，因而国家需要将个体权利考虑在内，每一个人具有神圣不可侵犯的基本权利，使个体免受不公、苛待和压迫"。

"关爱自然"是加拿大在处理"人与自然"关系方面的重要价值目标。加拿大素来重视生态伦理和自然环境的道德要求，反对人类中心主义的立场，提倡尊重动物和大自然的权利，强调人与自然的内在连通性。

"包容多元"作为多元文化主义的基本主旨，是加拿大当代价值观的核心要义，也是"人与他人"如何共处的价值指南。"包容多元"的价值理念包含两个核心要义：一是对族群差异的尊重和承认；二是对文化多元的包容与接纳。

"共同参与"作为社会成员与共同体形成亲密稳定联系的最直接方式，是民主运行的最好呈现，而共同参与的程度则是公民个体幸福和社会发展的核心表征。

二、加拿大中小学核心价值观教育的目标分析

（一）国家目标

在现代文明飞速发展的进程中，"全球化"裹挟着"多元化"，使价值的"一"与"多"之争悄然遍及世界。从世界范围来看，步入多元文化时代，东西文化、新旧文化、主文化与亚文化、本土文化与外来文化、物质文化与精神文化等不同文化板块之间的冲突和碰撞，造就了价值争夺与较量的现实场域。这一独特性在于其将"多元中寻求共识"作为加拿大中小学核心价值观教育的整体思路与基本战略——以"承认差异"作为化解"认同危机"的关键，把"一体多元"作为实现价值整合的基础。因此，平衡多元与共识之间的辩证统一关系是加拿大中小学核心价值观教育中的根本特质和永恒主线。相互尊重被视为多元文化社会中加拿大人的基本素养。

加拿大政治家认为，自由主义框架下的多元文化主义的价值理想能够帮助多民族国家在充分尊重不同族裔群体的身份认同和文化诉求下，重新确证自由、民主、正义、公民权利与社群利益、民族认同与国家认同的价值意义，以此来回应并解决多样性社会中的共识凝聚问题，以实现多民族国家的政治整合和社会团结。在此基础上，中小学致力于培养学生积极面对与解决文化冲突的能力。由此可知，加拿大中小学核心价值观教育致力于培养未来公民的健全人格特质，包括开放的自我、对待他人的宽容态度、与他人共享价值、多元的价值取向等核心价值观。

（二）课程目标

加拿大教育委员会（Education Council of Canada）、联邦移民部（The Federal Immigration Department）、公共工程及联邦服务部（Public Works and Government Services Canada）等多次在颁发的法规文件、政策制度、教育指南中进行顶层部署与指导，尝试从国家层面凝练加拿大的核心价值观，具体如下：1983年，加拿大多伦多教育委员会列出了学校应该向所有学生传递的二十余种社会主流价值观：同情、合作、勇敢、礼貌、自由、慷慨、诚实、公正、忠诚、节制、耐心、和平、尊重（自然、生命、他人和自己）、负责、自律、敏感、宽容。这是加拿大首次从价值观教育视角提出要在K–12教育体系中向学生灌输社会主流价值观。

加拿大中小学核心价值观教育是为了实现三个基本目标：一是培育国家认同感，

促使所有公民在承认"文化多样性"基础上形成一种为加拿大国家作出贡献的决心和愿望；二是促进社会融合，通过教育活动使不同种族、不同文化背景、不同宗教信仰的人在加拿大和谐共处，最大程度地促进社会的正义和平等；三是引导个体价值实践，为人们提供一副进行价值判断的"眼镜"，帮助其超越不同文化观念和宗教信仰的差异，作出正确的选择，从而充分融入加拿大社会，积极参与社会生活。围绕以上三大核心目标，加拿大主要从国家战略部署、社会协同培育以及学校教育引导三个层面来展开中小学核心价值观的教育实践。

表3-1 安大略省一至八年级社会课程标准总目标

总体期望	学科思维概念	重要概念	公民框架
A1．描述怎样将人们的角色、关系和责任与他们是谁、他们的处境相关联，环境的变化为什么会影响人的自我意识的角色、关系和责任，以及如何影响。	变化性、持续性	人在一定时间和环境中变化着的角色、责任和关系。	当人们遇到全新的环境、与不同的人发展关系时，他们的角色和责任如何？为什么改变？
A2．使用社会课程调查来调查他们的身份、自我意识、不同的角色、关系和责任的相互联系。	相互关系	他们自己的角色、责任和关系在形成自己的特色上扮演了重要的角色。	不同的角色和责任如何帮助他们塑造自我？
A3．验证对以下两点的理解：本地人和其他人拥有不同的角色、关系和责任；不论他们的角色、关系和责任如何，尊重所有人。	重要性	不论他们的角色、关系和责任如何，所有人都值得尊重。	为什么尊重他人很重要？我们怎样做才是尊重他人？

加拿大中小学核心价值观教育目标体现在社会科课程内容中，每个部分都有两个目标：总体目标（Overall Expectations）和具体目标（Specific Expectations）。总体目标是对学生在每个年级结束时需要掌握和应用的知识和技能方面的总体要求。而具体目标则是对总体目标中的知识和技能要求的具体化。具体目标主要包括四个方面：认知和理解（Knowledge and Understanding）、询问或研究能力（Inquiry/Research Skills）、交流技能（Communication Skills）、应用（Application）。另外，一至六年级在"加拿大和世

界联系"主题下的所有话题内容还附有具体目标要求，包括地图、地球仪和绘图等技能的使用。这些具体目标要求在课程的学习中难以分割。之所以从四个方面来论述具体目标，只是为了帮助教师在教学过程中更加明确对学生的知识和技能的要求，在讲述不同的课程内容、开展不同的学习活动时能够更有针对性地培养学生的相关知识和技能。

1. 塑造公民的国家认同

加拿大致力于通过公民文化建设、公民价值观教育来塑造公民的国家认同，积极依托国家战略制定、法规完善、学校教育、社会宣传等多种协同途径培育核心价值观，提升公民对国家的归属意识和认同心理。另外，学校教育作为塑造公民价值观最好的手段，"必须教授关于共同体、合作、参与、民主等基本价值观"[1]。"社会科"课程作为加拿大K-12阶段最重要的正式课程体系，是学校进行核心价值观教育的最主要途径。[2] 以最具代表性的安大略省为例，加拿大各学段社会科课程的关联度很高，其目标均指向"帮助年轻人为参与社会生活做准备，使其能够为充满现代化的、多样性的民主社会作出积极贡献"。

安大略省教育部明确提出，"要'强化'并'灌注'文化、道德及精神层面的价值观"，并在教育教学过程中"教授加拿大社会所坚守的核心价值观"，如"非暴力""反种族主义歧视""诚实""公正""个体责任""为社区服务"等。在加拿大安大略省以公民教育为主导的核心价值观教育是一面旗帜（如图3-2所示）。根据安大略省2018年对普通课程的介绍，公民教育渗透到了中小学的各门课程和各个年级当中，如一至六年级的"社会科"、七至八年级的"历史与地理"、九至十二年级的"加拿大与世界研究"和九至十二年级的"安大略中学课程与毕业要求"。同时，义务教育十年级"公民科"课程被当作中学阶段的毕业要求。

---

[1]　OSBORNE K. Teaching for democratic citizenship［M］. Ontario: our Schools, 1991：2-6.

[2]　刘晨，康秀云. 困境与出路：加拿大核心价值观培育的战略路径［J］. 思想政治教育研究，2018，34（1）：150-154.

图 3–2　安大略省公民教育框架

　　其中，社会科学和人文科学培养学生对人们并非孤立生活的认识，帮助其认识到每个人都受其社会、文化、经济和环境背景的影响，鼓励学生注意他们对环境的责任以及作出道德和伦理上负责任的决定的重要性。学生探索理论和概念如何影响社会行动，以及这些行动如何影响个人、家庭和社区的福祉。安大略省中学课程中的社会科学与人文科学包括五个学科领域：公平研究、家庭研究、一般社会科学、哲学和世界宗教。尽管这些学科领域互不相同，但它们都系统地探索了个人如何影响家庭、社区、文化、制度和社会，以及观念、规范和价值观。社会科学和人文科学的学生有丰富的机会通过检查他们的个人信仰体系以及不同观点和生活经历的基础与含义来增强他们对他人的理解。通过将个人的看法、态度、价值观和信仰与他人的看法、态度、价值观和信仰并置，学生可以理解和欣赏形成自己和他人世界观的背景。

　　2．培养健全人格的公民

　　从目标层面来看，虽然加拿大实行教育分权制，但基础教育各阶段的教育目标、理念和愿景中均体现出核心价值观引导与培育的本质追求。如安大略省教育部提出学校教育的五个重要目标，即促进学生的智育发展（Intellectual development），使学生学会学习（Learning to learn），培养好公民（Citizenship），为职业生涯做准备（Preparation for work/career development），传递价值观（Instilling values）。不难发现，其中两个基本目标直击核心价值观的培育问题。针对"培养什么样的公民"这一问题，安大略省教育部在课程文件中指出，"要帮助年轻人为参与社会生活做准备，使其能够为充满现代化、多样性的民主社会作出积极贡献，并依靠知识能力、变通的方式适切回应当下社区及国际社会的变迁"。同时，培养"好公民"离不开"好公民应该持有何种价值观"。

3. 社会价值和个体价值

2014年发布的《实现卓越：安大略省教育的新愿景》（Achieving Excellence:A Renewed Vision for Education in Ontario）中提出，期望将学生培养成为个人成功、经济多产以及积极参与的公民（personally successful, economically productive and actively engaged citizens），并将下一步的改革目标定为：实现卓越（achieving excellence）、确保公平（ensuring equity）、促进幸福（promoting well-being）、增强公众信心（enhancing public confidence）。同时，中小学在传递核心价值观的过程中更加注重"社会价值"和"个体价值"的整合兼顾，既强调对个体价值选择的尊重，培养学生开放的精神、包容的态度、与他人共享价值的意愿以及面对与解决冲突的能力等。此外，加拿大中小学核心价值观的教育问题不再囿于本土视界范围内，而是被置于全球化语境中，鼓励人们超越其所属的社区、民族甚至是国家，以更宽广的胸怀、更广阔的视野、更自觉的态度认识和理解加拿大的国家核心文化，积极思考"多元"和"统一"的关系以及加拿大人在世界舞台上所能发挥的作用，从而投身于建立一个更公正、和平、可持续发展的社会的行动中。

三、加拿大中小学核心价值观教育的内容透视

（一）基于课程标准

如何帮助青少年群体自觉形成对国家价值理想的理性认知和情感认同是加拿大核心价值观培育的重要任务。然而，在西方社会，学校在传递价值观方面所能发挥的作用往往十分复杂且充满争议。加拿大对此进行了长期深入的争论和探索并最终认识到，不存在价值无涉的教育，价值观的教授总会通过或显性或隐性的方式来进行。因此，每一

个教育者都应高度重视并自觉留意其正在教授的核心价值观，[1] 尤其是在无意识状态下传递的价值观。总体而言，学校教育中不可避免地关涉品格形成、社会发展、爱国主义教育、民主公民培育等问题，一体化课程路径是加拿大中小学核心价值观教育的"主渠道"。

由于加拿大的教育管理实行"软联邦"制和"分权式"，学校教育由联邦政府、各省教育部及各市教育局、各学区学监及学校共同负责。而联邦教育部长联合会（CMEC）作为加拿大教育领域的最高管辖机构，也积极鼓励教育研究人员、学生家长及社区人员参与教育事项，以最大化实现国家、社会对教育的共同期待与价值追求。在课程制定方面，加拿大的课程分为"规划课程"（Intentional curriculum）和"执行课程"（Operational curriculum）两种：在课程整体规划方面，由联邦教育部长联合会（CMEC）统一制定指导纲要；在具体执行中，由各省及地区教育部门自主制定标准和规划课程文件并监督实施，不同的学校可以根据实际情况进行选择，因而不同省份之间存在一定的差异。如不列颠哥伦比亚省（British Columbia）以及育空地区（Yukon）执行不列颠哥伦比亚省文件；纽芬兰与拉布拉多省（Newfoundland and Labrador）、新斯科舍省（Nova Scotia）、新不伦瑞克省（New Brunswick）以及爱德华王子岛（Prince Edward Island）执行大西洋西岸课程文件；努纳武特地区（Nunavut）以及西北地区（Northwest Territories）使用同一套课程文件；其余五个省份包括萨斯喀彻温（Saskatchewan）、阿尔伯塔（Alberta）、安大略（Ontario）、曼尼托巴（Manitoba）以及魁北克（Quebec）均自行制定了符合自身特点的课程文件，课程内容各具特色。

（二）基于课程内容

从课程内容来看，与美国等西方国家不同，加拿大社会科课程在各教育阶段的名称可能略有差异，关注的焦点也各有不同，但关于核心价值观的教育始终融涵在社会科课程中。以安大略省为例，该课程一至六年级名为"社会科"（Social Studies），七至八年级为"历史与地理"（History and Geography）；九至十二年级为"加拿大与世界研究"（Canadian and World Studies）。总体来看，"社会科""历史与地理"以及"加拿大与世界研究"等课程内容一脉相承，具有共同的教育愿景，即培养负责任的积极公

---

[1]　COULTER R. An introduction to aspects of the history of public schooling in Ontario, 1840–1990 [J]. Ontario Royal Commission on Learning, 1994：21.

民，帮助学生获得能够适应社会多样性的核心价值观；从而使学生成为见多识广，且具有批判精神，能够自觉珍视包容性社会，具有解决问题、有效沟通、明智决策能力的好公民。总体而言，加拿大K-12阶段社会科课程教育内容主要依据两条主线来设计，一是加拿大遗产与身份认同（heritage and identity）；二是加拿大人与环境（people and environments）。

表3-2　安大略省一至十二年级核心价值观教育主题

年级	主题框架
一至六	社会科（Social Studies）
七至八	历史与地理（History and Geography）
九至十二	加拿大与世界研究（Canadian and World Studies）

首先，一至六年级的社会科课程主要帮助学生理解"他们是谁""从何而来""归属于何"以及"他们如何能为其赖以生存的社会贡献力量"。这些内容旨在帮助学生形成认同加拿大核心价值观的内生动力，使他们能够立足现实语境来理解自己的身份认同，包括个体认同、文化认同和国家认同；并通过认识社会、政治、经济、文化、环境之间的相互关系，帮助他们形成对"责任公民"（responsible citizenship）、社会"多样性"（diversity）等问题的深度理解，从而进一步理解加拿大核心价值观的本质内涵。同时，七至八年级的社会科学习注重历史和地理两个方面，学生通过对加拿大历史的学习，学会理解并欣赏加拿大的文化遗产与核心价值观，而这些内容是形成真正的加拿大国家认同的前提和基础；对地理知识的学习，能够帮助学生了解其赖以生存的家园，认识自然环境与人类社会发展之间的关系，发现加拿大与其他国家和民族的不同之处，从而深度理解加拿大人的生活方式，最终形成对加拿大核心价值观独特性的深层理解和认同。此外，九至十二年级的"加拿大与世界研究"课程是中小学阶段社会科课程的拓展，包括历史、地理、公民学三方面内容。其中，十年级教授政治学相关知识，即"公民学"（civics and citizenship）课程，主要帮助学生理解自己如何能影响其所归属的多样性社会的变革；个体和群体如何参与到社会生活实践中以推动这些变革；分析当下存在的社会政治问题，促进政治体系的完善；从政治视角审视人们参与公共事务的权力及影响力；对于不同政治视角的尊重和欣赏。

"加拿大与世界研究"课程的根本目标是帮助学生体会"公民的重要性"（civic

importance），并思考人们的信念和价值观如何影响他们看待政治问题的视角，从而培养负责任的积极公民，认同与加拿大民主公民身份相关的信念与价值观，进而为实现"共同和善"而积极参与社会生活。K-12阶段的正式课程在加拿大青少年核心价值观教育方面发挥着不可替代的作用，其中，小学阶段的社会科课程主要通过价值灌输、行为规范帮助学生学习社会期待的道德标准和价值原则，培育学生正确的价值观、良好的品质和德行；而中学阶段的社会科课程更侧重于学科化学习，内容涉及历史教育、地理教育、政治教育、法治教育、多元文化教育、环境教育等，力图帮助学生充分理解自己的公民身份、自己与社会的关系，从而澄明自己的信仰体系和价值观。除了社会科课程发挥着主要教育作用以外，英语、文学、社会科学与人文科学健康、生涯教育与体育等课程对价值观的引导与培育也起到主要作用，这些课程从各学科不同视角出发，帮助学生理解并认同加拿大核心价值观的深层含义，进而把握加拿大国家文化的独特魅力与价值根基。

表3-3　安大略省九至十二年级加拿大与世界研究内容

年级	加拿大与世界研究内容
九	1914年以后的加拿大历史
十	公民学
十一	学习世界近代史
十二	加拿大历史、身份和文化；15世纪以来的世界历史；世界史上的冒险活动

四、加拿大中小学核心价值观教育的实践方法

（一）宪法教育精神引领

中小学核心价值观培育必须与宪法中的根本原则和精神实质相契合。加拿大宪法相关文件具有最高的法律效力，是对加拿大国家政权合法性的论证，明确要求政府必须在宪法框架内行使权力。因而其既是判定其他一切法律制度是否有效的根本标准，也是整个联邦和所有公民价值规范和行为指导的最高准则。

加拿大宪法文件对核心价值观教育的根本导向和顶层诠释体现在两个方面：一方

面，从国家层面形塑最根本的价值共识，通过宪法精神的传递帮助人们深度理解并认同加拿大核心价值观的内在属性与精神内涵，将人们对宪法的承诺和坚守转化为加拿大社会价值共识的基石和灵魂；另一方面，将国策上升为最高法律，利用其至高无上的权威性为所有加拿大公民提供最根本的价值参照和行为圭臬，并通过对"立国之本""国体政体""权力运行机制""公民权利和义务"等内容的阐释将国家核心价值观与每一个加拿大公民紧密联系起来，并在个体价值实践中将价值观念的知识体系转化为公民的价值体系乃至信仰体系。

加拿大中小学核心价值观教育尤其重视学生对宪法中价值观的理解。如安大略省教育部专门制定了一项战略文件《触及每一个学生：激励安大略省教育》（*Reach Every Student: Energizing Ontario Education*），强调教育的目标是使学生"在尊重多样性"的基础上学习一些共享的价值"经验"和"原则"，从而促进"社会的凝聚力"。

（二）政策导向规范行为

1969年出台的《官方语言法案》（*Official Languages Act*），以法律形式维护加拿大不同族群的语言文化权利，提倡"平等""多元""尊重"为核心的价值理念，大大推动了加拿大"双语制度"和"双文化教育"基础上的核心价值观教育模式的探索。2010年，加拿大教育协会（CEA）组织发布了《何种公民？教育中的民主对话》（*What Kind of Citizen? Democratic Dialogues in Education*）报告，强调培养"好公民"意味着需要向人们传授加拿大社会所认同的一系列"民主价值观"，尤其是将年轻人培育成积极参与的高效公民。同年，联邦教育部长联合会（CMEC）、联合国教科文组织加拿大委员会（Canadian Commission for UNESCO）共同发布了《人权教育报告2005—2009》（*Report for Canada* 2005—2009），提出要制定并落实相关政策，积极创建学习环境，优化教学环节和资源，强化学校师资培训，以提升与人权相关的价值观教育的实际效果。该报告要求各省政府在相关教育法案、课程标准、原则声明、行为准则等政策文件中强化核心价值观教育，并将其整合入社会科、体育与健康教育、英语语言艺术等课程中，帮助学生理解并认同"和平""民主""多元""人权""公正"等核心价值理念。[1]

---

[1]　资料来源：CMEC amp, Canadian Commission for UNESCO. Report to UNESCO and the UN High Commissioner for Human Rights Education［R］. 2010：1–58.

　　　　　　　　　　　　　　　　加拿大中小学核心价值观教育

此外，加拿大各省也在相关教育政策文件中进一步落实了联邦的核心价值观教育要求，并认识到公共教育应该基于加拿大社会共同的信仰和核心价值体系，基础教育也要积极传递这些核心价值观。如2005年，阿尔伯塔省教育部门出台了文件《问题之核心：阿尔伯塔学校品格与公民教育》（*The Heart of the Matter: Character and Citizenship Education in Alberta Schools*），强调学校中的核心价值观教育对于学生品格塑造及公民发展的重要作用，"需要帮助学生学会尊重加拿大的文化多样性并认同加拿大的共同价值观"；提出学校教育首先应建构一个愿景——"识别核心价值观"（identifying core values）。该文件进一步指出，这些核心价值观是学校开展品格与公民教育的根本基础和重要参照，是进行教学决策以及选择、实施、评估学习活动的"分滤器"；而教授过程则是一个建立基于全体社群的相互理解和共同语言的进程。

综合来看，这些政策文件在加拿大中小学核心价值观教育实践中发挥着具体的指导和干预作用，具体体现在如下方面：第一，有效提升了各省区教育主管部门对加拿大中小学核心价值观培育问题的重视程度和实施力度。从学生个体成长诉求、社会发展需要及国家战略要求等维度指明了核心价值观教育的重要性。第二，有助于在全社会形成关于加拿大核心价值观教育的共识性理解。强调多元教育主体的共同参与，将核心价值观教育嵌入教育的各个阶段、各个环节、各项内容中，从而形成大、中、小学价值观教育的整体性、有效性衔接。第三，针对"为什么要教""教什么""如何教"等核心价值观问题，给予了相对清晰、明确的指导。中小学核心价值观的传递和培育不仅需要整合在学校广泛的课程体系中，融入公民教育、多元文化教育、可持续发展教育等特定课程和教育内容中；也要积极整合社会教育资源，鼓励跨机构、政治团体、社会组织之间的合作，从而促使学生参与互动，从中获得促进核心价值观发展的多样化学习经验。

（三）价值观渗透入脑入心

加拿大充分利用政府价值引导的权威性和公信力，将中小学价值观教育的直接性和有效性与各种新媒体、自媒体进行价值传播的广泛性和普及性相结合，通过积极的社会导向、学校教育、议程设置、舆论监督、海外推广等方式，依托官方文化和语言政策、入籍培训、媒体宣传、学校正式课程等具体形式，将"和平""秩序""良政""民主""平等""多元"等核心价值理念镌刻到教育对象的头脑和内心。作为培育加拿大学生核心价值观教育的重要渠道，中小学核心价值观的课堂教学以核心价值观教育渗透入脑入心为导向，精心设计教学环节，将知识学习、情境实践等要素相结合，实现更加隐性的、渗透式的中小学核心价值观的课堂教学。中小学课堂教学融入核心价值观教育具有以下特征：一是实现现实空间与虚拟空间、公共空间与个体空间的有效对接，从而引导学生自觉形成对国家的忠诚及对加拿大多元文化主义价值的认同；二是课堂教学中重视隐性渗透教育，十分注重利用社会生活中的具体情境，挖掘隐匿在现实生活中的无形教育资源，找到价值传递背后的隐性支点，进行无声的价值观传递和渗透；三是课堂教学中关注学生的心灵教育。具体来说，教师会在学科文化的教学过程中，通过系列活动来净化学生的价值观，以《早期的文明》一课为例。（见表3-4）

为了培育学生核心价值观，树立学生正确的文化观和历史观，安大略省小学五年级开展以《早期的文明》为主题的课堂教学活动。从课程属性来看，安大略省通过社会科开展核心价值观教育，融合不同领域的知识以培育学生的核心价值观。从课程内容来看，教师并不是仅仅将历史文化知识传授给学生，而是深入挖掘加拿大历史文化材料并进行精加工，为学生创设历史文化情境。在《早期的文明》一课中，教师围绕手工制品开展一系列教学活动，让学生置身于历史文化情境之中，激发学生对于加拿大早期文明的兴趣，营造时空感与历史观，从而让学生具备核心价值观学习的基本情感和态度。从教学方式来看，《早期的文明》以学生的经验为取向，以学生为主体，将教学内容与学生所处的现实世界进行联结，充分发挥学生在核心价值观课程中的主动性和积极性。在教师的引导下，学生通过查找资料、交流学习、实物探究、比较研究等活动，不仅能够掌握关于早期加拿大的历史文化知识，还能够认识到早期文明对加拿大多元文化与社会现状的影响。围绕"历史""文化""文明""社会""手工制品"等关键词，学生回顾加拿大的历史，深化对加拿大文化的认同感，形成加拿大多元文化价值观。

表3-4　安大略省小学五年级《早期的文明》课堂教学案例

授课教师姓名		课程名称	早期的文明
知识点来源	□学科：社会科　　　　　□年级：五年级 □课时：200分钟（4.5课时）		
设计思路	①历史文化渗透教育，了解早期自然环境如何塑造早期加拿大的不同文化； ②探究早期文明与人们衣食住行的内在关系； ③间接性经验资料展示、学习； ④交流、总结。		

（续上表）

教学目标	①学习有关加拿大早期文明的历史知识，认识到加拿大自古以来就是多元文化并存的国家；了解加拿大早期文明的不同文化，探究自然环境对塑造早期文明的不同文化的影响； ②阐明对早期文明与环境（如食物、住所、衣着和文化活动）之间关系的理解； ③从各种不同资料（如访谈、地图、视频等）中找出相关信息（早期文明时期，人们满足基本需求的想法如何受到环境影响）； ④使用媒体出版作品、口头表达、描述、绘画、图表等方法来围绕早期社区交流信息； ⑤观察在早期文明时期，环境、社会和科技是怎样产生相互关联的； ⑥比较早期文明时期与现代加拿大的设计和科技（水平），认识到早期文明对加拿大社会的影响，尤其是对加拿大多元文化社会现状的历史影响。
教学重点、难点	教学重点：学生会比较加拿大早期文明的不同文化特征，以及早期文明和现代文明之间的关联性和异同点； 教学难点：使学生认识到加拿大多元文化社会的历史和现状，学会理解和尊重不同文化。
教学过程	①用40分钟时间让学生学习早期多样文明社会状况，以及关于当时不同文明的手工制品的准备性知识。 关于加拿大古代文明的知识：过去文化和文明所遗留下来的历史文物可以反映当时人们生活的一些信息。如通过仔细观察手工制品可以了解当时的文明所处的环境（居住地、气候、自然资源）、社会（传统、风俗习惯和生活方式）和科技水平（如当时使用的工具）；考古学家的工作就是发现和解释来自古代文明的手工制品，他们研究出土文物以对当时人们的生活方式等作出推测和假设，并通过进一步的研究来确定这些猜测正确与否。让学生分组研究事先准备好的手工制品图片，进行讨论并填写学习表，如该物品的名称、所处时代、用途、怎样体现出文明时期特征的、现在是否还在被使用，同时对该物品所处时代文明作出假设和猜测。 ②用40分钟的时间让学生了解一些加拿大现代手工制品的相关信息。让学生观察各种不同的现代手工制品，并逐一讨论这些手工制品如何帮助未来的人认识我们现在的文化，让学生分享他们所认为的对于未来人类认识我们文化来说最重要的因素，并讨论和记录相关信息，进行分析。 ③用60～90分钟的时间，让学生把古代手工制品和现代手工制品联系起来进行具体分析并做好研究记录。学生假定自己是一位致力于研究早期文明的业余考古学家，应加拿大太空署的要求选择两件物品放到虚拟的"时代文物密藏容器"里，其中一件代表古代文明，一件代表现代文明。这两件物品有着同样的功用，同时要体现出环境、科技和社会之间的联系。这个"时代文物密藏容器"经由太空飞船被发送到太空中，放置到某个卫星轨道上，它在未来的某个时间将会被未来人类开启。 ④给学生30分钟的时间，将古代手工制品与现代手工制品联系起来，进一步分析二者之间的异同点，并作出相关性研究总结。

（四）课堂教学浸入模式

在中小学核心价值观教育方面，加拿大开始探索建立在"双语制度"和"双文化教育"基础上的核心价值观教育模式。这一阶段，许多中小学开设了英法双语教学课程并增加了"加拿大内容"，帮助学生知晓加拿大的国家历史和国家性质，了解加拿大在两次世界大战中发挥的作用以及作为加拿大公民所应具备的知识、技能和价值观；[1] 帮助学生将加拿大视为一个"统一的整体"，培养他们对国家的忠诚感和自豪感。总体来说，加拿大的多元文化课程类型主要有三种：语言类课程、民族特色类课程和文化意识类课程。语言类课程是培养学生多元文化和彰显多元文化教育价值的重要载体；民族特色类课程是培养学生认识和理解其他民族的文化传统和特色的重要途径；而文化意识类课程则是培养学生多元意识的最主要途径。可见，加拿大的中小学多元文化课程设计渗透着"包容多元、共同参与"等核心价值观教育。

参考加拿大各省教育主管部门根据各自地区特点开设的不同官方语言课程中的中小学核心价值观教育课堂教学模式，大部分省和地区的学校是以英语作为第一语言实施教学的，而法语通常作为第二语言。自《官方语言法》颁布以来，一系列强调官方双语教育政策出台，以法语作为第二语言实施教学的项目在各地区的学校中广泛开展起来。其中在魁北克地区创新采用的法语浸入式教学模式为加拿大各省和地区学校广泛采用，并成为加拿大双语教育成功的保障，[2] 也为加拿大核心价值观的传播奠定了良好的基础。

20世纪80年代以来，加拿大学校实施的第二语言教学模式主要有四种：早期完全浸入式教学（Early Total Immersion）和早期部分浸入式教学（Early Partial Immersion）、中期浸入式教学（Middle / Later Immersion）、晚期浸入式教学（Late，Late Immersion）。其中，在小学阶段推行最广泛的是早期浸入式教学模式。学校董事会可以根据各自学校的情况选择采用早期完全浸入式教学或者早期部分浸入式教学。早期完全浸入式教学模式按照学习阶段的不同而有所差异：从学前班到小学二、三年级阶段，法语是唯一的教学用语；从小学二、三年级到七、八年级，除每天开设有母语英语课外，逐渐增加用英

---

[1] OSBORNE K. Educating citizens: A democratic socialist agenda for Canadian education [M]. Toronto: Our Schools Our Selves, 1988：6.

[2] 高春华. 加拿大多元文化教育中的国家认同与族群认同问题研究：以安大略省小学社会科课程为例 [D]. 北京：北京师范大学，2010.

语（母语）教授学科课程的时间，直至法语和英语授课时间各占50%；从中学八、九年级至十二年级，除了继续开设专门的法语课之外，大部分课程用英语教授，但要求每个学生必须在所学的其他课程（如数学、历史、地理、戏剧、古典文学、文明史、演讲等）中选3至4门完全用法语讲授的课程。

语言课程中的反歧视教育。在教育中实施反歧视原则会影响学校生活的方方面面。它营造出一种学校氛围，鼓励所有学生以高标准工作，肯定所有学生的价值，并帮助学生增强认同感并发展积极的自我形象。它鼓励教职员工和学生都重视并尊重学校和更广泛社会的多样性。它要求学校采取措施，提供一个安全的学习环境，没有骚扰、暴力和仇恨表达。反歧视教育鼓励学生批判性地思考自己和周围世界的其他人，以促进公平、健康的关系和积极、负责任的公民身份，传播多元、包容、公平、正义等核心价值观教育理念。

反映学生广泛兴趣、背景、文化和经历的学习资源是包容性语言课程的一个重要部分，其中包含来自各种族不同文化背景的男女英雄和主角的故事。教师通常会提供反映加拿大和世界文化多样性的材料，包括当代原住民的文化，学生可以探索来自各种文化的神话、寓言、童话和传说。而与移民经历相关的媒体作品也为学生提供了丰富的专题学习材料，为学生提供了探索文化和多元身份问题的机会。

五、加拿大中小学核心价值观教育的评价策略

（一）评价目标

加拿大中小学核心价值观教育的评价目标具体划分为四个方面，以下用四个表格说明。

表3-5　知识和理解

知识和理解	一级	二级	三级	四级
知识（词汇、知识）				
理解（概念、理论和过程）				

表3-6　思维和探究

思维和探究	一级	二级	三级	四级
计划技能（搜集信息、组织探究、寻找问题及设定目标）				
加工技能（分析、综合和评价）				
批判性思维和创造性思维（探究、问题解决、决策）				

表3-7　交流

交流	一级	二级	三级	四级
口头和书面的语言组织和表达（清晰的表达、逻辑的组织）				
在口头、音像和书面上针对不同的群体和目的的交流				
在口头、音像和书面上的惯例、词汇和术语等原则上的应用				

表3-8　应用

应用	一级	二级	三级	四级
相似环境中的知识和技能的应用（概念、过程和技术）				
知识和技能的迁移（概念、进程和技术）				
多种不同环境进行联系（过去、现在、未来、环境、文化）				

　　需要指出的是，在加拿大中小学核心价值观教育的教学过程中，教师会从总体目标和具体目标两个大方面来对学生进行评价，以便制订较合理的教学计划。同时，每个目标都伴随着事例，用于阐述该种能力目标及需要学习的具体内容等，不过这些事例只是为教师提供一个指南，而并非强制性条款。[1] 如上述安大略省小学五年级《早期的文明》案例中的教学评价：①评价学生对社会状况等环境和早期文明之间相互关系的概念理解；②评价学生利用各种不同的资源来找寻早期文明时期环境、社会、科技之间关联性的相关信息的研究能力，以及使用地图、地球仪等工具的能力；③评价学生的信息交流能力；④评价学生对相关概念和技能的应用能力。教师会关注学生在讨论中的参与程度，

［1］　高春华. 加拿大多元文化教育中的国家认同与族群认同问题研究：以安大略省小学社会科课程为例［D］. 北京：北京师范大学.

在记录和填写研究观察表时是否认真仔细，通过各种途径查找资料的能力，等等。总体来说，这种评价是以质性评价为主，注重对学生情感、态度、核心价值观的评价。

（二）评价原则

评价的主要目的是改善学生的学习。教师收集有意义的信息，以便指导教学决策、促进学生参与和改善学生学习。为确保评价和报告的有效性和可靠性，并促进所有学生的学习，教师需做到以下几点：①公平、透明和公正；②支持所有学生；③精心规划以与课程期望和学习目标相关联，并尽可能与所有学生的兴趣、学习风格和偏好、需求和经历相关联；④在学年或课程开始时以及在整个学年或课程的其他适当时间向学生和家长清楚传达；⑤持续进行，并在一段时间内进行管理，为学生提供多种机会来展示他们的全方位学习；⑥提供清晰、具体、有意义和及时的持续描述性反馈，以支持改进学习和成就；⑦培养学生的自我评价技能，使他们能够评价自己的学习，从而为自己设定具体目标，并计划下一步的学习。

（三）评价过程

为了实现中小学核心价值观教学评一体化，反映核心价值观教育的效果，加拿大不仅对中小学核心价值观教育进行终结性评价，还结合教学需求设计核心价值观教育的评价过程，推动加拿大中小学核心价值观教育的发展。总体来看，加拿大中小学核心价值观教育具有以下特征：一是评价主体多元。基于不同的个人经验与专业背景，不同的教育主体可以从多种视角出发评价学生的表现，提高核心价值观教育评价的客观性与科学性。由表3-9可知，评价主体并不仅限于教师，而且将学生与小组成员也纳入评价主体之中，从而构建教师评价、学生互评以及小组评价共同组成的评价体系。二是评价内容丰富。从评价内容来看，加拿大中小学核心价值观教育的评价内容包括多个方面，例如课后作业、随堂笔记、课堂问答，培养"让学生体验成功"等品质，为学生构建良好的核心价值观教育环境。三是评价标准多层次。加拿大中小学核心价值观教育评价体系注重从多个角度进行评价，包括与核心价值观相关的知识、能力以及情意。基于不同的评价标准，学生的核心价值观知识、能力以及情意能够得到关注，促进学生价值观素养的提升，实现学生在价值观等方面的综合发展。

表3-9　评价类别 [1]

评价类别	教师、学生、小组成员
评价内容	课后作业、随堂笔记、课堂问答、完成的作品、参与讨论的程度
评价方式	教师观察、作品呈现、口头回答问题
评价时间	学习过程中、结果呈现时
评价功能	让学生体验成功、向学生展示、作为考试成绩、培养良好的品质
评价任务的设计	纸质作业、课堂问答、完成的作品、小组讨论
评价标准的制定者	教师或教师和学生共同协商
评价标准呈现时间	任务布置前、任务完成过程中、任务完成后

表3-10　评价主体 [2]

标准	教师评价	教师总结	自我评价
从多种资料中引用相关资料			
包含一个明确的描述社会公正状态的问题			
表明对尊严、价值和生活的价值概念的理解			
理解决策和行为的含义，如谁受益、谁受害的共同价值			
提出辩证的观点			
表现出积极的目的			
讨论公平的概念			
建立对话题和问题的个人联系			
口头陈述明确、有逻辑性			
教师的评论			

---

［1］　宋雪敏. 加拿大中小学公民教育课程评价研究［D］. 武汉：华中师范大学，2011.

［2］　同上。

与此同时，教师自身的专业水平与价值观素养也在开展评价的过程中围绕价值的反思与提升不断地推进。由表3-10可知，加拿大中小学核心价值观教育不仅指向学生核心价值观的培育，还注重教师的自我反思与发展。通过开展教学评价与总结，教师能够持续性地学习关于核心价值观的内容，同时意识到自身在教育教学方面的不足，在实践、评价、反思、再实践、再评价、再反思的过程中提升自身的专业水平与价值观素养。

（四）评价标准

加拿大不列颠哥伦比亚省以社会科学(social studies)作为培育学生核心价值观的重要课程，"社会科学教育的主要目标是为学生提供知识、技能和能力，使他们成为能够批判性思考的积极、知情的公民。"[1] 为了更好地适应各个年级学生的发展特点，不列颠哥伦比亚省为不同年级设置了不同的社会科学课程目标、内容与评价标准。以十二年级"社会公正"学习标准为例（见表3-11），表中列出了"社会公正"课程学习标准的部分内容。"社会公正"课程从四个大观点出发，包括"社会正义问题是相互关联的""个人的世界观塑造并影响着我们对社会正义问题的理解""社会不公正的原因是复杂的并对社会有持久的影响"以及"社会正义倡议可以转变个人和制度"。[2] 基于这四大观点，加拿大不列颠哥伦比亚省提出了学生的学习标准（Learning Standards），包括课程能力（Curricular Competencies）和课程内容（Content），并进行了详细的解释。"社会公正"课程主要是通过探究学习、评估与比较、调查和判断等方式让十二年级学生了解"社会公正"的内涵，塑造正确的道德与价值判断。

---

[1] British Columbia Ministry of Education.Social Studies Get Started［EB/OL］.［2023-10-02］.https://curriculum.gov.bc.ca/curriculum/social-studies.

[2] British Columbia Ministry of Education.Area of Learning: SOCIAL STUDIES—Social Justice［EB/OL］.［2023-10-02］.https://curriculum.gov.bc.ca/sites/curriculum.gov.bc.ca/files/curriculum/social-studies/en_social-studies_12_social-justice_elab.pdf.

表3-11　加拿大不列颠哥伦比亚省十二年级"社会公正"课程学习标准 [1]

课程能力	课程内容
1. 运用社会科学的探究过程和技巧提出问题；收集、解释和分析思想；交流各自的发现和决定； 2. 评估比较特定时间和地点的人物、事件或发展的意义，并确定过去和现在的社会正义揭示的问题（意义）； 3. 在调查争论点，确保来源的可靠性和证据（包括数据）的充分性之后，评估相互竞争观点的合理性（证据）； 4. 比较和对比不同群体、个人在不同时间和地点的连续性和变化（连续性和变化）； 5. 确定和评估事件、立法和司法决定、发展、政策或运动的原因和后果，包括长期和短期的原因和后果，预期的和非预期的后果（原因和后果）； 6. 解释过去和现在的人、地点、问题和事件展示的不同观点，并区分过去和现在的世界观（视角）； 7. 在思考背景和标准的对错之后，对过去或现在有争议的行为作出合理的道德判断（道德判断）。	1. 社会正义的定义、框架和解释； 2. 自我认同以及自我与他人的关系； 3. 社会公正问题； 4. 加拿大和世界中影响个人、群体和社会的社会不公正现象； 5. 面临社会正义和不公正问题中的政府和非政府组织； 6. 个人、团体和机构采取促进社会公正的过程、方法和途径。

六、加拿大中小学核心价值观教育的教师发展

（一）凸显社会科教师的培养培训

加拿大各省的教师专业标准文件制定都以"教学专业共同的专业愿景及专业价值观"为导向。[2] 加拿大各省教师专业标准文本非常注重实际指导意义，在文本表达上较为具体、形象。以阿尔伯塔省教师协会制定的《专业行为准则》（*Code of Professional Conduct*，2004，简称《准则》）为例，《准则》提出了教师在和各个专业主体交往时应该具有的专业行为，内容非常明确具体，重点强调"公平"这一核心价值观，具有很强的指导意义，包括"教师要尊重所有学生的尊严和人权，不能对人的种族、宗教信仰、人种、性别、性取向、性别认同、身体特征、残疾、婚姻状况、家庭状况、年龄、血统、出生地、居住地、社会经济背景或是语言背景等方面抱有偏见"。当前，加拿大全

---

［1］　British Columbia Ministry of Education.Area of Learning: SOCIAL STUDIES—Social Justice［EB/OL］.［2023-10-02］.https://curriculum.gov.bc.ca/sites/curriculum.gov.bc.ca/files/curriculum/social-studies/en_social-studies_12_social-justice_elab.pdf.

［2］　巫娜. 中国—加拿大中小学教师专业标准比较研究［D］. 重庆：西南大学，2018.

国范围内有社会科课程方法论的教材，均被应用在职前教师的培养上。同时，加强教师价值观教育培训等，也是重要的教师发展内容。

（二）重视教师伦理标准

加拿大早期的学校由教会创办，教师主要来自信仰宗教的信徒或者修女，因此具有强烈的宗教主义色彩。随后，受欧洲启蒙运动和美国公立教育运动的影响，加拿大开始进行基础教育改革，颁布了一系列教育法案，并于1897年在安大略省教师学院颁发中学教师资格证书。[1] 到20世纪70年代，加拿大各省均建立了较为完善的教师资格证制度，对教师的学历、知识和教学技能等作出明确要求。加拿大和美国一样实行高等教育分权，因此，包括教师专业标准制定在内的所有教师教育活动，几乎是各省教育部门自行制定。

加拿大各省颁布的教师专业标准中以安大略省教师专业标准最为知名。安大略省教师专业标准由"教师实践标准"和"教师伦理标准"组成。其中，"教师实践标准"包括五个方面：教师致力于学生发展及学生学习；坚持持续的专业学习；掌握专业知识；掌握专业能力；成为学习共同体中的领导者。而"教师伦理标准"则包含关爱学生、尊重学生及他人、信任学生及他人和做正直的人，以及自由、民主、平等、人权等核心价值观。教师专业伦理标准是一种"关系"标准，反映了教师在专业活动中与学生、家长、同事、学校、社会等相关人员建立专业关系的过程中担负的责任及遵守的规范；教师专业伦理标准又是一种"层次"标准，既包含了理想、精神、信念、价值观等德性伦理，也包括原则、规则、准则等规范伦理；教师专业伦理标准还是一种包含"人性关怀"的标准，凸显了教师专业对"人本"的关注。

此外，安大略省教师学院还制定出教师专业学习框架，为教师专业学习提供指导。2016年，安大略省教师学院将教师专业的实践标准、伦理标准和教师专业学习框架合并，命名为"专业实践的基础"。加拿大价值教育研究者贝克认为："教师无时无刻不在传递核心价值观教育，既通过他们的行为，也通过他们教授的内容""他们教授的学术材料也渗透着价值"。[2] 教师在开展学科教学的过程中经常要面对价值问题，教师

---

［1］　尹志华，汪晓赞. 美、加、爱体育教师专业标准建设的经验与启示［J］. 体育学刊，2019（2）：105-112.

［2］　贝克. 优化学校教育：一种价值观点［M］. 戚万学，译. 上海：华东师范大学出版社，2003：160.

常利用这一契机，引导学生形成正确的价值观。

安大略省联盟对教师教育项目申请者提出了如下标准：获得本科学位，有相关教育实习经验；良好的从业态度；价值观；沟通能力；语言表达能力。同时，联盟要求职前教师课程包括"联盟专业案例""联盟成员的责任和权利""专业伦理"等内容。要求教师肩负对新成员的培养责任，担任职前教师指导教师需要具有"至少两年的成功教学经验，一年指导学科的教学经验，在联盟中具有良好的声誉"。联盟还提出，联盟及政府相关机构应当对教师教育项目进行周期性的考核；已经获得教师资格证的教师，也要按照相关政策规定更新教师资格。

七、启示与借鉴

加拿大是世界上唯一一个将多元文化主义政策载入宪法的国家，可以说多元文化的特质融合在加拿大的历史和现实中。作为一个"马赛克"国度，如何在文化多元和政治统一中维持平衡既是加拿大国家民主政治体系构建中的基本矛盾，也是贯穿加拿大政治文化建设的核心主线。从加拿大联邦政府对待族群文化差异的态度、处理社会文化关系的宏观策略以及培育国家价值理想的实践探索中，不难发现其在促进加拿大政治一体化建构进程背后的深层政治诉求。全球化时代中各个国家文化软实力的角逐必然带来核心价值观的较量，而其本质实际上是关于不同社会意识形态的"无硝烟战争"。历史发展进程中，加拿大始终在探索契合时代要求和社会进步需要的核心价值观培育策略，其探索历程和发展规律无疑能为我们提供一定的参照价值。在新时代精神框架下，我们必然要顺应时代发展，深度关切实践场域的变迁与转换，在契合社会发展潮流和时代前进需要的前提下，探索社会主义核心价值观培育与践行的新理念、新思路和新格局。

（一）加强意识形态的主导性，保障话语权

价值尺度和精神追求如同硬币的两面，承载着意识形态的根本逻辑。[1] 全球化时代，面对多元文化共生共存的现象，多民族国家保持一定的文化张力和包容心态固然重

---

[1] 李忠军. 论社会主义核心价值观、中国精神与社会主义意识形态 [J]. 社会科学战线，2014（3）：31-39.

要。然而，如若不能严把意识形态关口，发挥核心价值观的凝心聚力作用，在精神信仰和价值追求上将社会成员紧密团结在一起，则有可能会折损国家文化精神和民族特性，甚至将国家安全和政治稳定置于危险之境。那么，如何守好意识形态关口？

正如加拿大十分重视国家政策的指引一样，我们也要重视意识形态主导话语体系的建立。一是加强中小学核心价值观教育制度保障中的意识形态主导性，通过全面推进依法治国维护中国特色社会主义制度，并为中小学社会主义核心价值观教育提供法律支持和司法保障。二是在中小学提升大众媒介传播中的意识形态话语权，利用社会传播网络实现社会主义核心价值观的广泛宣传和协同培育。三是强化中小学校教育阵地中的意识形态引领性，使学校社会主义核心价值观教育能够实现"抓铁有痕"的效果。首先，学校应该作为"明立场""讲政治"的主要场所，在牢牢掌握意识形态红线中发挥重要作用，积极通过教育引导和实践养成，引导学生树立正确的人生观和价值观，形成高尚的道德品质和思想觉悟，成为能够担当民族复兴大任的时代新人与合格公民。其次，学校在进行核心价值观教育时，应该增强教育活动的感染力和实效性，通过循循善诱的课堂教学、丰富多彩的课外活动、发人深省的公益服务、意义深远的社会实践等，力促社会主义核心价值观"入脑入心"，真正在学生心灵和行动中生根、发芽，并最终转化为学生的情感认同和行为习惯。再次，教师作为学生价值观形成过程中最重要的"传道者""授业者"和"解惑者"，应该成为更具责任感和使命感的"引路人"，在从事相关教育教学活动时，进一步厘清思想意识、严正价值立场、明确政治原则，做社会主义核心价值观更自主自觉的传播者、阐释者和示范者。

（二）创新中实现多维并举的协同培育

加拿大很早就认识到中小学核心价值观培育需要在信息场域的转换中进行转型和重构。在当前全球化和信息技术革命空前发展的时代背景下，我国不仅需要更新核心价值观教育的理念和内容，也要进一步创新方法和手段，深度把握信息化时代核心价值观培育与国家经济发展、政治建设、文化繁荣之间的互动共生关系，在全社会开创多维并举的协同培育新局面。努力做到"显隐结合"，即利用现代科技手段，丰富核心价值观的呈现方式和宣传方式。随着信息技术的发展，社会主义核心价值观培育除了需要依托课堂教学、政策宣传等显性教育方法和途径，也要积极将价值信息附着并黏聚在各种生活化、隐性化的教育途径和手段中。立足生活世界，在贴近实际的社会实践中帮助教育对象潜移默化地受到影响，借助互联网、移动网、数字电视等快速、便捷的手段对社会主义核心价值观进行隐性化输出，从而将核心价值观培育隐藏在无形教育资源和隐性传播手段中，运用信息力量和传播效率增强价值引导的感染力和感召力，切实增强人们对社会主义核心价值观的理解和认同。

（三）核心价值观教育与学科教育有机融合

加拿大中小学核心价值观教育的独特之处，在于将核心价值观教育与学科教育进行有机融合。这种融合的核心价值观教育方式旨在促进学生的全面发展，使学生在获取学科知识的同时，塑造、认同本国的核心价值观，成为具备问题解决能力、批判性思维和社会责任感的未来公民。加拿大中小学核心价值观教育，通过在学科内容中增加与核心价值观相关的理念，巧妙地将学科知识与核心价值观联系在一起。这种学科内容的设置使学生在参与学科课程学习的过程中自然而然地接触到道德与价值观层面的问题。例如，在安大略省的社会科课程中感受个体认同、文化认同和国家认同；在历史与地理科课程中形成对加拿大核心价值观独特性的深层理解与感悟。同时，加拿大中小学核心价值观教育与学科教育的有机融合还体现在跨学科课程之中。安大略省九至十二年级的"加拿大与世界研究"课程包括历史、地理、公民学三方面内容。这种核心价值观教育体系鼓励学生在跨学科学习中将不同领域强调的核心价值观进行关联，使学生能够更加全面地、深刻地认识和理解加拿大的社会问题。

（四）以项目实践为主要评价载体

加拿大中小学核心价值观教育的评价体系以项目实践为主要载体，反映了加拿大对未来社会公民培养的期待。加拿大中小学核心价值观教育将评价目标分为知识和理解、思维和探究、交流、应用四个方面。为了落实这四个方面的评价目标，加拿大鼓励学生在各种主题项目的学习中探究、交流和认同本国的核心价值观，并最终将核心价值观应用到社会生活之中。这种评价目标的落实不仅凸显了核心价值观教育评价的多样性，还有利于打破学校教育和社会生活的壁垒，为学生提供将核心价值观知识和理念迁移运用到现实之中的载体。除此之外，加拿大的核心价值观教育评价强调学生的创造力和主动参与。为了更好地提升学生的核心价值观素养，加拿大的核心价值观教育评价还强调关注学生个体的兴趣和特点，为学生提供自主学习和探究的机会，激发学生对核心价值观学习的兴趣。与传统课堂模式不同，学生可以在各种项目实践中与他人交流和互动，在亲身感知和实践中主动地探究本国的核心价值观，从而更好地适应未来的学习和工作环境。

第四章

英国
中小学核心价值观教育
Britain

英国作为高度发达的资本主义国家，有着悠久的历史和深厚的人文、宗教传统。受移民潮的影响，不同种族、不同语言、不同宗教信仰等群体的聚居使英国的社会结构变得复杂，再加上各种形式的恐怖主义和极端主义，英国青少年出现了政治冷漠，面临道德危机。因此，核心价值观教育在英国逐渐得到重视。在多元文化的碰撞下，英国逐步形成了旨在增强国家认同感、蕴含个人主义色彩的核心价值观。英国学校的价值观教育总体上呈现出宗教性、多样性、融合性特征。[1]

为了更好地跟踪和了解英国中小学核心价值观教育的发展脉络、特征以及具体实施特色，本研究主要通过考察英国中小学相关的课程标准、教材和课堂实录，分析英国中小学核心价值观教育的目标、内容、实施与评价方式，总结其实践成果，以期对我国的中小学核心价值观教育提供一定的参考与启示。

一、英国中小学核心价值观教育的历史演进

英国全称为大不列颠及北爱尔兰联合王国，由英格兰、威尔士、苏格兰和北爱尔兰组成。英国中小学核心价值观教育的发展主要经历以下过程：早期，中小学核心价值观教育主要依靠宗教教育来完成；后来，社会和经济问题逐渐凸显，教育目标集中在帮助儿童为未来的生活做好准备；当前，聚焦于为未来培养参与性的公民，公民教育成为教育的目标之一。

（一）价值观教育萌芽时期

英国是一个有着深厚基督教传统的国家。公元6世纪末，基督教传入英国，并不断发展、渗透到社会生活的各个领域，逐步建立起全国性的组织机构。公元7世纪后期，庞杂的宗教体系占据了英国文化的统治地位，对英国学校教育的发展产生举足轻重的影响。基督教文化在英国社会文化中的主导地位，为英国学校的价值观教育奠定了历史基础，宗教教育也成为英国学校价值观教育最典型的形式之一。

古典绅士教育作为一种贵族教育，是英国学校价值观教育的重要实践形式。英国的古典绅士教育源自17世纪著名哲学家、教育家约翰·洛克的绅士教育思想。洛克在

---

［1］　邱琳. 英国学校价值观教育的发展模式和基本特征［J］. 比较教育研究，2013，35（1）：63-67.

《教育漫话》一书中指出，所谓"绅士"，除了要有健康的体魄和坚毅的精神，还要有德行、智慧、礼仪和学问；除了要有文雅的修养和理智的态度，还要有绅士的品质。洛克认为，教育要适应人的天性，考虑儿童的兴趣和能力，激发儿童的学习积极性和主动性，注重培养未来绅士的高雅气度。[1] 英国的古典绅士教育以洛克的绅士教育思想为基础，致力于培养贵族绅士所应具备的健全人格、道德规范和文明行为。

在长期的历史进程中，英国社会历经了"骑士—贵族—中产阶级—绅士"的发展路径，形成了独具民族标志的教育——绅士教育。绅士教育在一定意义上也成为英国学校早期价值观教育的独特形式。简而言之，绅士教育思想为核心价值观教育的内容与目标奠定了框架，是一种具有实践意义的基础理论。在这一时期，中小学核心价值观教育主要依靠宗教实现。

（二）价值观教育融入国家课程体系中

20世纪80年代，受石油危机的影响，英国经济出现了衰退的现象，政府越来越关注教育的潜在经济影响，于是开始加强对教育的控制，这些因素逐步促成了教育的日益集中化和标准化。例如，英格兰推出了第一套国家课程，虽然缺乏明确的目标和价值观，但强调侧重于提高学生在识字、算术和科学方面的学习成绩。《国家课程大纲》强调教育为下一代适应市场做准备的作用，同时承认教育在确保儿童精神、文化和身体发展方面的作用，重视培养学生为整个社会作贡献的精神。

20世纪90年代，英国教育的目标、宗旨和价值观得到进一步调整和完善，1990年，"价值观"一词就已经出现在英国国家课程委员会（National Curriculum Council）的非法定指导意见中，"教育系统有义务去教导个人为自己思考和行动，使他们具有可被接受的良好素质和价值观，以满足成人生活的更广泛要求"[2]。1999年出版的新课程框架中首次包括了对目标、价值观和宗旨的明确陈述，主要集中于自我、关系、社会和环境这几个方面。[3] 这反映出，政府已然明确，在提高学生识字、算术和科学等能力的

［1］　洛克. 教育漫话［M］. 傅任敢，译. 北京：人民教育出版社，1999：119-120.

［2］　National Curriculum Council. Education for citizenship Curriculum Guidance 8［R］. York. 1990.

［3］　Qualifications and Curriculum Authority. The National Curriculum：Handbook for Primary Teachers in England: Key Stages 1 and 2［M］. London. 1999.

同时，还要不断促进学生精神、道德、社会、文化和身体等方面的成长，以期帮助学生为未来的生活做好准备。1993年，苏格兰教育部（Scottish Office Education Department，简称SOED）公布的5～14岁学生课程新指南中指出，在发展学生识字、算术和科学技能的同时，也要发展他们交流、表达感情和想法、批判性思维、解决问题和健康生活的能力。[1]

1998年，英国首相布莱尔（Tony Blair）执政期间，英国公民教育与学校民主教育顾问团向政府提交了一份教育调查报告——《科瑞克报告》（*Education for Citizenship and the Teaching of Democracy in School*），报告中提出了"积极的公民"应具备的品质。根据此报告可知，英国公民教育的主要目的包括培养公民的社会和道德责任、培养公民的社会参与能力和培养公民的政治素养，并提出全球公民教育的理念。[2] 可以说，培养"积极的公民"这一理念深深影响着英国的核心价值观教育，成为这一时期英国核心价值观教育的标志之一。

（三）价值观教育课程初具雏形

在20—21世纪之交，英格兰开发了第一套小学教育课程，秉承满足个性化学习以及社会经济和职业发展需求的思想，规定了相应的教育目标、价值和宗旨。《卓越与享受：小学战略》和《每个孩子都很重要》等文件均强调，小学教育不仅要关注标准，还要关注儿童的个性化需求。在苏格兰，卓越课程（Scottish Executive 2004b）（面向3～18岁的所有学生）侧重于培养成功的学习者、自信的个人、负责任的公民和有效的贡献者。[3] 它还强调培育学生智慧、正义、同情和正直等价值观。

2006年12月8日，英国首相布莱尔在《融合的义务：共同英国价值》这一演讲中提及，英国社会的关键价值观是"民主""法治""宽容""超越种族与宗教分歧的团结""平等对待所有人以及人们之间相互平等对待""尊重国家及共同的遗产""以

---

［1］ Scottish Office Education Department （SOED） The Structure and Balance of the Curriculum［R］. Edinburgh, 1993：5–14.

［2］ Advisory Group on Citizenship. Education for Citizenship and the Teaching of Democracy in School（the Crick Report）［R］. London: Qualification and Curriculum Authority, 1988.Foreword, Terms of reference, Appendix c, 4.1–4.13.

［3］ ALEXANDER, R.J. "Still no pedagogy? Principle, pragmatism, and compliance in primary education"［J］. Cambridge Journal of Education, 34（1）：7–33.

民主方式选择统治者""免于暴力与歧视的自由"等。同年，教育大臣阿兰·约翰逊（Alan Johnson）宣布在英国中小学实施英国传统价值观教育。他将英国的核心价值观定义为"言论自由、宽容和对法治的尊重"，并强调增强学生的国家意识与社会责任感。

工党政府对英国价值观的讨论在卡梅伦（David Cameron）联合政府时期得以延续。在2010年发表就职演说时，卡梅伦明确说道："本届政府将建立在明确的价值观上——自由、公平和责任。"在执政期间，卡梅伦逐渐形成了自己对英国价值观的定义。在2011年2月的慕尼黑国际安全会议上，他强调：真正自由的国家应相信且积极推行"言论自由、信仰自由、民主、法治、不分种族性别的平等"的价值观。英国基本价值观被概括为四点："民主、法治、个人自由、相互尊重和包容那些有着不同信仰以及没有信仰的人。"[1] 即"民主、法治、机会平等、个人自由、互相宽容和尊重信仰差异"。

2014年，首相卡梅伦对英国基本价值观再次进行了介绍和解读，提出英国基本价值观包括"信仰自由、包容他人、承担个人和社会责任、尊重和维护法治"。同年，英国颁布《将英国核心价值观纳入SMSC》［SMSC包含了学生发展的精神（spiritual）、道德（moral）、社会（social）、文化（cultural）四个方面］，可见，英国已经在核心价值观教育的政策方面进行了探索和尝试。

21世纪来临，价值观教育的推行已进入教育的中心。在英国，尽管政府一直在积极倡导、推行价值观建设，但始终未能提出明确而固定的英国价值观内涵。工党政府时期政治领袖所提倡的价值观也有不同的侧重点和不同的内容，卡梅伦在不同场合对英国价值观的表述也略有不同。但总体而言，无论是工党政府还是卡梅伦联合政府，他们对英国核心价值观的阐述大都围绕"自由、民主、法治、宽容、责任、公平、平等以及尊重英国的历史、文化、制度和遗产"等内容展开。

二、英国中小学核心价值观教育的目标分析

一个国家核心价值观的形成受多方面因素的影响。培育国民的价值观也是一个漫长的过程，许多西方国家从小学甚至是幼儿园就开始了核心价值观教育。将国家价值观融

---

[1]   Home Office Department for Education. The Prevent Strategy ［R］. London. 2011.

入课程目标和教育中，也是一种必然趋势，有效的价值观教育突破口在于消解抽象的核心价值观与教育实践之间的张力。因此，将抽象的核心价值观教育目标逐渐具体化对英国来说至关重要。

（一）价值观教育的核心目标：增强国家认同感

2001年的伦敦恐怖袭击、美国"9·11"恐怖袭击和2005年的伦敦爆炸案是推动英国政府进行价值观教育的关键性事件。尤其是2014年的"特洛伊木马"事件，再次坚定了英国政府通过价值观教育应对恐怖主义和极端主义的决心。

1. 各种形式的恐怖主义和极端主义反衬出价值观教育的重要性

为了应对各种形式的恐怖主义和极端主义，必须对中小学生教育进行改革，大力推进核心价值观教育，树立国家核心价值观，这也是英国政府反对宗教极端主义和恐怖主义的重要举措之一。

2. 核心价值观教育可化解多元文化带来的困境

"特洛伊木马"事件是英国价值观教育的重要催化剂。从表面上看，英国政府进行价值观教育是为了对抗极端主义思想观念，应对恐怖袭击；但从更深层次来看，推行英国价值观教育旨在解决多元文化带来的困境，加强国家认同，增强国际影响力。[1] 英国各政党主要政治领袖普遍认可价值观教育的重要性，认为这是不可或缺的。他们承认且接受英国已经成为多元文化社会的事实，但同时强调多元文化所倡导的是社会多样性，而非社会分离。因此，通过建立共同价值观，可以实现多元文化的统一。

3. 国家认同弱化的难题催生国家核心价值观教育

英国作为一个历史悠久的大国，却在国家认同方面始终存在很大问题。20世纪末，新工党政府实行的权力下放使国家认同问题更加突出，人们对英国价值观认同弱化、"英国精神"日渐衰落。重构国家认同、强化"英国精神"成为英国政府面临的重要问题，而价值观建设则是解决这个问题的核心。同时，推行英国价值观有利于提升英国的国际影响力。随着全球化进程愈加深入地推进，英国愈发认识到核心价值观的重要作用，将其提升到了"国家身份认同"的认识高度，并结合本国国情旗帜鲜明地强化和促进核心价值观的主导地位，积极探讨和宣传其核心价值观。

---

[1] 左敏，李冠杰. "特洛伊木马"事件与当代英国价值观建设 [J]. 当代世界与社会主义，2016（1）：123-129.

（二）国家课程目标：聚焦于合格公民培养

综观英国中小学教育目标的发展，尽管没有明确指出价值观的具体内涵，但其中的确蕴含了英国基本价值观的核心思想——民主、法治、个人自由，以及相互尊重和包容不同的信仰、观念。这些观念是每一个具有强烈国家认同感的英国公民所必需的。基于此，国家课程的目标也聚焦于合格公民的培养。

1999年，资格与课程管理局（Qualifications and Curriculum Authority，简称QCA）出版了《国家课程：英国小学教师手册第一和第二关键阶段》（以下简称《国家课程手册》），其中包括对价值观、目标和宗旨的明确陈述：无论是在家里还是在学校，教育都是通向个人精神、道德、社会、文化、身心发展以及幸福的途径。教育也是实现人人机会平等、健康公正的民主、生产性经济和可持续发展的途径。

该手册把学校课程目标的重心放在为所有学生提供学习和成就的机会上；促进学生的精神、道德、社会、文化、身体和精神发展，让所有学生为生活的机会、责任和经历做好准备。《国家课程手册》相关的价值观声明侧重于四个主要因素：自我、关系、社会、环境。

2004年，苏格兰行政院（Scottish Executive）发布政策文件《雄心勃勃的优秀学校：2004年我们的行动议程》，涵盖3～18岁整个基础教育阶段的新课程框架（卓越课程）。文件《卓越课程：课程审查小组》中特别为新课程确立了宗旨、目标和价值观，其实质是为苏格兰整个学前、小学和中学的课程制定一套统一的宗旨和原则。卓越课程的四个主要目标是使所有年轻人成为成功的学习者、自信的人、负责任的公民和有效的贡献者（见表4-1）。

表4-1　卓越课程的四个主要目标

目标	内容	核心价值观
成功的学习者	成功的学习者充满热情，有学习的决心。他们可以运用读写、交流、计算和技术，创造性地独立思考，并作为一个群体的一部分独立学习。	智慧
自信的人	自信的人有幸福感、自尊、安全的价值观和信仰，有抱负和自我意识，追求健康积极的生活方式，与他人和谐相处和自我管理。	正义
负责任的公民	负责任的公民承诺参与政治、经济、社会和文化生活，尊重他人及其信仰和文化，并能够评估环境、科学、技术和道德问题。	同情
有效的贡献者	有效的贡献者可以思考、创造、进取，运用批判性思维，解决问题。	正直

如表4-1所示，在培养合格公民的课程目标中，"智慧""正义""同情""正直"作为核心价值观，全面指导基础教育的课程改革。

（三）价值观教育的专项"SMSC"课程：发展健全人格

为了更好地将上述英国的基本价值观融入中小学教育，2014年11月，英国教育部出台《通过"SMSC"促进英国基本价值观》，[1] 明确要求英国各级各类中小学应当积极地通过SMSC课程来传递英国的基本价值观。SMSC发展即学生精神（spiritual）、道德（moral）、社会（social）、文化（cultural）发展，它是英国在学校推行的一项学生发展计划，旨在为学生提供未来生活所需的价值观念、情感态度和知识技能，以培养人格健全的公民。

英国教育部邀请相关学者基于本国国情研制英国基本价值观的落实和目标转译策略。英国教育部认为，学校推广英国价值观的最终目的是确保年轻人在离开学校后能顺利融入现代英国的生活。[2] 该目标可以被概括为三个层面：学生个人层面、与他人交流层面和国家层面（见表4-2）。

表4-2　英国价值观的三层转译表

基本价值观	学生个人层面	与他人交流层面	国家层面
民主	自我认知、自尊和自信	尊重他人的观念，获得对自己和他人文化的欣赏与尊重。进一步包容和融合不同的文化传统。	使学生能够对英国的公共机构和服务部门有更广泛的了解。
法治	对自己的行为负责		学生尊重英国的民法和刑法，包括尊重法律的制定和实施。
个人自由	自我认知、自尊和自信		鼓励学生尊重并参与民主进程。
与不同信仰人群相互尊重和包容	辨别是非		使学生了解如何能够积极地为当地生活及工作的人们作出贡献。

针对学生个人层面，英国教育部要求学校培养学生的自我认知、自尊和自信，并使学生能够辨别是非，鼓励学生对自己的行为负责；针对与他人交流层面，要求学校培养学生尊重他人的观念，通过对自己和他人文化的欣赏与尊重，进一步包容和融合不同的

---

[1]　Home Office Department for Education. Promoting Fundamental British Values through SMSC［R］. London.2014.

[2]　郭恩泽. 英国中小学"SMSC"课程中的价值观教育研究［D］. 长春：东北师范大学，2020.

文化传统；针对国家层面，英国教育部要求学校教育学生尊重英国的民法和刑法，包括尊重法律的制定和实施，同时应使学生了解如何能够积极地为当地生活及工作的人们作出贡献，鼓励学生尊重并参与民主生活。

（四）国家课程全面渗透价值观教育：适应社会需要

2000年9月，英国公立学校推出的新国家课程规定，学校价值观教育课程的总体目标为：①发展学生的社会和公民意识，以便他们能够成为负责任的世界公民；②促进学生自尊和情感的健康发展，提升正确处理各种关系的能力；③让学生了解自己国家和民族的发展，尊重文化和信仰的差异，并在个人、区域、国家和全球层面为可持续发展作出贡献。2008年启动的新一轮课程改革，秉持以"让学校课程适应多元文化社会的需要"这一原则，把培养成功的学习者、有自信的个人和负责任的公民作为主要目标，加强了课程内容与学生生活之间的联系。

英国学校的价值观教育主要通过正式的课程教学实施价值传递。因此，公立中小学的各科课程都针对价值观教育提出了具体的目标要求（见表4-3）。不难发现，英国公立中小学课程关于价值观教育的要求基本是依托本学科内容，通过挖掘学科内涵来实现。

表4-3 英国公立中小学各门课程的价值观教育目标

学科	公立中小学课程中关于价值观教育的要求
公民教育	1. 帮助学生思考讨论典型的政治、精神、道德、社会、文化问题和重大事件，学习了解影响社区生活的法律、政治、宗教、社会和经济体系； 2. 鼓励学生参与制定进而自觉遵守行为规范和道德准则； 3. 促进学生理解法定的公民责任、义务和权利，了解政府、内阁、法院、议会选举、民主投票等政治活动的重要性，了解相关政治知识及其他"公共生活"领域的常识； 4. 使学生了解自己分属不同的社会群体，培养学生对本国公民身份的认同，鼓励学生积极参与学校生活和广泛的社会活动（如社区服务等）； 5. 使学生从学校、地区、国家和全球的角度理解公平正义，尊重民主和多样性； 6. 培养学生以恰当、有效的方式表达个人意见，与人协商合作，具备好公民应有的政治素质； 7. 通过传递道德价值、精神价值和政治价值，培养学生的社会责任感和道德意识； 8. 传递价值观念和态度：如差异与多样性，守法与人权，责任与权利，自由与秩序，冲突与合作，个人与社会，民主与法治，公共利益及社会公正等；

学科	公立中小学课程中关于价值观教育的要求
公民教育	9. 使学生了解法律的制定和执行过程，意识到恃强凌弱等反社会行为的后果，培养其批判意识和思考、评价、参与能力； 10. 使学生理解不同民族、宗教、种族及文化的起源、影响和多样性； 11. 使学生了解本国的经济体系、民主制度及其价值，明确本国同欧洲及世界各国的关系，以及英联邦和联合国的作用，培养有知识、会思考、有能力、负责任的世界公民。
个人、社会和健康教育	1. 促进学生自信、负责地出席各种场合，树立自信心和责任感，充分发展个人潜能和文化认同； 2. 引导学生学会制定个人目标、作出选择，以改善健康、保持安全，养成健康的生活方式； 3. 帮助学生认识各种关系（特别是婚姻的本质和重要性），明确父母在家庭生活中的责任和作用； 4. 建立良好的人际关系（尤其是两性关系），尊重人与人之间的差异； 5. 促进学生对偏见、歧视、不公正、种族主义、恃强凌弱等社会排斥现象的认识； 6. 使学生学会倾听，关注自己及他人的感受、经历和想法； 7. 传授学生应对压力及人身威胁、学习解决矛盾冲突的技巧和方法； 8. 使学生了解体育锻炼和健康饮食的益处，以及哪些是合法物品、哪些为非法物品； 9. 使学生了解非法物品的危害，以及艾滋病、性传染等是高风险行为； 10. 使学生了解误食酒精、毒品、早期性行为及青春期怀孕等问题的危害。
宗教	1. 强调不同宗教的共同要素和普遍价值； 2. 使学生了解现代社会中的宗教及其文化的多样性，理解并尊重不同宗教在价值观念、文化背景及生活方式上的差异； 3. 介绍基督教的历史发展和基本教义，特别是对英国文化有着深远影响的传统和宗教道德，将其中仍具有活力的传统价值观传递给学生； 4. 表明通过宗教能解决社会不公和社会冲突，宣扬宗教宽容精神； 5. 通过讲授宗教教义和《圣经》故事，帮助学生认识人类在宗教和艺术方面的成就，解决现实生活中的问题。
地理	1. 教导学生探究人类和自然的问题，了解人与环境之间的依存关系和相互影响； 2. 在不同的文化和社会背景下传授地理知识，强调全球的联系性和各民族的依存性； 3. 通过传递本国的地理知识和风俗民情，增强学生的国家认同感和民族自豪感； 4. 通过传递世界地理知识和各民族、国家的风土人情，培养学生的广阔视野和全球意识； 5. 使学生了解社会、政治、经济和环境因素对地理问题的影响，明确人与环境的依存关系； 6. 使学生了解自然、生态的价值，以及人与环境之间如何相互影响，树立环境保护意识和可持续发展观。

学科	公立中小学课程中关于价值观教育的要求
历史	1. 了解当地人过去和现在的生活方式，培养学生合理的生活价值观和健康的生活习惯； 2. 讲授英国作为一个多元文化社会的发展史，促进学生对政治、经济、文化、科技、宗教等多元化发展的全面认识； 3. 激发学生对国家和世界的好奇心，引导学生思考人类历史对社会现实及人们价值取向、精神信仰的影响； 4. 通过对英国历史的学习，使学生了解英国从中世纪至今在经济、社会、政治及文化结构上的变化和发展； 5. 从世界的角度讲授英国历史，探讨重大历史事件对英国及世界的影响，正确认识重要历史人物的功过是非； 6. 通过历史事件的教学，传递民主、平等、自由、公正的价值观，引导学生形成正确的价值观和行为方式，作出自主的个人选择； 7. 从政治、经济、科技、文化、伦理、宗教及美学的角度看待历史。
英语	1. 借助戏剧、小说及诗歌等教学内容反映不同时代及地域的文化传统和艺术形式； 2. 使学生通过团队游戏、角色扮演等活动表达自己的想法和感受； 3. 强调人类共享的价值和关切； 4. 学会从语言文学和大众传媒中识别偏见、质疑偏见，包括对种族、民族和文化的偏见等； 5. 通过文学作品探讨社会及政治问题，如社会不平等、种族主义及各种歧视现象，进而培育学生的社会责任感和道德意识； 6. 通过语言文学培养学生的自我认知和文化认同。
数学	1. 将数学视为超越人类文化疆界的普遍语言，用于一切文化和社会； 2. 通过教材和活动反映人类社会的多民族性和多文化性； 3. 运用数学方法分析社会、政治及经济问题，培养学生严密的逻辑思维； 4. 使学生认识到数学对于日常生活和科技、医疗、经济、环境等公共项目的开发及决策具有举足轻重的作用； 5. 将数学同其他学科相结合，增强学生对自我和外部世界的认识。
科学	1. 激发学生对周遭世界各类科学现象的好奇心和创造性思维； 2. 帮助学生理解科学思想如何影响技术、工商业及医疗等领域的发展，如何改善人类生活及世界的发展方向； 3. 将观察、假设、推理、验证等科学方法运用于对所有文化的理解，使学生认识到科学的文化价值，了解其在世界范围内的发展轨迹； 4. 运用科学的思维模式和研究方法分析社会、政治及经济问题； 5. 讨论科技发展对经济、伦理、环境等方面所造成的积极和消极影响，思考科学的价值和局限； 6. 尊重、理解不同社会群体在科学价值问题上的不同观点。

Britain

（续上表）

学科	公立中小学课程中关于价值观教育的要求
现代外语	1. 在语言教学中融入不同的文化、社会及历史背景； 2. 帮助学生探究、感知各种语言的异同，树立对语言及文化多样性的开放态度； 3. 尽可能创造机会和条件，促使学生与外语使用者直接接触，并展开外语交流，增强其对语言价值的理解和多元文化意识； 4. 使学生理解语言文字对于文化传播、价值传递、资源共享和世界发展的意义。
音乐	1. 使学生通过欣赏、创作音乐作品，表达、交流自己的思想感情，并学会感知、理解他人的情绪想法； 2. 鼓励跨文化学习与合理借鉴，培养学生理解、欣赏来自不同历史时期和文化背景的音乐作品； 3. 访问来自不同文化背景的音乐家，学会鉴赏各类优秀的音乐作品； 4. 帮助学生探讨个人认同和相关社会问题，培养学生的艺术鉴赏力和审美修养； 5. 学会欣赏、分享不同的艺术创作和表演，并从中获得满足感。
体育	1. 通过鼓励学生参与体育运动和竞赛，培养学生的健康体魄、集体精神、竞争意识及顽强毅力等； 2. 通过游戏、体操、舞蹈、游泳及户外探险等活动，培养学生的生活热情和好奇心； 3. 通过讲授生理健康知识，培养学生的健康意识及合理的生活态度； 4. 为学生提供竞争、合作和应对挑战的机会，使其学会独立作出行为选择，并为之负责。
艺术与设计	1. 传播各种优秀艺术作品和文化传统； 2. 访问来自不同文化背景的艺术家，强调跨文化（cross-cultural）的学习和借鉴； 3. 关注不同文化艺术的共同要素，反映并传递人类的共同价值观； 4. 培养学生的审美能力和创造性精神； 5. 将艺术和设计同审美、社会及环境问题结合起来，运用相关内容和方法探讨各类价值问题； 6. 思考艺术和设计如何影响个人生活及社会领域；通过艺术及设计增强学生的自我表达能力和文化认同感。
设计与技术	1. 通过教材、资源和活动反映现代社会的多民族性和多文化性； 2. 强调传统技术工艺和可替代技术的价值及重要性； 3. 促进学生充分发挥想象力，挖掘自己在设计和制作中的个人好恶； 4. 促进学生认真、细致地思考技术对社会发展及个人生活的影响，认识新兴技术的作用和利弊； 5. 根据需要学会独立设计、制作及与人协同合作。

学科	公立中小学课程中关于价值观教育的要求
信息与通信技术（ICT）	1. 基于学生对环境的了解，使其学会运用信息资源和通信技术，实现资源共享，发展个人能力； 2. 使学生通过合理运用ICT准确发现、分析、整理各类信息，进而从他人、社区的文化中获取经验； 3. 使学生对如何有效使用ICT，以及ICT对生活和工作的意义，作出理智的判断。

综观各科课程价值观教育要求能够发现，英国致力于为学生提供教育的机会，培养学生参与公民生活的必备能力与知识储备，营造民主参与政治的浓厚氛围，鼓励学生发表自己的观点，关心国家发展。

三、英国中小学核心价值观教育的内容透视

教育是落实价值观培育的重要途径，而课程则是学校教育过程中的重要载体，英国中小学核心价值观教育的内容主要由国家课程和学校课程两大部分组成，两者相辅相成。英国政府鼓励各级学校研究价值观教育内容的多样化，例如通过适当的多学科或跨学科整合教学等来实现价值观教育。

（一）国家专项价值观教育"SMSC"课程内容体系

2011年，英国政府发布的《预防策略书》（ *The Prevent Strategy* ）明确提出了英国基本价值观这一概念，"学校应当推进民主、法治、个人自由、与不同信仰人群相互尊重和包容的英国基本价值观" [1]。2014年，英国教育部出台的《通过"SMSC"促进英国基本价值观》中再次强调，"学校对培育学生英国价值观具有无可推卸的责任，同时决定将英国中小学阶段的价值观教育列入SMSC课程中，并由英国教育标准办公室对其实施成效进行检视" [2]。

---

[1] Home Office Department for Education. The Prevent Strategy ［R］. London. 2011.

[2] 宁莹莹. 政策建议中的英国学校SMSC教育：历程、实施及特点［J］. 中国德育，2017（6）：20-25.

如前所述，SMSC的课程内容也就包含了"精神"（S）课程、"道德"（M）课程、"社会"（S）课程和"文化"（C）课程等四大类[1]，具体内容如表4-4所示。

表4-4　SMSC课程内容简表

SMSC课程	课程内容	传递价值观
"精神"（S）课程	集体礼拜教育和宗教教育	自由、平等、尊重、包容
"道德"（M）课程	社会公德教育与个人品德教育	尊重、法治、节约资源和保护环境
"社会"（S）课程	民主与法治教育	民主、人权、平等、容忍、权利和责任
"文化"（C）课程	本土文化养成的国家认同教育	国家认同感

1. 蕴含宗教色彩的"精神"课程

在英国，所有由国家资助的公立学校都有义务提供宗教教育。公立学校所开设的宗教教育是倾向于非宗教性的，宗教教育是一种相对开放的教育，旨在提高学生的宗教素养，非传达特定宗教观点。[2] 在英国，天主教、英格兰教和犹太教在学校的教育系统内都得到了长期的支持，支持宗教教育国家化的人认为，宗教信仰在历史上已经影响了人们的行为和道德。学校的宗教教育对于鼓励儿童成为负责任的、精神上健全的成年人十分重要。因此，在"精神"课程中引入宗教教育，倡导民主、法治、个人自由、互相尊重和相互包容的基本教义，让学生认识到价值观教育与其他课程同样重要。这样，从意识形态根源入手，让学生从小接受相同的价值观教育，打破宗教歧视与文化偏见，从而避免仇恨的种子破土，让恐怖主义思想无从生长。

另外，通过集体礼拜的形式，英国教育部的官方文件将集体礼拜（collective worship）定义为"对神灵或能力的敬畏或敬拜"[3]。该文件中还特意将集体礼拜和共同礼拜（corporate worship）进行了区分。共同礼拜一般是指在具有共同信仰或信念的团体中进行礼拜。而英国是一个宗教信仰种类多样的国家，因此集体礼拜并不对礼拜的具体对象或内容做要求，而是着重强调这项教育活动的集体性和思想性。正如英国教育部

---

[1]　郭恩泽. 英国中小学"SMSC"课程中的价值观教育研究［D］. 长春：东北师范大学，2020.

[2]　同上。

[3]　Home Office Department for Education. Collective Worship ［R］. London. 2015.

文件所表述的那样，"学校的集体礼拜教育应旨在为学生提供机会礼拜上帝，考虑精神和道德问题并探索他们自己的信仰；鼓励他们通过积极的参与和回应来参加礼拜活动，或通过倾听和参加敬拜活动发展社区精神，倡导共同的精神和共同的价值观，并增强其积极的态度"[1]。

2. 注重品格养成的"道德"课程

SMSC课程中，对学生道德发展方面的教育内容重点是引导学生考虑个人与个人之间的关系和责任，如何积极地为社区和社会作出贡献，以及如何通过考虑他人的需要来调节我们的愿望。因此，"SMSC"有关"道德"课程中的价值观教育内容主要分为社会公德教育与个人品德教育两大类。

中小学SMSC课程也对学生如何更好地服务社会、为社会作贡献提出了具体的要求，例如教育学生重视探索和理解全社会共同的价值观基础及其道德框架，要求学生遵守社会约定俗成的秩序和法律法规，以及履行对国家的义务，等等。同时，SMSC的"道德"课程十分重视个人品德的教育，如一些学校提供了明确的道德守则，作为促进学生个人道德行为的基础，贯穿学校教育的各个方面。

3. 倡导民主法治的"社会"课程

社会课程着重强调个人与社会的关系，以及良好社会环境的重要性。社会课程中的价值观教育内容主要分为"侧重民主与法治的教育内容"以及"强调社会公平与正义的教育内容"。

SMSC课程中的"社会"课程就教育如何维护法治社会作出了相应的解释，并概述了教育在维护和促进社会法治方面的重要作用。具体而言，"社会"课程中的法治教育内容主要包括教师如何对学生加强法治的指导，例如针对儿童和青少年的实际需要设置情境，并确保这些情境与法治教育所宣扬的观点相对应。还有一些学校为学生提供有关的法律讲解课程，让学生更好地了解现代的英国法律和社会制度。这些课程内容使学生逐步形成法治观念，并引导他们自觉践行。大多数英国的中小学校会为学生提供参与民主进程和参与社区服务的机会，如为学生提供行使领导权力和负责任的机会，提供给学生更广泛、积极、有效的与社区、社会联系的机会。

"社会"课程中的公平与正义教育是为了帮助学生了解社会中的不平等，通常教师

---

[1] Home Office Department for Education. Collective Worship [R]. London. 2015.

会引导学生思考以下问题：谁作的决定？谁被排除在外？谁是受益者？谁是受害者？这个现象是公平的还是不公平的？我们还能想出什么样的解决方案？通过对这些问题的讨论，学生开始认识到社会微观和宏观层面存在的不公正与不公平现象。针对这些现象的讨论符合教育部门在"社会"课程层面对学生发展提出的具体要求，也可以更好地促进英国基本价值观中有关自由、平等的价值观念得以传递。

4. 增强国家认同的"文化"课程

英国中小学SMSC课程中的"文化"课程旨在帮助学生理解自己的文化和其他文化，重视文化的多样性，并增强在当代多元文化背景下处理问题的能力。

英国前首相卡梅伦曾提出，所有在英国的移民都必须会讲英语，英国的学校也必须向其学生讲授有关英国国家文化的内容。一方面，"文化"课程中的价值观教育内容强调运用本民族文化和其他民族文化的互相理解包容来构建国家认同，如教育学生了解和欣赏塑造自己和他人的传统文化所带来的影响，理解和赞赏校内外不同范围的文化；另一方面，它依靠多元文化教育让学生在多元文化的环境中加深对英国文化的理解。

（二）学校教育中的价值观课程内容体系

英国政府在2011年的《预防策略书》中阐述了英国价值观的定义，对所有学校建立和实施一种明确和严格的期望，以促进英国的核心价值观教育落实。英国中小学校核心价值观教育致力于探讨学校传授知识的普遍性与学生个性发展的兼容性；探讨学校对核心价值观教育的理解程度；探讨学校是否能公平统一地对待学生的教育；探讨学校是否能从一而终地贯彻价值观的理念。基于此，各学校纷纷围绕英国价值观展开了实践性主题课程的探索。这些学校价值观课程采取主题式展开，既依据学生的年龄进行逐层递进式设计，又主张将价值观的实践与学生的学习、生活相结合，给予学生充分参与实践的机会与体验的时间。下面以英国格莱德豪小学价值观课程为例予以说明。

围绕民主、法律规则、自由、相互尊重与宽容的价值观，英国格莱德豪小学的价值观课程依据不同年龄段设定相应的任务以及标准，整个课程体系呈现出较强的前后衔接。（见表4-5）

表4-5 格莱德豪小学价值观课程的主要内容

阶段	民主	法律规则	自由	相互尊重与宽容
学前班	通过讨论和活动形式，听取并尊重他人的意见； 每半学期对课程主题进行投票。	制定班级规则，以确保课堂和谐、个人安全与幸福。	孩子们可以自由选择游戏和进行自主学习。	每个孩子都能参加庆祝活动，并鼓励相互分享，尊重他人的意见。
第一年	认识到我们的所有观点和意见都被倾听并分享； 在讨论时听取并分享班级理事会的意见。	了解课堂规则，倾听规则，学会排队规则； 认识到规则可以确保我们的安全； 了解互联网安全以及如何确保安全。	在规定时间内可以自由选择； 儿童认识到他人的努力，并能选择班长。	比较两种选定宗教之间的异同。
第二年	我们为班级理事会投票，我们为班长监督投票。	在讨论中，我们讨论什么是对什么是错； 我们了解互联网安全。	我们已经决定了自己的班级规则，并且知道我们有责任遵守这些规则。	我们比较基督教和伊斯兰教的庆祝活动。
第三年	讨论时间，以确保所有观点都能被听到； 我们已投票赞成我们的学校议员，并尊重多数决定。	教学写作中的协作课堂规则； 我们遵守班级的规则，定期的"圈子时间"（讨论时间）可确保我们了解对与错之间的区别。	挑战时间，独立选择任务。	挑战无礼行为，增进理解； 鼓励公开，诚实地回答个人家庭生活问题。
第四年	讨论时间，以确保所有观点都能被听到； 我们已投票赞成我们的学校议员，并尊重多数决定。	在讨论中，我们讨论了对与错之间的区别，包括我国当前的问题； 我们遵守班级规则，但会在出现问题时进行更改或适应； 我们将了解有关如何确保在线安全的更多信息，以及有关网络社区安全的更多信息。	我们有一项反欺凌政策，我们会不断加强和利用PSHE[1]时间进行讨论和解决。	我们讨论了信仰、种族、残疾和家庭方面的差异。

---

[1] PSHE，指personal，social and health education，是个人、社会与健康教育（简称PSHE）。

阶段	民主	法律规则	自由	相互尊重与宽容
第五年	我们在其他人交谈时耐心而恭敬地聆听，并等待轮到我们讲话； 我们已投票赞成我们的学校议员，并尊重多数决定。	通过共同制定班级规则，我们确保每个人都能满足期望。	我们挑战陈规和偏见、社会和平等主题（您、我、PSHE）涵盖的刻板印象。	我们以团队合作的方式开展工作，促进相互尊重。
第六年	我们已投票赞成我们的学校议员，并尊重多数决定。	詹姆斯·赖利（James Riley）"逃脱'N'获得安全"研讨会； 了解有关如何确保户外安全的信息。	关于互联网、毒品、酒精使用的选择； 涵盖毒品和烟草教育主题（您、我、PSHE）； 讨论自尊和自信。	我们了解不同的信仰。我们每两周召开一次团体大会，以加强宽容和尊重的信息。

　　如表4-5所示，在同一主题下，随着学习年限的增长，其课程实践内容也会逐步深化。在民主价值观的主题下，一开始就鼓励学生听取他人意见，接着进行投票表决，在表决的事务上，随着年龄段的升高，其表决的事件也从班级延伸到学校事宜；在法律规则价值观的主题下，围绕规则的大主题，从班级规则的讨论逐步拓展到安全、社区安全、户外安全、互联网安全；在自由价值观的主题下，为学生提供安全的环境，从能自由选择自身的学习和游戏逐渐深入到对于不同选择的理解，涵盖毒品教育；在相互尊重与宽容价值观的主题下，鼓励相互尊重，从日常行为规范出发，到社交活动的理解，到不同信仰和宗教的尊重。可以看出，价值观课程内容的编排与学生成长经历的关键事件相互呼应，同时教育孩子规避成长过程中的风险。具体如下：

　　（1）民主。民主课程体现在班级管理和参与学校事务中。孩子们都有决定他们班级规则的权利，所有孩子都能为制定班级规则作出贡献。在每个学年开始时，都会邀请3～6岁的孩子申请学校议员的角色。鼓励孩子写演讲稿和宣言稿，以呈现给全班。每个班级举行一次秘密投票，孩子们尊重多数决定。

　　每两周开一次学校理事会。所有的孩子都参加会议，会议由主席、副主席和秘书（来自不同年级）主持。六年级的学生当选成员，负责记录会议的成果以及学校理事会和班主任等工作人员讨论的结果。校务委员会一直参与并收集有关学校问题的意见，例如慈善机构提供支持和娱乐的时间。在对特定问题进行投票时，学校理事会负责人被教导执行"少数服从多数规则"。在课堂上，教师十分尊重学生，引导其听取彼此的观点和想法。如果无法达成一致的决定，将通过投票决定，以确保这一决定是公平的。

（2）法律规则。格莱德豪小学始终坚持强调法律的重要性。学生从小就被教导遵守学校的规则，并理解规则和法律的重要性。此外，还会让学生了解法律的制定方式以及保障我们安全的不同法律。

学生会定期参观警察局、消防队和救生队等组织，由此获得深刻的体会，并树立相关职业榜样。此外，定期为学生提供参加体育活动的机会，这些体育活动是公平性、规则和礼节的良好范例，例如学校的运动会和体育课。

（3）自由。格莱德豪小学会营造相对安全自由的环境，让学生可以自由选择并成为批判性的思想家。例如，是否选择挑战；如何使用关键技能记录学习情况，展示信息，交流想法；或选择参加课外俱乐部。

保障学生至关重要，PSHE/e-Safety课程旨在让学生掌握作出安全选择的技能。通过"You，Me，PSHE"计划中的"维护安全和管理风险"主题，向学校的所有学生教授如何在户外、室内和网络上保证安全。本主题涵盖互联网安全、消防安全、道路安全、欺凌、反社会行为、同伴压力以及出现问题时如何保证安全等。内容均适合不同年龄段学生。所有班级都有基本规则，这是PSHE课程中非常重要的一部分。

此外，每个班级都有一个"问询篮"。学生可以自由地提出任何他们可能不愿意在课堂上问的问题，只需将其写在一张纸上并将其放在篮子里即可。教师将在下一堂课中回答问题或与学生交谈。

（4）相互尊重与宽容。学校通过与南非德班的萨默菲尔德小学的合作伙伴关系为学生提供与他人交流的机会，使他们认识到作为世界公民的责任，并发展彼此的相互尊重、包容和相互理解。伙伴关系活动则通过庆祝文化多样性和丰富性来培养学生对他人的同理心。学校的部分决定和行为政策围绕"尊重"等核心价值观展开，而学生则参与关于这些活动的讨论，学校会以贴纸和证书来鼓励学生积极的态度和行为。

作为一所多元化的学校，格莱德豪小学会通过庆祝不同的宗教节日来积极促进文化多样化融合。学校设置的宗教教育和PSHE课程强化了"宽容和尊重他人"的价值观：鼓励不同信仰和宗教的成员分享他们的知识；学生去参观各种礼拜场所；在课堂上，听各种关于不同信仰和文化的故事。

四、英国中小学核心价值观教育的实践方法

英国的核心价值观教育倡导不同族裔的学生之间能够和平相处，友好相待。[1] 经过长期的探索与实践，英国在培育核心价值观方面积累了一定的经验。首先，英国政府在青少年价值观的培育方面起主导作用。政府出台一系列政策，并且通过国家领导人的个人演讲以及工作报告等形式加强价值观的宣扬。其次，英国的非政府组织、大众媒体以及宗教团体在培育青少年的价值观方面同样发挥着引导作用。对多元文化的包容、对他人的尊重和良好的修养等优秀品质，通过社会公益、大众媒体等形式进行传播。[2]

（一）英国价值观教育的形式

英国核心价值观教育的基本途径体现在四个方面：以课程为依托开展价值观教育；宗教教育与世俗教育相结合；多学科全方位的渗透；政府支持与社会实践相结合。

1. 课程教学与社会实践相结合

课程是开展价值观教育不可或缺的途径之一，英国主要利用隐性课程和显性课程进行核心价值观教育。课外实践活动、生涯指导、榜样的力量等课程属于隐性课程，这些课程大多是在学生的日常生活中开展，主要场所包括博物馆、公园、社区等，通过学生的亲身体验与实地参观达成教育目标。[3] 宗教课程、伦理课程、政治课程等属于显性课程，这些课程属于理论性课程，学生直接在学校中学习。

2. 教育的宗教性与世俗性相结合

英国的宗教教育有着悠久的传统，与道德教育密切相关。宗教教育是学校德育的重要组成部分，是所有学校基础课程中的必修课。如1996年的教育法要求所有学生每天都应参加集体礼拜活动，活动应全部或主要与基督教特征有关。[4] 英国政府要求学校每天在课程开始前15～25分钟的时间，将全体学生聚集在学校礼堂，组织学生唱赞美诗、集体祷告、阅读《圣经》以及聆听校长讲话。校长讲话的内容除了日常的学校行政管理

［1］ 江传月，徐丽葵，江传英. 大学生友善价值观培育研究［M］. 广州：广东人民出版社，2017：154.

［2］ 江传月，徐丽葵，江传英. 大学生友善价值观培育研究［M］. 广州：广东人民出版社，2017：155.

［3］ 张婧. 英国价值观教育的目标、实施途径与思考［J］. 世界教育信息，2017，30（24）：23-26.

［4］ 林亚芳. 当代英国学校德育述评［J］. 思想理论教育导刊，2003（9）：68-71.

事件，也包括宣传国家意识形态内容的文件。[1] 不可否认，直接的宗教教育以及宗教活动对核心价值观的渗透已经成为培养新一代英国青少年世界观、人生观、价值观的重要途径。

3．教育的灌输性与渗透性相结合

英国政府把价值观教育有机地渗透到各学科教学活动之中。学校开设的历史、地理、哲学、文学、体育等课程都有机地融入核心价值观的内容。例如，利物浦的豪勒伍德小学在每年的圣诞节前夕会组织学生把家里用过的玩具、书籍、自己做的小点心等带到学校，由学生组成志愿团队进行销售，家长进校参加活动，自愿购买这些物品，活动的全部收入由教师带领学生捐赠给公益事业。[2] 在这一过程中，学生既懂得了爱护资源，又做到了善待他人，奉献了爱心，友善、尊重的价值观也在学生心中潜移默化地形成。

4．政府支持与社会实践活动相结合

英国倡导学生们参与各种社会服务活动。英国学校重视通过社会服务活动、各种类型的志愿者活动以及公益事业等实践活动对学生进行行为和精神上的洗礼，以培育他们的核心价值观。例如鼓励学生饲养小动物，培养他们的爱心和护理能力；去敬老院帮老年群体做房间清洁，陪他们谈心，培养善待他人、无私奉献的精神；为慈善组织募集善款或者参加其他公益活动，培养学生的社会交往能力。同时，政府加大了政策和财政支持力度，在对学校工作的成效评估后确定拨款额度，有效激发了学校工作的积极性。英国各种社会活动的开展，是时效性和实践性相统一的"体验—感悟"教育，使学生在具体的社会实践活动中，更深入地感悟核心价值观的具体内容。

（二）英国学校价值观教育实践方法

英国依据不同年龄段设定了相应的任务以及标准，价值观课程的实施形式丰富多样，主要通过集会、可再生能源课程以及我们的个人、社会和健康课程（PSHE）进行。如英国格莱德豪小学主题式价值观课程具体如表4-6所示。

---

［1］　胡杨. 英国大学生核心价值观教育探究［D］. 南昌：南昌航空大学，2016.

［2］　张婧. 英国价值观教育的目标、实施途径与思考［J］. 世界教育信息，2017，30（24）：23-26.

表4-6　英国格莱德豪小学主题式价值观课程表

价值观主题	价值观实践	具体操作
民主	1. 制定班级规则； 2. 申请学校议员的角色； 3. 演讲和宣言； 4. 投票表决。	1. 每两周开一次学校理事会； 2. 在课堂上，听取学生的观点和想法。
法律规则	1. 定期参观警察局，消防队等； 2. 参加体育活动； 3. 参加课外俱乐部（例如足球和体操俱乐部）。	1. 了解规则和法律背后的价值观； 2. 了解法律的重要性； 3. 了解法律的制定方式以及保障我们安全的不同法律。
自由	"You，Me，PSHE"计划中的"维护安全和管理风险"主题。	本主题涵盖互联网安全、消防安全、道路安全、欺凌、反社会行为、同伴压力以及出现问题时如何保证安全等。
相互尊重与宽容	与南非德班的萨默菲尔德小学的合作伙伴关系活动。	认识到作为世界公民的责任，并发展彼此的相互尊重、包容和相互理解。

此外，还有多样的价值观教育方法，价值观的培育涵盖知情意行各个方面，而教学方法的选择本身就充满了价值。

1. 直接指导法

直接指导法是指教师在课堂教学中，以口头讲述的形式向学生传达价值信条、价值观念，传授道德规范、行为准则的指导性方法。[1] 这种方法是基于成年人有责任直接教育儿童，帮助儿童塑造自己的行为，养成良好的习惯。直接指导法形式多样，例如以价值观命名的项目或者活动，或是为学生提供有固定课程时间的直接学习机会。[2] 有时还会设计一些特殊的学习项目，这些项目侧重于特定的价值观，如平等机会、宽容、尊重，减少对不同文化或族裔群体的排斥态度。

2. 问题讨论法

问题讨论法主要指在教师的引导下，学生围绕某一个中心问题，展开开放式的讨论

---

[1] 邱琳. 英国学校价值观教育研究［D］. 武汉：武汉大学，2010.

[2] LICKONA, T. Eleven principles of effective character education［J］. Journal of Moral Education, 1996,25（1）：93-100.

和辩论，发表自己的看法。这种方法有利于激发学生的参与性、积极性和创造性，让学生形成独立思考能力、批判意识与创新精神。这种以问题导入的教学方法是英国学校价值观教育的常用方法和重要手段，具有较强的实用性。[1]

3. 角色扮演法

角色扮演法是指学生通过扮演各种生活情境中的角色，亲身体验角色的情绪反应、心理感受和行为模式等。教师通过角色扮演法进行间接的价值观培育，不但灵活有趣，容易激发学生的洞察力和主动性，而且能使他们模拟各种社会角色的生活方式，体验不同人物对争议性问题的认识，从而培养学生正确的自我意识、独立的思维方式和合理的行为举措等。[2]

4. 调解法

这种方法可训练学生解决矛盾，如校园欺凌、违纪和沟通问题。同伴调解可以缓解紧张局势、敌意和暴力，并将学校转变为更加合作的环境，让学生从中学习各种技能。

5. 圆周时间

圆周时间是指教师和学生围坐成一个圆周，平等地分享个人想法及感受的一种方法。这种方法需要明确的基本规则，包括轮流发言、带着兴趣和尊重倾听、不打断他人发言、不对圈子里的其他成员发表负面评论以及避免种族主义和性别歧视的言论。

圆周时间不但能培养学生的自尊心和自我调节能力，提升他们的幸福感和社会责任感，而且能帮助他们学习如何讨论自己的感受，从而获得群体和社区中的归属感，发展共情、诚信、责任、合作和关怀等个人品格，并从个体反馈与反思中澄清自己的价值观念。[3]

6. 集体礼拜

英国的公立学校一般会运用每天上课前的15～25分钟时间，组织全体学生参与集会，举办以基督教为主要内容的集体礼拜活动。集体礼拜并非宗教教育的一部分，而是英国公立学校价值观教育的一种重要方法，集体礼拜始终起着对学生道德、精神、社会及文化发展的有效促进作用。[4]

---

［1］ 邱琳. 英国学校价值教育研究［D］. 武汉：武汉大学，2010.

［2］ 同上。

［3］ 同上。

［4］ 同上。

7．公正团体法

公正的团体特别注重道德氛围、发展制度角色、参与规则制定和规则执行。教师在其中起辅助作用，围绕团体的共同目标进行责任规范和亲身示范，旨在促进团体的团结。公正团体法主要包括对团体内经历的真实困境进行讨论，以及发展一种自由讨论文化。这种文化有关于倾听、为他人着想、对反对自己立场的论点持开放态度、说服、抵制压力以及平衡个人和群体利益的规则。公正团体法为参与涉及复杂道德问题的集体决策提供了机会，要求教师营造开放的课堂气氛，有效地组织活动，鼓励学生互动和探究。

8．课外实践

参与课外实践活动对许多学生来说是一种兴趣和挑战，并可以提供探索新角色、团队合作和发展领导技能的机会。在现实生活中面对道德问题，如在社区服务中，或在密集的居住体验中解决冲突的优先事项，可能对道德发展有重要意义。学生需要反复练习友善行为，直到它成为一种习惯，通过努力应对现实生活中的挑战，培养对公平、合作和尊重要求的实际理解。课外实践活动可以为学生提供更多贴近生活的场景，引导学生去理解、尊重文化多样性。对于学习成绩不好的青少年和有特殊需要的年轻人来说，这也可能是获得成就和自尊的重要途径。

9．其他方法

故事法。故事在精神发展中起着重要的作用，它扩展了道德想象力，发展了儿童的情感。儿童能从文本中了解主人公的处事方式，从而建立叙事关系的模型，塑造对角色和行为的反应方式。从故事中人物视角引发的讨论，能帮助中小学生从社会背景、人物关系等多方面去考虑和理解人物。

谈话法。成人和儿童之间的普通对话，即使是非文学科目，如数学和科学，只要成人尊重他们的儿童伙伴，把他们视为比话题、论点或结论更重要的对象，也可以是道德教育的核心。作为影响学生态度和行为的手段而采用的其他教学和学习方法还包括戏剧、模拟议会、教育游戏、模拟练习、合作学习、项目工作、小组工作、批判性推理和主题日等。

五、英国中小学核心价值观教育的评价策略

价值观教育评价需要综合多方面考虑，英国在价值观教育评价上分为学校价值观

课程评价和学生评价。学校价值观课程评价以教育标准局督查为主，社会第三方机构为辅；对学生的价值观教育评价以坚持过程性评价为主，弱化终结性评价对学生的影响。

（一）以学校督查为保障的学校评价

英国政府对于核心价值观在学校推行尤为重视。1993年，英国政府成立了教育标准局（Office for Standards in Education，简称Ofsted），以政府为主导，代替英国王室统管全国学校督导评价工作。英国教育标准局通过《学校督查手册》（*Schools Inspection Handbook*，简称《手册》）中列出的指标对学校关于英国核心价值观教育的实施情况进行跟踪调查。《手册》中将"学生尊重英国价值观"作为一项重要的指标，学校是否能达到要求以及实施的具体情况有优秀、良好、合格、不足四个等级的判断指标。此框架和标准主要关注学习质量、行为和态度、学生个人发展、领导和管理几个方面。2019年，全新的Ofsted《学校督查手册》在SMSC课程部分的评价指标上作了更加详细的介绍和解释。[1] 具体而言，在评价指标中加入了"行为、态度和个人发展"这一维度，其中学生个人发展指标中明确了加深学生对英国基本价值观的理解（见表4-7）。

表4-7　《学校督查手册》个人发展指标内容 [2]

学校保障	学生个人发展目标	学生个人具体表现	指向基本价值观内容
公民教育课程	成为负责任、有礼貌和积极的公民。	能够发挥自己的作用，成年后积极参与公共生活。	民主。
文化课程	培养和加深学生对英国基本价值观的理解。	对民主、自由、法治、相互尊重与宽容等基本价值观的理解。	民主、自由、法治、相互尊重与宽容。
倡导机会平等，提供共融的环境	理解差异是积极的，而不是消极的，个人特点使人独特。	满足所有学生的需要，不论年龄、残疾、性别、种族、宗教或信仰、性别或性取向。	相互尊重与宽容。

［1］　Home Office Department for Education Ofsted. School Inspection Handbook ［R］. London. 2019.

［2］　资料来源：https://www.gov.uk/government/publications/school-inspection-handbook-eif/school-inspection-handbook#personal-development.

学校保障	学生个人发展目标	学生个人具体表现	指向基本价值观内容
提供丰富的个人发展机会	培养学生的自信心、应变能力，使他们保持心理健康。	教会他们如何融入社会。	自由、民主。
网络、人际关系、性和健康教育课程	使学生能识别线上线下的风险。	认识到不当使用移动技术和社交媒体的危害，发展学生对保持身体健康、饮食健康及保持积极生活习惯的认识。	法治。
人际关系等课程	培养学生积极的品格。	使学生能够明智地反思，积极地学习，正直地行事，并始终与他人保持良好的合作关系。	正义、善良。

在SMSC课程中详细阐明了培育学生价值观的具体表现（见表4-8）。英国教育标准局对学校课程的督查保障了价值观培育课程的落实，其评价并非停留在单一指标的判断，而是结合课程内容，从社区生活、人际交往、社会参与、文化认知、品德形成等各方面促进学生个人发展的综合性评价。此外，社会第三方机构对英国中小学校的测评和指导也是该课程在学校评价上的重要组成部分。

表4-8 《学校督查手册》SMSC课程内容 [1]

SMSC课程	课程培养目标具体内容	渗透价值观
对学生精神发展的规定	1. 学生有能力对自己的宗教或其他宗教信仰进行反思，了解自己对生活的看法以及表现出对他人的信仰、情感和价值观的认同和尊重； 2. 学生了解自己、他人和周围世界的乐趣和魅力； 3. 学生可以发挥想象力和创造力； 4. 学生愿意反思自己的经历。	民主、自由、相互尊重与包容。

---

[1] 资料来源：https://www.gov.uk/government/publications/school-inspection-handbook-eif/school-inspection-handbook#personal-development.

（续上表）

SMSC课程	课程培养目标具体内容	渗透价值观
对学生道德发展的规定	1. 学生可以认识对与错之间的区别，并在自己的生活中随时运用这种理解，了解法律的界限，尊重英国的民法和刑法； 2. 学生了解自己的行为及行为可能产生的后果； 3. 学生有兴趣调查和提供关于道德和伦理问题的合理观点，以及理解和欣赏他人在这些问题上的观点或能力。	法治。
对学生社会发展的规定	1. 学生可以在不同情况下使用一系列社会技能，例如与其他学生一起工作和社交，包括与来自不同宗教、族裔和社会经济背景的学生交往； 2. 学生具有参与各种社区或社会活动的意愿，包括志愿服务、与他人良好合作和有效解决冲突； 3. 学生能够接受和践行英国的基本价值观，即民主、法治、自由以及对持不同信仰背景的人们的尊重和包容；学生可以发展和展示自己的技能和态度，能够充分参与现代生活并作出积极的贡献。	民主、法治、自由、相互尊重、相互包容。
对学生文化发展的规定	1. 学生可以理解和欣赏塑造自己国家的广泛文化影响； 2. 学生可以理解和欣赏学校内部和外部社会的不同文化，并作为自己为现代英国生活做准备的基本要素； 3. 学生了解英国的民主议会制度及其在塑造英国的历史和价值观以及继续促进英国不断发展方面的核心作用； 4. 学生愿意参与艺术、音乐、体育和文化等活动并对其作出积极反应； 5. 学生有兴趣探索、增进对不同信仰和文化多样性的理解和尊重，以及他们在多大程度上理解、接受、尊重多样性，这表现在他们对地方、国家和全球不同宗教、族裔和社会经济群体的容忍和态度上。	国家认同、法治。

（二）以公民教育为依托的形成性评价

2002年9月，公民教育成为英国法定国家课程中的基础科目之一，所有11～16岁的学生都必须修习。公民教育的目标是：获得扎实的知识；法律、社会公正；兴趣、参与；批判性思考、政治性问题；自我管理。[1] 英国基础教育为11年义务教育。在义务

---

[1] 单妍，左璜. 英国学生发展评价质量标准研究［R］. 内部资料，2019.

教育阶段，公民教育作为学生的必修课，通过普通中等教育证书（GCSE）来检测。学生在16～18岁，主要开展面向大学招生考试的高中文凭课程学习。与基础教育不同，英国大学招生考试注重学术性知识体系、专业预修、专业指导、拓展项目等，使得学生在中等教育阶段提前了解大学学习的特点，奠定大学期间学术学习的知识基础和科学研究能力。[1] 因此，在高级普通教育证书（GCE A-level）考试中没有专门的公民教育，而是将公民教育中的法律、政治作为独立的科目进行考查，将公民教育的内涵与思想融入法律、政治科目中。基于此，本文选取英国A-level中的政治考试展开深度研究，以探讨英国如何实现在大规模考试中落实思想价值观教育的目标。

资料显示，英国的政治课程与测试目的是让学生了解英国与当代全球政治，对其本质进行批判性认识，发展学生个人的政治参与及政治评估能力，促进学生政治参与的兴趣。具体来说，主要考查以下方面：在英国和全球范围内，在历史背景下发展对当代政治结构和问题的认知与理解；对政治的变化本质以及政治思想、制度和过程之间的关系有批判性认识；发展知识，对影响政府和政治决策的利益有明智的了解；对个人和团体的权利与责任的了解；培养批判性地分析、解释和评估政治信息，以提出论据和作出判断的能力；对当代政治产生兴趣并参与其中。具体如下：

（1）展示对政治制度、过程、概念、理论和问题的认知和理解。

这一指标下的要求主要集中在对基础理论知识的认识与理解，是理论层面的指标，要求学生对当代政治结构和问题的认识，这类题型的命题主要有"解释""描述""概述"等字眼，让学生解释某个政治名词或政治现象，如"使用示例概述内部人组与外部人组的两种不同方式""解释压力集团改善民主进程的三种方式""概述政党促进参与的两种方式"。

（2）分析政治和政治信息的各个方面，包括异同与关系。

这一指标聚焦于学生对基础概念理解之上的分析与思辨能力，通常是比较两个相关政治问题，分析异同点，这类命题形式主要有"对比""比较""分析""区分"等，考查学生对政治现象的深入理解及批判性认识。如"解释直接民主制和代议制民主制之间的三个差异""使用示例解释单极性和多极性之间的区别""区分文化和经济全球化"。在这一指标下，学生不仅要了解单个政治概念的意思，还要根据其内涵与特征，

---

[1] 苗学杰. 基于中等教育与高等教育衔接的英国大学招生考试制度探析［J］. 外国教育研究，2014，41（12）：56-66.

分析两个或多个相似或相对政治概念之间的关系。

（3）评估政治和政治信息的各个方面，再建立论点，作出有根据的判断和得出结论。

这一指标是对第一、第二指标的深入，要求学生在了解并能够运用分析基本政治概念与政治现象的基础上，通过评估与批判性思维，对当今世界中的政治现象或英国政府政治提出个人观点，作出判断。这类指标下的题目都是开放性题目，命题形式主要是描述当今世界政治或让学生根据个人认识描述政治过程，让学生对这一政治现象进行分析判断，并提出自己的观点。如："俄罗斯是超级大国吗？""根据文献和你的个人知识，内阁如何有效地挑战总理？""根据文献和你个人的知识，制定一部成文的宪法与保留议会主权原则之间存在什么紧张关系？"

（三）以成长手册为基础的学生评价

在许多英国学校，教师会不断监测、记录学生成长的优势和劣势。将成绩记录和学生对自身学习能力的认知以及个人和社会发展记录的判断三者相结合，即通过学生的成长记录与价值观教育的内容相互结合进行判断。学校价值观的明确性和教师在实践中分享价值观的程度会影响学生价值观的发展。使用成绩记录本身可以是个人和社会学习的积极过程，使真正的人与人之间的对话、协商以及有洞察力的学生的自我评价成为可能。

作为英国基本价值观传递的主渠道课程，英国中小学SMSC课程以过程性评价为主。过程性评价是通过观察教育过程中的行为来评价学生或者教师，这是核心价值观教育活动中不可或缺的一部分，已经逐渐成为一种典型的评价方式。过程性评价的目的是促使教师不断改进教学质量，学生不断提升学习技能，强化学生对英国基本价值观的学习。在英国教学中，经常可以看到采用分组课堂教学完成后，对不同能力水平的学生给予相应的分组评价，[1] 通过不同能力水平评价分组的方法来评估学生的个人进步和分组学习掌握情况，帮助学生提高个人能力。

英国学界通常也将过程性评价称为"为了学生学习的评价"（Assessment for

[1] Hallam S, Ireson J, Davies J. Grouping practices in the primary school: what influences change? [J]. British Educational Research Journal, 2004, 30（1）: 117-140.

learning），价值观教育的过程性评价也是为了学生更好地习得相关知识。[1] 通过过程性评价能够关注到学生成长的细节和进步，及时地给学生提供适当的反馈，帮助学生强化关于英国基本价值观的学习与掌握。

六、英国中小学核心价值观教育的教师发展

英国核心价值观对于教师专业发展发挥着重要作用，是教师职前资质要求的必要规定，也是英国中小学教师专业标准的重要组成部分。

（一）以核心价值观为底色的教师标准

《英国合格教师专业标准与教师职前培训要求》是由英国教育标准局和英国师资培训署（Teacher Training Agency，简称TTA）于2002年6月颁发的教师专业标准，其中把英国合格教师专业标准分为三大维度：①专业价值和实践；②知识和理解；③教学，其中又包括：计划、期望和目标（Planning, Expectations and Targets），监控和评价（Monitoring and Assessment），教学和班级管理（Teaching and Class Management）。在专业价值和实践中要求教师除了有扎实的专业基础，也要平等对待学生，对学生有所期待，尊重不同信仰的学生。

2007年，英国学校培训与发展署（TDA）颁布《英国教师专业标准框架》（*Professional Standards for Teachers*），旨在促进教师专业持续性的发展，并对教师应具备的专业素质提出具体要求。2008年，英国学校培训与发展署又发布《英国教师专业持续发展指南》（*Continuing Professional Development Guidance*），意在提高教师的专业素养、知识、理解与技能，满足个人的需求和提升自身专业实践能力，并将教师专业发展放在学校评估以及政策审核的重要位置。

2012年9月，英国教育部（DFE）正式实施新修订的《英国教师标准》（*Teachers' Standards in England*），要求教师以最高的标准严格要求自己。新标准关注教师专业及其个人的行为素养，要求所有中小学教师需树立积极的专业意识，最大限度地满足学生的利益，主要有三方面内容：首先，教师要从自身专业角度，依法保护学生

---

［1］ 郭恩泽. 英国中小学 "SMSC" 课程中的价值观教育研究［D］. 长春：东北师范大学，2020.

的尊严和福利，宽容和尊重他人的权利，强化他人对自身专业的信任，同时师生要彼此尊重以建立良好的师生关系。除此之外，教师也不能危害到英国的基本价值观，包含民主、法治、自由和相互尊重、包容与自己不同信仰的人，且每个人的信仰必须以学生的利益和遵守法律为前提。其次，教师必须对自己任教学校的学风、政策和教育实务表达适当的专业关怀，并在学校的准则里高标准地严格要求自己。最后，教师必须了解并懂得行为操守的内涵，也必须遵守有关教师专业责任的法令。强调教师在课堂中进行任何教学活动都不得损害英国的基本价值观，要平等对待不同信仰和信念的人，这是英国教师专业化标准最基本的要求。由此可知，作为一名能够开展价值观教育的教师，其自身应该具备相应的核心价值观，并自觉维护核心价值观，在教学中践行相互尊重、包容等，特别是在建立良好的师生关系方面更是必不可少。

（二）专业化与个性化并存的教师培训

教师的专业持续发展是英国教师教育改革聚焦的方向之一。英国教师培训以教师的专业化发展为宗旨，英国学校培训与发展署在2006年向英国国家秘书处提交的《合格教师资格标准》中对教师专业化标准作出了相关的规定，指出教师专业化路径的五个阶段包括：合格教师、入职教师、资深教师、优秀教师以及高级技能教师。英国教师教育与培训体系已发展成教师职前教育与培养、入职培训、在职专业化发展的一体化形式，形成了一个相互密切沟通和联系的、专业化的且不断发展的教师教育体系。[1] 教师从入职前到入职后均有专业化培训护航前行。

英国教师培训的个性化表现在其依据教师所处的阶段，分别制订了不同的培训计划。新任教师在办理入职手续后必须首先接受入职培训，培训时间为三个学期，在这之后还有带薪的教师专业化培训，每五年一次。[2] 英国政府分别为不同阶段的教师群体在专业知识、教学技能等方面制订了不同等级的要求和计划。[3] 教师职前培训要求中指出，要具备符合要求的学科专业知识，在所教学科中拥有自信心。英国合格教师专业标准中包含了

---

［1］ 李晓刚. 英国教师专业化发展现状探析［D］. 武汉：华中师范大学，2006.

［2］ KAREN J. MITCHEL, DAVID Z. ROBINSOM. Testing teacher Candidates: the Role of licensure tests in Improving Teacher Quality［J］, Committee on Assessment and Teacher Quality, National Academy Press, 2001,5（2）.

［3］ 李媛. 英国中小学教师质量保障体系研究［D］. 长沙：湖南师范大学，2016.

具备专业的价值观，对待专业的态度和所应承担的义务、教学专业技能等。

七、启示与借鉴

社会主义核心价值观是我国各族人民价值观的"最大公约数"。党的十八大提出"三个倡导"以来，习近平总书记强调要"把培育和弘扬社会主义核心价值观作为凝魂聚气、强基固本的基础工程"，并要求"从娃娃抓起、从学校抓起，做到进教材、进课堂、进头脑"。[1] 随着我国价值观教育的发展，我国必然将继续深化核心价值观教育的理念、课程与实践。我们可以从英国中小学核心价值观教育中窥探出如下几点启示。

（一）打破学科界限，多学科协同培育

我国教育部《关于培育和践行社会主义核心价值观进一步加强中小学德育工作的意见》提出了"课程育人""实践育人""文化育人"和"管理育人"四个基本途径。[2] 在课程中落实价值观培育是必然的趋势，各学科之间的协同共育显得尤为关键。

第一，达成共识。课堂作为教学的主要阵地，教师在其中担任不可或缺的重要角色，教师的自身意识与价值观素养必然影响价值观教育的成效。因此，鼓励教师增强自身的价值观教育专业素养，掌握价值观教育实践的方法。同时，与各科教师形成良好的默契，共识共育，重视学校层面价值观教育实施的监控和检查机制。教师如果清楚价值观教育的状况和评估的目标，就能更好地评估学生的价值观发展动态，同时在教学实践中融入价值观。

第二，主题式合作。英国价值观教育的内容是统一的，但英国政府鼓励各级学校研究价值观教育内容的多样化，例如通过适当的多学科或跨学科整合，或通过将SMSC课程的某些方面与公民教育课程和宗教教育课程有效地联系起来，以丰富SMSC课程内容。因此，在同一主题规划下，教师可结合自己学科的特点自主安排内容，在课堂中有

［1］ 习近平. 核心价值观是文化软实力的灵魂［N］. 人民日报海外版，2014-02-26（1）.

［2］ 中华人民共和国教育部. 关于培育和践行社会主义核心价值观进一步加强中小学德育工作的意见［EB/OL］.（2014-04-03）［2020-03-20］. http://www.moe.gov.cn/srcsite/A06/s3325/201404/t20140403_167213.html.

意识地渗透价值观教育。英国的中小学价值观教育主要是通过主题式开展，教师会先对每个主题进行详细的规划与安排，鼓励学生在课堂上进行主题讨论和探究学习。在讨论的过程中，教师只提供一些基本的相关资料，主要是由学生自行组织，对话题展开深度思考与自主讨论，并要求每个学生尊重他人的观点。教师的任务主要是引导学生展开讨论，并保证学生的讨论不偏离主流价值观。

（二）注重内容衔接，螺旋上升

价值观的形成是一个漫长的过程，需要结合学生的认知规律有计划、有安排地规划好每个学段的内容，同时注重与时俱进，不断丰富价值观教育的形式。

第一，与时俱进，丰富形式。价值观的内容是抽象的，但其载体可以是多样化的，形式可以是丰富的。可以结合时事发展，设置有趣的讨论课题，激发学生的参与热情，使价值观教育的形式常教常新。

第二，结合规律，螺旋上升。充分结合价值观形成的规律，合理安排各个学段的内容。我们在阐释社会主义核心价值观教育的内涵与要求时可以从认知与理解、情感与体验、意志与行动三个维度出发，这样在实际教育过程中才会要求注重价值观行动，注重通过相应价值观指导下的行动来增进中小学生对价值观的认知与理解，并涵养他们的积极态度和情感，强化他们持续开展基于某种价值观的行动意愿和行动本身。[1] 因此，在进行内容编排时应注重各个学段之间内容的衔接，并用清晰有逻辑的语言表达出来，以便让课程实施者感到有较强的操作性。

（三）推动家校社"视域"高"融合"

在英国价值观教育中，特别重视价值观的实践。因此，基于当下家庭、学校与社会在育人过程中出现的培育目标、内容等割裂的现象，学校、家长与教师三方都应该主动转变观念，达成共识，为价值观教育提供良好的实践之机。

第一，由"轻视"变"重视"。在培育学生核心素养的浪潮下，当今时代的学生不应仅仅追求成绩上的分数，更应重视人格的完善，以达成德才兼备的目标。在价值观培

---

[1]　石中英. 价值观教育的阶梯：北京市中小学校社会主义核心价值观教育阶段性目标框架研制 [J]. 人民教育，2019（24）：31-41.

育的过程中，学校处于主导地位，其重视程度以及对待家校合作的态度对于培育活动的开展有着重要的影响。因此，学校亟须提升对价值观培育的重视程度，联合家庭、社区为学生提供良好的价值观培育氛围。在寻求家长配合的过程中，学校应该主动向家长分享与培育任务相关的细节，并尝试征求其建议与意见，进而与家长在培育活动的方方面面形成统一的认识。

第二，化"被动"为"主动"。培育学生价值观不仅仅是学校的责任，家庭同样发挥着不可替代的作用。家庭应与学校达成共育的共识，关注学校开展相关培育活动的情况，主动配合学校的培育任务。除了家长外，教师作为学校与家长之间沟通的重要桥梁，同样需要化"被动"为"主动"，增强自身价值观素养，发挥好"承上接下"的作用，主动与家长保持联系，了解学生在家庭的培育情况，了解家长们的困惑，同时也要及时且主动地向学校汇报情况，反映问题。

第五章

法国

中小学核心价值观教育

France

法国文化复杂而历史悠长，其深厚的历史传统和积淀为世人所称道，在世界文明中占据着非常重要的地位。全球化进程的不断加速，带来利好的同时也引发了新的危机。面对新时代背景下多元文化浪潮带来的挑战，传统的公民教育遭遇困境，由此，法国深刻认识到价值观教育的重要性，积极开展以学校为主阵地的价值观教育，试图在其中寻找到平衡点，实现多元文化间的和平共处。

一、法国中小学核心价值观教育的历史演进

法国作为世界上较早将道德与公民教育纳入学校教育体系的国家之一，在集结教育领域各层次法律的《教育法典》中点明"除了知识的传输，国家还把培养学生的共和国价值观作为学校的首要任务"[1]，其对价值观教育的重视程度可见一斑。尽管在不同的历史阶段，法国价值观教育的推行力度有所不同，但其价值观背后承载的意蕴与内涵却始终不变，并随着时代的变迁增添了几分新的活力。现代法国的核心价值观虽然经历了漫长的自我构建过程，但"自由""平等""博爱"仍旧是核心组成部分，统领着法国中小学核心价值观教育的整体建设。梳理法国中小学核心价值观教育的历史演进，有助于更加深层地把握法国核心价值观教育的本质。

（一）法国核心价值观教育思想的萌芽时期（17—18世纪）

17—18世纪，一场继文艺复兴之后的思想解放运动——启蒙运动在欧洲大陆上轰轰烈烈地展开，涌现出一批主张"法律下人人平等""主权在民"和"自然教育取代强制灌输""人非工具"等理念的思想家；比较典型的有卢梭（Jean-Jacques Rousseau）等。他在肯定人的自然本性的基础上提出了自然主义教育，认为自然主义教育的目标是要培养"自然人"，[2]并且强调对人的价值观、判断力以及与他人和平共处等能力的培养。

在18世纪的法国启蒙运动和大革命时期，启蒙思想家和资产阶级革命家主张建立新的国民教育制度，培养资产阶级共和国的合格公民。启蒙运动的杰出代表孔多塞

---

［1］　王晓宁，张梦琦. G20国家教育研究丛书：法国基础教育［M］. 上海：同济大学出版社，2015：20.

［2］　杨茂庆，岑宇. 法国儿童价值观形成的文化归因与培育路径［J］. 当代教育与文化，2021，13（2）：50—56.

（Condorcet）在1792年的立法议会上提交了一份教育改革报告。[1] 他指出，国家应担负教育其公民的重任，建立起包括初级小学、中等学校、高级中学以及专门学校（大学）的学校体系。其中，四年制的初级小学实施普及的公民教育，进行较为广泛的普通文化知识的教育，还应设置农业、手工业和国内生产概述等课程；中等教育和高等教育的目标是培养担任政府职务和从事研究工作的人才。在教育内容上，他主张废除传统的宗教教育，要求从初等教育阶段起就让学生了解公民的权利与义务，因此，应该讲解宪法和《人权宣言》。雷佩尔提在其1793年的《雷佩尔提法案》中也主张给儿童广泛的知识教育，组织儿童参加农业和专设的实习工厂的劳动，学习《人权宣言》和法国革命的历史故事等，目的就是把儿童培养成为爱国的公民。

不难看出，在这个时期，法国的价值观教育思想更多地散落在著名哲学家、思想家的言论以及著作当中，虽并未形成规范的体系，但其倡导和弘扬价值观教育的改革思潮已初现雏形。

（二）法国核心价值观教育的建立和规范时期（18世纪末—19世纪70年代）

直到法国大革命时期，法国真正的法语使用者只有五分之一。为了宣传革命思想和《人权与公民宣言》，当政者曾经考虑以各种地方语言印制宣传手册，然而这个庞大的计划终因成本高昂而搁浅。从此，法国历届共和国政府一直以推广法语为重要使命，因为只有统一语言，人民才能理解革命思想和共和国精神。为了推行国家的统一语言和共和国价值观，1792年法兰西第一共和国政府向各个地区的城市乡村派遣小学教师，他们被命名为"instituteur"。这个词语派生于"国家机构"（institution）一词，可见，当时的教师已经被赋予了负责公民教育和传播国家价值观的崇高使命。

1848年，在法国大革命的硝烟散去半个多世纪之后，法兰西第二共和国第一次将"自由、平等、博爱"写入宪法，共和国价值观终于正式确立下来。[2] 宪法前言的第四条内容是："它（法兰西共和国）的原则是自由、平等、博爱。它产生的基础是家庭、劳动、财产权和公共秩序。"从此，这三个词语所代表的法兰西共和国核心价值观不仅从文字上，而且从法律意义上确定下来。

---

［1］ 王晓宁，张梦琦. G20国家教育研究丛书：法国基础教育［M］. 上海：同济大学出版社，2015：184.

［2］ 车琳. 法国核心价值观在国内外的传播［J］. 法语学习，2017（4）：1-13，61.

基于此背景，夏尔·勒努维叶（Charles Renouvier）教授受当时的教育部部长希波利特·卡诺（Hippolyte Carnot）委托，撰写了一本介绍公民教育的教材《人格与公民共和国读本》。这本书以师生对话的方式详细解读了法兰西共和国核心价值观，分析了"自由、平等、博爱"的概念内涵，语言通俗易懂，讲解深入细致。1872年，哲学家、政治家于勒·巴尔尼（Jules Barni）也应政府委托编纂出版了《共和国读本》，专门讲授共和观念以及"自由、平等、博爱"的本质内涵。

（三）法国中小学核心价值观教育的发展时期（20世纪70年代—21世纪初）

自规范价值观教育以来，法国始终依托"公民教育"和"道德教育"这一二元结构的课程体系来推行，但事实却是"教师们更容易忽视道德教育，而重视公民教育，因为后者更明确和具体，他们忘记了公民教育只有通过道德教育才真正具有意义和价值"。可惜的是，在20世纪70、80年代，公民教育也开始被忽视。二战后，公民教育慢慢被纳入历史、地理课程中，直到1985年才重新确立，并在90年代中期发展为专门的课程；而在高中阶段，则始终没有建立"公民教育"学科课程的传统。从这个意义上说，法国在2000年将公民、法律和社会教育引入普通中学和职业高中，便成为一项革新举措。此后相继出台了一些相关教育法令。

近年，法国教育界重新开始重视道德教育。前教育部长佩永（Vincent Peillon）在一份呈交政府的报告中写道："在世俗性原则下坚持道德教育是对能让我们在共和国中根据自由、平等、博爱之共同观念一起生活的规范和价值的认识与思考。它也应该是让这些价值与规范获得实践的教学。"他指出，"传授共和国价值观是赋予学校的使命之一""所有学科的教学以及教育行为都是为了共同完成这一使命"。于是佩永委托历史学家阿兰·拜尔古尼厄（Alain Bergounioux）等学者进行了一项调查，于2013年4月完成了一份《世俗性原则下的道德教育报告》。该报告对学校德育状况进行了调查和分析，就德育教学的目标导向和教学方式提出了建议。这份报告明确陈述了"基础的共同价值观应当包括尊严、自由、平等、团结、世俗性、正义、尊重和消除歧视"，并指出"上述价值便是现代人文主义的价值观，也是《人权与公民宣言》、1946年宪法和现行宪法中规定的法兰西共和国价值观"。报告明确指出，"价值观教育是道德教育的核心"，并强调这些共同价值是法国文化的历史遗产，同时它们也与所处的和所要构建的社会共同发展，"世俗性原则下的道德教育就是要引导学生关注民主价值的与时俱进的特性"，因此道德教育要在"继承和创新"中进行。根据这份报告中的建议，2014年7月法国课程高级委员会公布了《道德与公民教育大纲》。

在这一时期，法国官方逐渐重视起共同价值观的教育，将道德教育与公民教育开始进行统整，力图使共和国价值观得以传播与执行。

（四）法国中小学核心价值观教育的加强阶段（2015年至今）

2015年初，法国教育部下发文件规定和宣传手册，要求强化世俗化教育与传播共和国价值观，并提出建立从小学到高中的新型公民教育课程体系，重视和提倡体现共和国价值观的仪式以增强公民的共和国归属感，加强法语教学，加强与学生家长的联系，充分调动社会资源，保护弱势群体和促进社会融合等，共计11项举措。从2015年2月9日至5月中旬，在全国举行推广共和国价值观的工作会议，相互交流、分析情况，确保2015年1月22日教育部宣布的第一批措施落实到位。这一动员得到了有力的落实：在3个月间，全国各个学区共举办1,325场省市级会议，共计80,854人参加会议，并于2015年5月12日举行了全国总结大会。

与此同时，法国教育部还将2016年定为"马赛曲之年"，因为2016年是《马赛曲》的作者鲁热·德·里尔逝世160周年。[1] 国歌《马赛曲》被认为是传承法兰西革命精神和共和国精神的重要载体，因此教育部要求学校帮助学生了解《马赛曲》的起源，理解歌曲内涵，探究《马赛曲》与法兰西箴言"自由、平等、博爱"之间的内在联系等，以达到深入理解和内化共和国核心价值观的教育目的。可见，2015年以来，法国的价值观教育被置于国民教育的重要地位。

此外，在法国的倡议下，2015年2月12日欧盟教育部长非正式会议召开。3月17日《关于提倡公民教育以及自由、宽容、非歧视教育等共同价值观的宣言》在巴黎发布，宣言重申了欧盟各国的共同价值观——尊重人的尊严、自由（尤其是言论自由）、民主、平等、法治和人权，提倡建设一个多元化、非歧视、宽容、公平、团结和男女平等的欧洲社会。

从法国官方公布的各项文件及价值观教育的推行力度来看，这一时期的价值观教育已然有稳步发展之势，为顺应时代潮流，重塑民族凝聚力，共和国价值观也由原本的

---

［1］ 车琳. 法国核心价值观在国内外的传播［J］. 法语学习，2017（4）：1-13，61.

"自由""平等""博爱"扩展到"尊重""民主""平等""世俗性"等。

二、法国中小学核心价值观教育的目标分析

法国中小学核心价值观教育的目标，首先是法兰西箴言"自由、平等、博爱"，在此基础上，为了能有助于教师的教与学生的学，法国将核心价值观的目标融入了《道德与公民教学大纲》中，转化为具体的课程目标。

（一）"法兰西精神"融入转化为四大素养

《道德与公民教学大纲》在开篇便指出了教育的总目标："向学生传递自由、平等、宽容、团结、世俗主义、正义精神和消除种族歧视等价值观，同时培养学生的道德意识和批判性思维，使其学会采取反思性行动，提升个人与集体的责任感，为行使公民权做好准备。"在总目标的指导下，不同教育阶段依照"共同基础"中"个人与公民的塑造"的相关要求，提出了培养学生的"敏感度、法律规则力、判断力、参与与承诺力"四大核心素养（见图5-1），进而形成了在知识、能力、情感和价值观四个方面一体化的培养结构，[1] 明确了从学前至高中5个教育阶段的培养目标（见表5-1）。

图 5-1　道德与公民教育四大核心素养

---

［1］　张梦琦，高萌. 法国道德与公民教育课程一体化：理念、框架与实践路径［J］. 比较教育研究，2020，42（11）：69-77.

表5-1 各阶段道德与公民教育的培养结构及目标

维度	第1阶段 (学前教育阶段)	第2～4阶段 (小学至初中阶段)	第5阶段 (高中阶段)
敏感度 (自我与 他人)	辨别和口头表达情绪与感受; 培养自尊心; 互相帮助，与他人分享; 建立对道德经验的初步敏感性: 学习合作。	识别、表达和控制情绪与感受; 尊重并能够倾听和移情; 成为集体中的一员。	动员必要的知识，掌握进行自主判断的条件。
法律规则力 (与他人共同 生活的原则)	探索集体辩论的基础; 创造平等的条件; 明确成人的不同角色，课堂、学校不同空间的作用及相关规则; 掌握社会生活的原则; 培养对差异性的积极认识。	了解在民主社会遵守法律和规则的原因; 了解法兰西共和国和民主社会的原则与价值观。	确定和阐明道德价值观和公民原则;明辨个人和集体的道德责任; 共和国基本原则和欧盟的公民权/信息社会的挑战; 信仰多元化和世俗化/生物、伦理、社会和环境; 公民社会的归属感及参与民主生活; 接受国防教育。
判断力 (为自己和 他人)	体验团体活动的乐趣; 乐于与他人交流，并维护自己的观点; 学习沟通和交流的规则; 拓宽个人视野或思维方式。	发展批判性思考能力; 寻求有效的道德判断标准、对他人的判断进行合理讨论和论证; 区分个人和整体利益。	表达自我、辩论和批判意识; 围绕"人与法治"和"平等与歧视"进行思考，落实行动。
参与与承诺力 (个人和集体 行动)	共享任务; 在团体内发挥主动性和责任心; 发展个人尝试; 逐渐学会作出选择。	在学校积极承担责任; 负责社区生活和环境方面的事务，发展公民意识和社会生态意识。	参与团队工作。

　　如表5-1所示，"敏感度"是道德与公民素养的重要组成部分，旨在培养学生的感知力，目的在于使其更好地了解和识别自身的感受与情绪，并将其通过语言表达出来或与他人展开讨论，更好地理解他人的感受和情绪; "法律规则力"关注学生的规则意识，即让学生了解民主社会的共同价值观如何体现在共同的规则中，它强调未来公民需要在法律规则框架内进行表达，并能够促进该框架继续发展; "判断力"试图使学生能够理解和讨论个体在生活中面临的道德选择，它要求学生理解他人观点和道德推理的不同形式，并从道德问题的复杂性入手设身处地地进行思考或辩护，进而使学生具备就问

题进行分析、讨论、交流和辩论的能力；"参与与承诺力"强调在学校和更广泛的集体生活中实施旨在塑造人和公民的教育。学校要促使学生成为自我选择的行为者，鼓励其参与班级、学校、社会生活，培养学生的合作精神，以及面临考验时对他人的责任感。

（二）"法兰西精神"融入转化为公民能力

为了更好地适应不同教育阶段学生的认知规律及知识与能力的掌握节奏，教育部针对各年级教育提出了相应的课程标准，使道德与公民课程形成循序渐进、螺旋上升的教学序列。[1]

表5-2　法国小学至初中道德与公民教育课程的教学目标

课程目标	第2阶段 （小学一至三年级）	第3阶段 （小学四、五年级至 初中一年级）	第4阶段 （初中二至四年级）
尊重他人	接受并尊重差异；信守承诺；为行动负责；倾听；言行态度合乎要求；依情境和对象辨别并表达情绪。	形成个体责任意识；以合宜态度/语言与人交往；会为他人考虑；依情境和对象分享、调整并合理表达情绪。	辨别不同情感及其表达方式，会调节情绪和移情；理解人际关系、人的尊严，接受差异；了解法律规则的作用；识别道德判断有效性的构成要素和标准；在辩论中发展批判和与他人讨论的能力。
掌握与分享共和国价值观	遵守集体生活规则；了解国家象征、原则和价值；初步了解民主社会。	了解、接受并实践法律、权利与规则概念；了解法国、欧盟和民主社会的原则、价值与象征物。	了解规则和法律的关系及遵守法律的原因；知晓法国和民主社会的核心原则；理解政治行动的民主原则；辨别社会成员身份和社会融合的条件。
形成公民素养	参与小组活动；区分个人利益与集体利益；倾听他人并形成个人论点。	成为集体的一员；参与集体生活；保护环境；发展公民意识；倾听他人并在对话中解释观点。	自由表达并尊重他人观点；形成批判性思维，区分个人利益与集体利益；团队行动，融入集体；形成公民/社会/环保意识；了解民主社会的权利、义务及社会融合的价值与原则；理解保卫国家和保卫民族之间的关系。

---

［1］　张梦琦，高萌. 法国道德与公民教育课程一体化：理念、框架与实践路径［J］. 比较教育研究，2020，42（11）：69-77.

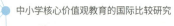

如表5-2所示，第2～4阶段（小学至初中阶段）的道德与公民课程按照《小学至初中道德与公民教育课程大纲》提出的具体教学目标和内容，明晰了各阶段教育结束时学生应达成的知识和能力目标。如在"掌握与分享共和国价值观"方面，第2阶段的教育侧重引导学生掌握规章制度、国家原则和象征、民主社会的基本概念。第3阶段引入法律、个人对集体的权利和义务，强调法国与欧盟及国际社会的联系，以及民主社会的基本构成。第4阶段则集中学习法国、欧盟的社会准则，进一步认识民主社会原则及特点（详见表5-2）。

三、法国中小学核心价值观教育的内容透视

目前，法国学校实施价值观教育主要是借助显性课程——道德与公民教育课程（Enseignement moral et civique，简称EMC课程）来展开。因此，通过对EMC课程内容的详细解构，基本可以帮助我们了解法国中小学核心价值观的主要内容。

（一）基于道德与公民教育教材的主题内容分析

法国义务教育道德与公民教育课程根据其课程目标及具体的知识、能力和态度标准，规定了学生从小学一年级（CP）到初中四年级（3e）应掌握的有关道德和公民的知识、能力和态度等方面的课程内容（详见表5-3）。义务教育道德与公民教育课程在对多元文化的理解和尊重以及对多元信仰的认同和坚持的基础上，在道德与公民教育的世俗性原则下，通过落实道德与公民学科核心素养，培养学生的法国公民身份认同、国家认同、价值认同等，达到塑造法兰西共同价值观的目的。[1]

表5-3 《道德与公民教育》第2阶段（小学一至三年级）教材目录表

维度	单元内容	价值观
敏感度 （自我与他人）	1. 我能分辨自我情绪与感觉	接纳自我
	2. 我能表达自我情绪与感觉	自信、负责
	3. 我尊重与遵守沟通规则	尊重

---

[1] 赵明辉，杨秀莲. 法国义务教育新道德与公民教育课程：内容、特点及启示［J］. 外国中小学教育，2018（4）：20-29.

维度	单元内容	价值观
敏感度 （自我与他人）	4．我注意自我语言与身体	礼貌、关怀
	5．我爱护环境	尊重、关怀、博爱
	6．我爱护自己和他人的东西	尊重、关怀、博爱
	7．我尊重任何人	尊重、平等
	8．我接受差异	尊重、接纳、平等、博爱、和平
	9．我认识共和国的象征	权利、义务、团结、和平、平等
	10．我与他人合作	合作、团结、和平
法律规则力 （与他人共同生活的 原则）	11．我能适应环境	尊重、礼貌
	12．我尊重他人并遵守规范	尊重、遵守规则
	13．我认识各种不同的规范	遵守规则、平等
	14．我理解惩罚的意义	和平、平等、权利
	15．我与他人一起制定班级的规章制度	遵守规则、和平、平等、权利
	16．我与他人一起制定课后活动的规章制度	遵守规则、和平、平等、权利
	17．我遵守校园的安全规定	遵守规则、义务
	18．我遵守道路交通规则	遵守规则、义务
	19．我知晓重要的价值观	权利、义务
	20．我知晓儿童的权利与义务	权利、义务
	21．我知晓公民的权利与义务	权利、义务、尊重
判断力 （为自己和他人）	22．我的价值观	平等、接纳、聆听、批判
	23．我为我的想法与观点辩护	权利、尊重、聆听、自信
	24．我参与辩论	尊重、负责、遵守规则
	25．我尝试解决冲突	和平、负责、合作、聆听
	26．我理解世俗化	尊重、平等、宽容、接纳
	27．我区分个人利益与集体利益	权利、尊重、接纳
参与与承诺力 （个人和集体行动）	28．我承诺，并遵守自己的诺言	诚信
	29．我参与校园生活，并且负责任	负责
	30．我合作，并互相帮助	团结、博爱、合作
	31．我以民主的方式参与	尊重、权利、义务
	32．我参与可持续发展	承诺、负责、关怀
	33．我帮助他人	博爱、关怀、团结

表5-4 《道德与公民教育》第3阶段（小学四、五年级及初中一年级）教材目录表

维度	单元内容	价值观
敏感度 （自我与他人）	1. 情绪与感觉	接纳自我、自信、负责
	2. 沟通的规则	礼貌、遵守规则
	3. 尊重	尊重、权利、礼貌
	4. 不侵犯他人	和平、平等、尊重
	5. 对他人的认识与宽容	尊重、博爱
	6. 反骚扰	和平、平等、尊重
	7. 反暴力	和平、平等、尊重
	8. 注重语言的谨慎与礼貌	尊重
	9. 对身体的照护	接纳自我、自信
	10. 爱护环境	关怀、保护环境
	11. 爱护个人与集体事务	尊重、团结、博爱
	12. 合作	尊重、团结、博爱
	13. 帮助他人，关心他人	团结、博爱
	14. 法国的价值观	团结、权利、义务
	15. 法国的象征	权利、义务、平等、博爱
	16. 欧盟的价值观与象征	团结、和平
法律规则力 （与他人共同生活的原则）	17. 权利与义务	权利、义务
	18. 个人与公民的权利与义务	权利、义务、平等
	19. 儿童的权利与义务	权利、义务、平等
	20. 规则	遵守规则
	21. 学生的权利与义务：校园规则	权利、义务、尊重、平等
	22. 学生的权利与义务：班级规则	权利、义务、尊重、平等
	23. 学生的权利与义务：下课活动	权利、义务、尊重
	24. 学生的权利与义务：食堂	遵守规则、礼貌、尊重
	25. 制裁	遵守规则

（续上表）

维度	单元内容	价值观
法律规则力 （与他人共同生活的 原则）	26．交通规则：行人	遵守规则、尊重
	27．交通规则：骑自行车的人	遵守规则、尊重
	28．交通规则：乘客	遵守规则、尊重
	29．交通标志	遵守规则
	30．安全与全民服务	权利、遵守规则
	31．尊重他人与权利平等	权利、义务、平等、尊重
	32．反歧视：种族歧视	平等、尊重、博爱
	33．反歧视：性别歧视	平等、尊重、博爱
	34．残疾	平等、尊重、博爱、关怀
	35．共和国的原则与价值观	权利、义务、平等、遵守规则
	36．法国的（政府）机构	权利、义务、平等、民主
	37．欧盟的原则、价值观与机构	权利、尊重、平等、团结
	38．国家和欧洲公民身份	权利、义务、民主
	39．市政公民身份	权利、义务、遵守规则
判断力 （为自己和他人）	40．持有自己的意见并为其辩护	尊重、平等、自信
	41．民主辩论	权利、义务、民主
	42．道德判断：真相与谎言	诚实
	43．道德判断：公正与不公正	平等、尊重
	44．道德判断：勇敢与软弱	权利、勇敢
	45．共和国价值观：自由	权利、义务、自由、民主
	46．共和国价值观：平等	权利、义务
	47．国家的共和国意识与世俗化	平等、尊重
	48．欧盟的价值观	和平、团结、权利
	49．对媒体的价值判断	判断力
	50．负责任地使用互联网	遵守规则
	51．个人利益与集体利益	尊重、平等、团结
	52．个人价值观与集体价值观	尊重、判断力

（续上表）

维度	单元内容	价值观
参与与承诺力 （个人和集体行动）	53. 承诺和参与	信守承诺、义务
	54. 道德承诺	信守承诺、诚实
	55. 与"承诺"相关的名人	信守承诺、权利、平等
	56. 对环境的承诺：反对污染	保护环境
	57. 对环境的承诺：拒绝浪费	保护环境、遵守规则
	58. 对环境的承诺：消费责任	保护环境、负责
	59. 对环境的承诺：垃圾管理	保护环境
	60. 对环境的承诺：保护文化遗传	保护环境、负责
	61. 国家参与、地方参与和公民身份	权利、义务、民主、承诺
	62. 投票	权利、义务、民主
	63. 投票组织与选举	权利、义务、民主
	64. 博爱	团结、博爱
	65. 校园团结	团结、合作
	66. 民族团结	团结、合作、平等
	67. 国际团结	团结、合作、平等、博爱
	68. 帮助他人：采取主动行动	博爱、平等
	69. 交通规则：责任	遵守规则、尊重

　　本研究选择分析的教材为2015年Haiter出版社出版的《道德与公民教育》第2阶段与第3阶段。从教材的目录表中可以明显看出，法国教科书的编制与官方给出的教学目标紧密联系，同样是以四个维度：敏感度（自我与他人）、法律与规则力（与他人共同生活的原则）、判断力（为自己和他人）以及参与与承诺力（个人和集体行动）展开，同时遵循儿童的身心发展规律，分阶段、有步骤地进行价值观教育，并培养学生的批判性思维及逻辑思维，以促使学生不断成长为新一代的法兰西共和国公民。

（二）基于道德与公民教育教材的具体内容分析

　　在上述主题内容下，如何更好地激活学生的生活经验，启迪其开展深度反思，从而引发价值观的改变与提升？这一问题的答案，转化为具体的内容在课文中得以呈现。

通过分析，我们发现，法国的价值观教育也兼具法兰西人民一直引以为傲的浪漫主义色彩。

1. 寓意深刻的漫画取代说教式文字

在法国的教材中，经常通过寓意深刻的漫画形式启迪学生思考，以《道德与公民教育》第3阶段教材第41单元"民主辩论"中的一幅插图（图5-2）为例。

图 5-2　教材中引用漫画家的漫画

如图所示，这幅漫画是法国著名漫画家普朗图（Plantu）创作的主题为"设想在联合国国民大会上举行一场辩论"的作品。通过这幅漫画，引导学生观察与讨论，让学生认识到人人都有表达自我以及被倾听的权利。同样，我们也需要倾听他人的想法，遵守辩论的规则，而不是轻易地打断或嘲笑他人。依托漫画，学生能够更深刻地理解和把握辩论的规则，这种漫画呈现的方式比简单的说教式文字更有教育影响力。

2. 经典影片故事取代日常生活琐事

许多国家的道德与公民教育内容，大多取材于学生的日常生活。这样固然有一定的作用，能引发学生对日常生活的反思和讨论。然而，太多日常的生活琐事进入教材，这未免又落入了简单重复的俗套，教育的艺术性难以彰显。基于此，法国的价值观教育内容，则常喜欢引用经典影片故事片段来取代日常的生活琐事，既源于生活，又高于生活，艺术气氛浓。比如，在童话故事中，公主通常是被白马王子拯救，并会嫁给王子，最终成为城堡里的王后。然而，这是一种刻板印象。在《怪物史莱克》中，一切都颠倒了：公主爱上了一个名叫史莱克的丑陋怪物，她自己也变得丑陋（如图5-3所示），并且嫁给了怪物；最终公主和史莱克离开城堡回到沼泽地生活。

图 5-3　教材中引用影视剧的经典片段

通过对电影片段的观看和学习，学生意识到两点：第一，要学会拥有自己独立的观点或想法；第二，要努力去捍卫自己的观点或想法。这一内容的呈现主要想实现以下价值观教育目标：首先，每个人都有偏好、意见和选择的权利，最重要的是，在听取他人意见时一定要深思熟虑，有自己的判断，同时，要坚定地与刻板印象作斗争；其次，提倡每个人都应该反思并形成自己的观点；最后，每个人都必须有勇气说出自己的想法，敢于告诉别人自己想要什么。为了捍卫自己的观点和选择，人们可以采用更为精确的术语为自己的观点辩护，以便让自己被理解。引用经典的影片故事，一方面能激活学生的兴趣，另一方面又能超越生活本身来引导学生进行深入的反思，从而内化影片中所传递的重要价值观。

四、法国中小学核心价值观教育的实践方法

鉴于价值观教育的特殊性，其必然需要借助一定的方法才能落地生根。法国自2015年复设道德与公民教育课程（EMC课程）后，逐渐重视教师在课堂教学中实施价值观教育的具体实践方法。具体来说，主要有以下教学方法。

（一）辩论法

法国人以喜爱辩论而闻名，无论是政府官员，抑或是平民百姓，都以辩论为乐。在欧美文化里，律师、学者或者政府官员等具有高收入和高社会地位的职业都常把辩论视

为入门的核心技能。在此背景下，越来越多的学校开始将辩论纳入教育体系中。

法国在课堂教学中实施辩论法主要遵循以下几个步骤：第一步，选择问题。引导学生尝试用不同的方法来提出并确定一个有争议的问题，可以从预先准备的清单、一份简短的文件或者从广泛的主题研究中挖掘，问题的选择尽量与学生的共同经历、学校生活以及时事相联系。例如，可以在没有准备的情况下进行第一次辩论，以便提出意见，并确定一个既需要收集信息又可能引起不同意见的问题。在问题的完善阶段，可以组织不断演变的小组（大小组和小小组）进行各种形式的辩论。这些模式的变化会激发学生的积极性。第二步，研究和论证。辩论可以通过访谈、会议、访问等方式进行，在这方面，可以与学校伙伴协会进行合作。同时，利用收集到的资料来支撑自己的论点并阐明自己的立场。

此外，为了使辩论更加真实和学生之间的沟通更为顺畅，教师还可以变换教室的布局，如U型布局、圆圈布局等，使学生能够更放松地表达自己的观点，并尽可能地调动学生积极性，提高他们的参与度。

除了传统的对抗性辩论及"角色扮演"辩论之外，法国还注重通过以下几种形式来开展辩论法教学。

1. "四个角落"型

"四个角落"一般指的是由教师抛出观点，而后学生根据他们对于观点的四种不同态度"完全同意""倾向于同意""倾向于不同意"或是"完全不同意"，分别将自己定位在教室的四个角落。接着，每个小组都致力于提出一个能够支撑自己所选观点的论据。首先口头提出这些论点，如有必要，学生可以改变其最初的立场。随后，每个小组写一份总结，列出支持其观点的四个最重要的论点。这种类型的辩论对于学生提出陈述并努力使各自的观点保持一定独立性与差异化具有重要意义。

2. "罐子"型

"罐子"型辩论教学法一般要将班级学生分为三组：两组"专家"学生（每个专家都有自己的论点）和一组"听众"学生。椅子分成两个同心圆，第一个圆是可交换的"罐子"，外圈是班上其他人的位置。

两个"专家"小组首先在"罐子"中互相介绍自己的论点，并通过讨论加以完善。然后轮到"听众"学生占据"罐子"，对"专家"提出的论点作出回应。这一过程可以重复几次，将辩论分为一系列的论点或根据论点的演变来组织进一步辩论。

"罐子"型辩论教学法主要通过课室桌椅的布局与转换实现。其特别之处在于，没有一个角色群体是可以永远停留在"罐子"当中的，学生们可以用更加自由平等的方式开展辩论，实现情感的相互感染与交流，进而提高自己的认识，形成正确的价值观，很好地避免了传统价值观教育中教育者"居高临下"式的教导，最大限度地调动学生积极性，促进其自主意识的萌发。

3．思考—组队—分享型（Think-Pair-Share，简称 TPS）

TPS型辩论教学法一般要求学生首先独立思考需要讨论的问题，同时提出论据。然后再组队，两人一组或四人一组进行沟通与交流。在这一阶段，他们决定自己所支持的论点，并详细说明论据。最后，每个小组向全班提出他们的立场和支持他们的主要论据。在这里，还可以选择小组之间互动的形式：在演示中互动或在集体反思评估中互动。一些学生可以担任会议秘书（记录论据）或审稿人，以避免过于冗长的陈述。这种辩论方式能够促使班里每个学生在成果展示中提升语言组织和表达能力，在独立思考和观点碰撞中提高思辨能力，在协作共享中发现学习的乐趣并积极参与课堂互动。

4．问题解决型（Problem solving debate）

将学生分成两组，每组4个学生。讨论的问题必须涉及未来可能会发生的事件（例如，欧盟是否应该征收"托宾税"）。学生们以两组对立的观点进行辩论，每组中需要两个同学对正在讨论的问题及不同阵营方的观点进行介绍，剩下的两个学生需要解释为什么应该或者为什么不应该做出改变的缘由，最后再呈现出具体的行动方案。这种类型的辩论在事件模拟和角色扮演的情况下尤其重要。

（二）两难故事法

所谓两难故事法，是指在故事或情境中设置两条或多条道德与价值规范，造成不可避免的冲突，让学生进行两难选择，从而培养、提升道德认知能力和价值判断能力。[1]

两难故事法主要通过以下几个步骤进行：第一步，背景介绍。教师可以通过课文、报纸、电影摘录、各种图像资料（绘画、照片、素描等）等设置情境。第二步，挖掘"道德困境"。从上述情境中发现道德困境，这篇短文可以取自儿童文学，也可以由教

---

[1]　刘济良. 价值观教育［M］. 北京：教育科学出版社，2007：231.

师自己创作。第三步，确认所有学生对"道德困境"的理解。第四步，组织讨论。向班级小组宣读问题，并要求学生以口头或书面的形式回答，激励学生寻找问题——困境的根源。第五步，展开辩论。学生提出并比较他们的观点，而后进行辩论。他们必须能够接触到彼此之间不同的观点和意见。然后，由教师进行总结，但是教师不偏袒任何一方，而是引导和帮助学生考虑道德困境的所有方面。第六步，在讨论之后或讨论结束时，引导学生学会从不同的角度来看待问题。

当然，对于两难问题教学法，最重要也是最具挑战性的还是问题情境的选择和设计。目前来说，主要存在两种路径来帮助教师开展两难问题设计。

1. 基于日常生活情境的"道德困境"

一般来说，可以从贴近日常生活的情境中，选取一些两难故事来引发学生对"道德困境"问题的思考。下面以《道德与公民教育》第2阶段习题册中的例题（见图5-4）进行分析，图中的小女孩艾玛一手拿着面包，一手拿着钱，向父母说道："面包师弄错了，她多给我找了3欧元。"母亲对此表示惊讶，而父亲则建议艾玛立刻将钱还给面包师。

图 5-4 《道德与公民教育》习题情境

教师借助这个日常生活中并不少见的例子，通过对以下三个问题的探讨，循序渐进地引导学生思考问题并作出自己的选择。首先，让学生用一句话阐述面包店发生的事情。接着，采用连线题的方式，让学生回答"艾玛是否偷了面包师的钱"这一问题。学生可以有不同的观点，但需要找到能支撑自己观点的论据：若学生认为艾玛没有偷面包师的钱，那么他需要用"首先，是面包师犯了一个错误，所以艾玛没有什么可责备的"以及"然后她把一切都告诉了她的父母，这意味着她是诚实的"两个论据来支撑自己的观点；若学生认为艾玛偷了面包师的钱，则需将"起初，艾玛什么也没说，尽管她知道面包师弄错了"与"再说了，那笔钱不属于艾玛"两个论据联系起来。最后组织学生讨论问题：这个错误对面包师有什么后果？是不是某个雇员会被指控从收银机里拿钱？艾玛会被指控偷窃吗？

在练习结束时，学生必须能够设身处地为面包师着想，从而表现出同理心，帮助艾玛作出正确选择。由此，教师通过环环相扣的问题，培养学生的公正、诚信等价值观。

2. 基于故事文本的"道德困境"

除了从日常生活中挖掘"道德困境"问题，法国教师还经常从故事文本中发现问题，引导学生对故事中所蕴含的价值观进行深度思考。下面以其中一个故事文本为例，分析法国教师实施"两难故事法"的过程。

故事文本梗概：

这是一个喜庆的日子。在非洲中心地带的一个小村庄里，氏族部落里的成人聚集在一起，商定适合成为勇士的儿童。而对小雅库巴来说，这是伟大的一天。他必须证明自己的勇气，独自捕杀一头狮子。小雅库巴去打猎了，然后他看到狮子的眼睛。你可以从狮子的眼睛里看出来那种深沉的神情。"如你所见，我受伤了。我与别人厮杀了一整夜，已经没有多余的力气。因此，你可以毫不费力地赢得这场战斗。你要么在不光彩的情况下杀了我，在你的兄弟眼中看起来像个男人；要么放过我，虽然在你自己的眼中，你长大了，但你会被你的亲戚排斥。你有一整夜的时间去思考。"狮子说。

图 5-5　雅库巴与狮子

学生阅读文本并开始思考，明白了故事中的主人公小雅库巴所面临的道德困境：要么选择遵守氏族部落的传统杀了狮子，虽然胜之不武，但可以成为族人眼中的"勇士"；要么遵循自己的良心，选择放过狮子，但这样就会为族人与兄弟所不齿。借助这个两难情境问题，可以引导学生思考人与动物之间的关系，同时也映射出人与人之间的关系，我们是否应该为了利益而做出违背良心、道德的事情，帮助学生理解"为什么""是什么"和应当"怎么做"。

（三）价值澄清法

"价值澄清法"是为应对西方现代社会的复杂多变所带来的人们思想、道德、价值观混乱和学校价值观教育工作困难而产生的一种价值观教育模式。

同时，法国教育部在文件中指出，在世俗主义教育学的框架内，价值澄清法旨在培养学生的批判性思维和决策能力，通过寻找道德判断有效性的标准，在合理的讨论或辩论中将自己的判断与他人的判断进行比较，区分事实与意见，特殊利益与普遍利益。从这个意义上说，澄清价值观的方法对于培养未来公民的判断力和洞察力至关重要。此外，这份文件中还对教师在课堂教学中实施价值澄清法的步骤作出了指导。

第一步，设置真实或虚构的问题情境。法国鼓励教师在课堂上选择不同的媒介来激发学生对日常生活的反思。材料的选择丰富多样，可以是学校或机构的各种文本，包括自传体文学形式、报刊文章、漫画书，以及与艺术和文化教育有关的各种图像文件；主题的选择范围广泛，如健康和福祉、自我发展、社会关系发展（友谊、家庭、学校）、环境、消费（金钱、休闲）、社交媒体等，致力于将学习与日常生活经验相联系。

第二步，确定情境所涉及的价值观并测试可能的选择。学生可以根据文本材料提出问题并作出选择。为了将价值的澄清与仅仅进行道德判断区分开来，问题可能会超出所讨论的具体案例，涉及从长远来看要重视的个人行为。

第三步，组织学生对自己作出的选择进行分组讨论。

第四步，对讨论的结果进行总结。

五、法国中小学核心价值观教育的评价策略

目前，法国已经形成了较为完善的基础教育质量测评体系，主要包括国际和国内教育系统监测为主的评价，以及面向学校和学生个体的评价等。[1] 其中，关于中小学价值观教育的测评，以法国教育部预测与评价司（DEPP）的评价最具代表性。同时，法国也积极参与由国际组织IEA开展的针对欧洲国家和美国价值观教育的测评项目，以此作为补充。除了上述两种结果性评价之外，法国还积极开展"档案袋"及"评价表"等过程性评价，对价值观教育的效果进行观察和检测。

（一）结果性评价：聚焦整体教育质量

国家层面的中小学核心价值观教育评价主要是由"各学科取样测评循环"（Cycle des Evaluations Disciplinaires Realisees sur Echantillons，简称CEDRE）中的公民科进行。CEDRE是法国教育部预测与评价司（DEPP）自2003年起开展的一项以抽样为基础的周期性评估，内容涉及学生能力的多个维度，包括阅读能力、外语能力、科技与数学应用能力、历史地理和公民政治常识的掌握等。

国家测评由DEPP负责组织实施，包括检测的设计、研发、具体操作和结果处理等，它不仅需要对教育部负责，同时还需要与其他教育部门、高校教师以及中小学一线教师开展合作。[2] 在此基础上，DEPP建立了以"标准化考试"为基础的学生学习评估系统。除此之外，它还负责法国的国际评估，如PIRLS或PISA项目。这些评估方案是观察学生学业成就的工具，以指导整个教育系统。因此，CEDRE的评价反映了学校课程中达成的目标和未达成的目标，使人们能够了解学习组织、教学环境等因素，从而对改善教育教学现状提出建议。

CEDRE评价主要包括两个部分：第一部分是传统的纸笔测验；第二部分通过机考来进行。

以2017年法国中小学历史—地理—道德与公民学科测试为例。CEDRE基于样本和学科的测试流程，测试的目标是了解学生关于历史、地理、道德与公民学科所掌握的基

---

[1] 王晓宁、张梦琦. G20国家教育研究丛书：法国基础教育［M］. 上海：同济大学出版社，2015：113.

[2] 王晓宁、张梦琦. G20国家教育研究丛书：法国基础教育［M］. 上海：同济大学出版社，2015：121.

础知识，运用、掌握及联系知识的能力，涉及多个学科领域的内容，测评以纸笔测验为主。在评价内容上贯穿历史、地理、道德与公民学科，涉及不同学科的知识类别、知识层次，但又很好地衔接起来，使得知识的考查以一种完整且连贯的形式呈现出来，下面以CEDRE 2017年历史—地理—道德与公民学科测试中的两道试题为例：

例题1：下列哪些选项可以推断出灰姑娘未享有"受到尊重"这一基本权利？

（1）灰姑娘睡在壁炉旁。

（2）灰姑娘独自一人睡在阁楼一个肮脏的架子上。

（3）"灰姑娘"这一昵称是具有冒犯性的。

（4）灰姑娘是唯一一个洗碗并且打扫卫生的人。

例题1是一道选择题，题目中提供的故事情境文本，节选自经典童话故事《灰姑娘》，是一个篇幅相对较长并且阅读难度较大的文本。虽然学生大都了解"灰姑娘"这个角色及背后的故事，但要回答试题所提出的问题还是需要对文章进行仔细阅读和深度思考。此外，由于所提出的问题涉及儿童权利，必须激活学生在公民教育这一领域的知识。然而，这种"受尊重的权利"的概念在学校里每天都有，而且无疑是"在行动中"知道的。

通过对文本的考查，学生需要结合已有的相关信息推断出文章的主旨大意，从而对选项进行判断，最终选出正确的答案。这一类题目不仅对基本知识进行了检测，同时还可以反映出学生对于正确价值观的选择，如果他们在平时的学习过程中体会到人人平等以及尊重等价值观，那么，就能较为轻松地选择出正确的答案。

例题2：请阐述为什么7月14日是法国的国庆日？

与例题1一样，例题2同样节选自CEDRE 2017年的历史—地理—道德与公民学科测试。此题为主观题，虽然从题目上看难度并不是很大，但回答这道题需要运用到历史、地理、道德与公民等多学科中的知识，从多个角度表述理由，并在其中凸显爱国主义的价值观。

（二）过程性评价：关注学生个体发展

法国国家教育部自2015年9月宣布复设道德与公民教育课程之后，同月又公布了义务教育阶段道德与公民教育课程的评估方案（以下简称"方案"），以完善评估方式、关注学生个体成长与发展为目标，为教师开展价值观教育评价及学生开展自我评价提供

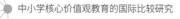

指导与方向。

1. 评价原则

方案开篇即指出，对道德与公民教育的评估是一种连续性的评估，主要是评估学生逐步获得技能的过程，同时也让学生开展自评并学会欣赏自己的进步与成长。根据每个学习阶段的特点，道德与公民课程评价的内容包括知识、能力、对个人和集体的态度等。整体而言，道德与公民课程评价基于以下两点原则开展：重视学生的参与程度、重视评价的持续性。

建立在以上评价原则基础上，道德与公民课程评价主要借助"反思文件夹"（Portfolio Réflexif）和"评价表格"（Grille d'évaluation）来对学生的知识、能力和态度进行诊断。"反思文件夹"是由学生个人制作的档案袋，需要学生准备文件，如学习报告、在辩论中提出的论点等个人或集体创作的作品。然后由学生自己选择和评价文件，再由教师或同学评价其在知识和能力获取过程中的进展情况。这种评价重视项目和集体的成功，重视跨学科教育。文件的搜集过程跟随学生从一个学习阶段到下一个学习阶段，是一个累积和连续的过程。因此，"反思文件夹"被视为连续性的评价工具，反映在教育中逐步获得成长的过程。它是监测学生进步的工具，展现了自我反思和同侪评价的价值。"评价表格"是另外一种监测学生是否进步的工具，它充分发挥了反思性自我评价及同侪评价的作用，参考"新共同基础"中"个人和公民培养"的四个维度，根据每个学习阶段四个维度设置的课程总目标及知识、能力和态度标准填写，各设计了两至三项评价指标，以此来跟踪学生的道德与公民课程学习情况。

2. 评价办法

根据"新共同基础"，法国新道德与公民教育课程的评价主要分三个阶段进行。在每个学习阶段以班级日常评价、针对性评价、阶段性评价等方式为主。在班级和学校生活中主要采用观察法；在具体的学习情境中，常以口头表达的方式（提出意见、论证观点、讨论道德和公民主题等）评价学生的能力；其他科目不同的学习领域也支持对学生进行道德与公民学科方面的评价，重视跨学科教育和评价。

在评价时，必须考虑到道德与公民学科能力以及价值观教育的效果并不能够以分数的形式直观地呈现出来，其结果具有一定的特殊性，因此，采用以等级评价为主的四级评价量表来展现学生的学习成果（如表5-5所示）。

表5-5　学业成就评价四级量表

等级	评价等级	内容
水平1	未实现	未获得对应学习阶段的道德与公民能力，掌握程度不足。
水平2	部分实现	对应的道德与公民知识或能力掌握不牢固，有待提高。
水平3	实现	学习阶段结束时达到了道德与公民课程的预期目标，掌握程度令人满意。
水平4	超过	超出了学习预期水平，掌握非常好，在道德与公民学科领域能力出色。

通过对道德与公民课程学业成就的评价，学生可以逐渐建立自信、感受到集体的团结，逐步提升理解规则的能力、尊重规则、参与规则的制定，不断提升对话、辩论、表达自己的观点与理解他人的能力，逐渐形成在学校和社会生活中主动承担责任的能力，掌握各个学习阶段道德与公民教育的相关知识。

以CEDRE为代表的结果评价，可以从国家整体层面把握教育质量，而关注学生个体发展的过程性评价，可以从微观层面促进学生参与评估的积极性，实现自我反思。通过不断完善评估方式，实施结果性评价与过程性评价相结合的评估策略，有助于促进与提高道德与公民教育的质量。

六、法国中小学核心价值观教育的教师发展

（一）教师发展的目标：明确价值观教育者的角色与使命

教师在价值观教育中承担着传播和执行法兰西共和国价值观的使命。为了提高教育质量，以及培养更加专业的教师，法国教育部于2013年7月25日第30号公报中对教师所应具备的职业能力标准进行了完善，并从知识、技能、态度等层面对十四项职业能力进行了描述，具体内容如下。

1．分享法兰西共和国的价值观

教师应知道如何传播和分享民主生活的原则以及法兰西共和国的价值观：自由、平等、博爱；世俗；拒绝一切形式的歧视；帮助学生发展批判性思维，区分知识、观点及信仰，知道如何正确开展辩论，并尊重他人的想法。

2．在教育系统的基本原则框架内和学校的监管框架内行动

了解法国的教育政策，学校历史的主要阶段、问题和挑战，教育系统的基本原则及其组织与其他欧洲国家的不同；了解管理教育系统的主要立法原则、学校和教育机构的监管框架、公务员的权利和义务以及教师和教育人员的相关法规。

3．了解学生及其学习过程

掌握儿童、青少年和青年心理学的基本知识；了解学习的过程和机制；考虑到教学和教育行动的认知、情感和关系维度。

4．考虑学生的多样性

教学和教育行动适应学生的多样性；与其他教育相关主体进行合作，充分整合资源，为残疾学生实施"个性化学校教育项目"；检测辍学迹象，以防止出现学习困难情况。

5．陪同学生参加课程

参与教学和教育层面的学生路径建设；形成帮助学生掌握知识、技能和文化的共同基础；参与各种委员会（教师委员会、周期委员会、班级委员会、教学委员会等）的工作，特别是对教学和教育行动协调的反思作出贡献；在一个多专业团队中参与教学和教育序列的设计，帮助学生建立学习项目和确立方向。

6．作为负责任的教育者并遵守道德原则

给予所有学生适当的关注和支持；避免对学生、家长、同龄人和教育界的任何成员进行任何形式的贬低；促进跨领域教育的实施，特别是健康教育、公民教育、可持续发展教育以及艺术和文化教育；动员学生反对各种陈规和歧视，促进女孩和男孩、女性和男性之间的平等；有助于确保学生的福祉和安全，防止校园暴力的发生，识别任何形式的排斥或歧视，以及任何可能反映严重危害社会或虐待情况的迹象；帮助识别任何危险行为的迹象并帮助学生解决；尊重和执行议事规则和使用章程；尊重有关学生及其家人的个人信息的私密性。

7．掌握法语，以便于教学与交流

使用适合其专业活动中遇到的不同对话者的清晰语言；将学生掌握口头和书面语言的目标纳入教学活动。

8．在工作需要的情况下使用外语

至少掌握一种在欧洲共同语言参考框架B2级别的生活外语；参与学生跨文化能力的发展。

9．整合职业所需的数字文化元素

充分利用数字工具、资源和用途，特别是允许个性化学习和发展协作学习；帮助学生以批判性和创造性的方式适当使用数字工具；使学生负责任地使用互联网；有效利用技术交流和培训。

10．团队合作

教师作为学校教育中的重要主体，不仅需要与学校的教学团队合作，还需要同班级或者其他教师合作。同时，还应参与集体项目的设计和实施，特别是与学校心理学教师合作，为所有学生提供信息和课程指导。

11．为教育界的行动作出贡献

知道如何使用恰当且清晰的语言进行采访、主持会议和练习调解；参与学校或机构项目的发展和实施；考虑学校或机构的特点、受众、社会经济和文化环境，并确定所有参与者的角色；协调教育界的其他成员实施干预措施。

12．与学生家长合作

成功的教育离不开学校、教师与家庭三者之间的通力合作，因此，教师应积极地与学生家长展开合作，努力与学生家长建立信任关系，与家长一起分析学生在学习的过程中所展现出来的进步，以此发掘学生的潜能。并且与家长保持联系，倾听家长提出的建设性意见，实现家校之间的互通互助，促进学生学习水平的提高与综合能力的提升。

13．与学校合作伙伴合作

在学校或机构项目的基础上，必要时考虑到地区教育项目，与其他国家服务机构、地方当局机构、体育协会、学校的补充协会、文化机构合作，通过确定每个合作伙伴的作用和行动，了解与其他学校或机构交流和合作的可能性，以及地方、国家甚至欧洲和国际伙伴关系的可能性。与其他学校或机构的教学和教育团队合作，特别是在数字工作环境的框架内，促进区域之间的教育均衡发展。

14．参与个人和集体的专业发展过程

完成并更新教师的教学知识；随时了解研究成果，以便能够参与旨在改进实践的教育创新项目和方法；反思教师的实践，并和同行之间交流，再将教师反思的结果重新投入到行动中；确定教师的培训需求，并利用现有资源实施发展技能的方法。

除此之外，为了更好地进行价值观教育，法国针对职前教师及在职教师提出了以下

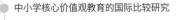

几点要求：

第一，促进世俗主义的传播，反对一切形式的暴力与歧视。

第二，促进法兰西共和国的价值观。

第三，考虑到学生的多样性，在学生的学习过程中陪伴他们。

第四，做一个负责任和有道德的教育者。

第五，将数字工具纳入教学过程。

第六，与家长和学校伙伴进行团队合作。

第七，为学校社区的行动作出贡献。

（二）教师发展的内容：增强价值观教育教学能力

价值观教育教学需要多方面和多维度的方法，它要求教师"提供广泛且动态化的学习机会，超越学校与社区之间的边界，搭建起正式和非正式教育之间、课程和社会化之间以及课外活动之间的桥梁"，为此，教师需要具备以下几方面能力以胜任价值观教育教学。

1. 基本教学能力

为了更好地开展价值观教育，教师首先应具备一定的知识储备，包括深刻理解国家的核心原则与价值观，如自由与人权、人民与民主原则，还需要了解公民、公民社会、全球化等概念，学习关于各级民主社会的集体生活规则和权利分配，以及与公民及价值观教育有关的国际框架和原则。除了具有相应的知识背景之外，教师还需要对价值观及公民教育课程的内容、目标有深刻的了解，掌握一定的教育教学方法，以便更加有效地开展价值观教育。鉴于价值观教育的特殊性，在选取教学方法时，还应注重调动学生的学习积极性，将学生的积极参与和发展作为学习过程的中心。

2. 跨学科能力

与实施价值观教育相关的教师能力还包括将相关原则、价值观和实践活动纳入其他学科的能力。价值观教育并不是一种孤立的教学，它需要教师充分利用各个学科知识的能力，借助广泛的知识，帮助学生理解价值观，并将价值观真正地内化于心。

3. 社会协作能力

教师的协作能力要求教师能够与适切的伙伴适当地开展合作，如其他教师、教育专业人员、学生父母或者媒体、民间社会组织及社区等，借助多样的教育形式与丰富的社会资源，开展"家庭—学校—社区"之间的交流与协作，促使学生更多地参与到社会活动中去，在现实生活的情境中进行价值观教育。

4．反思与评价能力

价值观教育是一个与社会、文化、政治和经济发展密切相关的动态学科领域，因此，需要教师不断反思和改进自己的教学活动，成为反思的实践者，具备反思、评价与提高自我的能力。其中，反思能力指的是教师需要对自己的价值观和态度及其与实施价值观教育的方法之间的关系进行反思，以此不断提高自己的教育教学能力；评价能力指的是教师能评估学生有机会参与学校决策并参与社区生活，以及整个学校实施公民教育的能力。

（三）教师发展的途径：持续性的专业进修

在法国，学校教育总局（DGESCO）决定了教师培训的国家准则，包括公民教育，并将这项任务委托给总监察局。监察长确保将公民教育纳入不同院校的培训计划。因此，每个院校都组织专业培训，指定正式的几天或几周，并安排专门针对公民教育的活动。其中，以高等教育机构为代表的持续性专业进修活动为在职教师的发展提供指导与培训，他们针对公民教育学科的教师开展一系列相关培训，培训内容涵盖了教师对法律和正义、人权、民主及公民权利以及欧洲公民权利等专题知识。此外，还包括协作和管理技能、包容性和参与性教学方法、对少数群体的融合，以及关于儿童权利的国际公约和道德价值等问题的认识。此类培训不仅能够为教师带来更加实际的培训内容，同时也更加注重培养教师的教学能力。

七、启示与借鉴

（一）价值观教育内容呈现出浪漫主义特色

众所周知，法国是一个富于艺术情调的国家，以爱美、浪漫的民族特性闻名于世。通过对法国道德与公民教育课程教材的内容进行分析，我们可以发现，即使是相对较为枯燥的道德课程，法国也会采用轻松、诙谐的漫画或者经典影视片段等形式，为价值观教育的内容注入活力。教材中采用的漫画主要有两种，一种是引用知名漫画家的作品，另外一种是自行设计的漫画，通常具有深刻的寓意。借助漫画，教师可以引导学生讨论自己的观点，并思考漫画背后所映射的价值观问题。影视片段则较多取材于教师、学生熟悉的经典动画片或者电影，从而引发更多的感悟与体会。因此，我国在价值观教育上也可以丰富内容、创新形式，提高审美性，从而使学生更乐于关注和思考。

（二）价值观教育方法凸显思与辩

方法于价值观而言，就像桥梁与渡船，离开了方法，价值观教育也难以落地生根。法国在进行价值观教育时，更多地采用两难故事法、辩论法及价值澄清法等，整体凸显其重视"思"与"辩"的特征。"思"指的是法国在进行价值观教育时，通常借助日常生活情境中的真实问题来启发学生切身地思考诸如诚信、尊重等价值观问题，使其对国家的价值观有更加深刻的体悟，从而在生活中自觉地践行价值观。两难故事则能够引起学生的兴趣与共鸣，教师通过启发和引导学生探究、讨论、交流，使学生得出正确的结论，进而促进其正确价值观的形成与发展。"辩"指的是法国在道德与公民教育课程中，教师擅长使用辩论法等形式，调动学生的积极性，促进学生深度参与，并鼓励学生行使其自由表达的权利，通过讨论、辩论等达到自我说服的效果，并学会尊重他人，提升自己的逻辑思维能力。

法国的中小学核心价值观教育，为我国教师在道德与法治课程的实施方面提供了一定的参考。教师可以充分利用我国的优秀传统文化资源，同时融入跨学科知识，借鉴辩论的方式引导学生勇敢地表达自己的观点，在深度践行社会主义核心价值观的同时，培养学生成为全面发展的人。

（三）将共同价值观转换为核心素养，便于落地实施

价值观在人的成长和发展过程中都起着非常重要的作用。然而观念层面的事物应如何融入教育，润物细无声地实现其育人价值？法国将国家的共同价值观融入道德与公民学科课程的核心素养之中，并就四大核心素养制定了具体且对应的课程目标，打破了公民教育与道德教育长期以来呈现二元对立的局面，以价值观教育为主线，将道德与公民教育的理念基础、课程目标、结构及内容有机地串联起来，促进学生对共同价值观的理解与掌握。这启示我国在推进核心素养为本的新一轮课程改革过程中，可以适度考虑将核心价值观融入核心素养中，以便更深入地落实核心价值观的培育。

（四）价值观教育评价倡导等级制

　　道德与公民素养无法通过直观的分数加以衡量，价值观教育的效果也无法简单量化，因此，法国采用等级评价的方法，借助"未实现/部分实现/实现/超过"四个等级对学生进行评定，每个等级均附有对应的学习效果描述，教师可以以此作为依据进行测评，更加具有可操作性。除了通过评价表对学生的学习情况进行定期检测与反馈外，还采用档案袋对学生的过程性学习材料进行收集，这份档案会随着学生的学习历程不断充实，具有累积性与连续性，能够在一定程度上展示学生道德与公民素养的不断提高。通过这种评价形式，教师也能够更加便捷、快速地考察学生过去学习阶段中的有关学习情况，从而有针对性地开展价值观教育。未来，我国社会主义核心价值观教育亦可适度增加过程性评价和等级制。

第六章

澳大利亚

中小学核心价值观教育

Australia

作为新兴的资本主义发达国家，澳大利亚始终将价值观教育作为中小学教育的核心，积极探索价值观教育课程的开发及实施，对社会历史变迁及当代多元文化主义思想的发展产生了积极的促进作用。在价值观教育过程中，澳大利亚充分发挥家庭、学校、社区的作用，通过专门的教育活动与社会实践增强价值观的凝聚力和辐射力，取得了诸多重要的成果。[1] 通过对澳大利亚价值观教育体系的考察发现，澳大利亚坚持以价值观教育为突破口，努力整合教学资源，开发并形成了"以学生为本"的价值观教育课程体系，搭建起了融合"知识""能力"与"价值观"的学习网络。

一、澳大利亚中小学核心价值观教育的历史演进

任何一个国家，其核心价值观及其教育的形成与发展，必然受到社会与文化发展的影响，澳大利亚自然也不例外。在社会形态的发展与变化下，因文化特征的差异，核心价值观教育呈现出不同的特点。澳大利亚的核心价值观形成及其教育始于原始的原住民文化时期，历经不同时期的国家发展与社会结构的变革，呈现出不断发展的特点。

（一）原住民文化时期的核心价值观教育

澳大利亚最早的居民过着半游牧生活，以集体化的部落行动为主，各部落拥有极其严格的规则和习俗。受原始宗教文化的影响，部落中衍生出独具特色的原住民文化，并且形成了独特的原始教育方式。澳大利亚原住民强调部落群体的教育与土地和自然环境的密切联系，以口头传授的方式进行，教育内容与日常生活、劳动密切相关。除了基本的生存知识、自然环境知识以及劳动技能之外，部落成员还需要掌握社会义务、历史、礼仪和宗教等方面的知识，要求"每个成员必须明白自己在部落里应履行的义务和对部落集体事务应抱持的态度""每个成员必须了解部落祖先流传下来的传说、礼仪和宗教知识"。[2]

原住民以集体生活为主，儿童从小就学习狩猎和捕捉小动物的本领，[3] 并在劳动

---

［1］　徐星然. 澳大利亚价值观教育研究［D］. 长春：东北师范大学，2017.

［2］　牛道生. 澳大利亚基础教育［M］. 广州：广东教育出版社，2004：11-13.

［3］　麦卡锡，王宜贵. 澳大利亚原住民的生活习俗与宗教礼仪［J］. 民族译丛，1984（1）：66-70.

实践中加深对部落规则和风俗习惯的认识和理解。这一时期的核心价值观教育依托于日常的劳动实践与部落活动进行，在日常的教育与交往中，通过口头传授与实践学习对年轻一代的部落成员进行价值观教育。其重点在于教导部落成员如何与他人、与其他部落"在一起"，强调在部落成员之间达成价值共识，形成公共行为准则。总的来说，原住民的价值观教育自然融入在日常的交往、合作和生活、生产活动中，实践性特别凸显。

（二）殖民地教育时期的核心价值观教育

18世纪后期，英国殖民主义者建立澳大利亚殖民地，使得澳大利亚古老的原住民文化遭受毁灭性摧残。[1] 到了19世纪20年代中期，英国殖民地区已遍及整个澳大利亚大陆，伴随着各殖民区的开发和发展，原住民遭受榨取与剥削，被迫移居到内陆山岭的荒漠地区。随着早期英国移民的到来，大英帝国的宗教教育传统也来到了澳大利亚。兴办学校，提高殖民地人口的道德素质，成为当时稳定社会的必要措施和迫切需要。[2] 自此，澳大利亚殖民地基础教育不断发展。19世纪下半叶，澳大利亚人口快速增长，为了适应经济发展对教育技术人才的要求，澳大利亚开始了教育改革，主要目的是在全国推行世俗、义务和免费的教育，它试图确保所有公民，无论其财富或生活水平如何，都可以接受教育。[3] 而后，各殖民区建立起了比较完整的中小学教育体制，采用"个别教学""导师制"等教学组织形式，给学生开设读、写、算等相关的基础课程，并改革中学课程体系，通过学校教育培养学生的能力，对学生灌输道德观念，促进社会走向民主化。

受西方种族主义的影响，不列颠传统文化延伸，对澳大利亚原住民实施残酷的种族迫害，以取代传统的原住民文化。因此，一方面，澳大利亚的种族血缘、文化传统、道德标准等与不列颠一脉相承；另一方面，澳大利亚的民族主义又在政治观点上表现为独立民族国家的共和主义。可以说，受英国文化与自身民族主义的影响，残酷剥削与奴役原住民，一元价值观教育表现突出。一元价值观教育实质上就是以英国价值观教育为主要内容来对本国人民进行教育，以培养忠诚于帝国的公民为目标，以此来巩固英国在世界上的地位。[4]

［1］　牛道生. 澳大利亚基础教育［M］. 广州：广东教育出版社，2004：15.

［2］　牛道生. 澳大利亚基础教育［M］. 广州：广东教育出版社，2004：17.

［3］　同上。

［4］　徐星然. 澳大利亚价值观教育研究［D］. 长春：东北师范大学，2017.

19世纪60年代以后，自由主义取向开始普及，教育目的转向"为生活做准备"。自由主义取向的价值观教育，在目标上强调学生的道德理解与社会参与。在实践中，教育者发现，如果学生能够更好地了解英、澳的历史，就能够有效地促进学生在政治与道德方面的学习。这一时期的教育旨在通过宗教教育，净化学生的心灵，培养学生良好的道德品质。因为"价值观牵连着生活和个人经验，在个体生命中经由情绪、情感得以形成"[1]，基于此，这一时期的道德教育与宗教教育强调从学生真实的生活世界出发，通过历史课程等的学习与具体学校活动，影响学生的情感体验，进而对学生的价值观产生影响。总之，这一时期的核心价值观教育全面渗透在政治教育、道德教育或是宗教教育中，倡导"忠诚"这一核心价值观，旨在培养忠诚的殖民地公民。

（三）新教育改革时期的核心价值观教育

19世纪末至20世纪初，澳大利亚开始向垄断资本主义过渡。1901年，6个英国殖民区合并，组成澳大利亚联邦。在此后的几十年间，澳大利亚实现了由殖民地到新兴发达工业化国家的转变。国家独立之后，在西方教育思想的影响下，全国掀起了大规模的基础教育改革。新一轮基础教育改革的主要目的是振兴公立基础教育事业，注重"培养学生的公民意识"和"培养较高素质的劳动者"。[2] 第一次世界大战后，澳大利亚的基础教育改革运动往纵深发展，注重教育的"平等"与"法治"，从而保持国家的稳定发展。[3] 第二次世界大战后，澳大利亚经济飞速发展，向现代工业化国家行列迈进，教育发展迅速，创建了培养现代人才的新教育体系。国家注重教育的顶层设计，先后颁布了《学校教育的霍巴特宣言》（*The Hobart Declaration on Schooling*）、《21世纪学校教育的国家目标之阿德莱德宣言》（*The Adelaide Declaration on National Goals for Schooling in the Twenty-first Century*）、《澳大利亚年轻一代教育目标的墨尔本宣言》（*Melbourne Declaration on Educational Goals for Young Australians*）、《艾丽斯泉教育宣言》［*Alice Springs（Mparntwe）Education Declaration*］等国家教育规划，对国家教育体系及学生发展提出具体的目标愿景。

---

［1］　王平. 价值观教育的情感基础与原理：兼及道德教育理论建设的一种可能视角［J］. 南京社会科学，2020（6）：150-156.

［2］　牛道生. 澳大利亚基础教育［M］. 广州：广东教育出版社，2004：38.

［3］　牛道生. 澳大利亚基础教育［M］. 广州：广东教育出版社，2004：42.

20世纪90年代，澳大利亚的多元文化政策发展已进入一个相对稳定的阶段。各州、领地的公立中小学开始逐渐摒弃"价值中立"原则，"积极推行各自的教育体系，推动教师成为'定义澳大利亚人的价值观'的教导者"[1]。

21世纪，全球化进程加快，各国间文化交流日益密切。在全球化的世界中，澳大利亚的多元文化成就归结于以下事实：各个文化分支可以自由发展，所有文化的发展在统一而灵活的环境中和谐进行。[2] 面对文化冲突等难题，澳大利亚政府明确表示，教育不仅要带给年轻人知识和技能，更应塑造其价值观，以迎接未来国际社会多元发展带来的各种挑战。

2005年7月，时任澳大利亚政府教育科学与培训部部长的议员在访问维多利亚州汉密尔顿的一所独立学校致辞时，概述了澳大利亚的教育愿景，强调了政府在国家教育政策中追求的新重点：学校教育在价值观教育中的作用。在致辞中，他提到，要充分激发学生的潜力，发挥学校的关键作用，"不仅要教年轻人如何学习，而且要培养学生的爱心、责任心、同情心"，培养"有道德、负责任的公民"。[3] 通过研究和磋商，澳大利亚教育科学与培训部（Department of Education, Science & Training）制定了《澳大利亚价值观教育国家框架》（*National Framework for Values Education in Australian Schools*，以下简称《国家框架》）。

自《国家框架》颁布，澳大利亚的价值观教育正式进入国家主导阶段，价值观教育被视为课程的重要组成部分，成为教育目标的"核心"。同时，人们也意识到价值观教育是一个复杂且饱含争议的领域，与身边的哲学、社会、地理、政治和技术环境等密不可分，并且年轻人在考虑公民社会的核心价值观时需要明确的指导。[4]

从澳大利亚核心价值观教育的社会进程和文化发展来看，核心价值观教育曾以宗教教育、政治教育等为依托在澳大利亚的学校教育中开展。宗教教育与政治教育在一定程

［1］ LOVAT T, TOOMEY R. Values education—A brief history to today［J］. Values education and quality teaching: The double helix effect, 2007： xi-xix.

［2］ SMOLICZ J J, SECOMBE M. Globalisation, Values and Human Rights for Cultural Diversity［M］//Global Values Education. Springer, Dordrecht, 2009： 35-47.

［3］ D.N.ASPIN, J.D.Chapman.Values education and lifelong learning: Principles, policies, programmes［M］. Springer Science & Business Media, 2007：397.

［4］ D.N.ASPIN, J.D.Chapman.Values education and lifelong learning: Principles, policies, programmes［M］. Springer Science & Business Media, 2007：395.

度上能够以潜移默化的影响力引导学生思考，调动学生的思维发展，进而改善学生的行为，但其终极目的则是维护国家意识形态，反而学生个人层面的主体性价值观并未得到足够的尊重与发展。在政府相应政策的引领与支持下，澳大利亚不断地使其价值观教育合法化、核心化，开发了专门的价值观教育体系，以"柔性"的方法将核心价值观渗透在育人工作的各个方面。基于此，本研究拟聚焦于"价值观教育体系"对澳大利亚中小学的价值观教育进行系统梳理。

二、澳大利亚中小学核心价值观教育的目标分析

澳大利亚是一个繁荣、凝聚力强、文化多元的国家，将原住民文化视为国家的历史、现在和未来的重要组成部分，重视教育在建设民主、公平和公正社会中所发挥的重要作用。由于宪法的规定及英联邦教育体制的影响，澳大利亚各州学校课程长期以来都是自行开发、自行配置、自行监控，没有全国统一的课程标准，各州根据本区域教育的发展情况制定课程，发展教育事业。[1]

在21世纪，教育需要为年轻人提供知识、技能和价值观，以应对时代的挑战，其中，价值观尤为关键。基于此，澳大利亚制定了全国统一的价值观教育目标——"关心和同情（Care and Compassion）、竭尽全力（Doing Your Best）、平等（Fair Go）、自由（Freedom）、诚信（Honesty and Trustworthiness）、正直（Integrity）、尊重（Respect）、责任感（Responsibility）、理解和包容（Understanding, Tolerance and Inclusion）"。具体的内涵及要求如下：[2]

（1）关心和同情：关心自己与他人；

（2）竭尽全力：努力完成一些有价值、令人钦佩的事情，努力追求卓越；

（3）公平：追求、保护公共利益，社会公正、公平对待每一个公民；

（4）自由：享有澳大利亚公民身份的所有权利和特权，不受不必要的干涉或控制，维护他人的权利；

（5）诚信：诚实，真诚，追求真理；

［1］　钟启泉，张华. 世界课程改革趋势研究［M］. 北京：北京师范大学出版社，2001：308-325.

［2］　DEST.National Framework for Values Education in Australian Schools［Z］. Australia: Commonwealth of Australia, 2005.

（6）正直：按照道德原则行事，确保言行一致；

（7）尊重：用心考虑他人感受，尊重他人观点；

（8）责任感：对自己的行为负责，以建设性、非暴力、和平的方式解决分歧，为社会和公民生活作出贡献，并保护环境；

（9）理解和包容：了解他人以及他人的文化，认同民主社会中的多样性，包容他人，也能被他人包容。

九大价值观目标从学生个体出发，涉及学生生活世界中的"自我""他人""社会"，提出了个体与自我、他人、社会、国家等不同维度相关的价值观目标，注重个体网络与他人网络、社会网络连接过程中的价值观培育。在个人生活层面，尊重生命个体，追求学生良好品质的形成；在社会层面，社会公民共享正义，人人平等；在国家层面，则从多元文化、阶层与背景出发，倡导青少年求同存异、相互理解、相互包容，以形成和谐社会。不同层面之间的价值观目标既互相联系又各有侧重，使得个人、社会与国家之间的关系越发紧密。

（一）尊重生命个体：关心和同情、竭尽全力、正直、诚信

价值观的发展与人的成长息息相关，是个人成才的价值前提，也是幸福生活的基础。从柏拉图时代开始，人们在教育中就看重人的品格，认为品格与智力同样重要。他们努力将公民塑造成"用自己的才智惠利他人，就像惠利自己一样"的人，期待受教育者用自己的智慧构建一个更加美好的世界。"纵观历史，世界上的任何一个国家，都为教育树立了两个伟大的目标：使受教育者聪慧，使受教育者高尚。"[1]这里的高尚便是指价值观。

从个体作为价值观主体而言，自爱首先是"高尚"最重要、最基础的表征。《国家框架》将"关心和同情"的目标具体描述为"关爱自己与他人"。"关心和同情"这一价值观目标首先强调的是让学生学会关爱自己，即自爱。从伦理学含义上看，自爱就是指人在道德生活中对自己的存在、利益、权利、主体性、人格、尊严等的尊重、维护、自豪和荣誉感，体现着一种自我维护和自我管理精神、个体责任感意识、自我定向

[1] 里克纳. 美式课堂：品质教育学校方略 [M]. 海口：海南出版社，2001：4.

和控制能力。[1] 罗尔斯在《正义论》中提到："最为重要的基本善是自尊的善。没有自尊，那就没有什么事情是值得去做的，或者即便有些事值得去做，我们也缺乏追求它们的意志。那样，所有的欲望和活动就会变得虚无缥缈，我们就会陷入冷漠和犬儒主义。"[2] 自爱是个体自身道德生活积极性的源泉，对人的道德生活与社会生活发挥着主体能动作用。

其次，人的根本属性在于其社会性。在社会交往中，"诚信"是重要的桥梁与纽带，作为人的立身之本、价值之源，维持个体的社会生活与交往。维护主体真诚的内在道德品质，澳大利亚将"诚信"解读为"诚实，真诚，追求真理"，即在生活中诚实面对自己，待人真诚，做到内外兼备。诚信是做人的根本，内在的道德品质与外化的行为规范帮助学生奠定美德基础。

当学生能够坚持关爱自己，对自己负责，并且诚实地面对自己与他人，就会约束自己，树立坦诚正直的信念。"正直"是个体必须具备的基本品德，是美德的集大成者，指公正、坦率、刚直、正派、不信邪的道德品质，包括诚实、原则性、守信用和自信心。[3] "澳大利亚将"正直"解读为"按照道德原则行事，确保言行一致"，其要求学生首先对自己诚实，将价值观落实到具体的行动中。歌德提出，高尚正直是促进和巩固个人与集体幸福的美德。可见，当个体树立了"正直"这一价值观，其便养成了美好的品德，帮助他在人生的道路中感受幸福与快乐。

实践是生命的表现形式之一，是个体创造价值、享受价值的来源。澳大利亚的价值观教育希望学生"竭尽全力"，去找寻有价值的、令人敬佩的事物，努力尝试，追求卓越。一方面，在价值观教育中鼓励学生自主探索，对事物的"价值"进行判断；另一方面，让学生在探索的过程中竭尽全力。竭尽全力、追求卓越的精神是个人使命感与社会责任感的重要基础，这一价值观既是对学生兴趣、个性和潜能的尊重与支持，也是社会发展的动力基础。

澳大利亚对个体生命的关照体现在对个体的内在信念与外在行为的培养，其价值观目标涵盖个体与自我、个体与他人的相处，由内而外地关注学生的成长。"关心和同情""竭尽全力""正直"与"诚信"是价值观教育的过程中，学生不断被培养和发展

［1］ 肖群忠. 论自爱［J］. 道德与文明，2004（4）：17-22.

［2］ 罗尔斯. 正义论［M］. 何怀宏，何包钢，廖申白，译. 北京：中国社会科学出版社，1988：427.

［3］ 彭克宏. 社会科学大辞典［M］. 北京：中国国际广播出版社，1989：153.

的优秀道德品质，也是澳大利亚价值观教育对个体生命发展的关照与追求。

（二）提升社会凝聚力：关心与同情、尊重、责任感

澳大利亚的价值观强调社会公民共享正义、人人平等，反映了其致力于建设多元文化和可持续发展社会。在社会生活中，个体需要学会与人沟通交流、和谐相处。基于此，澳大利亚重视青少年在社会交往中的价值观培育，其价值观目标也体现了对青少年在社会发展中的要求，强调"对他人负责""为他人着想"。人际责任感是个体社会性发展的重要方面，当个体能够为他人考虑，顾及他人的感受，则会有意识地为了维护和谐的人际关系优化自身的态度与行为，进而为社会的发展增添积极与美好。

公民面对他人与社会时的责任感是公民意识中的一个非常重要的内容。在《国家框架》中，"关心和同情"这一目标的描述为"关爱自己与他人"，要求个体将自身与他人放在同样的位置进行关心与爱护，形成和谐的社会风气。"同情"在道德情感中居于核心位置，是诸多道德情感的共同"底色"。[1] 社会同情是一种主体间的情感共鸣，通过一种感同身受的同情共感机制来促进正义感的发展，是儿童正义感形成的情感基础。[2] 澳大利亚价值观教育目标中提到了指向他人的同情，正是对受教育者道德发展的期待与展望，毕竟，在面对他人的痛苦与不幸时，适当的安慰与陪伴也是帮助行为。[3] 价值观教育中，为了促进同学之间的友谊发展，澳大利亚价值观教育资源库中专门设置了有关"友谊"的课程，让学生在活动与思考中领会人与人之间的交流与责任，使学生的人际责任感真正有所提升。

"关心和同情"是情感、理性与行为的统一，在社会交往中，人与人之间的交流基本在于"尊重"。"法的命令是：成为一个人，并尊重他人为人。"此法既是"道德法"，也是"伦理法"。要与自我与他人建立健康、完整的关系，需要在交往过程中互相尊重。"尊重"的具体表现是"体谅他人，尊重他人观点"，强调与人交往时的态度与行为。尊重是人与人之间相处最基本的准则，是社会发展过程中不断追求的状态。

关心与尊重他人是个体对社会之"责任感"的体现，《国家框架》中将"责任感"

［1］　高德胜. 同情的伦理价值及其教育境遇［J］. 西北师大学报（社会科学版），2022，59（1）：58-68.

［2］　胡金木. 社会同情与儿童正义感的培育［J］. 教育研究，2021，42（5）：77-85.

［3］　弗雷泽. 同情的启蒙：18世纪与当代的正义和道德情感［M］. 胡靖，译. 南京：译林出版社，2016：120.

具体描述为"对自己的行为负责，以建设性、非暴力、和平的方式解决分歧，为社会和公民生活作出贡献，并保护环境"。由此可见，"责任感"所涉及的范畴更加宽泛，包括对自我的、他人的、社会的以及世界的，将青少年置于更加广阔的世界中，有助于青少年的价值观培育。

（三）关心国家与政治发展：自由、公平、理解和包容

从澳大利亚的历史与文化发展可知，在长期的国家进程中，殖民地、移民、多元文化等特征伴随着国家与社会的发展，也在一定程度上决定了澳大利亚在价值观教育上对"平等"与"自由"的追求。"理解和包容"也是澳大利亚价值观教育从国家的角度出发，从多元文化、阶层与背景方面，倡导青少年求同存异，相互理解，相互包容，以促进和谐社会的形成。就价值观的内涵来看，"公平、自由、理解和包容"三种价值观体现的是个体对于国家制度、公民身份、基本国情的认识，体现了公民在政治生活中对资本主义民主制度、澳大利亚公民身份和多元文化社会基本国情认同的要求。[1]

自由是西方发达国家普遍倡导的价值观，是西方社会民主制度的政治基石。[2] "自由"的具体解释是"享有澳大利亚公民的所有权利和特权，不受不必要的干涉或控制，维护他人的权利"，从这一描述中能够看出，自由表现在"权利"的拥有，即对公民身份的维护，其背后所体现的是法律法规的权威，是国家的力量。在中小学阶段传授"自由"这一价值观，体现了澳大利亚在国家建设过程中，对培育民主制度的追求。

"追求和维护公共利益，在公平的社会中平等对待所有人"体现了澳大利亚公民对历史的反思与铭记。殖民地时期，澳大利亚的先辈们不断奋斗，获得了美好生活。在当下的价值观教育中，国家也强调人们能够在公平的竞争中追求美好的生活。因此，"公平"与"自由"的实现，需要公民在多元环境中做到"理解和包容"，"了解他人以及他人的文化，认同民主社会中的多样性，包容他人，也能被他人包容"。"多元文化观"的观点是，一个国家包含着由不同信念、行为方式、肤色、语言的民族所组成的多种文化，这些文化间的关系应是相互支持且均等存在的。[3] 国家对多元文化主义的推动促进了澳大利

［1］ 李承宫. 澳大利亚中小学价值观教育研究［D］. 长春：东北师范大学，2020.

［2］ 同上。

［3］ 刘济良. 价值观教育［M］. 北京：教育科学出版社. 2007：10.

亚国家的发展。

　　总的来说，澳大利亚的价值观教育目标是不同层面、不同维度互相呼应、补充以及融合的，是在追溯历史进程、放眼国家发展、结合社会现象、关照个人生存的过程中提出的对新世纪澳大利亚青少年发展的期望与要求。

三、澳大利亚中小学核心价值观教育的内容透视

　　为建设高质量的学校教育，为年轻人的智力、身体、社会、道德、精神和审美发展奠定基础，以促进社会的进步、国家的发展，澳大利亚在推进核心素养为本的课程改革过程中，始终将"价值观教育"作为改革的核心，启动编制了《国家框架》，以推进国家价值观教育。这一框架引导构建了以学生为中心，打破"观念世界与生活世界"的壁垒，联通"全球视野、国家愿景、地方教育及学校教育"，连接"社区、学校、课堂"，沟通"学习领域、关键能力、跨课程重点"的价值观教育课程体系，真正实现了走向联通主义的价值观教育。

（一）主题活动：联通观念世界与现实世界

　　价值是主体与客体之间的统一，其实质是人的主体性在客体中的对象化，需通过活动、劳动去发现和创造。[1] 在价值认识、价值评价中，人们依据主体需求，对价值关系所形成的心理定势、理性观念，即价值观，[2] 存在于人的意识层面。作为价值活动的产物，价值观离不开生活实践。一方面，价值观是个体在实践活动中，经认识、理解、判断、选择而形成与确定的，受到自我、他人、社会、自然等方面的影响；另一方面，内隐于意识层面的价值观需要通过实践活动得以现实化、对象化，并渗透在个体的实践活动中，指导着个体的行为，从而有效地影响社会生活。可见，价值观的形成和发展是以生活实践为基础和前提的。由此，价值观教育的第一要义在于将抽象的观念世界与具体的生活世界相连，唤醒和激活学生对价值观"原初意义"的体验和理解，让学生了解价值观的形成，感悟价值观对人类社会发展与自身生活的意义，进而积极主动地学

---

［1］　王玉樑. 价值和价值观［M］. 西安：陕西师范大学出版社，1988：150.

［2］　王玉樑. 价值和价值观［M］. 西安：陕西师范大学出版社，1988：354.

习与内化价值观。[1] 然而，当下的教育常常将价值观培育变成纯粹的知识教学，以告知代替体验，原本意义丰富的价值观被视为既定事实，被抽象为概念化的知识与操作化的方法，无法真正与个体的生活网络、社会世界链接，也很难被学习者内化、认同与实践。因此，价值观教育需联通观念世界与生活世界，根本在于认知网络、概念网络与社会网络之间的联通，要以人为基础，通过价值理解、价值认同、价值体验等过程，对价值关系进行整合。链接认知网络、概念网络与社会网络，将无形的价值观、抽象的概念和现实的世界打通，重要的是建立价值观与外部知识的联结。联通主义学习观认为，当个体遇到与联通某事物时，知识才变得有意义，体验就是最好的老师。[2] 基于此，澳大利亚以主题活动为节点，辅以教学网站、书籍等，采用自下而上的教育方式，让学生体验价值观的产生与重要意义，影响学生的知、情、意、行发展，将无形的观念显性化。

在《国家框架》的指导下，澳大利亚基于学生发展的阶段特征与生活情境，以不同渠道开发了系列价值观教育课程，建立了资源网站，主要包括以下几个资源库：在学校建立价值观（Building Values Across the Whole School）；通过价值观教育帮助学生通达幸福（Supporting Student Wellbeing Through Values Education）；跨文化和全球背景下的价值观教育（Values Education in Intercultural and Global Contexts）。价值观教育课程以主题活动为主，涉及学生与自我、他人、社会、世界的交往和联通，内含教学单元、主题网站、学校指南及辅助书籍等形式，融合学生价值观发展的知、情、意、行，培养学生对特定价值观的认知、感受与行为。"在学校建立价值观"以现实世界为主要内容，将项目式、模块化的教学单元嵌入学生在校学习的关键学习领域，构建了真实的"价值体验"场景，教师引导学生通过真实的学习活动理解特定价值观的内涵，让学生通过探索与思考获得"价值认同"；"通过价值观教育帮助学生通达幸福"作为价值观教育的支持课程，重点聚焦"价值观困境"与"价值观行动"，两难的价值观困境是学生观念世界的认知，具体的行动建议则进一步增强学生的价值认同，将二者进行链接，经过"价值理解"与"价值体验"，学生的责任感、社交技能、适应能力得以加强，且在解

---

［1］ 胡萨. 价值观教育的关键：唤醒与激活价值观的"原初意义"：基于发生现象学的视角［J］. 教育研究，2020，41（8）：65-74.

［2］ 西蒙斯. 网络时代的知识和学习：走向连通［M］. 詹青龙，译. 上海：华东师范大学出版社，2009：45.

决价值冲突的行动过程中提升了生活幸福感；"跨文化和全球背景下的价值观教育"以工具支持为主，开发了"价值世界"网站、"以价值观为中心的学校指南"网站、"并肩而行"等价值观学习工具，将价值观学习的主题活动从课内延伸至课外，拓展了"价值认同"的范围、"价值体验"的场景及"价值理解"的视野，以促进学生包容性的培养和跨文化理解。综合考察三大课程资源后不难发现，澳大利亚中小学的核心价值观教育内容不外乎以下三种。

1. 理解为本的价值观教育主题

理解为本的价值观学习内容以"理解价值观困境"为核心，以学习领域为载体，为不同阶段的学生提供不同的价值观学习主题，针对相应的主题设置价值观困境，让学生通过思考、讨论等方式，理解不同价值观的内涵。理解为本的价值观教育共设置了12个主题困境，分别是"公平对待所有人""真实""你的垃圾桶有多满""什么价位""我的碎片""谁应该领导""我的海盗朋友""体育事业""做一个好邻居""为了更大的利益""为生活而工作还是为工作而生活""你的土地还是我的土地"。

在不同的主题下设置了相应的价值观困境，将澳大利亚的核心价值观置于具体的情境中，学生在考虑、反思、理解、寻求解决方案的过程中理解价值观，完成相关学习领域的学习。例如，在低年级"真实"这一主题的学习中，学生"思考'真话'与'善意的谎言'的概念，理解'诚实'与'责任'"，与此相对应的价值观分别为"诚实守信""尊重""正直"与"责任"，其重点学习领域是"体育与健康教育"及"社会与环境研究"。理解为本的价值观教育内容联系实际，链接具体的价值观与学习领域，设置两难处境并要求学生明确审视支撑人们行动的价值观以及他们对复杂问题作出的选择。

表6-1　理解为本的价值观教育主题示例 [1]

主题	价值观问题情境	与学校价值观教育的链接	关键学习领域
公平对待所有人	思考球队成员选择的影响，思考比赛的目的会如何影响所作出的选择。	公平； 关怀和同情； 尊重； 理解与包容； 自由。	体育与健康教育

---

［1］ DEST. Supporting Student Wellbeing :matrix of primary understanding values dilemmas［EB/OL］.［2022–05–28］. http://www.curriculum.edu.au/verve/_resources/VE_Resource_SSW_primary_dilemmas_matrix.pdf.

（续上表）

主题	价值观问题情境	与学校价值观教育的链接	关键学习领域
真实	思考真话与"善意的谎言"的概念，理解"诚实"与"责任"。	诚实与守信； 尊重； 正直； 责任。	体育与健康教育 社会与环境研究
你的垃圾桶有多满	当正确的解决方案行不通的时候，学生需要思考如何履行保护环境、减少垃圾的承诺。	责任； 竭尽全力； 正直。	社会与环境研究

2．行动为本的价值观主题学习

"行动价值观"主要通过正式课程以外的活动和项目来学习，给学生脚手架，为学生提供真实和实用的体验，以生活和实践涵养价值观。行动为本的价值观教育内容分小学和中学两个阶段设置相应的主题与场景。小学阶段的主题分别有"好好运动""日益增长的关系""这是我们工作的一部分""实践价值观""内心的地方""你在说什么"；中学阶段的主题为"为社区服务""让我们谈谈差异""迎接技术挑战""坚守价值观""头、心和手""虚拟安全"。

表6-2　行动为本的价值观教育主题示例

主题	情境	与价值观教育的链接
为社区服务	学生在当地社区确定、开发和完成服务学习项目。	团队合作，表现出理解、宽容和同情心； 负责任地行事，表现出对所有参与者的诚信和尊重。
让我们谈谈差异	来自不同文化背景的学生参与苏格拉底循环对话，讨论、分享与文化和跨信仰有关的想法。	团队合作，展示理解、包容和正直； 通过与来自不同文化背景的人的互动表现出尊重和同理心； 通过对话和交流展现韧性和乐观精神。
迎接技术挑战	学生以团队合作的方式研究、设计和构建技术设备，以迎接技术挑战。	在团队工作中包容他人； 在工作项目中表现出理解、宽容、同情和责任感； 建立个人价值观和行为之间的联系。

行动为本的价值观教育提供了具体的学习场景，让学生在具体情境下做出行动。有所不同的是，其价值观教育的链接形式以"行动"为主。例如在"迎接技术挑战"这一主题下，设置了"学生以团队合作的方式研究、设计和构建技术设备，以迎接技术挑

战"这一情境，要求学生做到"在团队工作中包容他人""在工作项目中表现出理解、宽容、同情和责任感""建立个人价值观和行为之间的联系"。可见，行动为本的价值观教育内容的特点是基于实践、融于实践、导向实践。

3．综合取向的价值观主题学习

综合取向的价值观教育主题以教学单元为主要形式，协助学校和教师将价值观纳入学校课程的关键学习领域。教学单元将教室看作一个价值观丰富的育人场域，认为每个教师都是价值观教育者，每个教室都蕴含着价值观教育的契机。小学与中学共有32个价值观教育教学单元，其中小学低年级、中年级、青春期早期与青春期后期各8个。

表6-3　综合取向的价值观教育主题示例

主题	活动概述	价值观	关键学习领域
咀嚼事实	利用数学研究的形式报告有关"垃圾食品"的问题； 探索垃圾食品的本质； 了解食物选择对我们健康的影响； 检查我们对健康的责任。	关怀和同情； 自由； 诚实守信； 尊重； 责任； 理解和包容。	数学； 健康与体育； 科学； 技术（信息技术）。
绿色饮食	探索"绿色饮食"和"食物里程"的概念； 通过调查研究来理解"食物里程"； 制定公司关于"绿色食品"政策； 使用技术流程探索有关食品的合乎道德和负责任的决策。	关怀和同情； 正直； 尊重； 责任。	技术（家政）； 社会与环境研究。
寻找差异	通过文本探索差异、偏见和排斥等概念； 研究种族灭绝的实例； 制定关于差异的学校章程。	公平竞争； 自由； 尊重； 责任； 理解和包容。	英语； 艺术； 社会与环境研究； 技术。

各教学单元利用价值观教育实践的关键原则开展一系列教学活动，帮助学生理解价值观的概念和行动。以小学中年级的教学单元为例，八个教学单元分别为"做最好的自己""建立友谊""庆典和仪式""本土英雄""这是个好消息周""保持健康""伸出援手""价值观和尤里卡叛乱"。每一个主题下有具体的学生活动、所聚焦的价值观以及链接的学习领域。例如，中学后青春期阶段"数字中的价值观"主题中，要求学生"用数字来探究全球变暖和有关核能的争论""进行全球变暖的相关数据统计分

析""研究和评估辩论中的不同观点"，通过链接数学领域，探究相应问题，以更好地培养学生的"公平""诚实守信"及"公正"的价值观。综合取向的价值观教育内容主题丰富明确，活动形式多样，让学生多维度探究问题，以更好地培育价值观。

"主题活动"作为联通"观念世界"与"生活世界"的节点，建立了个体的认知和客观世界之间的联系，帮助学生建构学习网络，关注生活世界中的价值观问题，从而使学习从知识、概念走向真实的生活与体验。

(二) 嵌套学习：联通知识、能力与价值观

学生的外部网络主要以学校为基点构建。自古以来，学校都承担着人才培养的重要任务，凝聚了来自各方的期待与要求，其主要的工作是使学生获得知识，培养学生分析问题、解决问题的能力，继而适应社会、改造社会。在此过程中，关系着人类进步与个体幸福的知识走入学校教育的中心，在客观化、清晰化的同时不免世俗化、功用化，而意识层面的价值观则被忽略，逐渐走向边缘化，甚而"价值观教育在知识巨大声望的影响和威压下，常自觉或不自觉地将自己改装成了知识教育"[1]。

为促成知识、技能与价值观之间的和谐与平衡，澳大利亚选择了"嵌套学习"这一路径，将价值观课程以嵌套的形式与国家课程链接，增强了单元化、分布式信息之间的凝聚性，较好地将显性价值观教育融入了学生的日常学习中。具体而言，澳大利亚的国家课程由学习领域（learning areas）、关键能力（General capabilities）与跨学科重点（Cross-curriculum priorities）三个维度构成。如表6-4所示，以《墨尔本宣言》提出的价值观教育目标为基础，澳大利亚价值观教学分别与不同的学习领域、关键能力和跨学科重点链接，通过价值观活动培育学生的能力，加深学生对价值观的理解，真正促进学生的核心素养形成。

---

[1] 王葎. 价值观教育的合法性 [M]. 北京：北京师范大学出版社，2009：13.

表6-4 澳大利亚价值观教育课程导图 [1]

价值观教育资源	单元主题	与学习领域的链接	与关键能力的链接	与跨学科重点的链接
《澳大利亚学校价值观：在学校建立价值观—教学单元》（小学低年级）	爱护动物	科学；英语（地理；ICT；艺术）	道德行为；个人和社交能力	可持续发展
	来，加入我们的团队	英语；科学（地理）	批判性和创造性思维；个人和社交能力	
	每个人都是特别的	英语；（语言；健康与体育；ICT）	跨文化理解；社会交往能力	澳大利亚与亚洲的联系
	我审视技术	英语（信息通信技术、公民教育；健康与体育）	批判性和创造性思维；社会交往能力	
	大、大、大书	英语（艺术）	社会交往能力	
	聚光灯下的价值观	英语（艺术；语言；信息通信技术）	跨文化理解；社会交往能力	澳大利亚与亚洲的联系
	明智的用水方法	科学；英语（地理）	批判性和创造性思维；社会交往能力	可持续发展
	你、我和我们	英语（健康与体育；艺术）	道德行为；社会交往能力	
《澳大利亚学校价值观：在学校建立价值观—教学单元》（小学中年级）	做最好的自己	英语	批判性和创造性思维；道德行为；社会交往能力	
	建立友谊	英语（健康与体育；公民教育）	道德行为；社会交往能力	
	庆典和仪式	英语、历史（公民教育；艺术）	跨文化理解	原住民和托雷斯海峡岛民的历史与文化；澳大利亚与亚洲的联系

［1］ Australian Government,Department of Education,Employment and Workplace Relations.Values Education and the Australian Curriculum［EB/OL］.［2022-05-08］. http://www.curriculum.edu.au/verve/_resources/Values Education Australian Curriculum.pdf.

价值观教育资源	单元主题	与学习领域的链接	与关键能力的链接	与跨学科重点的链接
《澳大利亚学校价值观：在学校建立价值观—教学单元》（小学中年级）	本土英雄	英语、数学（公民教育；艺术）	批判性和创造性思维	
	这是个好消息周	英语（公民教育）	批判性和创造性思维；道德行为	
	保持健康	数学（健康与体育；信息通信技术）	批判性和创造性思维；个人和社交能力	
	伸出援手	英语（公民教育）	批判性和创造性思维；社会交往能力	
	价值观和尤里卡叛乱	历史；英语（公民教育、艺术）	批判性和创造性思维；道德行为	
《澳大利亚学校价值观：在学校建立价值观—教学单元》（中学低年级）	咀嚼事实	数学；英语；科学（信息通信技术；健康与体育）	批判性和创造性思维；社会交往能力	
	绿色饮食	食品技术；地理	批判性和创造性思维	可持续发展
	从试管到桌子	科学；英语（地理）	批判性和创造性思维；道德行为	可持续发展
	从表面上看	英语（语言）	批判性和创造性思维；跨文化理解	澳大利亚与亚洲的联系
	走出非洲	历史；英语	批判性和创造性思维；道德行为；跨文化理解	
	地方的骄傲	艺术、公民教育	批判性和创造性思维；社会交往能力	
	欢迎来到世界	英语（健康与体育）	个人和社交能力	
	有什么不同	英语；历史（信息通信技术；艺术、公民教育）	批判性和创造性思维；跨文化理解	原住民和托雷斯海峡岛民的历史与文化

价值观教育资源	单元主题	与学习领域的链接	与关键能力的链接	与跨学科重点的链接
《澳大利亚学校价值观：在学校建立价值观—教学单元》（中学高年级）	访问被拒绝	ICT	批判性和创造性思维	
	您是尊贵的客户吗	英语（语言）	批判性和创造性思维	
	改变价值观，改变国家	历史	批判性和创造性思维；跨文化理解	澳大利亚与亚洲的联系；原住民和托雷斯海峡岛民的历史与文化
	健康的澳大利亚人—谁的责任	健康与体育	批判性和创造性思维；社会交往能力	
	免费的音乐	英语	批判性和创造性思维；道德行为	
	辐射问题	科学	批判性和创造性思维；道德行为	
	数字价值观	数学（地理）	批判性和创造性思维	可持续发展
	到底是谁的主意	艺术	批判性和创造性思维；道德行为	
《澳大利亚学校价值观教育：通过价值观教育助力学生幸福生活—资源包》（小学低年级）	公平对待所有人	健康与体育	批判性和创造性思维；道德行为；社会交往能力	澳大利亚与亚洲的联系
	真实	健康与体育；公民教育	批判性和创造性思维；道德行为；社会交往能力	
	你的垃圾桶有多满	科学（地理、公民教育）	批判性和创造性思维；道德行为；社会交往能力	可持续发展

价值观教育资源	单元主题	与学习领域的链接	与关键能力的链接	与跨学科重点的链接
《澳大利亚学校价值观教育：通过价值观教育助力学生幸福生活—资源包》（小学中年级）	什么价位	数学（商业、公民教育）	批判性和创造性思维；道德行为；社会交往能力	
	谁应该领导	英语（公民教育）	批判性和创造性思维；道德行为；社会交往能力	
《澳大利亚学校价值观教育：通过价值观教育助力学生幸福生活—资源包》（中学）	我的海盗朋友	信息通信技术；公民教育；健康与体育	批判性和创造性思维；道德行为：社会交往能力	
	体育事业	健康与体育；商业	批判性和创造性思维；道德行为；社会交往能力	
	做一个好邻居	公民教育；健康与体育	批判性和创造性思维；道德行为；社会交往能力	
	为了更大的利益	科学（健康与体育）	批判性和创造性思维；道德行为；社会交往能力	
	为生活而工作还是为工作而生活	商业；健康与体育	批判性和创造性思维；道德行为；社会交往能力	
	你的土地还是我的土地	历史（公民教育）	批判性和创造性思维；道德行为；跨文化理解；社会交往能力	原住民和托雷斯海峡岛民的历史与文化

1. 嵌套学习领域

澳大利亚课程旨在帮助学生成长为成功的学习者、自信且有创造力的个体以及积

极明智的社会公民。学习领域是学科知识技能的统整。澳大利亚学校课程共有英语、数学、科学、健康与体育、人文与社会科学、艺术、信息通信技术、语言八个学习领域与一个选修科目，每一学习领域中都有详细的目标及评价方案。众所周知，价值观是意识层面的表现，通常以间接的方式表达，以象征、比喻等晦涩的概念为载体，[1] 并在相应的价值活动中形成，为人的实践活动与认识活动提供导向。[2] 基于此，澳大利亚课程框架中，根据价值观教学单元的目标及内容特点，将其全面渗透至每一学段的八大学习领域以及一个选修科目中。

以英语教学为例，作为澳大利亚年轻人学习和发展的核心，英语学习对学生学会理解、分析、判断以及建立与他人和世界的联系有重要作用。这一学习领域分为语言、文学与文化三条支线，以听、说、读、看、写五个活动为主。首先，价值观教育单元中设置了"探索""理解""调查""交流""创造"等活动，能够满足英语学习领域对于听、说、读、写、看的需求。其次，价值观教育资源所设置的不同主题能对应各学段英语学习领域的内容。由此，价值观教育资源成为学生英语学习的良好素材，学生不仅进行了简单的知识学习，而且接受了价值观素养教育。当然，价值观资源也同样以嵌套的形式融入科学、地理、艺术等学习领域中。如，一年级的科学、英语中融入了"爱护动物"的价值观教育，"学习动物特征""探索人类与动物的链接"以及"明确爱护动物重要性"的过程，就是学生知识、能力与价值观并进的素养形成过程。

2. 链接关键能力

21世纪是经济化、全球化的时代，面临着比以往更复杂、多元的挑战，对人才的发展提出了更高的要求，人才能力发展的标准也越来越高。核心素养的提升帮助年轻人在21世纪更好地生活和工作。澳大利亚倡导发展的学生21世纪核心素养具体包含"读写素养""数学素养""个人与社会素养""跨文化理解素养""道德品行素养""批判性与创造性思维素养""信息与通信技术素养"等七个方面，它们是知识、技能与价值观的综合表现。由此可见，能力蕴含于素养之中，与价值观协同发挥作用。有学者指出，核心素养涉及逻辑分析、综合、演绎等高阶思维能力，关系着学生的终身发展与社会适应能

［1］ 布尔. 价值观溯源：信念的哲学与社会学追问［M］. 邵志军，译. 南京：江苏教育出版社，2015：5.

［2］ 袁贵仁. 价值观的理论与实践：价值观若干问题的思考［M］. 北京：北京师范大学出版社，2013：136.

力。[1] 学生能够在复杂多变的环境中自信而恰当地应用知识和技能，就是表现出较高的素养。因此，我们可以在"素养"的视域下，真正实现知识、能力与价值观的统整。

基于此，《澳大利亚价值观教育课程》努力沟通价值观与具体学习领域和关键能力的关系。每个价值观学习单元都有指向听力、口语、读写能力以及跨单元阅读与写作的内容。例如，在一、二年级"智慧的用水方式"这一学习单元中，学生通过调查家庭用水情况，欣赏澳大利亚的自然环境探究其与建筑环境的相互关系，培养对水资源的关注与对生态环境的责任意识。这一单元所培养的关键能力是"批判性和创造性思维、个人与社会素养"。这一做法从课程目标与内容层面贯通了价值观培育与关键能力培养，给教师的教学以更清晰的方向，继而延伸、拓展价值观教育的外延。

3. 渗透跨学科重点

跨学科重点存在于学习领域中，是为了增强学生学习的深度与丰富性而设置的教学重点。跨学科重点一般选择适合具体学习领域的重点内容来丰富课程，为学生提供工具、语言以及不同层面的学习资源，帮助学生从不同层次了解世界，目的是希望学生在开展该学习领域学习的同时，了解原住民和托雷斯海峡岛民的历史与文化、澳大利亚与亚洲的联系以及可持续发展有关的知识和技能。因此，"原住民和托雷斯海峡岛民的历史与文化""澳大利亚与亚洲的联系"以及"可持续发展"成为澳大利亚课程的重点。[2]

澳大利亚的价值观学习资源自然地融入了跨学科重点的内容。例如中学阶段的价值观单元"绿色饮食""从试管到桌子"让学生理解食物的制作过程，调查食物的影响，制定饮食条例，重点突出了"可持续发展"方面的内容；"从表面上看"这一单元中有对于"澳大利亚与亚洲的联系"这一重点内容的体现。而"差异是什么"这一单元则与"原住民和托雷斯海峡岛民的历史与文化"有紧密的联系。

四、澳大利亚中小学核心价值观教育的实践方法

2005年，《国家框架》发布后，澳大利亚政府出资鼓励学校集群在行动研究中改进

［1］ 褚宏启. 核心素养的国际视野与中国立场：21世纪中国的国民素质提升与教育目标转型［J］. 教育研究，2016，37（11）：8-18.

［2］ Australian Curriculum, Assessment and Reporting Authority.Australian Curriculum. Cross-curriculum priorities.［EB/OL］. https://www.australiancurriculum.edu.au/f-10-curriculum/cross-curriculum-priorities/.

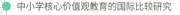

价值观教育。"价值观教育优秀试点学校项目"（Values Education Good Practice Schools Project）由此开展，选择来自澳大利亚各地的25个学校集群参与设计、实施和评估价值观教育。学校根据当地的实际情况，基于《国家框架》进行价值观教育实践，并总结了具体教学方法。

"价值观教育优秀试点学校项目"的两个阶段都表明，有效的价值观教育要以价值观和学生为中心，而不是以教师和教学内容为中心。与传统教学方法对比，当价值观和学生处于教学中心时，课堂会变得更加平静，能让学生更有自信和积极地看待自己，更有能力并负责任地应对问题。通过学校集群的实践，澳大利亚的经验表明，有效的价值观教育方法具备以下特征：①以学生为中心，而不是以教师或内容为中心；②明确所教授的知识与价值观的内涵；③包容、尊重与反思；④提供开放式的学习体验；⑤让学生参与现实生活，联系生活体验；⑥赋予学生权力，让学生采取行动；⑦为学生实践提供途径；⑧让学生参与创造，获得意义。从以上特征能够看出，教师给了学生很大的自主空间，赋予其权力。[1] 报告指出，当学生的真实学习发生，学生会更好地将所学内容与自己的学习联系起来。由此，澳大利亚以"价值观和学生"为中心，探索了价值观教育的实践方法，为学校实施价值观教育提供了脚手架。

聚焦澳大利亚的价值观教学，其采用"哲学探究""朋辈互助""服务型学习"等教学方式，扩大了价值观教育的生态场景，同时提供多元的交流互动，关注学生的个性化体验，以推动学生的价值观内化，走向知识、情感与行动的协同与整合。

（一）联通生活世界与意义世界：哲学探究

价值观作为头脑中"应然"系统的主观表达，[2] 需要基于个体的存在与经验，通过反思活动得以澄清与选择。哲学的魅力正在于引导学生探究抽象的意义所指，引发个体的反思，指引个体行为改变。"哲学是一件完整的东西，它光照我们一切的经验，指引我们的所作所为，它经常用批判反思的目光注视我们自己以及自己的感觉。"[3] 可

---

［1］ Australian Government Department of Education, Employment and Workplace Relations. At the Heart of What We Do: Values Education at the Centre of Schooling—The Final Report of the Values Education Good Practice Schools Project-Stage 2［R］. Australia: Curriculum Corporation.2008：26.

［2］ 周文华. 美国核心价值观建设及启示［M］. 北京：知识产权出版社，2014：1.

［3］ 雅斯贝尔斯. 什么是教育［M］. 邹进，译. 北京：生活·读书·新知三联书店，1991：160.

见，哲学探究以个人的经验为本，强调个体的主体性发挥，旨在通过引发个体思考，启迪个人的内在理念，从而以理念指引实践，是联通内在主观世界，并对现实生活进行解释的最佳途径和方法。哲学，从根本而言是一种活动，[1]一种反思、创造的活动。联通主义学习观认为学习者是内容的创造者，[2]学习者的创造过程就是联通的过程。哲学探究法的最大特点是调动学生的积极性、主动性和创造性，以学生为中心，通过现实生活中特定问题情境的主体思考与分析，帮助学生作出价值判断与价值选择。澳大利亚鼓励教师在价值观教育过程中采用"哲学探究"的方法。

澳大利亚的价值观课堂常使用"课堂哲学"（Philosophy in the classroom）与"苏格拉底圈"（Socratic circles）两类活动帮助学生进行价值澄清。[3] "课堂哲学"以思想探究为主，其探究的主要问题来源于"价值观困境"，包括提出疑问、实施调查、提出道德困境以及明晰价值观等步骤。昆士兰的学校集群弗尼格罗夫（Ferny Grove）小学与奥克森福德（Oxenford）小学的综合课程常采用"课堂哲学"的方法。教师提出来自生活的、有关当地社区或全球环境中的问题，鼓励学生组成调查小组，进行实地调查，再引导学生通过对话、辩论等方式进行合理论证，同时辅以特定的价值观为学生提供支持，帮助学生尝试寻找解决问题的方法。[4] 在现实的价值观困境中，学生可以分析冲突与分歧，通过场景体验、批判思考、分享交流建立起现实生活与意义世界之间的联结，同时在反思自己、倾听他人意见的过程中建立新的认知，继而超越已有的价值观，从"价值理解"转向"价值行动"。

与课堂哲学相似，"苏格拉底圈"讨论式教学法在学生价值观学习方面也起着非常重要的作用。"苏格拉底圈"是一种源于西方的传统教学方法，该方法认为对话的过程能够使观点更加清晰，旨在让所有人参与讨论以阐明观点，继而得出明确的结论。[5] 这一方法可构建起系统的教学过程，用于讨论负载着丰富价值观的相关问题与观点。

［1］ 刘铁芳．重申知识即美德：古典传统的回归与教养性教育的重建［M］．北京：北京师范大学出版社，2015：17.

［2］ 王志军，陈丽．联通主义学习理论及其最新进展［J］．开放教育研究，2014，20（5）：11-28.

［3］ Australian Government Department of Education, Employment and Workplace Relations. At the Heart of What We Do: Values Education at the Centre of Schooling—The Final Report of the Values Education Good Practice Schools Project–Stage 2［R］. Australia: Curriculum Corporation, 2008：28.

［4］ 同上。

［5］ Byrne, Ghiran. Using socratic circles to develop critical thinking skills［J］. Practically Primary, 2011（16）:13-15.

"苏格拉底圈"由两个同心圆组成，每个圆通常可容纳六到八名学生组成的讨论小组。在进入圈子之前，学生需要熟悉与主题相关的材料，并对其进行批判性思考。在讨论过程中，内圈的成员使用苏格拉底式的对话提出一系列与主题相关的问题，外圈的同学负责观察内圈学生的讨论动态，在相应的规则下记录内圈讨论者的系列行为，关注他们对于相应观点的阐述情况，是否尊重他人观点以及阐明价值观立场的能力。教师在教学过程中的主要任务是帮助学生建立结构化的学习环境，促进学生之间的互动，以确保在讨论过程中提升学生的自信心，同时引导学生注意倾听他人的观点，学会尊重他人，在讨论中明晰澳大利亚的价值观内涵，形成个体的价值观。通过分析他人的价值观和澄清自己的价值观，学生们意识到价值观是如何形成的，并了解影响道德和道德行为准则的因素。这一过程能够促进学生知识、技能、态度和价值观的成长与融合，使学生能够作为积极和知情的公民参与民主社会和全球社会的事务中。[1]

（二）联通自我与他者：朋辈互助

"在真正的共同体的条件下，各人在自己的联合中并通过这种联合获得自己的自由。"[2] 乔治·西蒙斯也提到："任何单个的个体都不能完全知晓大规模错综复杂的过程。"[3] 每一个体都是社会历史总体中相互关联、相互影响的意义单元，[4] 个人学习网络的建构中，少不了"人"这一重要节点。在学校里，除了教师对学生的影响与引导，兼具自助与互助功能的朋辈教育对学生的成长与发展也发挥着重要的作用。朋辈教育是以同辈间的榜样示范、情感浸染、观念熏陶使受教育者在知识、技能、思维方式及情感态度价值观等方面得到成长的一种教学方式。[5] 朋辈教育给学生提供了体验、联通其他成员及事物的机会，是学生外部网络建构的有效途径。

澳大利亚的价值观教育注重学生与学生之间的交流互助，教师常采用"学生行动小

［1］ D.N.Aspin, J.D.Chapman.Values Education and Lifelong Learning: Principles, Policies, Programmes［M］. Berlin: Springer Science & Business Media, 2007：404.

［2］ 马克思，恩格斯. 马克思恩格斯选集：第1卷［M］. 中共中央马克思恩格斯列宁斯大林著作编译局，译. 北京：人民出版社，1995：119.

［3］ 西蒙斯. 网络时代的知识和学习：走向连通［M］. 詹青龙，译. 上海：华东师范大学出版社，2009：43.

［4］ 王葎. 价值观教育的合法性［M］. 北京：北京师范大学出版社，2009：13, 195.

［5］ 钱利安，熊秀兰. 朋辈文化塑造品质学子研究［M］. 北京：九州出版社，2019：4.

组"和"价值观行动小组"等形式开展课堂探究活动，进行价值观教育。教师在实践中发现，"行动小组"是以学生为中心、帮助学生掌握有关价值观内涵的最好方法。[1] 当学习是在真实发生且与生活息息相关时，学生更能投入到学习中，产生良好的学习效果。因此，"行动小组"常通过解决学校或社区中的问题，让学生参与目的明确的、真实的活动，以达成价值观教育的目标。在此过程中，每个行动小组在学校确定的选题中自由选择活动主题，教师会让学生先学习相关的专业知识、技能，再将行动的权力赋予学生，让学生自己作出决定，采取相应的行动。具体的步骤有：

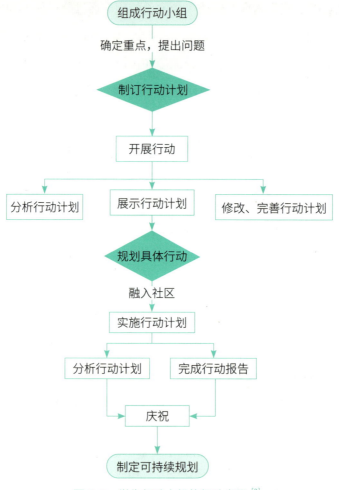

图 6-1　学生行动小组的行动步骤 [2]

［1］　Australian Government Department of Education, Employment and Workplace Relations. At the Heart of What We Do: Values Education at the Centre of Schooling—The Final Report of the Values Education Good Practice Schools Project–Stage 2 ［R］. Australia: Curriculum Corporation, 2008：30.

［2］　同上。

这一方法最大的特点就是给予学生支持，让学生落实行动，这不仅能让学生了解价值观的内涵，而且能实际参与价值观的制定、反思、分析和修改。正如《价值观教育研究》（2003年）中提到的："学校在课堂内外提供积极的氛围，有助于发展学生的社会和公民技能，建立学生的适应力，并确保价值观教育在安全和支持性的环境下开展。"

与学生行动小组类似，部分学校开展了朋辈指导活动，[1] 即学生指导学生。其主要的形式是学生确定研究的问题，而后寻求解决方案并采取行动，与其他的同学合作或在照顾他人的基础上指导其他学生解决问题，以此培养责任感。朋辈指导的关键在于关系互惠。教师通常会让年长的学生帮助年幼的学生，给学生提供一个支持性的学校环境，提升年幼学生的能力，培养年长学生的领导力，让每个人都能发挥各自的作用，并且得到成长。同时，参与教学的教师也提到，学生指导学生的方式需要严密的规划及明确的结构化指导，并且要在行动过程中设置评估周期，以确保朋辈互助顺利进行，为学生提供安全与支持性的环境。

社会交往是一种重要的学习途径，当学生因统一目标而相互联系时，他们会更加尊重彼此，其对于外界支持与自身成长的感受也会更加深刻。一名十一年级的学生在采访中提到："朋辈互助这一形式让我通过不同的方式与比我小的同学相处，和他们在一起令我大开眼界，我学会从另一个角度看待比我小的同学，比以前更加尊重他们了。"[2] 澳大利亚"良好实践项目报告"显示，朋辈互助使得学生在自我意识、交流能力、韧性以及对未来的期待方面都得到了成长。

（三）联通个体生命和社会世界：服务型学习

社会与个人的关系是一种有机关系，个人是社会群体的特殊性表现，与社会整体紧密相连。[3] 作为人类生活的两个侧面，个体与社会在有机的互动中共同成长与发展，并且社会生态影响个人的成长环境。由此，个体价值观的发展离不开社会的影响，同时

[1] Australian Government Department of Education, Employment and Workplace Relations. At the Heart of What We Do: Values Education at the Centre of Schooling—The Final Report of the Values Education Good Practice Schools Project-Stage 2 [R]. Australia: Curriculum Corporation, 2008：32.

[2] Australian Government Department of Education, Employment and Workplace Relations. At the Heart of What We Do: Values Education at the Centre of Schooling—The Final Report of the Values Education Good Practice Schools Project-Stage 2 [R]. Australia: Curriculum Corporation, 2008：33.

[3] 库利. 人类本性与社会秩序 [M]. 包凡一，王湲，译. 北京：华夏出版社，2015：23.

也是社会发展的重要影响因素。澳大利亚始终强调真实情境下的学习，并倡导教育应为现实生活服务。其价值观教育广泛地使用服务型学习这一方法，促进学生的跨文化理解能力，培育学生的核心价值观，增进不同种族、文化和社会群体之间的理解，建立包容、和谐的社会，进而为学生的发展提供支持性的环境。

价值观是服务型学习的核心。服务型学习是一种为年轻人创造真实的现实生活促进学习体验的方式，为学生的价值观学习提供土壤。价值观教育为学生提供知识基础与视野工具，帮助学生积极参与多元文化活动，是跨越文化隔阂、促进社会凝聚力的有效工具。反之，服务型学习让学生通过参与服务社区的活动来学习和发展价值观，让学生和接受服务者相互学习，共同成长。服务型学习从课堂的讨论活动开始，并延续至课后，作为课外活动持续进行。

服务型学习有两种不同的方法——做慈善与社会改造，分别聚焦短期的直接服务与长期的社会改造服务。在学校集群的价值观教育实践中，服务型学习承载了具体的价值观目标，渗透在关键学习领域和跨课程重点中。[1] 在埃德蒙赖斯部委（Edmund Rice Ministries）的实践项目中，教师以"全球教育"为主题，带领学生踏上了了解社会正义问题的旅程，学生通过调查童工的工作条件等一系列问题，培养了同理心。调查结束之后，学生们参加了模拟活动，加深了对童工的同情，随后决定采取行动，发起宣传活动，提醒消费者注意那些被认定是由童工制成的产品，进而解决剥削童工的相关问题。[2] 由此可见，服务型学习是一种帮助年轻人发展以及更好地融入世界的方法，在这种体验式学习的形式下，学生发展价值观，成为具有公民意识、责任心、关怀与同情心的社会公民。

综上来看，澳大利亚的价值观教育以"实践探究"为主，围绕学生生活的各个方面，涉及诸多交往层面的关系，设置价值观实践探究的主题，让学生通过一系列活动阐明价值观的内涵，了解价值观的特点，通过相应的步骤对价值观进行调查、实践、收集数据、分析数据以及得出结论，鼓励学生在实践过程中模拟真实的情境，体验不同的观点。作为影响学生行为以及生活的重要因素，价值观教育也应在具体的活动中与生活融

---

［1］　Australian Government Department of Education, Employment and Workplace Relations. At the Heart of What We Do: Values Education at the Centre of Schooling—The Final Report of the Values Education Good Practice Schools Project-Stage 2［R］. Australia: Curriculum Corporation, 2008：33.

［2］　同上。

合，并在生活中改变与习得。

五、澳大利亚中小学核心价值观教育的评价策略

评价是总结价值观教育成效、诊断潜在问题的重要环节。为监测学校价值观教育实践项目的效果，澳大利亚联邦政府委托高校及科研机构对政府出资支持的项目进行跟踪调查，其价值观教育评价以学校实践为本、以项目式评价为主。以"价值观教育优秀试点学校项目"为例，每个学校集群都配有特定的学术合作机构，学术机构要参与项目全程，通过问卷调查、资料分析以及教师访谈等形式对学校的价值观教育氛围、教学效果、学生的学习情况、师生关系以及家庭参与度等方面收集数据，并根据收集到的各种质性和量化数据完成项目年度总结报告。此外，这些报告中的数据不仅用于政府对学校绩效的考核，也用作科学研究。学术机构在大量实证研究的基础上，编制了诸多价值观教育实践手册，涵盖价值观教育的方方面面，使中小学得到更全面、更细致的指导。总的来说，澳大利亚的价值观教育评价呈现以下两个方面的特点。

（一）质性评价与量化评价结合

澳大利亚的价值观教育评价注重评价的科学性与系统性，采用质性评价与量化评价结合的方式，对学生进行观察、跟踪，对教师进行访谈，在平时的工作中收集各方面的数据，以形成专业报告。

"价值观教育优秀试点学校项目"以质性评价为主，各州、学校集群在学校开展价值观教育实践，运用"行动研究"的方式，探索在学校背景下开展价值观教育的方法。教师从自身实践出发，进行案例写作，为报告的形成与发展提供信息。最终，收集学校、教师、学生等各方面的材料，按照其价值观教育实践方法进行梳理和提炼并形成报告。报告从各集群项目的项目方案和预期开展的活动中提取关键点，与《国家框架》中的指导原则进行对照，按照所遵循的原则进行主题分类，分析和评价各州、各学校的价值观教育实践方法。

2006年9月，"价值观教育优秀试点学校项目"第一阶段的报告出炉。报告针对第一阶段26个项目学校的价值观教育方式进行了清晰、真实的描述，并对其教学方式进行梳理、分类与标记，目的在于引导各学校因地制宜地落实《国家框架》所提出的价值观

教育愿景。报告针对各项目的提案与活动特点，从项目学校所遵循的原则与重视的因素出发，共分为"学校指导精神与教学方式""值得教授的内容""出色教学""与社区联结"四个类型。《国家框架》表明，高质量的价值观教育方案来自学校与社区，学校与社区应确定其价值观、指导精神，并共同努力。以"学校指导精神与教学方式"为例，在项目提案中，这一分类下的学校价值观教育重点针对《国家框架》中提出的指导原则三和原则四——"阐明学校的价值观并应用这些价值观""要将与学生、教师和家庭合作进行价值观教育作为学校工作的重点"进行有针对性的工作，满足了《国家框架》中提出的"明确学校的价值观""学校整体工作带动"这两个重要的要素。学校主要做法有"将价值观教育纳入学校的政策和实践之中""学习如何将价值观教育融入生活和实践中""明确核心价值观，并对价值观进行发展与强化""通过价值观教育促进关系性学习""通过学生行动小组来实施学校的价值观教育""在学校的精神和运作中嵌入修复实践"。[1] 第一阶段主要针对各项目学校在开展价值观教育过程中所努力的重点进行评价，旨在通过质性分析了解各项目学校的价值观教育开展情况，并通过调查结果分析价值观教育的影响，提出对学校价值观教育的建议。

2008年8月，"价值观教育优秀试点学校项目"第二阶段的报告完成。这一项目的主要目的在于探索不同教育背景下的价值观教育实践，因此，第二阶段评价的主要方式是"循证评价"，即以各项目集群或者学校教师提供的教学案例为依据，为学校提供支持、监测的方式，并对相应的教育教学作出解释，进而概括出适用于澳大利亚的价值观教育优秀经验。首先，在案例中，项目学校将价值观教育的背景、目的、过程及结果进行系统呈现，以实现对"良好实践"的"循证"解释。其次，每个项目集群的学校都提交四份教师的案例写作，以回应价值观教育专业实践中的特定问题，为在澳大利亚各地学校从事价值观教育的教师提供借鉴的方法。再者，澳大利亚成立了UNA（高校支持联盟），为每一个项目学校配备了一名教育学院的教师，对学校的价值观教育提供资源与方式建议。同时，项目过程中还有其他机构对学校的价值观教育工作进行支持与评价。总的来说，第二阶段的评价方式侧重于报告与材料的审核，注重学校工作中的学生参与、教学实践、师生的幸福感以及父母对学校的满意度等方面能否有实质性的改善。

---

[1] Australian Government Department of Education Science and Training. Implementing the National Framework for Values Education in Australian Schools：Report of the Values Education Good Practice Schools Project—Stage 1［R］. Curriculum Corporation.2006（9）.

第三阶段的报告以"价值观教育学校行动项目"为基础，于2010年10月完成。这一报告是在阶段一与阶段二的基础上对价值观教育的深入探究与总结，结合高度结构化的定性和全集群定量方法来确定项目影响，着重展现了价值观教育的影响。其中，这一阶段最重要的变化是应用了"MSC"（定性和参与式研究方法）收集数据，利用参与者的经验和感知，收集基于参与者的变化的叙事证据。这一方法提供了一种参与有效对话的手段，每个故事都代表了讲故事的人对"影响"的解释，然后与其他参与者进行回顾和讨论。作为价值观教育实践项目的最终报告，这一阶段的评价重在对价值观教育的"影响"进行评估，最大的亮点在于以"故事"为评价的素材，推动价值观教育的积极行动，并提出相应的倡议。

价值观教育对学生和学校氛围影响效果的监测项目（Test and Measure the Impact of Values Education）则通过实证研究探索价值观教育对学校教学和风气及学生成绩和行为的影响，这一项目主要研究的问题是"通过实证检验与观察了解价值观教育对学校教学、学生成就和行为的影响"。此项目再次对在"价值观教育优秀试点学校项目"中收集来的数据进行分析，用"自上而下"的调查方式对部分代表学校的数据进行检验，从而实现量化评价。量化评价主要是对学生、教职员工和家长的数据进行前后比较和多元回归分析，比较实施价值观教育一年后的变化，评估个人、班级和学校因素对学生行为、课堂氛围、教学实践、师生关系等的影响。

综上所述，澳大利亚采用混合研究范式对学校价值观教育进行评价。首先，量化评价根植于科学实证主义范式，主张理性，强调严谨的方法，减少了人为的主观臆断，通过科学的对比与分析，客观地呈现价值观教育的效果。其次，质性评价聚焦具体的学校、个体，主张对过程进行深入的研究，关注价值观教育过程中教师与学生全方位的发展，倾听教师与学生的故事，有选择性地收集价值观教学的有效案例，并将案例中有关价值观教育的良好实践进行总结，促进价值观教育的改进与发展。

（二）注重评价的促进与发展功能

澳大利亚的价值观教育评价不仅重视项目的实施效果，更注重评价结果的促进功能，旨在以评价促发展。以"价值观教育优秀试点学校项目"为例，第一阶段的项目报告记录了166所学校的价值观教育项目，提炼出项目的成果，介绍学校的价值观教育实践方法，以便给其他学校做出示范。同时，报告指出项目实施的"主要发现"与"实践建议"，给实施价值观教育的学校提供实践的经验，以实际的案例解读《国家框架》中所提到的实施原则。后续项目实施建立在第一阶段的项目基础上，并将其扩展到其他学校环境中，并且通过展示前一阶段的优秀实践方法来拓展第一阶段的工作。

评价的目的是改进教育教学方式，提升教育教学质量，助力学生成长，促进教师专业发展。综合澳大利亚在价值观教育方面的评价来看，其始终将"发展"放在第一位，以具体的实践项目为本，过程性评价与结果性评价并重，每个阶段的评价都注重"发现""分类"与"总结"，在不断的创新与突破中探索价值观教育。

六、澳大利亚中小学核心价值观教育的教师发展

对于任何一种教育而言，教师都是课程、理念能够实施与落实的关键。教师作为行动者网络中联通价值观学习资源与学生最为重要的行动者，直接决定了中小学核心价值观教育的质量。行动者网络论（Actor Network Theory，简称ANT）指引下的实践本体论揭示了行动者所具有的实践性，即教师只有在行动中才能成为核心价值观教育网络中的行动者。基于此，澳大利亚将教师角色与价值观教育力量融合，把每个教师都看作价值观教育的实施者，给教师提供丰富多样的资源，主要包括价值观教育学习资源、课程计划和活动、价值观活动的调查工具与数据收集工具，以及价值观的主题研究论文等，在教育内容与实施形式上均给教师以支持。同时，澳大利亚编制了《在整个学校树立价值观：专业学习计划》，旨在增进教师的自信，提升价值观教学成效，将教师培养成课堂上的价值观教育者。以《澳大利亚价值观教育专业学习资源（小学阶段）》（以下简称《专业学习资源》）为例，说明澳大利亚给教师提供了价值观教育方面的专门资源与培训。

（一）增进教师对价值观及价值观教育的认识与理解

为增进教师对价值观及价值观教育的认识与理解，《专业学习资源》的第一单元与第二单元让教师通过活动探索价值观的本质、探究价值观教育的意义、了解《澳大利亚价值观教育学校框架》制定与发展的背景。

第一单元以"价值观的本质"为主题，从"背景""价值观的内涵""价值观的类型"切入，通过两个主题活动促进教师学习。首先，主题活动"探究价值观教育的意义"包括五个小活动，分别是"应用'价值观'定义""探索对立面""识别价值观的

类型""探究其他价值观以及定义价值观的方式"及"行动中的价值观"。每一主题下，又设计了相应的行为要求与问题讨论，以此加深教师对价值观内涵的理解，并让教师在学校教学中探索其真正内涵；其次，价值观既是个人深层次的自我内在部分，也是个人行为的驱动因素，价值观的教育对学生个体的发展与社会的发展有着重要意义。"我的价值观、你的价值观以及我们学生的价值观"这一主题活动涉及个人价值观，让教师探索自己的价值观，更好地了解价值观的本质，并应用原则进行有效的价值观教育。

第二单元以《澳大利亚价值观教育学校框架》为基本材料，介绍了澳大利亚价值观教育的背景、实施框架、具体内容及基本假设等。通过"国家框架""审视价值观教育"两个主题活动促进教师对《国家框架》的起源及对价值观知识的了解，并且根据《国家框架》对学校的价值观教育进行评价与审核，让教师从多个维度了解价值观教育的多方面知识，寻求良好的策略。

（二）引导教师将价值观融入学校教育

《国家框架》提到，价值观教育是整个学校社区的事情，需要以学校为主来规划、实施和评价。从价值观理解到价值观教育实施，澳大利亚为教师提供了通往实践的桥梁，即学校实施的案例。例如，《专业学习资源》第三单元"在你的学校中发展价值观教育"就介绍了在学校实施价值观教育的方法，在案例中分析各学校实施方法的要素。在主题活动"学校，我们的学校"中，通过案例学习、海报展示、理论学习等方式，促进教师对学校价值观教育方法的理解。由此，教师的学习和发展已经从理解层面转向了实践层面。

在此基础上，如何审视学校愿景，也是价值观教育的重要内容。因此，《专业学习资源》第四单元的讲义专门提供了四个学校的愿景范例，以供参考。例如，哈里斯高中的愿景是"让学生毕业时成为对社会有贡献的人，能宽容他人，在安全的环境中利用与同学、家庭、社区、企业和政府合作建构的知识和技能来塑造自己的未来"。参考这些案例，教师就学会了如何对照《国家框架》审视所在学校的愿景，审查学校愿景是否明确提到价值观，让学校价值观教育变得更加明确，为学校的进一步工作奠定良好的基础。

良好愿景的实现需要依靠学校的政策制定及管理实施，《专业学习资源》第五单元聚焦"学校管理、政策和计划"，让教师了解学校的管理系统，熟悉学校政策中涉及的价值观，思考改进的方法，反思如何扩展价值观教育的范围。教师列出学校的愿景和政策，对照《国家框架》中的九大价值观审查学校的政策。《专业学习资源》第五单元的讲义提供了六条对照指标，分别是"最近对该政策进行了评价""该政策中包含有明确的价值观""该政策中的隐性价值观可以表达得更加清楚""该政策中所包含的价值观与我们学校愿景中的价值观一致""该政策中的价值观与《国家框架》中的价值观一致""该政策中包含的价值观与学校其他政策的价值观一致"，教师对照以上指标将学校政策中的价值观进行评价后提出相应的建议。

（三）引导教师在课堂教学中落实价值观教育

《国家框架》提到，有效的价值观教育应该具备以下特征："帮助学生理解和应用价值观""反映学校价值观教育的重要事项""培养学生的应变能力和责任感""培养学生对地方、国家和全球的责任感""鼓励学生积极探索价值观"等。[1] 基于此，教师需要学习如何在课堂教学中落实价值观教育。如《专业学习资源》第六单元阐述了小学阶段学生价值观学习的重点以及价值观教学的方法及实践。本单元重点从教学展开，向教师说明价值观教育涉及的活动，例如"专门的价值观教学""专门涉及价值观、信仰、世界观、精神和哲学的课程""在课堂上进行有关价值观的展示""将课程内容与相应的价值观产生链接""探讨榜样如何践行价值观""反思个人、班级和学校在实施价值观方面的表现"。通过"教室里的价值观教育"这一主题活动，教师回顾自己的课堂，反思价值观教育是否发生，再不断地探索支持价值观教育的学习策略和工具。

七、启示与借鉴

当前，核心素养为本的课程改革浪潮在全世界席卷，作为先行示范的国家，澳大利亚在落实核心素养培育工作方面，探索了一种基于价值观的联通主义教育模式，特色鲜明。基于联通主义，学生个人学习网络的构建是核心素养培育的基础。因此，澳大利亚的价值观教育十分注重学生个体网络的建构，创设了联通观念世界与生活世界的"主

---

［1］　DEST.National Framework for Values Education in Australian Schools［Z］. Australia: Commonwealth of Australia, 2005.

题活动"，开发了联通生活层面不同世界的"指导纲领"，同时以嵌套学习的方式联通了知识、能力与价值观，在日常教学中真正让价值观教育渗透在学生的生活与学习中，实现了以价值观为引领的素养教育，为核心素养为本的课程改革提供了范例。在核心素养为本的新课程改革背景下，我国正在积极探索更加有效的社会主义核心价值观教育模式，在这个层面我们或许可以从澳大利亚的实践模式中获得以下启示。

（一）推动价值观教育的中心化

价值观影响着人们的思想观念与行为表现，指导着人类的生活。青少年处于未成熟的阶段，其价值观尚未明确与形成。随着社会的进步、科技的发展，人们不断追求知识、技能、技术，而忽略了精神，迷失了自我。在基础教育中，功利化追求与核心价值观的矛盾冲突影响了学生的全面发展。

作为意识层面的表现，价值观缺乏具象化的概念表征，无法直接清晰地表达，继而难以显现化为知识和技能，所以很难进入学校教育的核心模块，成为教育的直接对象，导致价值观教育一直处于边缘化的地位。联通主义重视个体内部认知网络的建构，任何节点都不容忽视。回到价值观本身，它作为指导个体行为的重要观念，应该受到重视。同时，个体在社会化过程中不仅需要有经验的更新、知识的增长，同样需要价值观的形成与发展。如澳大利亚将价值观看作教育的中心，从国家层面作出整体的规划，明晰价值观教育的目标、原则及方法，使价值观教育成为学校教育、家庭教育及社会教育的重要内容，便于学生随时随地认识、了解、明晰价值观，为学生的正确价值观形成提供良好的条件。

基于马克思的本体论立场，教育本体是一种培养人的社会实践活动，是指向人本身的多样、可持续、有价值的发展。价值观教育也是如此，其最根本的指向是学生的成长和发展，应该更多地从学生本身的特性出发制定教育目标，选择教育内容，让学生在学习活动中更加充分地实现自我。澳大利亚的价值观教育构建了以学生为中心的价值观教育体系，致力于为学生的未来幸福生活做准备。其实践表明，与知识中心的教学相比，当学校教育将学生置于教学的中心时，学生的体验、课堂的质量都会有显著的提升。以学生为中心的价值观教育体系要求有效的核心价值观教育应该围绕学生的发展设置目标、开发课程、实施教学以及开展评价，具有以下特点：

第一，价值观教育目标的具体化与内容的实际化。价值观教育目标应有所侧重，以澳大利亚的价值观教育目标为例，其目标的呈现是明晰且具体的，有特定的目标与具体的行为描述，涵盖了自我实现、社会交往、政治追求与认同等各个方面，且相互融合。我国的社会主义核心价值观教育也制定了"国家""社会""个人"不同层面目标，各层面目标实现了有机融合。

第二，价值观教育资源的生活化与实际化。从澳大利亚的价值观教育研究与实践可以看到，价值观教育最好的资源素材是生活。首先是从生活实际出发，探索价值观教育的内容，思考"学生需要什么，学生缺乏什么"；其次是在生活中对学生进行价值观教育与引导，设置真实的情境，给学生提供社会行动的机会，在积极的行动中培育青少年的价值观。

第三，价值观教育方法的个性化与针对性。目前，我国的价值观教育需要培养学生的价值澄清和选择能力，以解决青少年的价值观混乱与困惑。在进行价值观教育的过程中，要求教师针对学生的成长背景与个性特点，使青少年获得适合的价值观教育，帮助他们减少价值观混乱，促进其核心价值观的形成。可以采用"说服教育""陶冶教育""价值澄清""两难故事""角色扮演"等教育方法，引导学生从生活中思考，在行动中形成正确的价值观。

（二）注意价值观教育与课程、文化的融合

澳大利亚中小学价值观教育以显性课程为主要实施途径，《国家框架》明确指出了课程在价值观教育中的重要性，有效的价值观教育包括了提供给学生所需要的课程。在实践中，整体的课程设置也是价值观教育的重点。澳大利亚教育部门构建了以社会科课程模块为中心的"多维衔接"课程体系，注重社会科课程各学科之间、八大学习领域之间和学段之间的有效衔接。[1]

在我国，国家和社会开始大力培育和践行社会主义核心价值观，将价值观纳入学校教育领域，通过各学科的教学，对中小学生进行价值观教育。然而，在实际教学过程中，依然存在忽视价值观教育特性、忽视学生的主体接受限度、课程未涵盖教育理念要求、缺乏全方位的落实等问题。[2] 从文化与课程的角度出发，我国的核心价值观教

［1］ 李承宫. 澳大利亚中小学价值观教育研究［D］. 长春：东北师范大学，2020.

［2］ 苗睿岚. 社会主义核心价值观教育在中小学德育中的整合与建构研究［D］. 扬州：扬州大学，2018.

育缺失历史意识的课程体系，[1] 未能充分发挥"历史和传统"作为"文化方式"的教育功能，在这样的教育方式下，学生忽视了核心价值观的社会政治意义与历史文化内涵，无法深入内化价值观。基于此，价值观教育与课程和文化的相互融合表现出迫切的需要。

第一，价值观教育与课程融合。课程是价值观教育的主要渠道，其体系和结构影响着教育的效果。澳大利亚价值观教育设置的显性课程在内容上呈现高度的融合性。2019年，我国在全国范围内对语文、历史、道德与法治三科教材进行统一编写，对此类课程进行了统一的部署与整体的改革，其中道德与法治这一课程承担着价值观教育的主要任务。近年来，"学科思政"在教学中的重要性与关注度不断增强，价值观教育的合力育人作用也在不断增强。这也在提醒我们，应继续优化课程结构，合理安排教学内容，加强价值观在课程与教学中的渗透，确保在科学合理的课程体系中实施价值观教育。

第二，以文化与传统支撑价值观教育。社会主义核心价值观起源并扎根于中华优秀传统文化，核心价值观在本质上是民族精神的教育，也是文化身份和精神性格的确认过程。[2] 价值观教育必须立足于文化与传统，否则就会在实施中因文化脱离而孤立、单一。对于中小学而言，价值观教育的吸引力、感染力需要通过中华优秀传统文化来提升。在价值观教育中，应充分发挥"历史和传统"作为"文化方式"的教育功能，[3] 将传统文化与现代文明结合起来，不断拓展价值观教育的接受力和影响力。

第三，价值观教育具象化、生活化。价值观指引着人们的行为，习近平总书记强调："一种价值观要真正发挥作用，必须融入社会生活，让人们在实践中感知它、领悟它。要注意把我们所提倡的与人们日常生活紧密联系起来，在落细、落小、落实上下功夫。"[4] 澳大利亚价值观教育在目标、内容与实施途径等方面都注重与现实生活相联系，为学生的未来幸福生活做准备。当下，我国的价值观教育存在道德说教的问题，无法内化到学生的心里，进而表现在行动上。

---

[1] 王雪亚，薛晓阳. 核心价值观教育的文化根基及价值依托：基于中小学核心价值观教育的问题与策略 [J]. 教育发展研究，2018，38（2）：14-21.

[2] 同上。

[3] 同上。

[4] 习近平在中共中央政治局第十三次集体学习时强调：把培育和弘扬社会主义核心价值观作为凝魂聚气强基固本的基础工程 [N]. 人民日报，2014-02-26（1）.

（三）设计融知识、能力与价值观为一体的主题活动

联通主义既关注节点之间的连接，又注重个体内在网络的适应与创造。学校作为教育的重要场所，不仅需要给学生提供增长知识、提升技能的资源，更应该注重价值观教育。一是重视价值观显性化，将价值观看作指引学生获取知识与应用技能的关键要素，渗透在学校文化建设中；二是要将价值观教育渗透在各门课程中，协同知识学习、能力提升与价值观培育之间的关系。"主题教学"是课程融合的有效形式，能发挥学生主体性，实现学生全面发展。因此，主题活动的设计是根本，主题活动内在联通，才能有效进行知识、能力与价值观协同的教育。一方面，主题活动的顶层设计要以正确的价值观为引领；另一方面，主题活动的实施应该给价值观教育足够的空间与机会。如澳大利亚专门设置了价值观教育为主的主题活动，将其融入学习领域与关键能力中，在平时的教学中时刻渗透价值观引领。

（四）构建学校、家庭与社会关联的教育体系

价值观教育的生态体系不是孤立且一蹴而就的，需要多方协同、长期建立。除了学校教育之外，社会乃至世界都对个体的价值观形成有着密切的关系与不可推卸的责任。在联通主义视角下，学校、社会与世界是构成学生发展的外部社会网络的关键要素。学校是实施价值观教育的重要场域，但在实施价值观教育过程中，不仅要重视校园内部教育要素的统筹，而且要关注校园外部的力量参与。由此，价值观教育要构建学校、家庭与社会关联的教育体系。基于此，首先，要在同一目标的引领下合力开展价值观教育实践，明确价值观教育的目标，将个人价值观、社会价值观等不同层面的价值观进行融合与统一；其次，要延伸价值观教育的场域，让学生真正走进家庭、走出社会、走向全球，在广阔的世界中发展自身的价值观，真正将自己与世界连接；最后，正如联通主义学习观所倡导的那样，应对复杂的信息环境挑战，我们必须聚合其他节点，[1] 学习是一个过程，在这个过程中，需要打通学校、家庭与社会的边界，联通正式学习与非正式学习。未来的教育应是无边界的，价值观教育也应如此，应该面向未来，走向联通。

---

[1]　西蒙斯. 网络时代的知识和学习：走向连通 [M]. 詹青龙，译. 上海：华东师范大学出版社，2009：98.

第七章

新西兰
中小学核心价值观教育

New Zealand

位于南太平洋的新西兰是一个环境优美的岛国。新西兰不仅诞生了具有特色的毛利文化，还吸收和借鉴了外来文化。不同的文化在新西兰这块美丽的土地上相互影响和发展，最终形成了新西兰多元文化图景。[1] 立足我国核心价值观教育实际，在坚守马克思主义立场、观点和方法论的前提下，深度剖析新西兰中小学核心价值观教育的经验和启示，能为探索我国中小学社会主义核心价值观的培育和践行提供一定参考。

一、新西兰中小学核心价值观教育的历史演进

根据核心价值观教育在新西兰不同历史时期所展现出来的特点，可以将新西兰核心价值观教育分为三个时期：20世纪50年代前的核心价值观教育形成时期，20世纪50年代至90年代的核心价值观教育发展时期，20世纪90年代至今的核心价值观教育探索时期。

（一）核心价值观教育的形成时期（20世纪50年代前）

新西兰的原住民是毛利人。毛利人的先民于公元14世纪来到新西兰，并在随后的几个世纪里形成了自己的文化和经济社会体系，经济活动以农业为主。毛利人的价值观深受本民族传统宗教与文化的影响。在欧洲人到来之前，其宗教习俗与原始社会阶段的族群相似，当时面对大自然威力而无能为力的毛利人崇拜自然神和各种神灵。[2]

1840年，新西兰与英国签订《怀唐伊条约》（*Treaty of Waiteng*），成为英国殖民地。毛利文化受到欧洲基督教文化的冲击，新西兰本土的毛利文化与外来的基督教文化逐渐融合。[3] 在近一个世纪的殖民地历史中，英国殖民所带来的文化与毛利人本土文化相互碰撞，共同影响着新西兰的价值观教育。

当时的新西兰主要设立宗教学校、毛利学校与公立学校三类学校，价值观教育方面以宗教教育与公民教育为主，旨在培养具有英国传统绅士风范和新西兰国家观念的公民。在毛利学校，还特别注重毛利民族传统文化特有的价值观教育。[4] 因此，这一时期的新西兰价值观教育包括三个方面的内容：一是毛利文化和价值观取向的价值观教

［1］ 赵晓寰，乔雪瑛. 新西兰：历史、民族与文化［M］. 上海：复旦大学出版社，2009：219.

［2］ 王章辉. 新西兰［M］. 北京：社会科学文献出版社，2014：15.

［3］ 杨超. 当代西方价值教育思潮［M］. 广州：中山大学出版社，2011：46-47.

［4］ 周丽. 新西兰核心价值观教育的认同机理及其启示［J］. 学术探索，2014（8）：120-123.

育。新西兰的价值观教育与毛利人的文化和价值观密切联系。二是宗教教育取向的价值观教育。在20世纪上半叶，绝大多数学校实施宗教价值观教育。教会学校的宗教教育是重点课程。在公立学校中，宗教课也是必修课。[1] 可见，当时的宗教文化渗透在新西兰价值观教育之中。三是公民教育取向的价值观教育。为了顺应社会发展的需要，一些公立学校会辅助开展公民教育，帮助学生塑造新西兰人的民族意识和文化价值观。[2]

这一阶段，新西兰价值观教育主要呈现出两个特点：第一，呈现多元文化的特点。毛利文化与外来民族带来的宗教文化相互交织，本土价值观和外来价值观相互适应，形成了新西兰独有的价值观；第二，这一时期的新西兰价值观受到时代特点和社会背景的影响，开始从对超自然的崇拜转向对现实的观照。

（二）核心价值观教育的发展时期（20世纪50年代至90年代）

新西兰的价值观教育在20世纪70年代才真正被提上日程。[3] 第二次世界大战以后，新西兰在经济、政治、文化等方面都得到快速发展。一方面，在经济快速发展、对外交流频繁的同时，新西兰社会发生了巨大的变化。人们的思想和文化更加多元，传统价值观受到冲击，社会问题增多。从20世纪60年代至90年代，新西兰社会不安全和不稳定的程度加剧；[4] 另一方面，自20世纪中叶起，价值相对主义逐渐盛行，它主张价值、文化的多样性，反对对群体规范的一味盲从，承认个性、自我乃至各个文化的自主与创造。其本意在于破除陈规，引导人们走向崇高，思考自身的价值与使命。[5] 新西兰的价值观教育受价值相对主义影响，开始转向注重个体自我价值观的形成。这种以个人评判为标准的价值观实际上是受到情感主义和道德相对主义思潮的影响。麦金太尔（MacIntyre A.）认为，这些道德争论和分歧是无休止的。[6] 麦金太尔进一步指出这种道德争论来源于"情感主义"，道德判断受到人们主观的情感、态度或者偏好的影响，缺少客观的、权威的标准。在情感主义和价值相对主义的影响下，新西兰学校内的核心

［1］ 杨超. 当代西方价值教育思潮［M］. 广州：中山大学出版社，2011：47.

［2］ 同上。

［3］ 杨超. 当代西方价值教育思潮［M］. 广州：中山大学出版社，2011：48.

［4］ 闫宁宇. 重塑价值观教育：新西兰2007年课改走向［J］. 上海教育，2006（22）：36-37.

［5］ 范为桥. 心理福利［M］. 上海：上海人民教育出版社，2013：14.

［6］ 麦金太尔. 德性之后［M］. 龚群，戴扬毅，等译. 北京：中国社会科学出版社，1995：16.

价值观教育主要强调个体的自我选择与自我评判，导致一定程度的失范与无序，社会缺少可以衡量的、权威的价值观标准，学生对于价值观的认知出现问题。基于此，价值观教育重建与复兴成为亟须完成的任务，新西兰政府开始注重制定可衡量的、标准化的价值观教育政策和课程，并结合社会背景向世俗化的价值观教育转变。1988年，新西兰教育部发布的新课程方案规定，价值观教育必须遵循五条基本原则：一是以学生为中心；二是促进文化认同感；三是促进平等；四是致力于教育的均衡化与综合化；五是发展承担责任的能力。学校教育工作应当倡导的七种核心价值观，分别是"尊重他人的尊严和幸福""关心和分享""诚实""宽恕""同情心""坚忍不拔"和"自尊"。[1] 由此，新西兰中小学的核心价值观教育有了更明确的方向。可以看出，这一时期新西兰价值观教育具有以下三个特点：一是从道德相对主义下自我抉择的价值观认识向政府主导的价值观教育转变；二是价值观内容和价值观教育走向标准化、可参考化、权威化；三是将价值观内容融入学校教育工作之中。

（三）核心价值观教育的探索时期（20世纪90年代至今）

进入21世纪之后，新西兰价值观教育进入深度探索时期。从国际背景来看，世界政治经济形势处于深刻变化之中，知识经济方兴未艾，和平和发展主流下也有不稳定的因素存在，单极化的力量对世界多极化潮流形成挑战，国际关系更加复杂。[2] 从国内社会来看，人们越来越追求更为明确和标准的价值观教育形式。[3] 然而，新西兰的社会问题也不断显现，外来文化思潮随着科技的发展迅速在国内传播，不断冲击原有的价值观。加强学生的价值观教育成为当务之急。基于20世纪70年代价值观教育的经验，新西兰教育部在涉及价值观教育课程时变得更加谨慎：[4] 一方面，教育部门和研究者意识到过于强调个体自我选择的价值观教育在一定程度上不利于社会的和谐与稳定，于是开始全面反思核心价值观教育的内涵与路径，开始全面探索价值观教育；另一方面，新西兰政府在制定价值观标准和政策时选择从宏观上提供支持，结合需要鼓励社会"讨论"

---

［1］ 周丽. 新西兰核心价值观教育的认同机理及其启示［J］. 学术探索，2014（8）：120-123.

［2］ 郑保国. 世纪初世界政治经济形势特点［J］. 当代世界，2001（6）：17-18.

［3］ 杨超. 当代西方价值教育思潮［M］. 广州：中山大学出版社，2011：50.

［4］ 同上。

价值观的内容。从长远来看，新西兰核心价值观具备了结合社会背景条件的特点，更加愿意在立足传统价值观的基础上结合社会的需求，走向世俗化。

1996年，新西兰基金会依据调查结果和社会各主体的期望，提议新西兰学生应具备这些基础价值观：[1]"追求卓越""创新与好奇""多样化""尊重他人""公正""团结合作""关心环境""诚实正直"。可以看到，与1988年学校教育工作所倡导的七种新西兰价值观相比，基础价值观增加了"多样化""关心环境"等与时代紧密结合的内容，体现了新西兰价值观与时俱进的特点。2007年，新西兰教育部课程实施方案中特别强调了基础价值观教育的重要性，并提出必须将基础价值观教育与学校各门课程的教学相融合。[2]基础价值观教育以培养具有价值判断能力和实践能力的学生为己任，因此，教师在教学过程中要注重培养学生的价值分析判断能力和价值观行为选择的实践能力。[3]总的来说，这一时期的价值观教育具有三个特点：一是价值观教育结合个人需要和社会需要；二是立足于传统价值观和社会发展条件；三是以政策文件的形式将价值观教育内容融入学校课程标准之中。

二、新西兰中小学核心价值观教育的目标分析[4]

新西兰中小学核心价值观教育的目标可以分为四个层面：国家层面、民族层面、课程层面和个体层面。从目标的逻辑来看，每一层次的目标之间环环相扣，相互影响，高层次的目标制约低层次目标的制定，低层次目标反映高层次目标的内容。

（一）国家层面的目标：培养新时代公民

公民教育是新西兰核心价值观教育的主要内容。公民教育的主要目标是培养具有社会公正价值观的一代新人，以解决经济和社会发展中的问题。根据不同时期的社会和政治特征，新西兰公民教育的内涵各不相同，但其一直以培养促进社会发展的公民作为

---

[1] 周丽.新西兰核心价值观教育的认同机理及其启示[J].学术探索，2014（8）：120-123.

[2] 同上.

[3] 姚咏.新西兰青少年基础价值观教育及其对我国的启示[J].教育教学论坛，2016（6）：65-67.

[4] Ministry of Education.The New Zealand Curriculum［EB/OL］.［2022-05-11］.本章节部分内容来源于新西兰教育部文件《新西兰课程》。

重要目标，是核心价值观教育得以实现并作用于社会发展的重要体现。[1] 在殖民化过程中，工业化教育的引入与毛利教育中家庭本位文化之间的冲突使得价值观教育的目的在于培养忠诚的公民。在自由进步主义时期，培养具有自由个性、社会正义感和全球化视野的公民成为价值观教育的重要目标。20世纪90年代至今，培养具有社会公正价值观、多元文化视野的国际公民，成为核心价值观教育的重要目标。[2] 国家层面的目标着重落实"公平""团体参与""关心环境""追求卓越"等凸显新西兰公民品质的价值观。

（二）民族层面的目标：增强民族认同与文化融合

新西兰是一个多元文化、多种族群、多种社会形态、多种宗教生活并存的移民国家。民族层面的目标着重落实"多样性""尊重"等关乎民族和谐与社会发展的目标。"多样性"强调文化语言的多样性，要"尊重"不同文化，包容不同文化，体现"非歧视"原则。这种强调种族平等和宗教宽容的价值观最终指向社会平等，实现新西兰不同群体在文化和物质上的繁荣以及人类本身的自由和尊严，使得新西兰人对国家有着强烈的认同感。[3]

新西兰的核心价值观教育与本国国情充分结合，建构分层有序的多元化教育体系。小学教育中可以进行两种文化教育，采用不同教学语言，传授相应的价值观。在中学阶段的教育，则是统一的、无教派性的、回归国家的基础价值观教育。[4] 这也体现多样融合的目标。

（三）课程层面的目标：培育八大核心价值观

由新西兰教育部颁发的《新西兰课程》（*The New Zealand Curriculum*）提出了21世纪成为成功公民应具备的八大核心价值观，具体如下：

（1）卓越（Excellence）：目标远大，面对困难坚忍不拔；

［1］　陈效飞，傅敏．"良好的公民是通过教育塑造的"：新西兰公民教育课程的历史发展及启示［J］．外国教育研究，2013，40（9）：80-87．

［2］　同上。

［3］　黄多娇．浅析新西兰的多元文化［J］．辽宁师专学报（社会科学版），2009（2）：34-35，100．

［4］　周丽．新西兰核心价值观教育的认同机理及其启示［J］．学术探索，2014（8）：120-123．

（2）创新、探究和好奇心（Innovation，Inquiry and Curiosity）：批判性思维、创造性思维和反思思维；

（3）多样性（Diversity）：正如在我们不同的文化、语言和遗产中发现的那样；

（4）公平（Equity）：公平和社会正义；

（5）团体参与（Community and Participation）：为了共同的利益；

（6）生态可持续性（Ecological Sustainability）：包括环境保护；

（7）正直（Integrity）：包括诚实、负责和合乎道德的行为；

（8）尊重（Respect）：尊重自己，尊重他人，尊重人权。

《新西兰课程》明确了八条以学生为中心并与学校课程有关的指导原则：

（1）高度期望（High Expectations）：无论学生的个人成长环境如何，课程都给予学生学习与追求卓越的机会；

（2）《怀唐伊条约》：课程承认《怀唐伊条约》的原则和新西兰奥特亚罗瓦的双文化基础。所有学生都有机会获得毛利文化知识；

（3）文化多样性（Cultural Diversity）：课程反映了新西兰的文化多样性，重视所有人的历史和传统；

（4）包容性（Inclusion）：课程不存在性别歧视、种族歧视和个体歧视，它确保学生的身份、语言、能力和才能得到认可和肯定，并确保他们的学习需求得到满足；

（5）学会学习（Learning to learn）：鼓励所有学生反思自己的学习过程，并学会如何学习；

（6）社区参与（Community Engagement）：课程应对学生有意义，要与他们更广泛的生活联系起来，并得到他们的家庭、家人和社区的支持；

（7）一致性（Coherence）：课程为所有学生提供广泛的教育，为学习领域和跨领域提供连贯的过渡，并打开进一步学习的途径；

（8）面向未来（Future Focus）：课程鼓励学生展望未来，探索未来关注的重大问题，如可持续性、公民意识、企业和全球化。

（四）个体层面的目标：提高价值判断与实践能力

新西兰核心价值观教育旨在培养学生具有一种价值判断能力和实践能力，鼓励学生作出符合道德规范的行为选择。[1] 新西兰核心价值观个人层面的目标着重落实"正直""环境保护""创新、探究和好奇心"等与个人品质息息相关的价值观，亦重视学生思维能力的培养，促进个体的全面发展。《新西兰课程》指出，课程的设置旨在帮助学生理解不同的价值观，通过价值观培养自身的能力。通过学习，了解自己与他人的价值观，如道德、社会、文化、审美和经济价值观，新西兰文化和制度传统所基于的价值观，以及其他群体和文化的价值观。在价值观教育中培养学生各方面的能力，如学会表达自己的价值观，带着同理心探索他人的价值观，批判性地分析价值观和基于价值观的行动，讨论因价值观不同而产生的分歧并协商解决方案，作出合乎道德的决定并付诸行动。

三、新西兰中小学核心价值观教育的内容透视

新西兰中小学的课程体系一般都是由价值观教育、关键能力和学习领域三大维度组成。课程设置的愿景在于让所有年轻人成为自信的、互相联系的、积极参与的终身学习者。关键能力包含了思考能力、语言运用能力、符号和文本能力、自我管理能力、与他人相处的能力、参与和贡献的能力等六大方面，分设英语、艺术、健康和体育、外语、数学和统计、科学、社会科学、技术等八个学习领域。与每个领域相关的学习是广泛的通识教育的一部分，为以后的专业化奠定基础。虽然呈现出不同的学习领域，但学校组织提供给学生的学习经验的方式并不受其限制。所有的学习都应该利用学习领域之间存在的自然联系，将学习领域与价值观和关键能力联系起来。[2] 在八大学习领域中，社会科学课程最能体现新西兰核心价值观教育的价值取向与育人旨归，也是公民教育最重要的阵地。

《新西兰课程》列出了人们广泛认同的八个核心价值观：卓越，创新、探究和好奇心，多样性，公平，团体参与，生态可持续性，正直和尊重。除此之外，《新西兰课程》还指出，学生的价值观可以在学校的学习生活中得到培育。学生通过学校教育了解自己和他人的价值观，分辨不同种类的价值观，如道德、社会、文化、审美和经济价值

---

[1] 周丽. 新西兰核心价值观教育的认同机理及其启示［J］. 学术探索，2014（8）：120-123.

[2] Ministry of Education. The New Zealand Curriculum［EB/OL］.［2022-05-11］. 本章节部分内容来源于新西兰教育部文件《新西兰课程》。

观，了解新西兰文化和制度传统所基于的价值观，以及其他群体和文化的价值观。为了更好地培育学生的核心价值观，新西兰开设了独具特色的社会科学课程。在内容丰富的社会科学课程中，学生们可以探索社会是如何运作的，探索如何作为一个具有批判性、见多识广和负责任的公民去参与社会活动。该课程的学习背景涉及新西兰的过去、现在和未来。

1. 与生活相联系的课程内容

社会科学课程学习内容具体包括四大模块：

（1）身份、文化和组织（Identity, Culture and Organization）——学生了解社会和社区以及它们是如何运作的，还要了解这些社区内人们的不同文化和身份以及这些文化和身份对群体和个人参与的影响。公民身份认同具体包括个体、民族和国家层面的身份认同。

（2）地点与环境（Place and Environment）——学生了解人们如何感知环境、描绘环境、解释环境以及如何与环境互动，开始理解人与环境之间的关系。

（3）连续性和变化（Continuity and Change）——学生了解过去的事件、经历、行动以及随着时间的推移而不断变化的解释方式。这有助于他们理解过去和现在，并想象可能的未来。

（4）经济世界（Economic World）——学生了解人们参与经济活动的方式以及商品和服务的消费、生产和分配，了解自己在经济中的角色以及经济决策如何影响个人和社区。

2. 分级目标，综合与分科相结合

社会科学课程的学习采用分级目标的形式。从课程要求来看，社会科学课程主要包括知识、技能和经验三个方面。以1级课程和5级课程为例，1级课程要求学生了解群体归属感、团队中的角色和责任及历史、地理、文化等方面的重要性，课程级别逐渐增加，对学生提出的要求也逐步增加。从课程分类来看，考虑到不同年级学生的水平，社会科学课程基于学生发展规律和课程要求将1~5级设为综合课程，6~8级采用分科课程，不同年级的学生对应不同级别和水平的课程。与1~5级的课程相比，6~8级课程需要学校提供的内容范围更广，分类更加细致，并且在社会科学的基础上增加了经济、地理和历史这几门课程（见表7-1）。

表7-1　新西兰社会科学课程1～8级的目标

课程	课程设置	课程要求（知识、技能和经验）
1级	社会研究课	1. 群体归属感对人们的重要性； 2. 每个人在群体中的角色和责任； 3. 过去对人们的重要性； 4. 新西兰不同地域对个人和群体的重要性； 5. 新西兰人在日常生活中如何表达文化。
2级	社会研究课	1. 人们在社会、文化和经济方面的角色、权利和责任； 2. 人们如何作出选择来满足他们的需求和追求； 3. 文化实践如何反映和表达人们的习俗、传统和价值； 4. 时间和变化如何影响人们的生活； 5. 地域和人们之间的相互影响； 6. 人们如何为新西兰社会作出重大贡献； 7. 原住民对新西兰社区的重要性。
3级	社会研究课	1. 团体如何制定和执行规则与法律； 2. 文化实践如何多样化且如何反映出相似的目标； 3. 人们看待和使用地方的不同观点； 4. 人们如何在获取和使用资源方面作出决策； 5. 人们如何以不同的方式记住和记录过去； 6. 早期波利尼西亚人和英国移民到新西兰对于原住民和社区的长远意义； 7. 人口的流动对新西兰文化多样性和互动的影响。
4级	社会研究课	1. 获得和使用群体领导力的方式以及对社区和社会产生的影响； 2. 人们传承和保护文化和遗产的原因、方式及其对人们产生的影响； 3. 探索和创新如何为人们、地方和环境创造机会和挑战； 4. 事情的原因和结果； 5. 生产者和消费者如何行使他们的权利和履行他们的责任； 6. 正式和非正式团体如何作出影响社区的决定； 7. 人们如何通过个体参与和集体参与应对来自社区的各种挑战。
5级	社会研究课	1. 新西兰的政府系统如何运作和影响人们的生活，将新西兰政府系统与另外一个政府系统进行比较； 2. 在不同时代和地区，人们对《怀唐伊条约》的不同反应； 3. 文化互动如何影响文化和社会； 4. 人口在不同地方之间流动以及这种流动对人和地方的影响； 5. 经济决策如何影响个人、社区和国家； 6. 人们对资源的管理如何影响环境和社会的可持续性发展； 7. 过去人们的想法和行为对人们的生活有哪些有意义的影响； 8. 人们如何通过商业、企业和创新来寻求经济增长； 9. 人们如何定义和寻求人权。

课程	课程设置	课程要求（知识、技能和经验）
6级	社会研究课	1．个人、团体和机构如何努力促进社会正义与人权； 2．文化如何适应社会并发生改变及其对社会的影响。
	历史课	1．对新西兰人具有重大意义的历史事件对于社会和人民的生活有何影响； 2．人们关于曾经对新西兰人有重大意义的历史事件的不同看法。
	地理课	1．自然和人文环境有其自身的特点，以及环境是如何被创造空间格局的过程所塑造的； 2．人们如何与自然和文化环境互动以及互动的结果。
	经济课	1．在稀缺性资源面前，消费者、生产者和政府如何作出影响新西兰社会的选择； 2．新西兰不同经济部门之间是如何相互依存的。
7级	社会研究课	1．社区和国家如何在地方、国家和全球环境中履行其责任并行使其权利； 2．冲突如何产生于不同的文化信仰和思想，处理冲突的方式不同，产生的结果也不同。
	历史课	1．历史上的权力革命事件如何对新西兰人产生重大意义； 2．对新西兰人来说意义重大的事件的不同解读。
	地理课	1．形成自然和文化环境的过程如何随着时间的推移在规模上和地点上产生变化，并创造空间格局； 2．人们对自然和文化环境的不同感知与互动，以及它们是如何随着时间的推移而变化的。
	经济课	1．经济学概念和模型如何提供分析手段来解释当代新西兰问题； 2．政府政策与当代问题的相互作用。
8级	社会研究课	1．政策变化与个人和社区的权利、角色和责任的相互影响； 2．意识形态如何塑造社会，以及个人和群体对意识形态的不同反应。
	历史课	1．对新西兰人有重要意义的历史事件的复杂原因、后果和解释，以及它们产生争议的原因和方式； 2．随着时间的推移，社会发展的趋势如何反映社会、经济和政治力量。
	地理课	1．相互作用如何塑造自然和文化环境，如何以不同的速度和规模发生变化，并创造空间格局； 2．不同的价值观和看法如何影响人们所作的关于环境、社会和经济决策以及他们对此的反应。
	经济课	1．正常运转的市场是有效的，但当市场无法提供有效或公平的结果时，政府可能需要进行干预； 2．新西兰经济的性质和规模如何受到相互联系的内外因素影响。

社会科学课程涉及学生个体定位、社会文化发展、历史以及环境的变化与发展等内容。首先，学生必须明确自身在群体中的重要性以及人们具有的社会、文化与经济角色，明确自身的权利与责任。这对于培育学生的"团体参与"价值观有着重要作用；其次，学生将了解文化如何产生并影响人们的生活，新西兰的本土文化发展历史等。学生了解多样文化，并学会如何尊重文化多样性，有利于"多样性""尊重"等价值观的培育。当学生进入高年级时，其学习的内容进一步加深，学生在进一步了解历史与文化的基础上，了解历史事件的前因后果，思考什么是合乎道德的行为。经济的发展成为重要的学习内容。

3. 基于核心价值观的校本价值观教育

新西兰的课程确立了值得学生鼓励、模仿和探索的价值观。随着时间的推移，学生在一系列的环境中发展关键能力，明确自身即将了解和从事的学习领域。学校须考虑如何在教学中通过不同的方式推广和发展课程。从横向看，学校围绕价值观、关键能力或学习领域这三个维度中的一个来组织课程，并有意将其他两个维度穿插到课程中；从纵向角度看，学校在组织课程时，围绕课程主题整合价值观、知识和技能多方面目标，设计跨越多个学习领域的课程内容，使用一种或多种教学方式。学生应对现实生活需要的价值观、能力、知识和技能并不局限于某一课程中，学校尽可能设计课程，让学生跨越学科界限开展学习。

《新西兰课程》中指出，每所学校都有基于核心价值观的校本价值体系。这表现在学校的哲学文化、组织方式以及每个层次的人际关系中。《新西兰课程》确定了一些得到广泛社区支持的价值观。这些价值观应该被鼓励和效仿，也应该由学生来探索。学校需要考虑如何使这些价值观成为课程的组成部分，以及如何监督所采取的教学方法的有效性。学校校本价值观的建构，体现了新西兰核心价值观教育内容的丰富性与教育过程的灵活性。

在新西兰的核心价值观教育中，除了学校开展的社会科学课程，还有特色教育——可持续发展教育（Education for sustainability，简称Efs）。[1] Efs的理念促进课程设计和创新审查方法，并为学生提供许多机会，使他们成为自信、联系紧密、积极参与的终身学习者。将Efs作为学校教育的工作重点意义重大。

---

[1] Ministry of Education. Education for sustainability [EB/OL]. （2022-04-22）[2022-05-12]. https://nzcurriculum.tki.org.nz/Curriculum-resources/Education-for-sustainability/Why-EfS.

可持续发展教育不断地让学生面对与价值观相关的问题。学生面临着社会要求的行事方式的价值观挑战，同时，也面临着探索和测试自身价值观的挑战。以下是新西兰可持续发展教育中如何发展课程中价值观的例子（见表7-2）。

表7-2　新西兰基于价值观培育的可持续发展教育 [1]

价值观	基于价值观培育的可持续发展教育
卓越	学生设定现实的目标，能解决实现目标过程中的问题。例如，当学生致力于减少学校浪费的行动，在遇到阻力的情况下，能够承受压力并坚持下去。
创新、探究和好奇心	学生考虑不同的观点，对差异持开放态度，在调查一个问题时使用不同的思维工具。例如，学生进行了一项关于艾滋病毒（HIV）在非洲传播的研究，并讨论了HIV与贫困、环境退化和气候变化的联系。
多样性	学生以不同的方式参与道德活动，并认识到每个人都是通过文化、语言和历史塑造的镜头来看待世界的。例如，学生思考新西兰白人、毛利人和亚洲人收集贝类的做法及从中体现的价值观。
公平	学生通过批判性地分析语言、社会实践、身份认同和不平等的关系来发展对公平和社会正义的理解。例如，学生通过调查T恤从种植棉花到销售的整个过程来思考公平贸易和使用童工的问题。
团体参与	学生通过参与社区活动来发展对公共利益的理解。例如，学生参加社区世界环境日期间的修复种植活动。
生态可持续性	学生考虑生态可持续性的方法和关心环境的意义与价值。例如，学生积极参与跟校园发展有关的生态可持续计划。
正直	学生在与他人以及与所有生物的互动中发展对正直的理解和欣赏。例如，学生制定一种公平和负责任的方法来处置那些乱扔垃圾的人，并建立惯例来防止他们在学校乱扔垃圾。
尊重	学生对尊重所有生物以及未来生物的重要性有更深刻的理解。例如，学生尊重人、财产和环境，并在他们参与的活动中表现出这一点。

与2015年提出的四个关键概念：可持续性（Sustainability）、公平（Equity）、相互依存（Interdependence）和行动的责任（Responsibility for action）相比 [2]，2022年

［1］　Ministry of Education. EfS and the values of the New Zealand Curriculum［EB/OL］.（2015-04-27）［2022-07-04］. https://seniorsecondary.tki.org.nz/Social-sciences/Education-for-sustainability/Connections/EfS-and-values-of-NZ-Curriculum.

［2］　Ministry of Education. Key Concepts［EB/OL］.（2015-04-30）［2022-07-04］. https://seniorsecondary.tki.org.nz/Social-sciences/Education-for-sustainability/Key-concepts.

新西兰可持续发展教育提出了五个关键概念：可持续性（Sustainability）、相互依存（Interdependence）、联系（Connectedness）、公平（Equity）和参与变革（Participation for change）[1]。"可持续性"是可持续性发展的基础概念。可持续发展要求人们在当前的需求和子孙后代的需求之间寻找平衡，思考人与环境之间的关系，并提出了"再生"的术语；"相互依存"是可持续发展教育的一个重要概念，体现新西兰可持续发展教育中人与生态相互影响的理念；"联系"也是可持续发展教育中的一个重要概念。在可持续发展教育中，学生可以探讨人与环境之间的联系；基于"公平"概念，新西兰可持续发展教育认为有关气候变化等可持续性问题并非孤立的社会问题，而是与价值观和制度相关。可持续发展教育认为人们需要争取更多的社会公平和环境正义以保护自然环境。通过可持续发展教育，学生能够从中了解和维护环境正义；在可持续发展教育下，学生不仅要了解有关环境保护和可持续性的价值观，还要将价值观落实在行动中，即"参与变革"。因此，可持续发展教育能够为学生提供条件，让学生将可持续发展问题和可持续发展价值观相联系，以具体的行动参与和应对可持续发展的现实挑战。

四、新西兰中小学核心价值观教育的实践方法

新西兰社会科学课程的课堂教学实践关注教师对学生价值澄清的引导，关注学生对具体情境中事物价值的探究。教师为学生搭建相应的框架，提供有效的工具，帮助学生培育价值观。

（一）基于价值澄清模式的对话教学

正如哈明（Harmin, M.）和西蒙（Simon, S.）所指出的，价值澄清模式的主要任务不是认同和传递"正确的"价值观，而是帮助儿童澄清其自身的价值观，以使儿童获得最好的、适合自身发展的价值观。同时，指导他们调整自身去适应不断变化的世界，以便能够在未来生活中扮演一个理智的角色。价值澄清可以被定义为一种方法，即利用问题和活动来评价的过程，帮助人们熟练地把评价过程应用到他们生活中价值丰富的

---

［1］ Ministry of Education. Key Concepts within Education for sustainability ［EB/OL］. （2022-04-22）
［2022-05-12］. https://nzcurriculum.tki.org.nz/Curriculum-resources/Education-for-sustainability/Why-EfS#collapsible3.

领域。[1] 价值澄清模式由四个基本要素构成：第一，关注生活；第二，接受他人；第三，激发进一步思考；第四，培养个体的能力。从新西兰价值观教育的案例来看，其主要从问题出发，教师指引学生站在他人的角度不断思考，最后得出结论并进行反思，较为明显地体现为价值澄清模式。[2]

在社会科学课程的学习中，教师通过对话引导学生关注场地和环境。这是因为价值观教育不同于一般的理论和知识教育，它由传统文化、现实问题和人文情感等多种因素组成，仅采用灌输式的传授方式，难以使学生切身感受价值观蕴含的态度和情感。与传统的灌输式教学相比，社会科学课程为了凸显价值观的情感认同，采用对话的教学模式进行价值观教育，通过师生间和学生间的语言符号进行互动和情感价值传递。学生在对话中不断提出问题、解决问题。教师以对话的形式协助和引导学生认识本国的价值观，反思并在理性和感性融合中构建正确的价值判断，使价值观教育"内化于心，外化于行"。基于价值澄清模式，新西兰以社会科学课程为载体，引导学生在价值澄清模式和对话教学方式中认同和维护新西兰价值观。

［案例］把我们的未来置于危险之中（Putting Our Future on the Line）[3]

基于新西兰对"资源管理、可持续性与承诺"的关注，教师想让学生了解当下人们管理资源的做法及其原因。学生通过了解、参与学校树木资源的管理，提高对新西兰资源管理和可持续性发展的意识。

老师要求昆顿（Quintin）和丽莎（Lisa）批判性地思考媒体提出的资源管理问题。

老师（阅读报纸摘录）："不管我们现在做什么，我们都在走向温室的未来"。你们对此有什么看法？

昆顿：是的，但是我们现在可以做些什么来减少伤害。

老师：我们正在做一些好的事，比如减少汽车排放的二氧化碳。但是新西兰的问题是如何减少我们所有动物的甲烷气体排放。而且我们必须这样做，因为新西兰已经签署了《京都议定书》。

丽莎：我听说政府想要对农民征收肠胃胀气税。

昆顿：农民不会感到生气吗？

---

［1］　刘济良. 价值观教育［M］. 北京：教育科学出版社，2007：173-174.

［2］　刘济良. 价值观教育［M］. 北京：教育科学出版社，2007：175.

［3］　案例内容来源于新西兰教育部官方网站。

丽莎：是的，他们不想付钱。

老师：你可能在电视上看到过，一些农民很不高兴，举行公众集会讨论税收问题。

托马斯（Thomas）：为什么不公平？他们的动物制造气体。

昆顿：是的，但是为什么农民要付钱呢？动物打嗝不是他们的错！

老师：这就是争论的重点。我们需要继续关注媒体和这场辩论。

接下来，昆顿和丽莎决定在他们的校园里开辟一块地方，学生可以在那里种树并参与管理。他们给园艺中心写信概述了为什么本地树木资源的管理很重要。通过探究，学生提出了人们需要谨慎管理资源的三个原因：一是人们今天的行为是不可持续的；二是人们可以帮助减缓全球变暖；三是人们需要树木来过健康的生活。同时，昆顿和丽莎展开了一系列调查行动。

第一步：识别问题。昆顿和丽莎通过调查发现社会问题。

第二步：理解问题。昆顿和丽莎讨论了全球变暖的原因。

第三步：生成解决方案。他们和班上的同学一起讨论可能的解决方案。

第四步：建立标准。昆顿和丽莎制定了行动标准。

第五步：反思和评估。昆顿在反思的同时，还决定实施另外一个可能的解决方案。

（二）基于具体文化语境的探究学习

人的价值判断是基于一定的情境所作出的。新西兰社会科学课堂十分关注具体文化情境中的学习。教师首先提出一个社会情境中值得思考的问题，引导学生进行思考，进而搜集资料、分析问题。学生在一次又一次的资料搜集过程中，逐渐明确自身的价值取向，更好地作出价值判断与选择，并以更加积极乐观的态度去面对生活。新西兰价值观教育十分注重传统文化的作用，这不仅是为了传承新西兰的文化，还能防止价值观教育走向情感主义和道德相对主义的道德无标准困境。在社会科学课程中，教师会以教学实例作为内容载体，将价值观教育融入特定的教学时段。

以下是教师鼓励学生从具体的文化语境中寻找和挖掘国家认同和多元文化的内涵与原因的案例。在该案例中，学生可以从特定文化语境了解某种价值观在新西兰的起源和发展，增强对核心价值观的认同和维护。

［案例］理解自我的关键（The Key to Me）[1]

在一次课程中，教师组织全班讨论了关于新西兰人身份和民族认同的观点。之后，教师把学生的想法写在卡片上，并使用维恩图作为辅助工具。经过进一步讨论，学生写下了他们对于民族认同和文化认同的定义。学生埃里哈佩蒂（Erihapeti）在头脑风暴中进行思考和整理，并展开调查。埃里哈佩蒂通过探究新西兰不同群体的角色与文化，逐步建立起自身对关于民族认同和多元文化的新西兰价值观的理解。埃里哈佩蒂认为新西兰的民族身份在变化，而人口流动及人群多样性是民族身份变化的原因之一。她还创建了一个概念网络：图像、食物、庆典、休闲、图标和语言。通过在具体文化情境中的探索和调查，埃里哈佩蒂展示了新西兰人的民族身份是如何通过人们对食物、图像、庆典、图标、生活方式、休闲活动和语言的共同理解来保持的。

以下是埃里哈佩蒂的探究过程。

第一步：建立问题。埃里哈佩蒂研究的问题是"是什么赋予了新西兰人的身份认同"，并提出了"语言、生活习惯、图标、庆典、食物、休闲活动"这几个想法。

第二步：收集信息。埃里哈佩蒂对她的同学进行了一项调查。

第三步：解释价值观立场。学生分享了他们的调查结果。调查结果显示了大家对国家认同的不同看法。他们讨论了这些价值观立场存在差异的原因。

第四步：举例说明。埃里哈佩蒂利用自己的调查结果和课堂讨论创建了一张概念图。

第五步：解释结果。埃里哈佩蒂和同伴讨论了人们对国家认同持有不同价值观的后果。他们认为，我们社会中日益多样化和多元文化的本质已经改变了新西兰的国家认同。

第六步：举例概括。埃里哈佩蒂在她的总结中概括了民族认同是如何发展的，"当来自不同文化的人移居新西兰时，他们会带来自己的习俗和传统"。

由此可见，多元文化和民族认同是新西兰核心价值观的重要组成部分。为了增强学生对于多元文化和民族认同的学习和理解，新西兰采用了具体文化语境和以自主探究为主的教学方法。基于具体文化语境，在课程中开展关于多元文化和民族认同的核心价值观教育是新西兰中小学核心价值观教育的重要内容，也是新西兰中小学核心价值观教育的特色之一。

---

[1]　案例内容来源于新西兰教育部官方网站。

（三）基于有效教学工具的问题学习

学生价值观的形成不是一蹴而就的，而是在一步一步的实践与反思中形成的。在培育学生价值观的过程中，新西兰教师为学生提供了一系列有效的学习支架，即教学工具。在教学工具的帮助下，抽象的价值概念变得具体、可操作，从而帮助学生了解和认同价值观教育的内容。有效的教学工具能够引导学生进行一系列的问题学习，从而培育学生的价值观。让学生更加直观地感受和理解新西兰的价值观，实现价值观教育目标。与直接传达价值观的概念和内容不同，教学工具以生动有趣的形式出现，例如"装满水桶"和"数字叙事"。这种与传统教学方式不同的教学工具改变了教学的全过程：首先，教师以教学工具引起学生对关于价值观教育内容的兴趣，具备了研究性学习的基础；其次，教学工具本身就是价值观教育内容的载体。在"装满水桶"的教学实例中，教师把"同理心"和"爱"这些与新西兰价值观有关的内容融入"装满水桶"中，原本对于学生而言抽象的、难以理解的价值观内容以显性的方式展示；最后，教学工具促进学生主动学习价值观教育内容。与传统的教师单一的"教"相比，教学工具可以增强学生的行动力，使学生在行动中亲身体验价值观的内容，感受价值观对自身带来的影响，从而将原本外在的、被动的教学内容转化成学生内在的、主动的学习内容，价值观教育的实效性得到提高。

［案例］利用探究螺旋，通过数字故事讲述发展学生的情商[1]

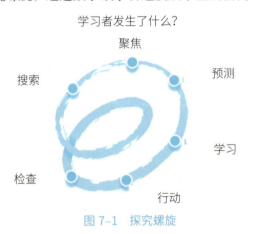

学习者发生了什么？

图 7-1　探究螺旋

弗朗西·格雷厄姆（Francis Graham）老师使用哈尔伯特（Halbert）和凯瑟（Kaser）的《探究螺旋》（*Spirals of Inquiry*）框架，探索一年级学生的同理心和情绪智力的发

---

[1]　案例内容来源于新西兰教育部官方网站。

展。作为利特尔顿小学专业学习和发展的一部分，弗朗西得到了外部的支持，在2014年进行了为期三个学期的螺旋式探究工作。在克赖斯特彻奇地震发生之后，利特尔顿主校小学与利特尔顿西校合并成立了利特尔顿小学。此后，弗朗西意识到学生发展情绪智力以应对焦虑、解决问题和掌握学习的重要性。

弗朗西有一种"预感"，她认为在教学项目中实施新西兰课程中特定的关键能力和价值观，将有助于缓解一些学生的焦虑。弗朗西特别关注两个关键能力：一是与他人互动；二是自我管理。

弗朗西为学生提供了讨论和描述关于操场和教室的"问题"（这些问题会令自己或他人感到不舒服）的机会。学生能够表达和探索由于这些问题而发生的相关感觉或情感。弗朗西被哈尔伯特和凯瑟的《探究螺旋》涉及的以及男孩们提出的众多问题震惊。讨论之后，学生们探索出建设性的、创新性的解决方案，这些方案可以更好地解决问题并有效地影响他人。同时，弗朗西使用"装满水桶（Bucket filling technique）"和"数字叙事（Digital storytelling）"作为教学工具以提高学生的自我意识，建立和改善人际关系。在这些教学工具的帮助下，学生的行动和语言的影响变得可视化。当学生发现并欣赏共情行为时，他们获得了处理问题的信心。

工具1：装满水桶

图7-2　装满水桶

首先，弗朗西阅读并分享了一本叫作《你今天装满了水桶吗？》的书——这本书是卡罗尔·麦克劳德（McCloud C.）在她的课堂上为孩子们编写的一份每日快乐指南。接着，教师弗朗西和学生共同探索了书中的一些概念，例如基于善良、欣赏和爱展现出的积极行为和同理心。同时，他们创建了一种以"装满水桶"作为形式的可视化教学工具，并以此共同开发了自我管理系统。每当有人经历或目睹友善或同情的行为时，他们就将冰棍放在自己或他人的水桶中。这使得学生能够认可他人的积极行为，反思自己的行为，形成对个人和群体更加积极的态度；同时，令学生产生超自然力量（mana and manaakitanga），建立解决问题的策略。

工具2：数字叙事

图 7-3　数字叙事

学生在大会上分享了通过创建数字故事来增加对他人同理心的经验。这些故事可供其他课堂教师与学生一起使用。通过分享关于装满水桶的数字故事，可以为家长和家庭提供一种新的、简单的通用语言，以讨论同理心、与他人的关系和自我管理。同时，父母也作为其中一个调查对象，以探索新的学习方法是否对家庭和学校都产生了影响。

（四）关注学生全面发展的教学策略

新西兰的社会科学课程教学充分体现了其核心价值观教育的过程与途径。除了基于价值澄清模式的对话教学、基于具体文化语境的探究学习和基于有效教学工具的问题学习之外，新西兰的社会科学课程还以学生全面发展为导向进行价值观教育，以价值观教育促进学生的全面发展，集知识、技能、情感和价值观于一体，提高学生的核心素养。从具体的实践案例中，可以看出其对支持性学习环境的关注，鼓励学生的反思与行动，不断在知识之间建立联系，并积极利用合作学习等形式促进学生学习。

1. 创造一个支持性的学习环境

学习离不开社会和文化背景。当学生感到自己被接纳，与同学和教师保持积极的关系，能够成为学习社区中活跃的、可见的成员时，他们的学习效果最好。因此，教师在教学中应提供一个支持性的学习环境，在关怀、包容、非歧视和团结的环境中与学生培养积极的关系。教师也应与更广泛的学校社区建立良好的关系，与家长合作。课堂文化存在于许多其他文化之中，包括更广泛的学校和当地社区的文化、学生的同伴文化和教师的专业文化。

2．鼓励反思和行动

当学生具备分辨信息、理性思考的能力时，学习是最有效的。反思型学习者吸收新知识，将其与已有知识联系起来，根据自己的目的加以调整，并将思想转化为行动。随着时间的推移，他们的创造力、对信息和想法进行批判性思考的能力以及元认知能力（即对自己的想法进行思考的能力）得到了发展。教师创设任务和机会、鼓励学生进行批判性思考，要求学生批判性地评价他们使用的材料，并考虑材料最初创建的目的，通过反思培养学生的批判性思维和创造性思维。

3．增强新知识的相关性

当学生明白他们所学的是什么、为什么要学习以及如何使用所学到的知识时，他们的学习效率最高。教师激发学生的好奇心，要求他们搜索相关的信息和想法，并挑战他们在新的环境或新的方式下应用他们的发现。教师寻找机会让学生直接参与跟自己学习相关的决策，让学生增强对决策的认同，并对自己的学习拥有更多的所有权。

五、新西兰中小学核心价值观教育的评价策略

新西兰核心价值观教育方式不同，对应的教育评价方式也不同。从跨学科角度来看，核心价值观教育渗透于不同学科的教学中，由此衍生出核心价值观教育的第一种评价方式，即在一般学科教学中关注学生主观体验、渗透价值观教育的学本评估。从学科角度来看，社会科学课程是新西兰核心价值观教育的主要课程，该课程的学习评价反映出新西兰核心价值观教育的评价取向与方法。

（一）尊重学生体验的学本评估（Assessment for learning）

新西兰的学校课堂设计了评估，使教学有意义。同时，关注学生的体验，满足学生的需求。学本评估是新西兰课程教学中的通用评估方式，它支持教师和学校领导在课堂上进行评估，体现学科渗透价值观教育的特点。学本评估使用了一系列方法，包括：日常活动，例如对话；教师在观察过程中做简单的心理笔记；学生自我评估和同伴评估；对学生作业的详细分析；评估工具可以是书面项目、结构化面试问题或教师自己编写的项目。对于教师来说，学本评估最重要的不是评估的形式，而是如何利用收集到的信息

改进教学。

学本评估强调学生的自我评估与他人评估。自我评估和他人评估的目的是帮助学生改进自我，使学生能够自信地独立评估自己和他人的进步，而不总是依靠教师进行判断。当进行自我评估和他人评估时，学生积极参与到学习过程中，独立性和积极性得到提高。学生可以看到自己的任务完成情况，并判断其反映目标或标准的程度，评估自己的工作质量，并进行相应的修改。有效的自我评估和他人评估需要以下条件：第一，可以清晰地展示正在学习的内容的范例；第二，在可管理学习部分建立明确和具体的成功标准；第三，为学生提供可以识别成功的机会和提升的空间；第四，为学生提供独立进步的机会。[1]

（二）走进儿童生活的学习故事（Learning Story）

学习故事是一种强调创造条件让幼儿充分开展自主活动、教师对幼儿进行叙事性评价的课程模式。[2] 一般而言，学习故事是在日常环境中对儿童学习行为的一种结构性的叙述观察，通过连续记录儿童在真实活动或情境中的行为来展示儿童的学习，包括儿童所在的周围环境的背景信息，和儿童累积的照片或者是一些小插图，采用质性的和解释性的方法对儿童的学习进行整体和全面的评价，呈现儿童学习的完整和连续画面，保持学习的复杂性，促进儿童的学习。[3] 新西兰教育部于2009年颁布的《叙事评估：教师指南》指出，一份完整的学习故事评价记录需要包含三大部分的内容，即背景信息、具体的学习故事、概括一段时间内关键能力的发展与有效教学法的反思。[4] 在学习故事法下，教师可以通过叙事对学生的表现及其反映的价值观进行观察和评价。

[1]　材料来源于新西兰教育部官方网站。

[2]　路奇. 新西兰"学习故事"经验对我国幼儿园贯彻《指南》的启示 [J]. 学前教育研究，2016（9）：70-72.

[3]　谢芬莲. 学习故事：新西兰儿童发展评价模式及其启示 [D]. 兰州：西北师范大学，2014.

[4]　汪萌，雷江华，苏慧. 新西兰学习故事法在融合教育学生学业评价中的应用与启示 [J]. 现代特殊教育，2021（13）：71-78.

六、新西兰中小学核心价值观教育的教师发展

在新西兰核心价值观教育中，教师的发展有着重要的地位。新西兰注重在教师职前教育中对其进行文化及价值观教育；提倡教师教学过程中"不教'种族主义'"，并关注教师在教学过程中对课程的研究。为了更好地开展新西兰中小学核心价值观教育以及促进教师价值观教育素养的发展，新西兰中小学核心价值观教育也提出了以"不教'种族主义'"为约束的教师职业原则、以教学法引领的在职教师价值观教育以及基于毛利文化教学的教师能力框架。

（一）以"不教'种族主义'"为约束的教师职业原则[1]

不教"种族主义"（Unteach Racism），旨在让教师职业能够就种族主义进行安全而富有成效的对话，从而加深对行为和实践的理解和改变。不教"种族主义"的提出，是为了消灭新西兰教育系统中仍然存在的种族偏见。新西兰教学委员会与人权委员会（HRC）合作，制定了与"对种族主义不给予任何帮助"运动相同的教育对策。"Unteach Racism"这一理念承认种族主义是后天习得的，因此可以被遗忘。它承认教师在解决这一挑战并鼓励其他人也这样做这方面所具有的独特地位。"不教'种族主义'"明确了教学中涉及的相关原则以及对教师教学提出了相应的要求与期待。

（1）承认种族主义是一个社会问题，而不仅仅是一个教育问题；

（2）承认种族主义影响许多群体，并对毛利人有重大的相关性和影响，如对tangata whenua（毛利语：大地原居民）的影响；

（3）以最佳实践为基础，乐观并着眼于未来；

（4）与《我们的准则、标准》（*Ngā Tikanga Matatika, Ngā Paerewa*）中设定的预期行为和实践保持一致；

（5）为教师提供有意义的方式来展示教师职业的价值；

（6）通过成长心态的视角来处理关于种族主义的令人不安的对话，为教师创造方法来承认并启动在他们的环境中解决种族主义问题；

（7）提高文化能力的可见性和内在重要性，以此作为教师技能的一个重要组成

---

［1］ 本内容来源于新西兰奥特罗阿数学委员会（Teaching Council of Aotearoa New Zealand）网站。

部分；

（8）与教学专业领导力战略的愿景一致，以建立有原则和鼓舞人心的领导力；建立一个具有文化能力、胜任能力和联系紧密的教学职业，为所有儿童和年轻人实现教育公平和卓越。

（二）以教学法引领的在职教师价值观教育 [1]

实施有效的教学方法要求教师通过探究了解自己的教学对学生的影响。教师在教学过程中不仅传授知识，而且要自问"我的学生在哪里，什么是重要的（因此值得花时间）""哪些策略（基于证据）最有可能帮助我的学生学习""教学的结果是什么，对未来的教学有什么影响"。教师教学的过程是不断思考的过程，是关注过去实践、关注学生体验、关注教育影响的过程。教师使用一系列评估方法，根据优先结果来调查教学的成功与否。他们在学习活动进行中以及长期序列或工作单元结束时这样做。然后他们分析和解释信息以考虑下一步应该做什么。在这个过程中，教师不仅仅要从知识和能力的角度出发思考教什么和如何教，还要重视教学的意义、影响以及背后隐含的价值观。在探究式教学中，教师可以提高自身对于"教学"的认识，从素养的层面开展教学活动，如图7-4所示。

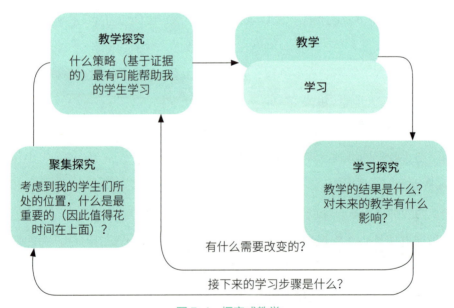

图 7-4　探究式教学

---

[1]　本内容来源于新西兰教育部官方网站。

（三）基于毛利文化教学的教师能力框架 [1]

为了推动毛利人的教育，新西兰制定了毛利学习者的教师能力框架。毛利学习者的教师能力是关于教师与毛利学习者以及他们的家庭和毛利部落的关系的。毛利学习者的教师能力框架专为早期儿童教育（Early Childhood Education，简称ECE）服务者和中小学教师设计，它将支持教师的工作，帮助毛利学习者开展个性化学习，以确保他们享受成功的教育。每种能力描述了教师在教学生涯中不同阶段的相关行为，以及对学习者和他们的家庭产生的结果可能是什么。教师需要确保他们具备目前水平的所有能力。具体而言，该能力框架包括以下五个方面：

（1）Wānanga：与学习者和社区一起为毛利学习者成就的利益进行积极对话。

（2）Whanaungatanga：积极与毛利学习者、家长、部落和毛利社区建立相互尊重的工作关系。

（3）Manaakitanga：对毛利信仰、语言和文化表现出正直、真诚和尊重。

（4）Tangata Whenuatanga：提供学习环境，确认毛利学习者和他们的家庭的语言、身份和文化。

（5）Ako：对自己的学习和毛利学习者的学习负责。

七、启示与借鉴

新西兰中小学核心价值观教育的兴起主要源于社会现实需要和现代性道德与价值危机。新西兰在经历价值观教育的形成时期和发展时期，解决了二元文化的冲突问题和道德相对主义带来的价值观危机，并逐渐与世界发展潮流相结合，走向了价值观教育的探索时期。从课程内容来看，新西兰价值观教育强化了与多领域的多维辐射与联结作用；从实践方法来看，新西兰价值观教育构建了独具特色的情境导向和实践导向的教学形式；从教学评价来看，新西兰价值观教育兼具价值理性和工具理性；从教师专业发展来看，新西兰价值观教育对于学生全面发展和教师专业发展也有重要的意义。基于此，新西兰价值观教育能够为我国发展和开展中小学社会主义核心价值观教育提供一定的启示。

---

[1] 本内容来源于新西兰奥特罗阿数学委员会（Teaching Council of Aotearoa New Zealand）网站。

（一）课程目标：价值观教育目标走向融合和多元

新西兰中小学核心价值观教育目标的设置具有较强的逻辑性，每一层级的目标设置都有其依据，既强调传承本土文化的使命，也关注现代社会发展的需要。在国家层面的目标设置上，新西兰承认社会存在共识的价值观目标，提出以公民教育作为主要的价值观教育目标。公民教育是新西兰核心价值观教育的主要内容，它的目标是结合当前新西兰发展前景培养具有社会公正价值观的一代新人。与国家层面的目标相似，民族层面的目标也属于宏观层面的目标。在新西兰多元文化并存的移民国家背景下，新西兰在民族层面设置的价值观教育目标与多元文化有关，从而构建了多元化的教育体系。基于国家层级、民族层级和个人层级的价值观目标，以学校课程为主要载体，新西兰中小学核心价值观教育列出了八大核心目标。因此，新西兰在学校价值观课程目标设置上既结合了本国国情的需要，也反映了社会各群体对于价值观教育目标的不同期望。这启迪我国的课程可以设置出兼具多维度与一致性的价值观教育目标。

（二）课程内容：价值观教育内容相互联结与辐射

新西兰的核心价值观教育不仅从个体的发展出发，更从国家和社会的发展出发，指出个体对于国家与社会的发展所产生的意义，更进一步培养学生作为一名社会公民的责任感和使命感。在个体的发展上，强调要培养个体与他人交往时的良好品质，也要有创造性思维的培养。当下，我们的价值观教育应当让学生更多地关注与自己生活息息相关的领域，关注与国家发展相关的领域，在不断思辨中寻找思路，培养对国家、对民族的责任感。从整体来看，新西兰价值观教育的课程内容有如下特点：第一，新西兰政府结合学生成长的特质和社会背景条件制定统一的价值观教育课程框架和标准，在一定程度上突破了过去道德相对主义和情感主义的困境，承认社会上存在一些公认的、普遍的价值观及教育标准。基于此，学校可以在课程标准下设计课程内容，以更好地培育和评价新西兰学生的价值观素养。第二，从价值观的内容来看，新西兰价值观的内容偏向概括性和抽象性，既能为以后价值观内容的调整留有余地，也能为学校开展价值观课程提供一定的设计空间。这启迪我国在推进社会主义核心价值观教育过程中应努力构建标准化内容框架。

（三）实践方法：以具体情境为指导，在实践中培育学生的价值观

新西兰的核心价值观教育关注情境中的价值判断与价值实践。无论是课堂教学还是课外实践，都将价值观落实到具体的问题情境之中，以问题激发学生思考，以一定的价值冲突引导学生澄清价值，在思考的过程中价值观不断形成与稳固。以社会科学课程为例，该课程中所提出的议题，都是社会的热点议题，也是具体情境中所产生的，而非"空中楼阁"。在这样的价值观教育下，学生的洞察力和公民责任感进一步增强。值得一提的是，虽然从小学到中学，价值观的议题呈由浅至深的趋势，但是在教学过程中，无论是小学生还是中学生，都拥有项目实践与探究的机会。换言之，无论内容如何变化，学生价值观形成所需要的过程是不可或缺的。参考新西兰价值观教育的思路，我国价值观教育的形式应进一步丰富，教师应尽可能多地给学生思考的空间，并为学生提供实践的空间与指引，让学生真正走进社会生活，了解社会，在具体情境中培育价值观。

（四）教育评价：以学生为中心，以标准为指引

新西兰价值观教育的评价，并非注重量化的评价，而更关注学生的体验与学生的发展情况。从整体来看，新西兰价值观教育的评价有如下特点：首先，关注学生的需求。以社会科学课程的测试为例，该课程均以主题式的议题引发学生的思考，从学生的主观表达中了解学生的价值观情况。议题依据该年龄段学生的认知发展水平确定。同时新西兰价值观的评价还注重学生的自我反思以及同伴的总结，学生既在自己的认知世界中反省与学习，又在学习共同体的组织中学习与成长。新西兰价值观教育评价中，有效评价工具的开发亦值得我们学习。教师应适当给予学生有效的工具，如学习反思的支架。只有指明道路，学生才能大步向前。其次，结合社会的需求。新西兰的价值观教育评价遵循国家设置课程标准的导向，设置了价值观教育评价标准。鉴于此，我国也可适当借鉴新西兰价值观教育的经验，开发出结合学生需求和社会需求的评价标准，提升价值观教育的成效。

（五）教师专业发展：结合毛利传统和现代社会的特质

为了迎接未来的挑战，新西兰在中小学核心价值观教育方面倾注了大量心血，培育学生的核心价值观，促进学生认同和践行核心价值观。新西兰除了重视教育目标、教育内容、实践方法和评价方式的发展外，还关注作为教学主体之一的教师的专业发展。新

西兰在开展中小学价值观教育的同时，也在促进教师价值观素养的提升。在价值观教育的背景下，新西兰的教师专业发展具有如下特点：一是以先进的教学法提升教师的价值观教育素养。新西兰课程倡导探究式教学方法，[1] 教师可以结合具体教学情境，在教学过程中不断探究、反思和行动，在提升教学能力的同时实现教师专业发展。二是深度结合本土毛利文化，关注毛利人的需求。新西兰结合毛利人的文化制定了毛利学习者的教师文化能力框架。[2] 该能力框架考虑到新西兰多元文化的背景以及价值观，专门结合毛利人文化及特点制定。这启迪我们促进教育专业发展对深化社会主义核心价值观的教育是十分关键的，我国应进一步加强教师价值观教育素养的提升。

---

[1] 本内容来源于新西兰教育部官方网站。

[2] 本内容来源于新西兰奥特罗阿数学委员会（Teaching Council of Aotearoa New Zealand）网站。

第八章

新加坡
中小学核心价值观教育

Singapore

一、新加坡中小学核心价值观教育的历史演进

新加坡中小学核心价值观教育的发展源于新加坡移民国家的历史。新加坡独立之后面临移民社会、西方价值观侵入、种族冲突等问题。由此，新加坡针对不同时期的社会需求开展价值观教育，并最终熔铸成独具特色的新加坡价值观文化。研究新加坡核心价值观教育的历史背景，有助于我们以广阔的视野和宏观的视域，了解新加坡核心价值观教育的缘起，在历史和现实的观照中厘清新加坡核心价值观教育的发展脉络。

（一）新加坡核心价值观教育——"国家认同感"阶段（1965—1978年）

1. 殖民地史造成新加坡长期缺乏高度的国家认同感

新加坡开埠两百余年，但是其中受殖民统治的时间长达140年。新加坡曾先后沦为英国、日本的殖民地，实现独立自治后，新加坡政府考虑到本国自然资源缺乏，无法作为一个独立的政治体生存下去，于是在1963年选择加入马来西亚联邦，并把马来西亚语定为唯一的母语。1965年，新加坡又被迫退出联邦，成为独立的主权国家。复杂的历史角色转换使新加坡经历了不同的制度、文化环境以及机制体系。恩格斯曾指出："随着每一次社会制度的巨大历史变革，人们的观点和观念也会发生变革。"[1] 为了适应国家发展的现实需求，新加坡迫切需要从国家层面构建属于自己的国家认同。

2. 新加坡是特殊的移民国家，国民缺乏国家认同感和归属感

新加坡作为一个移民国家，人民也具有双重性这一典型特征。新加坡长期被殖民统治，它的人口来自世界各地，有着不同的文化背景、宗教信仰和价值观念。建国后，这一情况也没有得到好转，来自中国、印度、马来半岛和印度尼西亚等地的移民，他们并没有褪去自己传统的乡土情怀。各民族之间，由种族、宗教、风俗和利益造成的种族隔阂并没有因为国家独立而消失。这些来自不同国家和地区的移民仅仅把新加坡当成谋生地，对国家的归属感和认同感很弱。

3. 新加坡"国家认同感"教育的实施

基于新加坡的殖民地史和移民社会造成的特殊国情，自人民行动党政府上台执政之后，政府大力发展教育。学校不仅仅传授学科知识，还向受教育者反复灌输国家价值

---

[1] 陈延斌，周斌. 国外核心价值观的凝练及其启示 [J]. 马克思主义研究，2012（10）：136-143.

观和爱国主义价值观。基于此，政府开始构建能够支撑价值观教育的教育体制，例如，制定学校共同的教学大纲和课程表、编写属于自己的教材、培养本国的教师、编制统一的考试标准。通过这种统一的教育，新加坡建立起共同的政治、经济和社会的价值取向。[1] 在政治上，政府还规定了一些国家礼仪，例如，中小学校学生每周都要举行升旗仪式，在学生幼小的心中注入神圣的爱国情怀。此外，还要求中小学生在国旗下宣誓，"我们是新加坡公民，我们宣誓：不分种族、语言、宗教，团结一致，建设一个公正平等的民主社会，为了实现国家的幸福、繁荣与进步，共同努力"[2]。在这样的显性和隐性的教育下，新加坡凝聚社会全体人员的共识，逐步建立起国民的国家认同感。

（二）新加坡核心价值观教育——"儒家文化价值观教育"阶段（1980—1990 年）

新加坡在独立自治后，全面开放政策，追求经济和社会的快速发展。在这一时期引入西方先进的科学技术、管理模式甚至价值观念，对新加坡的社会文化带来了很大的冲击，引发了巨大的社会变化。首先是国民行为方式的变化。伴随着西方科学技术的引进和价值观念的渗透，国家意识受到冲击，文化失根，道德滑坡，个人主义和享乐主义盛行。到20世纪80年代，在新加坡政府看来，新加坡已经出现了很多"伪西方绅士"，他们的生活方式和价值观念都在很大程度上西方化了。[3] 其次是家庭观念和模式的改变。随着西方文化的渗透，新加坡传统的三代同堂家庭模式逐渐淡化。年轻人不愿意和老人生活在一起。家庭观念淡化，离婚率上升。这些现象令政府担忧。政府认为，青年一代的个人责任、社会责任都在淡化，最后会导致个人主义的蔓延。20世纪80年代以来，新加坡国家领导人和官方媒体经常批评年轻一代为"丑陋的新加坡人"，认为他们"只求享乐不求进步"，胸无大志，他们读书和工作不是想着为社会和国家作出什么贡献，而是为了让自己更富有。

西方文化的渗透给新加坡带来了一系列社会问题，加上当时儒家文化的国际地位逐步提升，新加坡政府认识到，在以华人为主的新加坡社会，要建立国家共同价值观，不

---

[1] 李路曲，肖榕. 新加坡熔铸共同价值观："移民国家"的立国之本［M］. 长沙：湖南人民出版社，2016：6.

[2] 吴兴福. 德育整合新论［M］. 西安：电子科学技术出版社，2008：13.

[3] 李路曲，肖榕. 新加坡熔铸共同价值观："移民国家"的立国之本［M］. 长沙：湖南人民出版社，2016：19.

能忽视中国的儒家思想。

　　基于上述情况，新加坡开始把儒家文化纳入学校课程，把儒家伦理编成教材，并在学校正式开设"儒家伦理"课程。1979年，新加坡开始计划教育改革，提出了道德教育改革方案。1980年，新加坡教育部对全国中小学道德教育进行评估，同年，成立"儒家伦理编写组"，为中学生编写儒家教材和培养师资；同时邀请杜维明等八位著名儒家学者到新加坡进行指导、演讲和讨论，编写供中学生使用的《儒家伦理课本》以及相关辅助读本。[1] 1982年，政府宣布从1984年起在中学三、四年级的道德教育必修课程中增设"儒家伦理"课程，并把"仁、智、勇、义、礼、信"确定为中学"儒家伦理"课的重要内容，培养学生儒家伦理价值观念，使他们成为既有远大理想又有高尚情操的社会有用之才。[2] 新加坡这一时期通过推行"儒家文化价值观"进行核心价值观的教育，对新加坡政治经济秩序稳定起到重要作用，也为全社会普遍接受"共同价值观"奠定了思想基础。

（三）新加坡核心价值观教育——"共同价值观教育"阶段（1990年至今）

　　为了应对西方文化侵入的挑战以及弥补儒家文化的不足，新加坡政府在社会和价值体系急剧变迁的现代化进程中，意识到必须确立一种有别于传统文化价值观的现代价值体系，既要保留传统文化的精髓，又要把现代因素融入进去。

　　1990年，新加坡政府提出了"一个种族、一个国家、一个新加坡"的口号。1991年1月15日，国会正式批准了《共同价值观白皮书》，对"共同价值观"进行了最完整、最准确的官方解释。《共同价值观白皮书》指出：作为年轻的国家，各族人民仍未形成共同文化，如果我们不采取任何步骤来发展共同价值观，那就无法增强国家认同感。于是政府提出人们普遍可以接受的五个共同价值观："国家至上，社会为先"（Nation Before Community and Society Above Self）；"家庭为根，社会为本"（Family as the Basic Unit of Society）；"社会关怀，尊重个人"（Community Support and Respect for the Individual）；"协商共识，避免冲突"（Consensus，not Conflict）；"种族和谐，宗教宽容"（Racial and Religious Harmony）。

［1］　李路曲，肖榕. 新加坡熔铸共同价值观："移民国家"的立国之本［M］. 长沙：湖南人民出版社，2016：26.

［2］　同上.

新加坡共同价值观是新加坡融合东西方文化，弭除种族差异所形成的一种国家意识，是根据现代社会的发展而对儒家思想进行时代诠释之后的成果，其核心精神在于通过家庭、社团、种族、宗教之间和谐稳定的关系来维系和巩固国家与社会的安定团结和发展局面。可以说，这一共同价值观的确立，成为新加坡人国家认同的价值基础。

二、新加坡中小学核心价值观教育的目标分析 [1]

作为移民国家，新加坡始终重视公民的核心价值观教育。在国家层面，新加坡确立了六大核心价值理念：①新加坡是我们的祖国，我们生活的地方；②我们必须维系种族和宗教的和谐；③我们必须任人唯贤，避免营私舞弊；④我们必须自力更生；⑤我们必须靠自己的力量捍卫新加坡；⑥我们对未来充满自信。

把核心价值观落实到中小学，是新加坡基础教育的核心工作。基于此，新加坡通过设置品格与公民教育课程来推进价值观教育的落实。具体而言，其价值观教育目标体现在《品格与公民教育课程标准（小学）》［2014 *Character and Citizenship Education（Primary）-English*］、《品格与公民教育课程标准（中学）》［（2014 *Character and Citizenship Education（Secondary）-English*］和《网络健康教学大纲（中学）》［2014 *Syllabus Cyber Wellness（Secondary）*］这三个文件中。总的来说，新加坡中小学核心价值观教育的目标体现为两个层面：宏观层面的核心素养；微观层面的具体课程目标。

（一）21世纪核心素养体系中的核心价值观目标

进入21世纪，世界各国都面临着价值冲突与人才竞争的挑战。在此背景下，2014年，新加坡教育部在原有的《理想的教育目标》（*The Desired Outcomes of Education*）的基础上，提出《21世纪学生核心素养新框架》（*new framework for 21st century competencies and student outcomes*），目标是将学生培养为自信的人、自主学习者、积极贡献者和热心公民。围绕上述教育目标，新加坡构建了以价值观素养为内核，以社交与情绪素养为中环，以信息沟通、批判与创新思维等21世纪特殊素养为外环的核心素养体系，如图8-1所示，具体的核心素养框架及指标内涵见表8-1。

---

［1］ 本章节内容来源于新加坡官网，对品格与公民教育课程内容的整理。

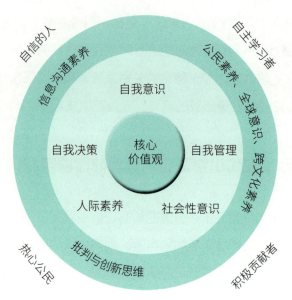

图 8-1　新加坡的理想教育目标体系

表8-1　新加坡学生核心素养框架及指标内涵

维度	一级指标	内涵
价值观素养	尊重	相信自身价值和所有人的内在价值并表示尊重。
	责任	意识到对自身、对家庭、对社群、对国家和整个世界的责任，并用自己的爱和承诺履行这份责任。
	正义	支持并拥护道德原则并有道德和勇气站出来支持正义。
	关怀	在日常活动中具有仁慈和怜悯之心，为建构更好的社群和世界作出贡献。
	坚毅	面对挑战时具有坚韧不屈的毅力，显示出勇气、乐观、适应力和机智。
	和谐	促进社会的和谐，欣赏多元社会中的同一和差别。
社交与情绪素养	自我意识	知道自己的情绪、优点、倾向、短处。
	自我管理	有效管理自己的情绪，自我激励，克己自律，有很强的目标意识和组织能力。
	社会性意识	准确辨别不同的观点，识别和欣赏差异，尊重他人。
	人际素养	通过有效交流建立和维持健康且有益的关系，与他人一起工作解决问题并向他人提供帮助。
	自我决策	适时地识别和分析所处的情境，能基于个人的、道德的和伦理的考虑反思所作决策。

（续上表）

维度	一级指标	内涵
21世纪特殊素养	公民素养、全球意识、跨文化素养	有更宽泛的视野，具备和不同文化背景的人一起工作和生活的能力，具有不同的观念和观点。年轻人应具备民族意识，为自己是新加坡人而感到骄傲，并努力为这个民族作出自己的贡献。
	批判与创新思维	能批判地思考，评估并作出决策。具备学习和探索的欲望，打破固定思维模式，不怕犯错，面对挑战时能无所畏惧，勇往直前。
	信息沟通素养	具有信息筛选能力和辨别能力，保护自己免受有害信息的伤害，在网络空间践行伦理准则，并能有效地传达观点。

从表8-1中可以看到，尊重、责任、正义、关怀、坚毅、和谐是新加坡核心价值观教育中的重要内容。随后，新加坡将这六大核心价值观素养转换为品格与公民教育课程的学习成果要求（如表8-2所示）。

表8-2 《品格与公民教育》学习成果要求

学习成果	具体要求
学习成果1	具有自我意识，并运用自我管理技能实现个人福祉和提升效率。
学习成果2	为人正直，并以道德伦理为依据作出负责任的决定。
学习成果3	具有社会意识，并运用人际沟通技巧建立和维持相互尊重的良好关系。
学习成果4	具有坚韧不屈的毅力，并有能力把挑战转为机遇。
学习成果5	为身为新加坡人感到自豪，对新加坡充满归属感，并致力于国家建设。
学习成果6	珍惜新加坡多元文化的社会特性，并促进社会凝聚力与和谐。
学习成果7	关怀他人，并积极为社区和国家繁荣发展作出贡献。
学习成果8	身为一名负责任的公民，及时对社区、国家和全球性问题进行反思并作出回应。

如表8-2所示，学生在品格与公民教育课程中应达成的学习目标包含了六大核心价值观素养。其中，学习成果1~4列明了个人层面的品格塑造，并融合了社交与情绪管理技能；学习成果5~8强调遵循21世纪公民教育的重要原则，并包含了公民的基本属性，包括身份认知、文化自觉及参与社区活动的积极性等。

（二）品格与公民教育课程的核心价值观目标

新加坡品格与公民教育课程在设计具体化核心价值观教育目标时，参照了一定的逻辑框架。围绕价值观的形成，新加坡提出了身份认同（Identity）、人际关系（Relationships）、选择（Choices）三个核心概念。首先，身份认同。身份认同感与个人的价值观和信念有关，能让人清楚了解自己的长处、短处以及独特性。[1] 研究显示，一个人所秉持的价值观会影响个人的决心，因此价值观的形成有助于加强身份认同感。其次，人际关系。人际关系能帮助儿童确立他们在社群中的身份与志向，并让他们了解自己对周围人的重要性。社会建构主义主张，认知能力的发展源于与他人的互动。此外，社会环境对儿童的发展也产生深远的影响。在儿童的眼里，世界是由各种不同的关系组成的，而这些关系将影响他们智、群、情、体、德各方面的发展。在童年的中期和后期，儿童为他人设想的能力提高，并形成同理心，这是他们与他人互动的基础。最后，选择。一个人所作的选择反映了他的品格及价值观，也直接影响他的行为。学生需要有一套价值观帮助他们作出选择，并了解为什么有些选择是对的，有些是错的。选择能帮助学生把价值观付诸行动，即使是在面对压力和考验时，也能做出他们认为正确的事。

从本质上看，身份认同、人际关系与选择紧密联系，相互影响。同时，三大概念需以价值观为基础，帮助学生培养好品格，在放眼世界之际能够心系祖国。据此，课程标准确立了如下总目标：

（1）学生必须对自己的身份有所认知，才能以积极的态度与人交往。

（2）学生所建立的人际关系有助于他们塑造自己的身份，并影响他们的选择。

（3）具备作出正确选择的能力，将对学生的身份认知与所建立的人际关系产生影响。

以上三大概念需要学生认识的关键点不同：

关于身份认同，学生要知晓身份认同具有复杂性，且影响个人观点和人际关系的建立。

关于人际关系，学生必须知晓，人际关系是生活的根本，且这种关系会随着时间的推移而发生变化。

---

[1]　MARCIA J E.Development and validation of ego identity status［M］. Journal of Personality and Social Psychology，1966：551-558.

关于选择，学生必须知晓，选择塑造品格，也影响着自己和他人。

围绕三大概念，《品德与公民教育》进一步确立了以"关键问题"为主线，以个人、家庭、学校、社区、国家、世界为六个层面的，全面而系统的课程目标体系（见表8-3）。

表8-3　《品德与公民教育》中不同层面的课程目标体系

层面		关键性问题		
		身份认同	人际关系	选择
个人	自我肯定与提升	我和别人有什么相同之处？我和别人有什么不同之处？	我的自我概念和自我管理方式如何影响我与他人的关系？	我的选择如何让自己和他人受益？
家庭	加强家庭凝聚力	我在家中的身份是什么？	我要如何与家人建立和保持良好的关系？	我的言行举止如何影响家人和自己？
学校	建立正面良好的友谊和培养团队精神	在别人的心目中，我是一个怎样的朋友？我们在团队工作中的角色是什么？	谁是我的朋友？我们要如何融洽地相处？	我希望从友谊中得到什么？我们要如何善用自己的长处共同建立一个团队？
社区	了解我们的社区，建设一个具包容性的社会	具包容性的社会对我们的意义是什么？	在一个具包容性的社会里，我们如何互相了解与沟通？	在建设具包容性的社会的过程中，我们的角色是什么？
国家	建立国家认同感，重视国家建设	新加坡人有什么特质？	与他人的关系对国家的建设有什么助益？	我们如何体现奉献精神，为新加坡的安定与繁荣尽一份力？
世界	心系祖国，放眼世界	我们要如何在全球化的世界里做一个积极的公民？	我们要如何在一个全球化的世界里与他人进行交流？	我们应该如何善用自己的长处和能力来应对全球化世界的需求？

在这个统一的课程目标体系指引下，各学段又根据学生的身心发展规律和特点，设置了相应的价值观教育目标（如表8-4所示）。

表8-4　不同学段的价值观教育目标

目标	内容（小学）	小一至小二	小三至小四	小五至小六	内容（中学）	S1—S2	S3—S5
个人层面价值观教育目标	对自己的身心健康负责	√	√	√	对自己的身心健康负责	√	√
	对自己所作的决定负责	√	√	√	对自己所作的决定负责	√	√
	尊重自己	√	√	√	尊重自己	√	√
	发挥坚毅不屈的精神，展现坚强的意志力	√	√	√	面对挑战发挥坚毅不屈的精神，展现坚强的意志力	√	√
家庭层面价值观教育目标	在家庭中体现责任感	√	√	√	在家庭中体现责任感	√	√
	体现关爱，顾及家人的想法、感受和需要	√	√	√	体现关爱，顾及家人的想法、感受和需要	√	√
	维系家庭和谐	√	√	√	维系家庭和谐	√	√
	尊重家人	√	√	√	尊重家人	√	√
学校层面价值观教育目标	尊重他人	√	√	√	尊重朋友	√	√
	对所做的事情负责任	√	√	√	对自己的身心健康负责	√	√
	对他人负责	√	√	√	对自己所作的决定负责	√	√
	以坚强的意志力应对挑战，体现坚毅不屈的精神		√	√	对朋友负责	√	√
	为人正直，体现道德勇气，伸张正义		√	√	以坚强的意志力应对挑战，体现坚毅不屈的精神	√	√
	体现关爱，顾及他人的想法、感受和需要	√	√	√	为人正直，体现道德勇气，伸张正义	√	√
	—				体现关爱，顾及他人的想法、感受和需要	√	√
	—				与他人和谐相处	√	√
社区层面价值观教育目标	尊重新加坡多元文化的饮食与文化节日	√	√	√	尊重其他社会文化群体的习俗和行为	√	√
	尊重新加坡的宗教节日与宗教场所	√	√	√	关心他人的感受和需求	√	√
	尊重不同社会与文化群体的饮食习惯和各自的宗教圣书	√	√	√	将帮助他人视为责任	√	√

中小学核心价值观教育的国际比较研究　　　　234

（续上表）

目标	内容（小学）	小一至小二	小三至小四	小五至小六	内容（中学）	S1—S2	S3—S5
社区层面价值观教育目标	体现关爱，顾及他人的感受和需要	√	√	√	与来自不同社会文化群体的人和睦相处	√	√
	与他人和谐相处	√	√	√	—		
国家层面价值观教育目标	关爱新加坡	√	√	√	关爱新加坡	√	√
	忠诚于新加坡	√	√	√	尊重我们共有的国家认同感	√	√
	对新加坡有责任感	√	√	√	支持全面防卫，体现坚毅不屈的精神	√	√
	尊重人民共有的国家认同感	√	√	√	对新加坡有责任感	√	√
	履行公民责任，关心国家大事		√	√	—		
	支持全面防卫，体现坚毅不屈的精神			√	—		
世界层面价值观教育目标	尊重他人			√	尊重他人	√	√
	帮助他人，体现责任感			√	帮助他人，体现责任感	√	√
	体现关爱，顾及他人的想法、感受和需要			√	体现关爱他人，顾及他人的想法、感受和需要	√	√
	—				把了解全球问题视为公民责任	√	√

从表8-4的对比中我们不难发现，小学和中学在个人层面的价值观教育目标基本一致。然而，随着学生年龄的增长以及认知发展水平的提高，小学高年级以及中学在国家层面和世界层面尤其是世界层面的价值观教育要求明显提高。这符合学生的价值观学习机制和发展规律，具有一定的科学性。

（三）信息时代的特殊价值观教育目标

迈入信息时代，融入虚拟生活的网络社会，冲击了旧有的价值体系，学生也因此面临着各种挑战，包括统一价值世界的崩溃。"世界陷入多元图式，价值领域分而不合。

公共领域消遁了终极、崇高的价值祈望，价值观成为私人事务。"[1] 基于此，新加坡专门为学生开设了网络健康教育课程，它着眼于培养学生在使用互联网时所应具备的积极的身心健康状态。

为此，新加坡教育部提出了网络健康教育的课程目标框架（如图8-2所示），它强调培养学生在互联网中保护自己的能力，并赋予学生在网络空间中维护自己幸福的权利。同时也强调了指导学生行动的两个原则，描述了探索健康网络问题的三个步骤，并鼓励学校与家长合作，在学生中促进网络健康。这一目标框架为各中学进一步规划网络健康教育提供了支撑。

感觉

网络健康教育原则

尊重自我与他人
安全和负责任地使用网络

行动

思考

图 8-2　网络健康教育课程目标

如图8-2所示，这个课程目标框架明确了网络健康教育的两方面目标：第一，在网上尊重自我与他人。具体来说，既要求学生能在网上维护自己的尊严（例如，避免浏览不合适的网站和参与非法的网上活动），又能尊重他人（例如，避免未经许可使用他人的作品，避免发表伤害他人的不良材料）；第二，安全和负责任地使用网络。具体而言，要求学生做到以下两点：第一，了解有害和非法在线行为的风险，并学习如何保护自己，避免网络使用可能带来的风险；第二，评估他们在线时的行为后果，并作出负责任的选择来保护自己和社区（例如，不要花过多的时间在网上聊天或玩游戏，并向可信的成人/当局报告网络欺凌的受害者）。

课程目标框架还根据学生在网络社会中生活的基本过程提出了三个环节的具体目标，以供教师更有效地分析、批判以及指导学生健康地进行网络生活。这一目标体系包

---

[1]　王葎. 价值观教育的合法性［M］. 北京：北京师范大学出版社，2009：3.

括"感觉""思考""行动"三个环节。"感觉"指的是学生能够在网上"感知"有害行为的风险，并学习如何管理这些风险以及保护自己免遭危险；"思考"指的是为了培养学生应对网络空间新情况的能力，为学生提供分析、评估和思考网络健康问题的机会；"行动"指的是学生应该最终将自己的理解转化为行动，确保自己使用网络时的安全。

综上，新加坡的中小学核心价值观教育始终围绕培养学生尊重、责任、正义、关怀、坚毅、和谐六大核心价值观素养而展开，通过品格与公民教育、网络健康教育等课程目标，转化为学习成果和具体的课程目标，形成了三大概念、六个层面的系统化目标体系，特色鲜明。

三、新加坡中小学核心价值观教育的内容透视 [1]

新加坡中小学核心价值观教育主要依托品格与公民教育课程来展开。依据课程标准，新加坡又专门开发了相应的教材。教材是课程内容的核心载体，基于此，本部分着重对新加坡小学一至六年级《品格与公民教育》（*Character and Citizenship Education*，简称CCE）教材进行深度分析，以期了解新加坡中小学核心价值观的课程内容及构成。

（一）主题驱动的核心价值观教育内容体系

"价值观教育的实质，在于引导人们进入自主的价值思维和价值评价状态，教育人们从现有的观念出发而超离现有的观念，以反思活动解除现存理论的束缚。" [2] 基于此，新加坡的CCE教材，以能够激活师生讨论、生生交流的主题来编写，真正实现主题驱动式的核心价值观教育。以一至六年级教材为例，其核心目标均是以主题形式呈现的（见表8-5）。

---

[1] 本章节的内容来源于对新加坡《品格与公民教育》一至六年级小学教材分析。

[2] 王荨. 价值观教育的合法性［M］. 北京：北京师范大学出版社，2009：22.

表8-5　《品格与公民教育》一至六年级的核心主题

一、二年级主题	三、四年级主题	五、六年级主题
1. 我的新世界	1. 新热点	1. 我们的领导者
2. 自力更生	2. 更强大的我	2. 我在岛上的家
3. 快乐的交流	3. 我们是朋友	3. 援助之手
4. 我们充满活力的岛	4. 我属于哪里	4. 一个屋檐下
5. 我们一起关心	5. 轮到我们了	5. 走向全球
	6. 为学校发光	6. 站得高

不难发现，新加坡CCE教材中的主题设置具有以下特征：第一，两个年级共用同一主题，保证价值观教育的连贯性和有效性；第二，主题的选择基本上都是第一人称视角，凸显了学生在价值观学习中的主体性；第三，随着学段的提高，主题的选择和设计也逐渐从个体层面走向了国家乃至世界层面，符合学生身心发展的规律。

围绕主题进一步细化（见表8-6、8-7、8-8）可以发现，即便是相同主题的相邻年级，其具体的小主题又会根据学生年龄特点和生活情境进一步深化。例如在一、二年级都是以"我的新世界"为主题。但是，一年级强调坚毅不屈的精神，而二年级则更强调责任感。又如，在"快乐的交流"这一主题中，一年级第一课是"我有不同的感受"，而二年级进阶为"我们懂得欣赏"。从表达自己感受到能够尊重和欣赏彼此，这本身就是一种道德价值观的发展。可以说，教材在围绕主题进行编写的时候，既考虑到了相近年龄段的共同点，又兼顾不同年级学生的差异点，遵循螺旋上升的课程组织结构予以呈现。

表8-6　小学一、二年级的教育主题及其价值观目标

年级	一年级		二年级	
主题	内容	价值观	内容	价值观
1. 我的新世界	第一课：新的开始	坚毅不屈	第一课：我会更好	负责任
	第二课：让我们做朋友	尊重、关爱	第二课：我必须记住	负责任、和谐
	第三课：了解更多的你	尊重、和谐	第三课：让我们谈谈！	尊重、和谐
	西蒙叔叔说：了解更多的你	坚毅不屈	第四课：我现在更有责任感了！	负责任

年级	一年级		二年级	
主题	内容	价值观	内容	价值观
1．我的新世界	—	—	西蒙叔叔说：托马斯·爱迪生和灯泡	坚毅不屈
2．自力更生	第一课：我很擅长……	尊重	第一课：我们在一起更强大	负责任
	第二课：让我们尽自己的一份力	负责任	第二课：先做重要的事儿	负责任
	第三课：我的假期时间表	负责任	第三课：红、黄、绿色	负责任、坚毅不屈
	第四课：我是一个负责的孩子	负责任	第四课：我们多多在一起	关爱、和谐
	西蒙叔叔说：狮子和老鼠	尊重	西蒙叔叔说：乌鸦和水罐	坚毅不屈
3．快乐的交流	第一课：我有不同的感受	关爱	第一课：我们懂得欣赏	关爱
	第二课：我可以快乐	负责任、坚毅不屈	第二课：我们的名字	尊重、关爱
	第三课：我先听后说	尊重、关爱	第三课：我们是朋友	和谐
	第四课：让我们尊重地说	尊重	西蒙叔叔说：大萝卜的故事	关爱
	第五课：幸福的家庭	关心	—	—
	第六课：我是一个好邻居	尊重、关心、和谐	—	—
	西蒙叔叔说：两只顽固的山羊	尊重	—	—
4．我们充满活力地的岛	第一课：欢乐的场合	尊重	第一课：尊重同学	尊重
	第二课：让我们一起庆祝一下	尊重	第二课：我们的节日	和谐
	第三课：我是新加坡人	尊重	第三课：让我们玩！	尊重
	西蒙叔叔说：清艺游行的起源	关心、尊重	第四课：好吃！好吃！	尊重
	—	—	西蒙叔叔说：咖喱鱼头的起源	和谐

（续上表）

年级	一年级		二年级	
主题	内容	价值观	内容	价值观
5．我们一起关心	第一课：我关心我的家庭	尊重	第一课：停止	尊重、关爱
	第二课：说不！	尊重	第二课：艾米的新朋友	正直
	第三课：我就在那	关心	第三课：我们赛跑吧	尊重、关爱
	西蒙叔叔说：三只小猪	坚毅不屈	第四课：巨人	关爱
	—	—	西蒙叔叔说：狗和它的倒影	关爱

表8-7　小学三、四年级的教育主题及其价值观目标

年级	三年级		四年级	
主题	内容	价值观	内容	价值观
1．新热点	第一课：展翅高飞	坚毅不屈	第一课：我是一个负责任的领导！	负责任
	第二课：我一定会成功！	坚毅不屈	第二课：做正确的事	正直
	第三课：我会照顾你的！	坚毅不屈	第三课：改变和选择	负责任、关爱
	西蒙叔叔说："V"字天空	负责任	西蒙叔叔说：值得信赖的牧童	负责任
2．更强大的我	第一课：我是一个好学的人	坚毅不屈	第一课：农夫的驴子	负责任、坚毅不屈
	第二课：理财之道！	负责任	第二课："勇士"	坚毅不屈
	西蒙叔叔说：牛奶桶里的青蛙	坚毅不屈	西蒙叔叔说：罗伯特·布鲁斯和蜘蛛	坚毅不屈
3．我们是朋友	第一课：做一个好朋友	尊重	第一课：嬉皮士的误解	和谐
	第二课：为我加油！	关爱	第二课：团结起来收获更多	负责任
	第三课：巩固我的友谊	和谐	西蒙叔叔说：团结就是力量	负责任
	西蒙叔叔说：鸽子和捕鸟人	关爱	—	—

年级	三年级			四年级	
主题	内容	价值观		内容	价值观
4. 我属于哪里	第一课：一个美好的婚礼	尊重、和谐		第一课：和谐一体	和谐
	第二课：我们新加坡的记忆	尊重、和谐		第二课：回忆过去	和谐
	第三课：我们的学习之旅	尊重、和谐		西蒙叔叔说：一个独特的空间	和谐
	西蒙叔叔说：慈善之父	关爱		—	—
5. 轮到我们了	第一课：让我们保持教室清洁	关爱		第一课：感恩日	关爱
	第二课：我的学校，一个令人愉快的地方	关爱		第二课：阿里夫的新朋友	关爱
	第三课：在学校关心其他人	关爱		第三课：你会关心吗？	负责任
	西蒙叔叔说：约翰尼苹果的故事	负责任		第四课：我只是一只小蚂蚁	负责任
	—	—		西蒙叔叔说：平民王子	关爱、尊重
6. 为学校发光	第一课：角色嗡嗡声	负责任		第一课：我们是星星	负责任
	第二课：我们的学习目标	负责任		第二课：玩得好，玩得公平	正直
	西蒙叔叔说：长跑	坚毅不屈		西蒙叔叔说：有裂缝的罐子	负责任

表8-8　小学五、六年级的教育主题及其价值观目标

年级	五年级			六年级	
主题	内容	价值观		内容	价值观
1. 我们的领导	第一课：选择领袖	自我尊重		第一课：诚信领导	正直、负责任
	第二课：实现你的目标	负责任		第二课：胡萝卜、鸡蛋和咖啡豆	坚毅不屈
	第三课：奥鲁巴什的使命	正直		西蒙叔叔说：皇帝和种子	正直、负责任
	西蒙叔叔说：炮火下的勇气	正直、负责任		—	—

年级	五年级		六年级	
主题	内容	价值观	内容	价值观
2. 我在岛上的家	第一课：成为一个积极的公民	关爱	第一课：我关心我的国家	关爱
	第二课：新加坡，我的祖国	尊重、负责任	西蒙叔叔说：携手抗击非典	关爱、负责任
	第三课：发生了什么事？	关爱、负责任	第二课：机器人的星球	尊重
	西蒙叔叔说：我们的公园连接器	关爱、负责任	—	—
3. 援助之手	第一课：当一个好朋友	关爱	第一课：我也可以做我的部分！	关爱
	第二课：请用我	关爱	第二课：每一次的努力都很重要！	关爱
	第三课：回忆之路	和谐	第三课：我们没有什么不同	关爱
	西蒙叔叔说：石头汤	关爱	西蒙叔叔说：发自内心的分享	关爱、尊重
4. 一个屋檐下	第一课：我的家庭	关爱、尊重	第一课：尊重差异	尊重
	第二课：多样性中的统一	和谐	第二课：宗教和谐	和谐
	西蒙叔叔说：我们的"五美元树"	关爱、尊重、负责任	西蒙叔叔说：关于"五美元树"的故事	和谐
	第三课：节日展览馆	和谐	—	—
	第四课：欢迎来到新加坡	尊重	—	—
5. 走向全球	第一课：努力不嫌小	负责任	第一课：伸出援助之手	关爱
	西蒙叔叔说：盲人还有大象	负责任	第二课：心连心	尊重
	—	—	西蒙叔叔说：飞鹰行动	关爱、尊重
6. 站得高	第一课：善良的言语，善良的行为	尊重	第一课：在变革时期具有适应力	坚毅不屈、负责任
	第二课：我的家庭，我的世界	关爱	西蒙叔叔说：我们每个人的美	自我尊重
	西蒙叔叔说：爱和牺牲	关爱	第二课：相信自己	自我尊重

（二）情境导向的核心价值观教育内容体系

随着核心素养为本的课程改革在世界范围内的兴起，新加坡的核心价值观教育也开始重视素养导向的教学，十分强调真实情境的设置与大概念的设计。

情境导向的价值观教育内容在教材中主要遵循以下逻辑：进入价值观形成的情境场域—进入关系场域展开反思与讨论—进入行动场域开展行动探索。为了能够提供符合价值观反思与讨论的主题，教材首先设置了相应的情境。事实上，课程标准根据不同的学段以及六个不同的层次，给出了与之相关的十分详尽的情境建议（见表8-9）。从情境列表中，我们能够发现课程标准中的情境符合学生年龄特点和真实生活状况，这就为教师开展教学提供了十分有效的参考。例如，一、二年级的主题1是"我的新世界"，为契合这一主题，教材将情境设置为新生开学，为开展相应的价值观教育做好了场域铺垫。

进入情境场域后，教材围绕六大主要关系开展分析与活动设计。以学生与自我、朋友、家长、学校、社区、国家、世界等六大主要关系，尤其是与自我的关系，围绕认知自我、审视自我和管理自我，不断推进学生对价值观的反思和澄清，并通过每个关系下的身份认同、人际关系、选择三大概念和关键问题来进行反思与讨论。

基于反思与讨论的结果，最后进入行动场域，围绕具体的主题活动推进学生的行动。

表8-9　各年级价值观教育可选择的情境一览表

维度	小一至小二	小三至小四	小五至小六	S1—S2	S3—S5
个人层面价值观教育	适应开学第一天的变化；适应常规照顾自己，不依赖父母；学习新科目；结交新朋友。	接受班级人数增加；适应新的班级；学习新科目；自己正式考试；参加课内辅助活动；选择课内辅导活动；参加课内辅导活动时间规划；管理家钱与保管住家钥匙；平安上学与回家；网上交友；体验生理变化。	成为领袖参加小六会考；选择中学；面对挫折与阻碍。	适应我在中学的第一天；适应新学校和班级；管理新科目；准备参加测试和考试，照顾好自己的身心健康；应对挫折；选择科目组合；准备参加夏令营；选择一个CCA（课余活动）；承诺建立一个CCA；探索我的兴趣；储存和消费；乘坐公共交通；平衡学习和娱乐的时间。	适应我的新班级；管理新科目；思考毕业后的生活，平衡娱乐和学习的时间；照顾好自己的身心健康；应对挫折；规划职业生涯；助力我信仰的事业。
家庭层面价值观教育	整理自己的睡床；向家人问安；保持读书角落干净；用餐后清理碗盘。	帮忙做家务；与家人共度时光；与兄弟姐妹相处；在家庭庆祝活动中帮忙。	与家人共度时光；照顾家庭成员；主动与家人一同筹划和欢庆特别的日子。	在家与他人交流；参加家庭郊游；管理家庭事务；照顾兄弟姐妹；为父母跑腿。	和家人共度美好时光；发起和组织家庭郊游；和父母一起作决定；照顾家人的身心健康；在节日和庆典期间探亲。
学校层面价值观教育	结交新朋友；面对欺凌与嘲笑；与同侪的沟通和互动；参与学校活动。	帮助朋友；成为领袖；应对欺凌；与人合作；参加课内辅导活动；参与"德育在行动"活动；面对同辈压力；与朋友发生矛擦。	通过社交媒体结识朋友；在网络上与他人沟通；应对网络欺凌；面对失败；参加学习之旅；为学弟学妹树立好榜样；成为学弟学妹的伙伴；计划与组织学校活动。	参加新生训练；体验同辈压力；处理学校里欺凌和戏弄的问题；在线与他人互动；进行团队讨论；参与CCA；参与CIA（行动价值观计划）；参加学习之旅；参加比赛；参与学校庆祝活动。	体验同辈压力；应对压力和挫折；帮助朋友；男女关系；线下与网友互动；在网上表达观点；代表学校参加比赛；成为一个领导人；组织、领导参加VIA（价值观行动）；参与学习旅程。

维度	小一至小二	小三至小四	小五至小六	S1—S2	S3—S5
社区层面价值观教育	与其他种族的朋友进行沟通；参与种族和谐日。	结识社会中的各类人士；参加学习之旅；参与种族和谐日。	参与"德育在行动"活动，包括保护环境和动物；参加学习之旅；参与种族和谐日。	参加VIA，包括关爱和保护动物的行为；参加学习之旅；参与社区活动；参与交换计划或实地考察；参与种族和谐日。	与来自不同国家和拥有不同文化背景的学生见面；参与学习之旅；组织和参与社区活动；发起、组织和参与VIA，包括关爱环境和动物；组织及参与交换计划或实地考察；参与种族和谐日。
国家层面价值观教育	参加升旗礼；参与校内全面防卫日活动；庆祝国庆日。	参与校内全面防卫日活动；庆祝国庆日。	参与校内全面防卫日活动；出席国庆国民教育演出；庆祝国庆日；参与交流活动或实地学习活动。	纪念全面防御日；参加国庆庆典活动；参加VIA；参与交换考察交流；讨论时事。	纪念全面防御日；组织并参加国庆庆典活动；讨论时事；讨论预算演讲、国庆集会演讲及议会会议；发起、组织并参与VIA；组参与交换计划或实地考察。
世界层面价值观教育	—	—	庆祝国际友谊日；通过参加"德育在行动"活动，学会珍惜他人；参与交流活动或实地学习活动。	参加VIA，包括关爱环境和动物；参加交换项目或者实地考察；参与国际友谊日活动。	发起、组织并参与VIA，包括关爱环境和动物；组织和参与交换计划或实地考察；参与国际友谊日活动。

基于课标中所提供的适合各学段和各个层面的情境，教材依据主题设计了艾米、魏玲、阿里夫、安班等角色，并围绕这四个主角在学校、家庭、社区等切实可能发生的生活情境而展开编写。例如，一年级第一课设置小学一年级学生刚入学对校园环境感到陌生以及迷路的情境，指导学生如何更好地适应新生活。同时，通过具体情境来设置问题，让学生更好地融入情境并且模拟自己的做法。通过真实情境，教师可以更好地实施价值观教育，让学生获得真实的体验并在日常生活中培育核心价值观。

（三）融入家庭教育的核心价值观教育内容体系

新加坡《品格与公民教育》教材设置了一个特别的模块，叫作"家庭时间"（Family Time）。"生活总是先于价值判断、先于分析、先于思辨而存在的，也正是生活成全了理解。"[1] 而家庭生活占据了中小学生的主要时间。因此，在课程内容中融入家庭教育是非常有必要的。价值观教育既是持久的，也是全面而系统的。决不能学校教育做一套，回到家又是另外一套。因此，家校共育的价值观教育是新加坡本轮课程改革中特别强调和凸显的。

审视教材不难发现，"家庭时间"模块的设计，有利于促进家长参与学生的成长和教育，特别是参与学生价值观教育。例如，四年级的主题"更强大的我"中的第一课，以《农夫的驴子》的故事来引导学生开展价值观探讨（如图8-3所示）。

图8-3　四年级《农夫的驴子》(1)

[1]　刘济良. 价值观教育［M］. 北京：教育科学出版社，2007：116.

图8-3　四年级《农夫的驴子》(2)

　　这节课的内容融入"家庭时间"模块，就转化为给家长的家庭教育指导，鼓励亲子共学，建立家庭教育板块。如图8-4"家庭时间"以亲子共学的方式，鼓励孩子以坚强的态度面对困难，肯定孩子用不同的方式克服困难，帮助家长更好指导孩子面对困难、挑战困难。

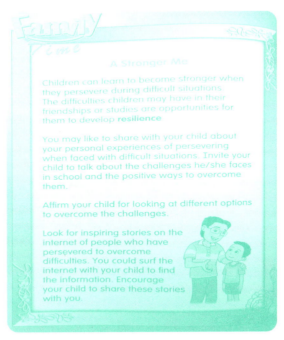

图8-4　四年级"家庭时间"

　　又如，在《新的开始》一课中，"家庭时间"模块要求父母给孩子讲讲《我的学生时代》。这一活动的设计大大增强了亲子交流、沟通和互动，既有利于促进良好亲子关系的建立，更引导父母将自身优秀经验和品格、价值观提炼并传递给子女。

通过上面的例子，我们能够看到，新加坡中小学核心价值观教育特别强调家校共育，将学校教育内容及时转化为家庭教育中的亲子活动，如父母给孩子讲自己的故事和经历，和孩子一起上网查找资料，与孩子共同学习和分享等。这些活动对于促进亲子关系和加强价值观教育都是十分重要且有效的。此外，家庭"教育时间"模块中还融入了家庭教育指导的相关内容，引导家长更好地进行家庭教育。可以说，营造家校协同共育的环境，才能真正地让价值观教育从学校走入生活，让学生在生活中形成牢固的价值观。

四、新加坡中小学核心价值观教育的实践方法

从新加坡的品格与公民教育课程中不难发现，学习是一个持续的过程，通过学生在现实情境的各种场域中的经验得以实现。这些经验是教师根据学生的需求和兴趣进行微调的，并通过与现实世界的真实和有意义的联系来实现学习效率最大化。因此，通过品格与公民教育课程中的原则与方法，我们能总结出新加坡中小学核心价值观教育的原则与方法，这些原则与方法都非常注重学生的学习过程，强调以学生为中心开展价值观教育。

著名的法国学习科学研究者焦尔当认为："只有学习者个人才能进行学习，别人不能取而代之。"[1] 因此，价值观的教学也必须是基于学生的学习来设计的。目前来看，新加坡的中小学校主要鼓励采用的价值观教育原则与方法有以下几种。

（一）价值观教育的原则

教师在确定有效教学实践的过程中，必须考虑关键教学原则和方法的相互作用，并为课堂内外的学习经历选择适当的策略。参照新加坡教师实践（Singapore Teachers'Practice）以及社会情绪学习（Social Emotional Learning），《品格与公民教育》借鉴了有效且关键的教学原则，分别是：

1. 构建积极的学习关系

积极的师生和生生关系是通过建立让学生能够感到被接受、安全的环境来实现的。

---

[1]　焦尔当. 学习的本质［M］. 杭零，译. 上海：华东师范大学出版社，2015：15.

通过提供社会和情感的支持，学生们更愿意回应让他们表达自己想法和相互对话的教学实践。同时，学生也能够获得全班同学的不同经验和观点，通过合作，全面掌握自己的学习。基于此，教师通过建立基于情感支持的学习环境，进而构建积极的学习关系，是《品格与公民教育》教学的基本原则。

2. 理智决策

当学生通过提出关键问题，并与他们内化的先前知识、概念和想法建立联系，用于处理自己的情绪，理解新的知识时，就会发生学习。通过这个过程他们能够在参与的学习任务中找到相关性、意义和目的。有效的《品格与公民教育》学习经验为学生提供了思考、对话、反思、合理化和表达他们的观点、情绪、选择和行动的机会。为了促进《品格与公民教育》中的这一感知过程，教师识别和了解学生的学习需求、先前的知识和经验，并使用最能支持他们性格发展的教学和学习策略。因此，教师需要通过作出理智的决策来进行教学实践，通过理性的判断，为学生在价值观教育课程中的学习提供保障。

3. 元认知与深度学习

深度学习对人类来说是很自然的事，因为它与一个人的核心动机相联系，加深了一个人与他人联系和做好事的愿望。为此，教师应设计启发思考的场景和问题，并尊重学生的意见。元认知策略被应用到学习上，可以使学生的思维清晰可见，引导学生进行高质量的反思，促进深度学习和内化。深度学习体现在行动的动机上，并使之产生积极的变化。基于此，教师在进行《品格与公民教育》教学的过程中，会采用元认知的教学策略和深度学习的原则，从而保证价值观教育的深刻性。

（二）价值观教育的方法

1. 叙事法

叙事法是建构主义理论指导下的教学法。建构主义教育法强调学习者通过与世界的互动和与他人的讨论来建构对现实的表述。因此，学习者被鼓励探索他们的世界，在实践中学习，以不同的方式看待事物，与他人讨论世界观，从而根据这些经验不断改变他们对世界的理解，塑造属于学习者自身的信念与价值观。我们与世界的许多接触都不是直接的，我们对某一事件的认识和解释是通过与他人的反思而构建的。建构主义教育以儿童为中心，关注儿童的独特经验、能力和洞察力。运用叙事法，学生将一个情况视为一个整体，然后探索其部分，它强调的是发现学习。

在品格与公民教育课程中，教师所采用的叙事法主要通过故事或故事的构建帮助学生理解世界和他们的经历。叙事的方式让学生能够更深刻地理解现实生活中的道德困境。通过故事，学生们可以了解到影响决策的因素，同时学会在不同的环境下作出决策，并知道行动的后果。学生通过听故事和反思的过程，认识和澄清个人价值观。当构建个人叙事和聆听他人的叙事时，学生会在教师的指引下塑造个人的信仰和价值观。叙事法要求开放性提问、澄清、总结，鼓励学生在分享表达的基础上，在相互回应中发出声音。学生可以从各民族不同文化的故事中，欣赏人类的共同品质。

例如"西蒙叔叔说"这一板块。以二年级主题"我的新世界"中的"西蒙叔叔说"《托马斯·爱迪生和灯泡》为例。

图 8-5　二年级"西蒙叔叔说"《托马斯·爱迪生和灯泡》

通过以上课程内容，我们可以发现，新加坡的《品格与公民教育》中的叙事法主要以故事情境为主，通过故事的方式，为学生树立正确导向的价值观念。

2. 显性技能教学法

显性技能教学法是一组研究性的教学行为，强调教学的设计。教师通过清晰的语言和明确的目的、减少认知负荷等方式，为有效学习提供必要的支持。教师要求学生频繁地作出不同的反应，并辅以适当的肯定性和纠正性反馈，进而促进学生积极参与，同时使用有目的的实践策略来帮助学生长期保持参与积极性。[1] 显性教学法主要由五个关键部分组成：一是细化复杂的技能；二是通过示范/思考—朗读，吸引学生注意内容的重要特征；三是通过使用系统的提示来促进学生参与；四是为学生提供回应和接受反馈的机会；五是创造有目的的实践机会。除了这五个关键部分，还包括七个结构性部分：选择关键内容、按逻辑顺序排列技能、确保学生拥有先决技能和知识、提供明确的学习目标和期望、提出典型或非典型的例子、保持轻快的节奏、为帮助学生建构知识提供信息。

新加坡《品格与公民教育》中教师使用的显性技能教学法对于社会和情感技能的教学非常重要。它的特点是有一系列的支架，在学习过程中引导学生明确学习特定社会情感新技能的目的和理由，清楚地解释和演示将要学习的技能，并在反馈的支持下进行练习，直到能够独立掌握新技能。帮助学生学习、练习和内化这些技能的一个重要策略是角色扮演，让学生从他人角度出发，针对不同场景作出适当反应。

显性技能教学法在《品格与公民教育》中的应用主要体现在一些技巧方法上面。例如，三年级主题"我们是朋友"第三课《巩固我的友谊》（如图8-6所示），体现了教师通过对话帮助学生掌握巩固友谊的小技巧。

图8-6 三年级《巩固我的友谊》（1）

［1］ HUGHES C A, MORRIS J R, THERRIEN W J, et al.Explicit instruction: Historical and contemporary contexts［J］. Learning Disabilities Research&Practice, 2017，32（3）：140−148.

图 8-6　三年级《巩固我的友谊》(2)

通过以上课程内容我们发现，新加坡《品格与公民教育》中的显性技能教学法以传授学生技能为主，通过清晰的语言和正确的引导，帮助学生提升情感技能进而建立正确的价值观念。

3. 体验式学习法

体验式学习法是基于体验式学习理论（又叫经验学习理论）而产生的教学法。体验式学习理论是一种动态的学习观点，它是一个由双重辩证法所驱动的，包含行动、反思、经验和抽象环节的学习过程。体验式学习理论借鉴了20世纪著名学者杜威、皮亚杰、维果斯基、罗杰斯等人的成果，创造了一个动态的、整体的经验学习过程模型。体验式学习法在《品格与公民教育》中主要表现为让学生通过体验真实的情境进行价值观塑造，通过体验式学习进行体验、观察、反思与应用。这种教学法为学生创造经验、提供平台，让他们对自己的价值观及想法进行反思。学生在现实中应用所学到的知识和技能，不但能深化个人的价值观，还能够促进日后进一步把所学知识和技能应用在不同的情境中。例如，二年级主题"我的新世界"第二课《我必须记住》。

不难发现，体验式学习法能让学生在精神世界中寻求正确的价值观念，使内心作出正确的价值判断，促进学生内心世界的发展，同时使学生具备自我教育和自我反思的意识和能力，以及社会情感发展的能力。这是学生面向未来世界难能可贵的核心品质，也是价值观教育的重要目标。

图 8-7 二年级《我必须记住》

4. 认知发展方法

这种方法以劳伦斯-科尔伯格的道德发展理论为基础，[1] 利用道德困境让学生运用道德推理来检查自我动机，并考虑个人在作决定和采取行动时选择坚持的价值观和原则。这个过程的目的是让学生从以自我为中心的角度发展到道德发展的更高阶段，关注社会性和普遍性的观点。

---

[1] NARVAEZ D.How cognitive and neurobiological sciences inform values education for creatures like us［M］// Values education and lifelong learning.Springer, Dordrecht, 2007：127−146.

科尔伯格认为，道德判断是沿着三个层次、六个发展阶段连续发展的。各阶段描述了个体在通过道德困境进行推理时所使用的思维结构。科尔伯格的道德推理理论是发展的，各个阶段以不变的顺序展开。学生的学习总是从第一阶段到第二阶段再到第三阶段，以此类推。他们不会跳过阶段学习，也不会打乱顺序地完成阶段学习。

新加坡《品格与公民教育》中，一、二年级学生追求奖励，有个人主义的观念。他们可能会通过交换利益来满足自己的需要。小学三至五年级学生的推理能力已达到常规的第三阶段，他们通过善待和关心对他们重要的人来获得认可。小学六年级至中学二年级学生的推理能力达到常规的第四阶段，他们视权利为履行自己的义务，遵守法律来维护整个社会。中学三年级至中学五年级学生的推理能力达到第五和第六阶段。他们能够维护基本权利、价值观和法律。他们能够坚持更高的社会承诺，并表现出有原则的道德推理。科尔伯格的道德推理水平作为品格与公民教育的教学策略之一，用于处理造成道德困境的生活经验。教师可以使用有争议的道德困境引发学生讨论，在课堂上了解学生的想法。然后采取下一步行动，以帮助学生发展更成熟的道德推理。在道德讨论中，教师可以通过提问来促使学生提高自我意识，鼓励学生从以自我为中心的视角转向以他为中心的视角。以三年级主题"新热点"的第三课《我会照顾你的》为例。

图 8-8　三年级《我会照顾你的》(1)

图8-8　三年级《我会照顾你的》(2)

不难发现，在《品格与公民教育》中，教师通过道德认知教学法，鼓励学生针对现实或假设性的道德两难情境作出回应，并根据科尔伯格的道德论证阶段性特点衡量学生的回应。整个学习过程促使学生反思他们行为背后的动机，提升他们的自我意识。教师在判断学生处于哪一个发展阶段后可通过提问的方式，澄清学生的价值观水平，培养学生对人和事物的敏感性，然后引导学生作出正确的决定，从而帮助学生逐步从以个人为先的层次提升至以社会和世界为先的层次。

5. 设身处地考虑法

设身处地考虑法是英国著名教育家彼得·麦克菲尔和其同事共同创造的一种把学生的道德情感置于价值观教育中心位置的教育模式。该模式吸收了罗杰斯、马斯洛等人的人本主义哲学、心理学思想，并以为理论基础。[1]

例如，一年级主题"快乐的交流"中第一课《我有不同的感受》：我们可以发现，设身处地考虑法的重点是通过建立认知和情感上的同理心来培养学生的关爱倾向。这种方法的关键提问是："如果你在这种情况下，或者如果你是那个人，你会有什么感觉、想法或行动？"通过提问引导学生思考自己的决定和行动对他人的影响，从而作出道德决定。教师帮助学生采用他人的观点，了解他人的想法和感受，并对特定情况形成中立的看法。通过这种方式，学生不仅发展了同理心，还学会了关心他人。

---

[1]　刘济良. 价值观教育［M］. 北京：教育科学出版社，2007：187.

图8-9　一年级《我有不同的感受》

五、新加坡中小学核心价值观教育的评价策略

作为教育教学实践中的重要一环，评估是不可或缺的。建构主义理论主张，为了提高学生在学习过程中的参与度，学生应该参与学习的评估过程。因此，新加坡的品格与公民教育课程倡导采用促进学习的评估方式，给予学生及时和全面的反馈，激发他们积极实现自己设定的价值观目标。价值观作为一种内隐的意识、思想，始终是难以评估的。对此新加坡推崇"以生为本、全校参与"的评估理念。所谓以生为本，即强调以学生为中心，使用多样化的工具和策略进行真实性评估活动。既使学生保持兴趣，又有助

于教师深入了解学生的学习情况。全校参与，即鼓励对学生的价值观评估应该包括三个维度：自我评估、同侪评估以及教师评估。

（一）自我评估

自我评估是学生自己对自己进行评价的一种方式，也是评估中的一个重要环节。它给予学习者自主选择权，使他们学会自我反思和独立作主。自我评估鼓励学生对学习进行反思，并努力争取进步。学生主要通过反思和日记两种方式进行自我评估。可以看出，自我评估的主观性很强，需要学生对自己有清楚的认知，才能够准确地评价自己，因此，新加坡的品格与公民教育课程用行为指标、评价量表等工具辅助学生进行自我评估。自我评估最大的优点是充分发挥学生的主动性，可有效增强学生的价值观教育意识，进而提升价值观教育的有效性。

（二）同侪评估

同侪评估是形成性评价的一种。学生学会彼此给予反馈，学会考虑他人的感受，并以非批判性的方式与同侪沟通。这是新加坡最希望学生掌握的21世纪重要技能，不仅使学生之间互相了解与评价，而且能够培养学生的社会情感能力。学生之间采取互相提问、互相观察、合作学习等方式进行评价。学生可使用行为指标、评价量表等工具进行同侪评估。同侪评估属于过程性评价，也表现出一定的特点：在价值取向上，同侪评估虽然对学习过程有一定的关注，实际上还是属于目标取向，评价的是一个较短时间阶段的学习效果与教育教学目标的一致程度；在评价内容上，同侪评估虽也列出情意领域的教育目标，但这类学习的结果是渗透在学习过程中的，没有对应的评价方法。

（三）教师评估

教师评估是品格与公民教育课程中最重要的评价，采取持续综合评价的方法，涵盖与学生发展相关活动的各个方面。它强调认知与情感的双重目标，例如评估的连续性和全面评估学习成果，涵盖了学生的相关领域，即认知、情感和心理运动领域。教师评估本质上是综合性的，因为它用于评估各种学习成果，如认识、理解、应用、分析和创造，还用于评估学习者在认知、情感和心理运动这三个领域的进步，而传统的评估系统仅限于认知领域。

教师评估属于持续性综合评价，下面主要从评估的性质、目的、类型、整合课堂评估和教学四个方面来介绍。

1. 教师评估的性质

鼓励学生保持积极的态度，强调教师作出客观的评价，这是一个持续评估学生是否沿着教育目标发展变化的过程。

2. 教师评估的目的

试图减少学生对考试和评估的恐惧和焦虑，降低辍学率。教师更多地关注学生学习而不是考试，有助于学生的全面发展。品格与公民教育课程促使学生身体健康、精神警觉、情绪平衡和社会适应，为适应未来生活做好准备。让学生有更多时间来发展自己的兴趣、爱好和个性，从而优化他们的学习环境。同时，为学生提供生活技能，特别是创造性和批判性思维技能、社交技能和应对技能，这将有助于他们日后面对激烈的竞争环境。

3. 教师评估类型

新加坡使用定量课堂评估来评估学生的学习情况，如传统的纸笔考试，并将评估结果报告为成绩或资格。课堂评估以帮助学生提高学习效率为中心，同时探索各种评估策略。然而，允许教师收集信息的评估通过传统的方法难以获得，但它对于支持学习过程至关重要。

同时，课堂评估是互动教学过程中不可或缺的一部分（如图9-10所示），是一个持续的过程。教师通过该过程收集有关学生学习的信息以支持教学。评估可为教师及时反馈学生在学习中存在哪些差距，应该采取怎样的措施来消除这些差距。

图 8-10　课堂评估

4. 整合课堂评估和教学

在新加坡，教师将评估融入课堂的演讲和活动中。例如，教师可以看到学生如何解

决问题，并让他们解释解决问题的策略。教师还让学生参与评估自己的工作，并请他们反思自己的学习，包括他们认为可以或应该做些什么来改进学习。

教师不断地向学生提出问题，鼓励他们根据已有的知识进行学习。这种动态问答使教师能够纠正误解或强化好的想法。教师在课堂上为这种动态问答预留了大量时间，让学生形成自己的想法，交流、分享想法和倾听他人的想法。通过这个过程，学生学会表达想法，并加深了他们的理解，增强了自信心。

六、新加坡中小学核心价值观教育的教师发展

新加坡的教师教育发展历程大致可以归纳为四个阶段：生存驱动、效率驱动、能力驱动以及价值观驱动。2011年，随着新加坡教育改革领导者对价值观的愈加重视，教师教育也正式转向以价值观驱动、以学生为中心的阶段，将"性格发展"置于教育系统的核心。进入此阶段，政府明确教师有向每个学生传递正确核心价值观的义务和责任，并鼓励教师连接社区，从而为学生的学习创造一个整体生态。总的来说，立足"21世纪的学习者需要21世纪的教师"的根本理念，中小学教师的价值观教育迅速得到发展，形成了以VBE（Values Basic Education）为核心的师范生价值观教育与以 V^3SK（Values^3 Skill Knowledge）模式为核心的职后教师价值观教育两大体系。

（一）基于VBE的师范生价值观教育

在一个不断变化的世界里，教育如何能使我们的孩子不仅能够满足今天的要求，而且能够满足未来的要求？有人认为，教师教育是一个起点。因此，人们呼吁对教师教育进行改革，以培养能够满足21世纪学习者需求的师范生。然而，在所有对教师教育改革的要求中，诚信、尊重、关怀和责任等价值观在社会发展的任何阶段都受到高度重视。同时，选择的能力、批判性思考的能力和作出合理决定的能力也永不过时。因此，教师教育需要培养有思想、有反思、有探究、有正确社会价值观的专业教师。[1]

---

［1］ LIU W C, KOH C, CHUA B L.Developing thinking teachers through learning portfolios［M］. Teacher Education in the 21st Century. Springer. Singapore: 2017：173−192.

培养师范生的价值观被认为是教师教育的一个重要作用。[1]新加坡的教师教育模式采用了价值观驱动的范式，注重师范生的价值观、知识和技能的综合发展。[2]可以说，价值观的发展不能是教育的一个附加特征，理应是教育过程中固有的特征。

　　教师的价值观比学生的价值观具有更深层的含义，是一套被认为是积极的、适当的、复杂的美德或品质，以及将这些美德或品质传达给学生的行为所内含的情感、态度和取向。如果师范生无法在未来的课堂教学中开展融入价值观的教育教学，那么所谓的有效公民教育也将沦为空谈。因此，对师范生开展价值观教育，显得关键而重要。

　　在此背景下，新加坡教育部与南洋理工大学教育学院合作，创建了价值观基础教育VBE项目，并在南洋理工大学开始试点。VBE包括三门核心课程，即美兰蒂项目（Meranti Project），团体服务学习（GESL）以及新加坡万花筒（SGK）。新加坡国立教育学院（NIE）努力将正规课程和服务学习等体验式学习纳入教师教育课程，以促进价值观的形成。新加坡国立教育学院（NIE）的所有师范生都参加了两个核心必修课程：团体服务学习和美兰蒂项目。

　　其中，"美兰蒂项目"围绕"我自己"展开，旨在培养一个人的抗压能力、自我意识、肯定和个人动机。通过美兰蒂项目，师范生能够学会理解关怀、信任和友善，学习尊重他人，包容多样性。项目促进师范生发展更好的自我意识；明确他们在国民教育中的作用；了解如何在课堂上更好地处理多样性问题；制定应对策略；并确认学生对教师这一职业的从业意向。

　　"团体服务学习"主要是指师范生通过参与"我的社区"服务学习来了解"我的社区"这一学习内容。师范生在开展团体服务的时候，既有机会学习服务，又通过服务他人进行学习。这为师范生提供了实践机会，让他们与自己选择的社区伙伴接触，并为促进该社区的事业作出贡献，有助于师范生磨炼价值观，如团队精神、抗压能力、同情心、为社区服务等。2004年以来，新加坡国立教育学院一直采用"团体服务学习"的教学方式，培养能够领导、关心和激励年轻人的教师，并与社区建立伙伴关系。

　　"新加坡万花筒"让学生对国家所面临的挑战和问题进行理解，并对"我的国家——

[1]　LOW E, HUI C, CAI L.Developing student teachers' critical thinking and professional values: a case study of a teacher educator in Singapore［J］. Asia Pacific Journal of Education, 2017：535-551.

[2]　LIU W C, KOH C, CHUA B L.Developing thinking teachers through learning portfolios［J］. Teacher education in the 21st century.Singapore: Springer, 2017：173-192.

新加坡"形成自己的看法。通过该课程，师范生将能够接触到不同的观点，通过一系列的镜头体验新加坡，并探索新加坡的社会、文化、物理、环境和地缘政治景观等。

三门课程均是基于"环境扩展"的逻辑（即从自我到社区到国家）构建而成。通过这些课程，师范生分享和阐述他们的核心信念，澄清他们自己的假设，并挑战自己，审视自己的个人价值。

为了保证课程的有效实施，新加坡还鼓励师范院校充分利用数字工具，使价值观教育对师范生具有吸引力。2018年12月，开发出教师价值观教育网络平台，师范生在该平台参与美兰蒂项目、团体服务学习以及新加坡万花筒的学习经验被汇总与整合在此。平台界面很直观且易于使用，属于一站式的平台，师范生可以按照自己的节奏通过平台来学习。同时，网站也是互动的，像一个典型的社交媒体平台，用户可以在此发表评论，并与他们的同伴和导师分享图片和视频。

总的来说，基于VBE的师范教育，强调对师范生价值观的培育，这是为全面推进价值为本的基础教育做准备和铺垫。师范生在这样的课程学习里，不仅收获了知识和技能，更重要的是培育了积极的价值观。

（二）基于V³SK的教师职后价值观教育

在全球范围内，教育的快速发展引起了人们对教师教育和教师专业发展机会的质疑。[1] 教育和培养优质教师是许多发展中国家和发达国家的重要优先事项，新加坡也不例外。新加坡希望在教育方面取得的成功取决于其教师的质量。有能力的教师有助于建立一个强大的教育体系。然而，教师作为学生学习中心的传统角色已不足以应对这些挑战。

"价值观应该是关注教师教育的人的重要议程，价值观应该是教师教育的基础。"[2] 已有文献表明，很少有人关注师范生和初任教师是如何反思他们的个人和职业价值观的。基于此，从2011年起，新加坡对原来的职后教师教育模型进行了修订。早期，新加坡所倡导的职后教师教育模型是以三维目标为旨趣的，强调的是教师的态度、技能和知识（Attitudes，Skills and Knowledge），因此也被简称为ASK模式。然而，随着价值观教

[1] THORPE M. Rethinking learner support: The challenge of collaborative online learning [J]. Open Learning, 2002（2）：105-119.

[2] Chong S, Cheah H M. A values, skills and knowledge framework for initial teacher preparation programmes [J]. Australian Journal of Teacher Education（Online），2009, 34（3）：1-17.

育逐渐得到重视，ASK模式也被修订和完善，形成了新的框架，其教师教育的目标指向包含价值观、技能和知识（Values, Skills and Knowledge，简称VSK模式），如图8-11所示。

在这个框架中，我们可以明显地看到新加坡在规定职后教师教育的关键技能和必备知识的同时重点对三大价值观进行系统化的描述，努力将儿童、个人身份和社区置于重要价值观的优先地位，并将这些价值观努力"渗透到培训方案和课程中"。[1]

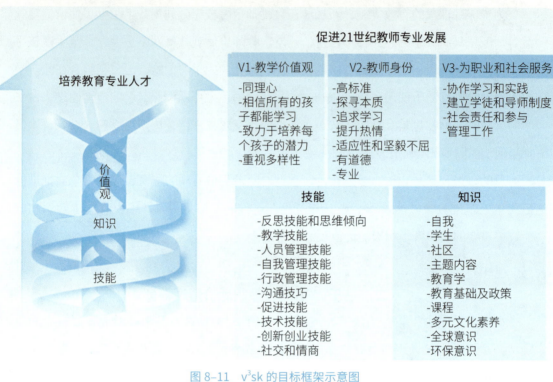

图 8-11　v³sk 的目标框架示意图

首先，关于教学价值观。在教学价值观中，主要包含了四种价值观，分别是同理心、相信所有的孩子都能学习、致力于培养每个孩子的潜能、重视多样性。

（1）同理心。教师同理心不是碰巧成为教师的人所经历的同理心，它是教学作用的一个组成部分。更具体地说，教师同理心是指教师努力深入了解学生的个人和社会情况，对学生的积极和消极情绪予以关心和关注，并通过他们的行为向学生传达他们的理解和关心。在认知上，教师的同理心包括从学生的角度出发，理解学生的个人和社会状况。学生的个人情况包括他们对课程的感受以及他们的学习或情感障碍。拥有同理心，密切关注学生的情绪，帮助学生及时解决问题，是教师教学的基本保障。

［1］　CHONG S, CHEAH H M. A values, skills and knowledge framework for initial teacher preparation programmes ［J］. Australian Journal of Teacher Education （Online）, 2009, 34（3）: 1-17.

（2）相信所有的孩子都能学习。教师有责任确保所有学生的潜力得到最充分的发展，基于此，教师应该在教学中树立的价值观是：他们所有的学生都有能力学习收集信息，理解复杂的材料，提出并解决问题，批判和质疑相互冲突的信息，构建其他观点，综合、比较和分析证据。因此，相信所有的孩子都能学习是教学中教师最基本的价值观，在此基础上，教师能够充分展开教学内容，并且对每一个学生的学习负责。

（3）致力于培养每个孩子的潜力。教师在教学过程中，应该秉持着培养每个孩子潜能的价值观，对每一个学生负责，让学生在学习的过程中发挥最大的潜能，为培养21世纪的人才奠定基础。

（4）重视多样性。为所有学生提供平等的教育支持，意味着教师和学校要促进学生作为个体的全面发展，不考虑种族、民族、性别、社会经济地位、能力或残疾。教师需要发展支持学生并接受其差异的课堂。一个承认学生优势和差异的学习环境被认为是积极的，因为它允许学生分享和体验不同的观点。教师对来自不同背景的学生持有积极的看法，并相信会带来改变，使学校更加公平。

其次，关于教师个体的价值观。主要包括七个个体价值观，分别是高标准、探寻本质、追求学习、提升热情、适应性和坚毅不屈、有道德、专业。我们不难从教师个体价值观中发现，这些价值观都是针对教师从事职业而需要的价值观念。新加坡立足21世纪背景，培养21世纪竞争人才，从教师开始，把教师专业的工作方法与观念落实到日常教学的各个方面，培养富有竞争力的时代新人。

最后，关于教师的职业和社会属性。主要包括四个价值观，分别是协作学习和实践、建立学徒和导师制度、社会责任和参与、管理工作。从这四个价值观中可以发现，新加坡价值观教育是把学校与社会紧密地联系在一起，教师不仅仅要培养学生，同时还要培养学生的社会责任。不难看出，新加坡的价值观教育不仅仅是在学校进行，同时也很好地和社会、家庭相结合。

总之，V³SK的目标框架体系更加强调学习者为中心的教学价值观，重视教师个体道德品质的提升，也强调了教师的合作、责任感和社会参与等。这些都有可能将新加坡的教师教育带入一个价值驱动、共生为本的新样态。

七、启示与借鉴

研究新加坡价值观教育经验，并不是为了强调新加坡的有效经验，更重要的是找到真正符合我国国情和现实要求的模式，从而为我国推行社会主义核心价值观教育提供好的经验和借鉴。

（一）充分认识核心价值观教育的内涵特征与价值，积极开展价值观教育

新加坡充分挖掘价值观教育的价值与内涵，把价值观教育与培养具备21世纪能力的学生结合起来，可以说，价值观教育与培养具备21世纪能力的学生和学生成果框架是紧密联系在一起的，把价值观教育的效用发挥最大化，价值观教育渗透在各个学科以及各种教学场域。在我国，新时代的教育改革更加关注和重视核心价值观教育，提倡培养德智体美劳全面发展的人。但是，从我国核心价值观教育的发展现状来看，部分学校和家长对核心价值观教育的内涵特征与价值的认知并不充分，从而出现重智育并忽略核心价值观教育的倾向。从学校层面来看，虽然我国开设了《道德与法治》进行核心价值观教育，但是部分学校并没有将此课程落到实处。因此，应该充分认识到核心价值观教育的内涵，积极开展价值观教育。

（二）家庭、学校、社会协同，推动核心价值观教育向前发展

从新加坡价值观教育经验来看，新加坡价值观教育的路径是家校社三方协同。价值观教育取得良好的实施效果，在很大程度上是取决于家庭、学校、社会三方各司其职、相互合作的整体环境；同时，价值观教育是家庭、学校、社会的共同责任，只有将各方联合，价值观教育的效能才能最大化。新加坡在价值观教育中，很好地将家校社三方联合，实现了核心价值观教育独特的育人价值，并取得了良好的效果。新加坡的经验给我国的启示是，不能单独依靠学校内的价值观教育，既要安排好学校的核心价值观教育课程，又要通过家庭、社会实践实施核心价值观教育，将实施核心价值观教育的主体由学校扩大到家庭和社会。

家庭教育在核心价值观教育中发挥着基础性作用，新加坡把家庭教育与品格与公民教育课程融为一体，课程不仅仅由学校进行教学，教材内容中"家庭时间"则是由父母与孩子共同完成，从而很好地将价值观教育与家庭教育有机地结合起来。因此，我国的核心价值观教育，首先要帮助家长树立正确的价值观念，让家长认同孩子的价值观和知识文化学习同等重要，鼓励家长与孩子一起进行价值观故事分享，推动价值观教育融入家庭教育，在日常生活中对学生进行价值观教育。

社会教育为核心价值观教育提供资金支持和资源补充。因此，政府应该加强政策引

导和支持，充分调动社会力量，促进校内和校外形成核心价值观教育合力，多方面弥补校内资源等方面的不足。

（三）深刻认识到教师作为核心价值观教育主体的作用，构建教师专业发展新模式

新加坡为研究教师教育中的价值观发展领域提供了一个良好的背景。新加坡国立教育学院是新加坡唯一的职前教师教育机构，它明确提出了21世纪教师教育模式（TE21）的支撑理念。这种以价值观为导向的教师教育模式是由V^3SK框架支撑的，该框架阐述了三种价值范式，即以学习者为中心的价值观（例如，致力于培养每个孩子的潜能）、强烈的教师身份意识（例如，以高标准为目标，追求学习），以及对职业和社区的服务。新加坡认为教师作为教育的主体，是培育21世纪核心人才的重要引路人，基于此，新加坡建构教师专业发展新模式，开展职前职后教师价值观培育，全面培养教师的价值观教育专业发展。在21世纪教师教育模式中，专门针对教师价值观教育的学习，新加坡构建了有特色的模式，值得借鉴。我国在进行价值观教育时，也应该充分培育价值观教育主体——教师，构建教师专业发展新模式，对教师进行职前职后的价值观教育，进而培育教师的价值观教育素养。

（四）把握价值观教育的核心概念，是价值观教育的保障

新加坡价值观教育体现在《品格与公民教育》中，其中身份认同、人际关系和选择是《品格与公民教育》的三大核心概念，学生将在教师的引导下掌握这三大概念的重点。身份认同感与个人的价值观和信念有关，并能让人清楚了解自己的长处、短处以及独特性。人际关系能帮助儿童确立他们在社群中的身份与志向，并让他们明白自己对周围的人的重要性。在儿童的眼里，世界是由各种不同的关系组成的，而这些关系将影响他们在各方面的发展，包括智、群、情、体、德。在童年的中期和后期，儿童为他人设想的能力提高，并形成同理心，成为他们与他人互动的基础。一个人所作的选择反映了他的品格及价值观，也直接影响他的行为。学生需要有一套价值观帮助他们作出选择，并了解为什么有些选择是对的，有些是错的。选择能帮助学生把价值观付诸行动，即使是在面对压力和考验时，都能做出他们认为是正确的事。在选择的过程中，学生将能厘清本身的价值观，并加以实践。

新加坡品格与公民教育课程的三大概念各有重点，教学中教师可通过首要关键性问题引导学生进行讨论，帮助学生理解。除了首要的关键性问题，每一个层面也设有不

同的关键性问题，以便教师进一步引导学生，帮助他们在处理生活中各种问题时进行思考，并正视本身的习惯、价值观、态度和技能。基于此，新加坡的核心价值观教育是以三大概念和关键问题为核心进行价值观教育的整体建构，层层递进。

这启示我们，我国在落实核心价值观教育中，也可尝试构建价值观教育的核心概念，进而以此为核心框架，保障价值观教育的实施。

不断提升核心价值观教育质量，构建以"中国梦"为核心的社会主义核心价值观教育体系，是当前我国价值观教育的重要课题。立足本土教育实际，扎根中国大地，不断借鉴、吸取优秀的价值观教育经验，进行创造性的内化和转化，对深刻理解价值观教育价值和目标、丰富核心价值观教育实施策略与路径具有重要意义。

第九章

日本
中小学核心价值观教育
Japan

日本是亚洲东部岛国，虽然国土面积不大，但经济、文化、教育等社会构成要素均有成熟表现，这与其成功的核心价值观教育有着必然的联系。日本核心价值观建设既重视传统的道德教育，又吸收借鉴了西方"人本主义教育"的精华，在潜移默化中实现了日本国民价值观念和思维方式的转变。在中小学阶段，日本的核心价值观教育集中体现为道德教育。因此，通过对日本中小学道德教育的梳理，能够在一定程度上反映出日本中小学核心价值观教育的情况。

考察日本中小学价值观教育，首先要明晰价值观教育在日本中小学教育语境中的两重含义：一是狭义的作为特定教育活动的价值观教育，日语中称为"价值"教育。而广义的价值观教育，则是一切传达特定价值原则、价值目标与价值规范的教育活动。"有一种价值观教育是使学生学习和理解人类社会的共识与社会规范，日本道德科、社会科或者公民科中通过教科书向学生进行价值传递的课程就属于这种价值观教育。"[1]

在全球化进程中，不同文化和价值观背景的人们互相尊重地生活。在科学技术的发展和社会经济的变化中，实现人类的幸福和社会的协调发展成为重要课题，引发了关于"作为人的生活方式和社会模式"的讨论。这种资质或能力的培养，离不开以道德教育为主要构成要素的核心价值观教育。基于此，日本中小学的道德教育便可作为价值观教育的一种特定形式加以考察，具备鲜明价值性教育目标与内容的道德科等课程显然也可以作为价值观教育的特定课程形式加以研究。

本研究在梳理日本核心价值观教育历史发展的基础上，通过跟踪日本道德科课程的发展轨迹，深入课程、教材、教法，剖析了日本中小学核心价值观教育的目标、内容、实施、评价，旨在为我国中小学核心价值观教育的推进提供一定的借鉴参考。

一、日本中小学核心价值观教育的历史演进

随着社会经济、政治、文化的不断发展，在不同的历史时期，日本的核心价值观教育展现出与时代紧密相关的不同特征：从简单地模仿西方文明逐渐转向与本土文化相融合，并最终指向21世纪以生存能力为本的价值观教育。

---

[1] 日本公民教育学会. 公民教育事典［M］. 广岛：第一学习社，2009：112.

（一）明治维新时期：伦理道德与西方先进文明结合的价值观教育

明治维新以前，日本中小学核心价值观教育都以灌输伦理道德为核心，对国民进行封建神道、武士道和儒道的熏陶，推崇忠孝、重名轻死、天皇崇拜、骁勇、坚忍、舍身正果等价值观。自1868年明治维新起，以儒家伦理道德思想、封建神道教与武士道精神为主流的社会意识形态，逐步吸收西方先进文明，核心价值观教育开始了第一次现代化探索。[1]

1868年，日本建立明治政权后，推出了一系列社会改革措施，其中包括日本历史上第一次的教育改革。1872年，日本文部省颁布了《学制》，确立在小学设立"修身"课程，在中学设立"修身学"课程。这是核心价值观教育首次以"修身科"为载体出现在日本的学校教育体系中。当然，当时的修身科，无论在小学还是中学，都没有被当作重要学科予以重视。在授课方式上，修身科主要是教师口授教学，并没有向学生发放纸质教材；在课程内容上，教师大多使用以伦理说教和基督教原理为主的西方翻译书籍，具体事例较少，且本土化程度较低，并未起到真正的价值观塑造作用。[2]

此后，明治天皇在对日本各地区的教育视察过程中，意识到加强修身科教育的必要性，在随后颁布的《教学圣旨》中，提出了以儒家伦理道德为中心的教育宗旨。1890年，明治天皇颁布《教育敕语》，明确地阐述了日本的道德教育方针。修身科在学校教育体系中的地位逐渐得到提高，在确定了强调忠君、皇恩、父母之恩、孝顺、友爱、信心、礼仪、节俭、博爱、忍耐、正直等道德标准的教育内容的同时，明确了以赫尔巴特教育学派五段教学法为基础的教学方法，还编订了一系列修身科的国家教材。可以说，这段时期的核心价值观教育坚持了日本固有的传统道德、民族精神，同时汲取了西方先进的科技和文化成果。

（二）第二次世界大战后：国家、民族与个人共融的价值观教育

第二次世界大战之后，日本价值观建设目标明确规定：要推崇尊重个人、自由、纪律、自我责任等价值观，同时注重传统道德价值观的弘扬，如将忠孝、皇道、家族等观念与"为大和民族利益"等口号结合起来，培育勇于进取、百折不挠、忠精团结、舍身奉献的民族精神。

---

[1]　张可辉，栾忠恒．新媒体视域下大学生思想政治教育研究［M］．北京：中国商务出版社，2018：68.

[2]　赵越．日本中小学"道德学科化"改革研究［D］．大连：辽宁师范大学，2019.

事实上，第二次世界大战对日本社会经济、政治乃至文化都产生了颠覆性的影响，而战后日本社会的修复和改革深受美国的影响。1945—1946年，在美国占领军当局的指令下，日本众参议院决议废除《教育敕语》，"修身科"教育就此废止。

1958年3月，文部省发布《小学学习指导纲要·道德篇》和《初中学习指导纲要·道德篇》，正式建立以"道德时间"为核心，通过学校全体教育活动实施道德教育的特设道德教育体制。"道德"不再是一门独立的学科，而是融入整个学校教育之中的一项教育活动，由班主任担任道德指导教师，辅以"心灵笔记"系列教材。

以"道德时间"为核心的特设道德教育体制与战前的"修身科"道德教育体制有很大的不同。在道德教育的目的方面，更加注重对儿童道德性的培养；在教育内容方面，基本上废除了"忠君""皇恩"等思想内容，通过制订学习计划、联想具体的生活经验场景、对生活实际中的问题进行考察、制订解决方案等步骤，指导学生解决实际生活中遇到的问题，从而为今后的生活实践奠定基础；在教学方法上，改变了"修身科"灌输式的教学方式，更加注重培养儿童的道德实践能力。它规定中小学校每周要有至少一小时的特定时间进行道德教育，即"道德时间"。在其设立初期，教师的授课方式以生活指导为主，即以学生的实际生活经验导入，激发其学习动机；从生活经验的共同性和焦点性方面，使学生认识到学习目的。

20世纪50年代起，以"道德时间"为核心的特设道德教育体制作为日本价值观教育的主要形式，对日本社会发展起到了一定的积极作用。但随着社会经济、政治的不断发展，这种道德教育体制的弊端也逐渐显露出来。

以"道德时间"为核心的特设道德教育体制虽然有固定的道德指导时间，但"道德"本身不作为一门独立的学科存在，也没有专门的评价方式对学生的学习成果进行检验。因此，在学校教育和学生竞争愈发激烈的现代社会，对成绩几乎没有影响的"道德时间"越来越不受学校、学生和家长群体的重视，"道德时间"也常被其他学科占用，继而导致学校道德教育所能发挥的对学生价值观塑造方面的作用越来越微弱。随后，以"道德时间"为核心的特设道德教育体制为众多学者所诟病。

（三）20世纪末至今："21世纪型能力"指导下的价值观教育

进入"知识型社会"，以知识为基础的社会化和全球化正在加速对诸如思想和人力资源等的国际竞争，同时增加了与不同文化、文明合作和共存的需求。在这种情况下，扎实的学术能力、丰富的头脑、健康的身体以及和谐的"生活能力"变得越来越重要。

基于社会变化的特征和实际发展情况，在20世纪90年代后期，日本提出了培养孩子"适应信息化、国际化社会的核心素养，即生存能力"，随后升级为"能在21世纪生存下去"的能力，即21世纪的生存能力。这种能力被命名为"21世纪型能力"[1]。具体结构如图9-1所示。

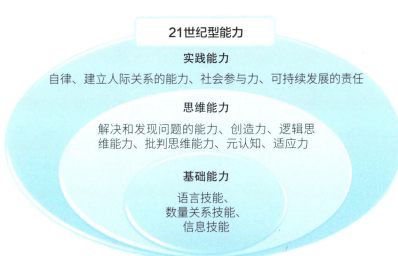

21世纪型能力

实践能力
自律、建立人际关系的能力、社会参与力、可持续发展的责任

思维能力
解决和发现问题的能力、创造力、逻辑思维能力、批判思维能力、元认知、适应力

基础能力
语言技能、
数量关系技能、
信息技能

图 9-1　21 世纪型能力

思维能力居于21世纪型能力的核心地位，支撑思维能力的是基础能力。而在21世纪型能力的最外层是实践能力，它限定了思维能力的使用方法。用三个圆表示三种能力的关系，基础能力支撑着思维能力，而实践能力则引导着思维能力。21世纪型能力旨在培养具备"适应21世纪生活的日本人"，从而建立以自主、合作、创新为轴心的终身学习型社会。与此同时，全球化的发展使得日本固有的社会道德价值观也受到了冲击，越来越多的学者提出要修复日本传统的社会价值观。

2015年3月，文部科学省修订了《学校教育法施行规则》，正式宣布停止原本设立的以"道德时间"为核心的特设道德教育体制，将"道德"确立为一门"特别的学科"，即"道德科"，成为与国语、数学等并列的正式学科，列入学校教育内容，确立了"道德"的学科化地位。

如上所述，道德教育是正确价值观形成的根基，也是民主国家社会持续发展的根基，更是养成"扎实的学习能力""丰富的内心世界"和"强健的体魄"的基础。基于

[1]　左璜. 日本21世纪型能力研究的进展与启示［R］. 广州：华南师范大学. 2014.（内部资料）

此，本研究以日本的道德教育为路径探寻日本的核心价值观教育，分析并阐明日本核心价值观目标是如何转译进道德教育的目标、课程、教材、教法、评价等之中的。

二、日本中小学核心价值观教育的目标分析

（一）国家核心价值观教育目标

日本社会的核心价值观体系呈现出一种传统与现代的融合形态。日本在尊重和继承儒家传统文化"忠""孝""礼"等思想的基础上，吸收现代文明的民主、宪政、自由等价值观，同时融合本民族特有的国家崇拜、等级崇拜、神道教文化，形成了重义、重秩序、知礼、爱国以及追求自由、民主的社会核心价值观。以民主为例，不同于美国以个人为本的绝对个人主义式的民主，日本的民主在强调个人独立、自尊以及肯定个人自我存在价值的同时，还强调发挥团体共同思想情感的制约作用。

在理性扬弃旧有价值观的基础上，日本社会不断吸收西方文化，使得现有日本价值观体系呈现出新的特点。基于日本的基本国情和社会取向，根据《教育基本法》及学校教育法律规定，日本核心价值观教育的目标在于培养学生尊重人类、敬畏生命的精神，在家庭、社会中丰富自己的心灵；尊重传统和文化，了解并热爱日本的本土文化，创造丰富的文化个性的同时，推崇公共精神，为民主的社会及国家的发展而努力；尊重其他国家，致力于培养对国际社会的和平与发展作出贡献的、开辟未来的、具有主体性的日本人。

（二）中小学核心价值观教育的课程目标

道德教育作为日本中小学核心价值观教育的重要途径，文部科学省在2017年修订的中小学道德科学习指导纲要中提出了核心价值观的教育目标。

日本道德科学习指导纲要倡导青少年应该理解生命的意义，尊重宝贵的生命；理解自然的崇高性，爱护环境；看到美好事物，能为之感动，对崇高的事物要心怀敬畏；发现生活中的快乐，欣赏生活。让青少年理解生命不可替代，要珍爱生命。众多的生命共同相处，各有生存的权利。大自然是人类生命的依托，爱护自然是每个青少年不可推卸的责任。[1] 具体课程目标如表9-1所示。

---

[1]　刘桂萍. 日本中小学道德教育变革新动向：基于2017年日本中小学道德教学大纲修订案的考察 [J]. 外国问题研究，2019（1）：17-23，118.

表9-1　日本道德科课程目标（中小学阶段）[1]

角度	小学段目标（关键词）	中学段目标（关键词）
A 青少年自我塑造	①判断是非、自律、自由和责任 ②正直、诚实 ③节度、节制 ④个性伸展 ⑤希望和勇气、努力和坚强意志 ⑥探求真理	①自主、自律、自由和责任 ②节度、节制 ③进取心、个性伸展 ④希望和勇气、克己与坚强的意志 ⑤探求、真理、创造
B 青少年与人交往	①亲切、体贴 ②感谢 ③礼貌 ④友情、信任 ⑤相互理解、宽容	①体贴、感谢 ②礼貌 ③友情、信任 ④相互理解、宽容
C 青少年学校与 集体生活	①遵守规则 ②公正、公平、社会正义 ③勤劳、公共精神 ④爱家人、家庭生活丰富 ⑤创建更好的学校氛围及集体生活 ⑥培养尊重传统与文化、热爱国家 和家乡的态度 ⑦国际理解、国际友好	①遵法精神、公德心 ②公正、公平、社会正义 ③社会参与、公共精神 ④勤劳 ⑤爱家、丰富家庭生活 ⑥创建更好的学校氛围及集体生活 ⑦培养尊重家乡的传统与文化、热爱家乡 的态度 ⑧培养尊重国家的传统与文化、热爱国家 的态度 ⑨国际理解、国际友好
D 青少年对待 生命、自然	①维护生命的尊严 ②爱护大自然 ③具有感动、敬畏之心 ④具有追求更好生活的意愿	①维护生命的尊严 ②爱护大自然 ③具有感动、敬畏之心 ④具有追求更好生活的意愿

　　道德科作为日本当前在小学与初中阶段开设的一门必修课程，旨在"培养作为生存之根本的道德品质，使学生基于对诸道德价值的理解去发现自我，并能够从多角度思考问题，通过对自我生存方式的深刻思考，培育道德判断能力、道德情感以及道德实践意志和态度"。总体目标关涉以下四个层面的道德价值观：

　　（1）与自身相关的道德价值观：通过与自身的关系来把握自身的存在方式，从而谋求理想自我的形成；

---

［1］　资料来源：《小学学习指导要领》，东京：文部科学省，2017年，第165～173页；《中学学习指导要领》，东京：文部科学省，2017年，第154～158页。

（2）与他人相关的道德价值观：将自己理解为与人的关系，谋求理想的人际关系的构筑；

（3）与集体和社会相关的道德价值观：自我与各种各样的社会集团、区域、国家甚至与国际社会的联系，要求具有作为日本人面对国际社会和本土生活的自觉，以及作为和平民主国家及社会公民的必备道德品质；

（4）与生命、自然相关的道德价值观：捕捉自我与生命、自然、美丽、崇高等事物之间的关系，加深作为人类的自觉。

以上四个方面有着深层次的内在关联。例如，为了能够成为自律的人，需要以"与自身相关的道德价值观"为基础，涉及其他三点的内容，最后再回到自身。而"与他人相关的道德价值观"是"与集体和社会相关的道德价值观"的基础和前提。如果以个体自身和与他人的关系为基准，深刻地认识到自己的存在方式，那么，"与生命、自然相关的道德价值观"会变得更加重要。可以说，四种层次的道德价值观互相依存，彼此成就，共同推进学生个体生命的成长。

相比小学阶段，中学阶段要求学生更重视和他人的联系，加强自我意识的树立与个人生活方式的形成。同时充分考虑中学生的发展规律，培养中学生自主思考能力并成为行动主体是价值观教育的核心目标。

三、日本中小学核心价值观教育的内容透视

以核心价值观教育的目标为导向，日本构建了核心价值观教育内容体系。文部科学省在小学、中学学习指导纲要中明确了主要的价值观教育内容，同时编制道德科教材——《我们的道德》作为教育内容呈现的文本载体，依据课程目标的四个方面，分别设计了不同学段的教育内容。

（一）核心价值观教育教材内容选择的特点：适切性、生活性、开放性

2015年3月，日本文部科学省宣布在中小学推行"道德学科化"改革，颁布了新的《中小学学习指导要领》（相当于我国的课程标准，以下简称《学习指导要领》）。基于《学习指导要领》，2016年6月，文部科学省推出了道德科的教材——《我们的道德》。《我们的道德》教材主要依据《学习指导要领》以及《教育基本法》编写，小学

阶段共分为3册，小学低年级（一、二年级），中年级（三、四年级），高年级（五、六年级）三个学段各一册，每册分别设有16、17、22个基本单元；中学阶段独自成册，分成4个板块，24个单元。

在道德科授课中使用的教材不仅要符合教育基本法、学校教育法及其他法令，还必须符合《学习指导要领》。用于道德科的教材，必须有助于学生对道德价值观的理解，审视自我，多角度、多元化地思考事物，加深对自己生活方式的思考与学习。另外，须对儿童作为人的存在方式和生活方式等有多样的感受，作为相互学习的对象有着重要的作用。日本的道德科教材在选择内容时呈现出以下特点。

1. 适切性：教材选题符合儿童发展规律

为了使学生能够把握教材的内容，理解其道德价值，审视自己，教材内容要符合学生的发展阶段，尊重人类的精神，包含烦恼和矛盾等内心冲突，理解人际关系等，引导学生深入反思价值观，获得作为人类更美好生活的喜悦和勇气。

（1）尊重人的精神。尊重人的精神是道德教育的核心理念，是贯穿生命的尊重、人格的尊重、基本人权、同情之心等根基性的超越国境和文化的普遍精神。民主社会中，人格的尊重不仅是尊重自我的人格，也要尊重他人的人格，还包括对权利的尊重。

道德科教材既强调学生内心世界形成的自我人格，更重视普遍意义上的精神和价值观，也就是广泛意义上尊重"人的精神"。

（2）引导学生反思价值观。道德科的教学目标并不是教会学生处理好个别的道德行为和日常生活的问题，而是提高他们能够根据时间和场合进行理想化道德实践的内在素质。即要通过一定的素材，引导学生自己捕捉道德情境，反思内心的价值观冲突，进而为实现道德价值找到意义。

（3）激活学生的勇气和智慧。道德科教材引入了前人的多样化生活方式和经验，以此作为师生共同探讨、交流的主题，使学生感受到生活的勇气与智慧，反思生存的魅力和意义。

2. 生活性：题材来源于广泛的生活实际

道德科教材要引导学生将书中人物的生活方式迁移到自己身上，因此，道德科教材的题材，主要来自日常生活中各种各样的媒体、书籍、身边发生的事情等。生命的尊严、自然、传统和文化、前人的传记、体育、信息化等对应的主题都成为重要的价值观教育内容。

（1）生命的尊严题材：强调将一切有生命的个体视为不可替代者来尊重和珍惜，并符合儿童对生命的不同认知发展水平。

（2）自然主题的题材：包含着自然中美丽和伟大与不可思议等号召感性的东西。

（3）传统和文化的题材：发展学生对有形、无形的美丽国家和对乡土的骄傲与热爱。

（4）前辈榜样的题材：前人的传记记录了多种多样的生活，感受生存的勇气和智慧的同时，也期待可以加深对生存的魅力和意义的深度思考。

（5）健康运动的题材：例如，在奥林匹克运动会和残疾人奥林匹克运动会上，世界各国的运动员和他们的支持者，表现出来的公正态度和运动精神，以及面对有挑战的生活及烦恼表现出的道德价值观，都可以被视为个人价值观学习的基础。

（6）信息化与现代化的题材：可以考虑根据学生的发展阶段来选择。在这种情况下，除了单纯信息设备的操作和应用等，加深对"节制"和"规则的尊重"等相关的道德价值的思考是很重要的。

3. 开放性：允许多元化的视角与思维

为了应对各种各样的问题，道德科中存在多元化的价值观是必然的。因此，在教材中，设置多种可能性的话题，引导学生以广阔的视野面对事物，发展多方位、多角度去思考的能力。如前所述，教材中设置有许多价值观冲突的场景，在这样的情境中，学生能够采用多种多样的视角和思维方式来处理问题，从而促进学生多元化思维的发展，保证思想的开放。

（二）基于道德科教材的核心价值观教育内容分析

教材是核心价值观教育的具体载体，通过分析教材内容结构，我们能够清晰描绘出核心价值观教育在中小学道德科中的具体表现。《我们的道德》教材设计的内容分别为对待自己的价值观、对待他人的价值观、对待自然与生命的价值观以及对待集体与社会的价值观四部分。教材据此设计了四个单元的学习内容。同时，按照不同学段的学生发展情况，设计有四个梯度的学习内容，其中小学一、二年级为第一梯度，小学三、四年级为第二梯度，小学五、六年级为第三梯度，中学为第四梯度（具体见表9-2、表9-3）。

表9-2　日本道德科教材内容安排（第一、二梯度）

学习内容	一、二年级	三、四年级
A 对待自身的价值观	①注意健康、安全，爱惜财物，学会整理，不任性，作息规律； ②做好自己该完成的学习和工作； ③学会区分好与坏，做自己认为是好的事情； ④不说谎、不欺骗，诚实、坦荡地生活。	①自己能做的事自己做，三思而后行，过有节制的生活； ②自己决定做的事，坚持不懈地做完； ③勇敢地去做认为正确的事情； ④改正错误，以正直开朗的心态健康生活； ⑤发现自己的特点，发扬优点。
B 对待他人的价值观	①亲切地问候，注意措辞、动作等，开朗地接触； ②用温暖的心对待身边的人和老人； ③和朋友搞好关系，互相帮助； ④学会感谢平常照顾自己的人。	①懂得礼貌的重要性，对谁都诚心相待； ②体谅他人，主动、亲切； ③和朋友相互理解、信任和帮助； ④以尊敬和感激的心情对待生活在一起的人们和老年人。
C 对待自然与生命的价值观	①热爱生活，有珍惜生命的心； ②亲近自然，善待动植物； ③接触美好的事物，拥有一颗纯净的心。	①感受生命的可贵，珍惜有生命的东西； ②为自然的美好和神奇感动，珍惜自然和动植物； ③拥有一颗被美丽和高尚的事物感动的心。
D 对待集体与社会的价值观	①遵守约定和规矩，珍惜公共物品； ②认识到劳动的好处，为大家服务； ③敬爱父母、祖父母，在家里主动帮忙，感受为家人作贡献的喜悦； ④尊敬老师，亲近学校的人，使班级和学校的生活变得快乐； ⑤亲近、热爱乡土的文化和生活。	①遵守约定和社会的规矩，有公德心； ②懂得劳动的重要性，主动为大家工作； ③敬爱父母、祖父母，一家人齐心协力，组成一个快乐的家庭； ④尊敬老师和学校的人们，大家同心协力，共创快乐的班级； ⑤既亲近本国的传统和文化，有爱国之心，又关心外国的人民和文化。

表9-3　日本道德科教材内容安排（第三、四梯度）

学习内容	五、六年级	中学
A 对待自身的价值观	①懂得生活习惯的重要性，重新审视自己的生活，注意节制； ②树立更高的目标，满怀希望和勇气，不屈不挠地努力； ③珍惜自由，自律而负责； ④以诚实、开朗的心态快乐地生活； ⑤珍视真理，求新，设法把生活过得更好； ⑥了解自己的特点，改正缺点，积极发展优点。	①养成良好的生活习惯，增进身心健康，注意节制，和谐生活； ②设置更高的目标，满怀希望和勇气，脚踏实地地干下去； ③注重自律精神，自主思考，认真执行，并对结果负责； ④热爱真理，求真，以实现理想为目标，开拓自己的人生； ⑤在审视自我、提高自我的同时，发展个性，追求充实的生活方式。

Japan

（续上表）

学习内容	五、六年级	中学
B 对待他人 的价值观	①分清场合，礼貌而真诚地对待他人； ②对谁都要有体谅之心，站在对方的立场上亲切待人； ③互相信任，互相学习，增进友谊，异性之间友好互助； ④要有谦虚的心，以宽广的胸怀对待不同的意见和立场； ⑤感谢生活中相互支持和帮助的人们，并能作出回应。	①理解礼仪的意义，根据时间和场合采取适当的言行； ②关爱他人，对别人有体谅的心； ③懂得友谊的可贵，有一个可以信赖的朋友，互相鼓励，共同进步； ④男女互相增进对异性的正确理解，尊重对方的人格； ⑤尊重各人的个性和立场，理解各人有各人的看法和想法，以宽容之心虚心向别人学习； ⑥因为有很多人的善意和支持，才有了每天的生活和现在的自己，对此表示感谢和回应。
C 对待自然 与生命的 价值观	①知道生命是无可替代的，尊重他人的生命； ②懂得自然的伟大，珍惜自然环境； ③被美丽的事物感动，对超越人类力量的事物怀有敬畏之心。	①理解生命的珍贵，尊重无可替代的他人的生命； ②爱护自然，有一颗为美好事物所感动的丰满心灵，对超越人类力量的事物怀有敬畏之心； ③相信人有克服软弱和丑陋的坚强和高尚品质，努力找到快乐。
D 对待集体 与社会的 价值观	①有公德心，遵纪守法，爱惜自己的权利，主动履行自己的义务； ②对任何人都不搞歧视和偏见，公正、公平，努力实现正义； ③主动参加身边的集体，自觉发挥自己的作用，合作主动尽责； ④懂得工作的意义，懂得为社会服务的喜悦，有公共服务意识； ⑤敬爱父母、祖父母，追求家庭幸福，主动做些有用的事； ⑥加深对老师和学校的敬爱，大家同心协力营造良好的校风； ⑦珍惜乡土和本国的传统和文化，了解前人的努力，有一颗热爱乡土和国家的心； ⑧怀着珍惜外国人民和文化的心，以日本人的自觉努力与世界人民亲善。	①理解和遵守法律和规定的意义，重视自己的权利，切实履行自己的义务，努力提高社会的秩序和纪律； ②提高公德心和社会团结的觉悟，努力实现更好的社会； ③讲正义，对任何人都公正、公平，努力实现没有歧视和偏见的社会； ④加深对自己所属各种集体的意义的理解，自觉体认角色和责任，努力融入集体生活； ⑤懂得劳动的高尚意义，有奉献精神，致力于公共福利和社会发展； ⑥加深对父母、祖父母的敬爱之情，以作为家庭一员的自觉构筑充实的家庭生活； ⑦有作为班级和学校一员的自觉，加深对老师和学校的敬爱，协力树立良好的校风； ⑧以作为地区社会一员的自觉热爱乡土，对为社会鞠躬尽瘁的先辈和老人怀有尊敬和感激之情，致力于乡土的发展； ⑨以日本人的自觉爱国，为国家的发展努力，为继承优良传统和创造新文化作出贡献； ⑩有作为世界中的日本人的自觉，站在国际视角，为世界的和平和人类的幸福作出贡献。

综合表9-2、表9-3可以看出，道德科课程标准中对核心价值观教育内容的设计主要表现出以下几个特点：

第一，从关系的视角切入，注重培育学生在处理和自我、和他人、和自然与生命、和集体与社会之间的关系过程中所必备的价值观；

第二，注重教育内容的阶段性，按照梯度上升，分别设计了一、二年级，三、四年级，五、六年级以及中学阶段的教育内容，充分考虑了不同学段学生的发展程度和接受能力，循序渐进；

第三，小处着眼，贴近生活。教育内容框架的设计并非宏观的概念或词语，而是从学生生活实际问题出发，适切性较强；

第四，教育内容框架具有较强的可操作性，有利于教材的开发、教学的开展以及评价的实施等。

四、日本中小学核心价值观教育的实践方法

人的价值观形成依托于日常行为习惯的积累，人的行为反映的正是这个人内心的价值观以及面对事物的价值判断。因此，日本的核心价值观教育注重使用创造情境、引导反思、自我革新与价值重塑的教学方法，同时借助多学科、多渠道的教学途径展开全场景的核心价值观教育。

（一）问题驱动与道德反思为本的核心价值观教学法

"道德时间"是日本中小学校设置的价值观教育专门时间。不同于以往以认知为本的道德教育，它更加强调以信赖关系和温暖的人际关系为基础，倡导在日常班级经营中，营造每个人都能舒展地表达自己的感受和想法的氛围。具体来说，尽管"道德时间"在学习指导过程中因主题有所差异，但总的来说一般都遵循问题导入、问题讨论、问题反思三个阶段。

问题导入：为了提高学生对主题的兴趣和关心，使其自觉地认识到内在的道德价值与动机，导入环节常引入与该主题相关的问题，引发学生对资料内容产生兴趣，重视营造学习氛围等。

问题讨论：为了达成主题讨论的目标，基于中心资料，通过展开环节加深每个学生

对内在道德价值的自省。即抓住学生的实际情况和学习材料的特质对学生进行提问，鼓励每个学生对教材中所呈现的道德价值发表感想和思考，引导学生围绕中心资料来进行讨论，继而实现真实学习。

问题反思：在"道德时间"的最后，总结和升华对未来道德价值的思考并链接今后的生活。在这个阶段主要引导学生认真思考新学习的东西，将学到的东西更加深刻地记在心里，启发今后的实践。

（二）多学科融合的核心价值观教育思路 [1]

《学习指导要领》规定，在各科目、外语活动、综合学习时间以及特别活动中，要根据道德教育目标，基于各科目的特点，对道德内容进行适当的指导。一方面，道德教育的目标和内容可以与各学科的目标、内容以及教材联系起来。事实上，各学科的目标和内容中，直接或间接地包含着与培养学生道德性密切相关的内容。为了在各学科中适当地进行道德教育，有必要根据各自的特质明确把握道德教育的相关内容。另一方面，可以在学习过程中塑造价值观。在各个学科、各个学习场景中，学生对活动的投入态度、学习态度和学习习惯都是一种道德价值观，值得重视和培养。如何在各个学科中进行道德教育，促进学生的价值观养成？《学习指导要领》中给出了以下示例。

1. 国语科（相当于中国的语文科）

国语科的目标确立为"培养适当表达和正确理解国语的能力，提高相互传达的能力，同时培养思考力和想象力，丰富语感，加深对国语的认识，培养尊重国语的态度"。在培养国语的表达能力和理解能力的同时，学会了解人际交往中彼此的立场和想法，培养互相尊重的语言表达能力。培养思考力和想象力、丰富语感是培养道德情感和道德判断力的基础。

2. 社会科

社会科指出，要使学生立足于广阔的视野平台，提高对社会的关心与关注，以资料为基础进行多方位、多角度思考，加深对历史的理解和热爱，培养作为公民的基本素质，培养国际社会生活的和平民主国家和社会的创造者，以及必要的公民资质，以此加深学生对国土和历史的理解和热爱、对祖国和乡土的热爱和对传统文化的尊重。同时还

---

[1] 本章节的内容来源于日本文部科学省《中小学校学习指导要领（2017年）》的摘录分析。

涉及自由、权利、责任、义务等与集体和社会关系密切相关的价值观内容。

3．数学科

数学科的目标描述为"数学是通过对与数量和图形等相关的基本概念、原理和法则的理解，进行数学的表达和处理，掌握关于数理事件的表达能力，同时提高对数学和数学活动的兴趣"。提高学生用数理意识来观察事物、有条理地思考和表达的能力，这有利于道德判断力的培养。

4．科学科

科学科的目标是"认识与自然关系密切的事物，培养科学探索的能力和态度，同时加深对自然事物和现象的规律的思考，启发科学的观点和想法"。通过调查自然事物和现象的活动，学生思考生物相互之间的关系和自然界的平衡，认识自然与人的关系，有利于培养学生尊重生命、保护自然环境的态度。带着目的意识进行观察和实验，有助于培养学生科学探究的能力、科学精神、道德判断力和追求真理的态度。

5．音乐科

音乐科的目标为"通过广泛的活动，培养爱好音乐的心情、对音乐的感悟、音乐活动的基本能力，加深对音乐文化的理解，丰富情操"。通过音乐欣赏产生的丰富情操也是培育道德价值观的基础。

6．美术科

美术科的目标设置为"通过广泛的活动，培养对美术创造活动的喜爱与欣赏，培养爱好美术的心情与丰富的情操，培养美术的基础能力，加深对美术文化的理解，丰富情操"。体会创造的喜悦，与尊重美好和崇高的心灵相连。通过美术创造而产生的丰富情操，是培育道德价值观的基础。

7．体育保健科

体育保健科的目标在于"关注心灵和身体的健康，通过合理的实践活动，培养运动素质、能力，同时增进健康体魄，培养开朗丰富的生活态度"。通过集体游戏的方式，引导学生养成坚持完成、遵守规则、参加集体合作的态度，由此认识到养成正确生活习惯的重要性，并重新审视自己的生活。

8．技术·家政科

技术·家政科的目标是"通过学习生活所必需的基本的知识及技能，加深对生活与技能的关系的理解，培养主动努力创造生活的能力和实践态度"。培养学生养成良好的生活习惯，同时理解勤劳的珍贵意义。

9. 外国语科

外国语科的目标是"通过外语，加深对语言和文化的理解，培养积极沟通的态度，提高听、说、读、写的能力"。通过外语学习，加深对学生本国和外国的语言和文化的理解，具有作为世界公民的自觉，站在国际视角，为世界的和平和人类的幸福作贡献。

（三）"家庭—学校—社会"协同的核心价值观教育路径

在社会的急剧变化中，随着价值观的多元化发展，价值观教育中学校、家庭、社会三者的合作变得越来越重要。道德教育必须贯穿日常生活。特别是在基本生活习惯等道德实践的指导方面，家庭和社会承担的责任很大。学校在推进道德教育的过程中，要使学校的道德教育指导内容在学生的日常生活中发挥作用，因此需要家长和社区积极参与和协助，促进家庭和社会的共同理解，加深相互联系，从而形成教育合力。

促进学生身心健康成长、支持学生自我塑造是教育的目的，为此，学校、家庭和社会相互联系，充分发挥各自的功能。"家—校—社"协同合作，是当前价值观教育的重要途径。家校社合作可以概括为以下两种方式。

1. 以学校为中心的合作

要实现学校、家庭与社会的联系，首先要引导家庭、学校和社会对道德教育意义的正确认识，从而设法强化家庭、社会共同培养学生的意识。要促进和完善这一合作体制，日常的交流必不可少。为了达成共同的教育愿景，不定期地举行宣传活动，增加相互交流是非常有必要的。例如，通过与学校评议员和PTA（Parent-Teacher Association，是日本学校中家长与教师之间构建的联络组织，性质上属于社会教育关系团体）等社会组织的合作，定期举行关于道德课程的意见交流会，并创造机会讨论关于学生的道德发展和期望的问题。同时，从对话中产生的问题点出发，策划相关体验活动，加深彼此之间的信任，形成真正的合作。

2. 以家庭和社区为中心的合作

学校作为专门教育机构，对推动"家—校—社"合作有重要作用，但并不能解决所有教育问题。家庭的生活习惯、活动以及地区社会的传统活动、职场体验活动、志愿服务活动、自然体验活动等，也需要学校提供支持。例如，学校和家庭融为一体，参加地区的各种活动，设定共同学习的场所等。站在学校的角度，需要事先掌握各项活动的实际情况，与家庭开展年度指导规划。另外，还需要采取融合发挥三者各自功能的措施。利用学校的设施来策划地区活动，PTA、学生会、地区的企业和NPO（Nonprofit Organization，非营利组织）等各团体可以更主动、更有组织地参与活动。

总体而言，为推进"家—校—社"协同教育，规划具体活动和创设定期交流机会是很有必要的。可从邀请学生参加学校各种活动、早会和集会讲话等，逐步拓展到让学生自由在校内与当地居民直接接触，过渡到在校外的场所进行活动。同时，还可以通过开放学校，向家长们发放学生会通讯等相关刊物，传达学生的实际情况，培养家校共同关注学生价值观塑造的意识。

五、日本中小学核心价值观教育的评价策略

核心价值观教育的评价，不仅要指向学生的学习，更要链接学生的终身发展。基于此，《学习指导要领》"第一章总则"中指出，"对儿童的优点和进步积极评价等的同时，指导的过程和成果评价意欲促进学生学习动机的提升"。因此，价值观的评价不强调学生之间的比较，而重视把握每个学生的优点和发展的可能性，以及学生在学习过程中的成长。

《学习指导要领》中提出："有必要持续把握学生的学习状况和与道德性有关的成长情况，努力使其在指导中发挥作用。不过，将不通过数值等量化形式进行评价。"这主要是因为道德品质与价值观都是关系到多样化学生人格的整体，简单用量化的方式确实难以评价。基于此，日本强调多样化的评价策略。

（一）确立理解与促进学生发展的价值立场

道德性作为人本来的存在方式，是以更美好生活方式为目标而进行的道德行为并使之成为可能的人格特性，是构成人格的基础。从某种意义上说，它是道德价值在每个人身上内在统一的东西，由"道德的判断力""道德的心情""道德的实践欲望和态度"三者构成。

培养学生的道德性，弄清学生的成长程度至关重要。为此，有必要在开展道德教育前后，努力把握学生的实际情况，在切实理解学生的基础上对其道德性进行评价。值得注意的是，从整体上理解每个学生的人格是很重要的。当然，对于学生是否养成了预期

的道德品质，并不容易评判。但是，将道德学习作为一门课程，教师还是可以对学生的学习状况进行评价，这主要依据课程目标来实现。即便如此，也必须始终坚持一个价值立场，道德价值的培养始终关注教会学生如何做人，因此，在鼓励学生进行自我评价的同时，教师也必须时刻站在学生的立场上，包容和尊重学生，以共鸣的、切实的理解学生为基础来开展道德性评价。

（二）建立以指导要录为核心的评价制度

2015年，文部科学省通过记述式进行道德科的评价，而不是根据数值进行。其中包括以下要点：第一，不要通过学生之间的比较进行相对评价，而是积极地接受学生如何成长，以激励学生为目的对学生进行个人评价。第二，不是根据小的局部内容项目，而是根据大的整体项目进行评价。第三，全体师生都要关心有身心发育障碍的学生。第四，通过指导要录，包括"综合学习的时间""特别活动的记录""行动的记录"以及"综合意见及指导上可参考的事项"等已有栏目，记录每个学生的道德价值成长情况。基于此，学校要进行专门研究，制定教师专用指导资料，修订指导要录。

（三）鼓励尝试多样化收集资料的方法

收集相应的资料对理解和评价学生的道德水平有重要作用。收集资料的方法多种多样，但都必须通过学校生活中教师与学生的心灵接触来实现。从这个意义上讲，以下所述方法，对学生来说都是促进自我发展的方法，对教师而言，则是加深对学生理解的方法。每种方法各有利弊，因此，要鼓励多种方法并存。

1. 观察和对话法

观察和对话法是在每天的生活和学习中进行的，主要是通过观察学生的现状，将与学生的对话加以记录。这种方法的关键技术是持续性地观察。当然，也有一定的操作规范，包括确立目标，预先确定观察的观点等，有计划地、持续地进行观察。还可以一边活动一边观察，或者有意识地跟观察对象说话，或者在课堂上有意识地点名予以观察。教师不仅要学会从学生外在的语言和行动来判断，更要从其态度和表情的微妙变化中捕捉其背后的心理活动，努力理解学生的内心世界。

2. 叙事法

叙事法主要是指通过学生的作文和日记等，直接了解学生平时的感受和想法。需要注意的是，不要根据叙事中所写的内容立即作出道德评价，而是要以共鸣的态度理解字里行间所包含的想法。另外，教师在这些记述中加入学生可接受的评语并返还，可以加深教师与学生的心灵接触，也可以唤起学生对美好生活的期待。

3. 问卷法

问卷法是指教师通过预先拟定的问题来收集学生面临问题场景时的心情、判断及其理由等信息。和作文、笔记等叙事法一样，问卷法不仅对了解与道德性相关的学生表现有效，对学生自身加深自我理解也有帮助。另外，如果在指导前后进行，还可以了解学生的自我评价的变化趋势，是评价和改善教育方法的重要依据。

4. 面谈法

面谈法是一种通过直接与学生面对面交谈，试图理解学生道德感受和想法的方法。它既可以明确设定场合进行，也可以随机进行。这种方法重要的是尊重学生的人格，诚实地对待学生，使学生能够表达自己的内心世界。随着面谈的深入，通过学生说话的内容、方式和表情，可以更深刻地理解学生的内心世界。

5. 其他方法

除此之外，还有研究具体事例的方法。通过这种方法，可以观察学生在道德成长方面的努力情况和教师指导的效果，这有助于了解每个学生的成长情况，给予个性化的指导帮助。

在日本核心价值观教育的过程中，对于学生成长的评价显然更关注学生的纵向发展，充分体现了学生本位的评价思想。核心价值观教育评价的实施并非矫正、鞭策，而是要引起学生的自我反思，从而实现更好的自我。

六、日本中小学核心价值观教育的教师发展

众所周知，在日常的教育教学活动中，教师的言行举止、品行态度都对学生的价值观养成有重要影响。教师使用的正确语言和行为方式与学生接触，在营造有利于学生价值观养成的良好班级氛围的同时，对学生人格的形成有着直接或间接的影响。另外，教师的态度和热情也会表现在课堂的各种态度和行动上。例如，教师对待真理和学习的态度会对学生产生潜移默化的影响，教师内在的求知欲以及面对真理时谦虚的学习态度，会触发学生进一步行动的欲望。总之，教师在价值观教育中的核心地位是毋庸置疑的。

（一）价值观教育教师必备能力

那么，如何才能促进教师的发展进而保障价值观教育的有效性呢？日本提出了教师开展核心价值观教育的三大能力。

1．展示资料的能力

读物资料以教师朗读或学生朗读等为主，多以幻灯片、OHP薄片、VTR、DVD等形式呈现，或将素材转成录音让学生听。根据教育目标和学生的实际情况展示给学生，形成丰富多样的学习内容，从而帮助学生更深刻地理解学科资料。

2．提问的能力

教师的提问恰当与否关系到教育成效的高低。在道德课程指导中，教师需要对人性有深刻的理解，从而引导学生主动地去理解行为背后的道德价值，加深作为人的生活和存在的自觉。

当然，为了加深师生之间、生生之间的对话，深化学生的看法和想法，活跃对话，教师需要在提问的形式和结构上下工夫。同时，教师需要倾听学生的发言，斟酌其内容，并准备提问，以加深学生的思考。

3．启迪学生反思的活动设计能力

为了让学生主动地追求作为个体人的生活方式，加深对自我生活的思考，教师要引导学生把道德价值观的发展当作自己的事情来看待，深刻地审视自己。因此，教师要能设计多样化的活动，以促进学生反思。例如，可设计两人或多人小组对话和讨论，其间引入活动让学生表达想法或总结；又或者将学生写的东西做成文件，予以二次阅读等。总之，就是通过一系列活动的设计，促进学生的价值观反思。

（二）开展道德教育推进研修活动

日本设置了国家层面的教师中央研修机构——独立行政法人教员研修中心（NITS）、都道府县及市町村的教职员研修中心或教育中心。这些研修组织实施机构对日本教师教育健康发展有着不可替代的质量保障作用。在NITS中，针对核心价值观教育的教师专业发展，专门设计了道德教育推进研修活动。

道德教育推进研修旨在保障学校道德教育的顺利进行，从而提升核心价值观教育的实效。主要目标有三：一是改进道德教育，促进教师掌握专门知识，增强校长的道德教育领导力；二是增强学校和相关地区的推进力；三是提高教职员工的专业性。

日本的道德教育推进研修活动主要面向以下三大类人员：一是都道府县、指定都市、中核市教育委员会的指导主管及教育中心的研修主管及相应人员；二是小学、初中、高中、中等教育学校及特别支援学校的校长、副校长、教师领导者、主管教师、指导教师及教师；三是持有本机构的结业证书进行学分认定的教师研究生（含预科）、学生（限有教师工作经验者）。

七、启示与借鉴

日本核心价值观教育的目标、内容、形态等均烙印着深深的国家特质，其中关于价值观教育内容的设计、价值观教育机制与平台建设、价值观教育评价体系的设置等方面更是运作成熟，成为国家的立本之源。

（一）生活为本、问题驱动的价值观教育内容设计

日本中小学核心价值观教育内容的设计，充分体现了贴近学生生活的特点，彰显了核心价值观教育的生活情境性。事实上，价值观教育的质量最终是通过学生的实际生活行动体现的。因此，我国的核心价值观教育在实施过程中，可以根据国情适当借鉴日本的一些经验。

首先，倡导改变以"阅读"为主的传统教育方式，构建以"问题解决"为核心的内容模式，让学生在体验式活动的过程中思考学习内容的意义。在《我们的道德》教材中，几乎每篇课文都是从体现学生道德需求和道德困惑的问题导入，引导学生围绕问题阅读有关自然、社会、生活、人生全方位的学习材料，并通过角色扮演、讨论、评价、总结等方法促成学生的反思性表达，帮助学生澄清自身的道德选择并将其付诸实践。最终让学生将体验独白记录在教材的相应部分，形成学生的个人成长档案。

其次，通过教材的活动设计实现与学生的良性"互动"。将活动环节灵活嵌入课文之中，在课文中留出空白供学生书写、涂描和创作，为学生表达活动感受与反思提供了物理与心理空间。如在《热爱我们的故乡》一文中，为学生提供了一份报纸模板，要求学生基于对家乡的调查填写"家乡的人""家乡的事""家乡最美的地方"以及"想象中家乡未来的样子"等栏目，通过亲近自然、认识社会、融入生活的实践活动中，激发学生的道德情感，使学生兴趣盎然，实现主动探究。

Japan

（二）定期交流、协同规划的"家—校—社"一体化价值观教育

秉持整体主义的思维方式，日本的核心价值观教育贯穿学校内外、融汇于各学科教学中。学校依托"道德时间"，通过多学科融合的方式，推进核心价值观教育。各学科的目标和内容直接或间接地包含着与学生价值观培育密切相关的内容。教师根据各自的学科特质恰当选择价值观教育实施的方式，让学生认识到各学科所包含的道德价值并加以指导，进一步提高核心价值观教育的效果。

从学校往外延伸，其中最为重要的方式是"家—校—社"协同一体化教育。价值观教育必须在日常生活的一切场合中进行。特别是在基本生活习惯等道德实践的指导方面，家庭和社会承担的责任很大，可以通过定期召开交流会、学校参访等形式，吸纳各方对于学生核心价值观教育的意见与看法，并加以改进。

这意味着，学校、家庭、社会能够依托一定的平台，在一定程度上实现三方在学生核心价值观养成方面的思想共振。

（三）建立多元立体的价值观评价体系

价值观或德性的评价是一个经久不衰的议题。所谓德性，是指作为人类的固有存在方式和以追求更高生活质量为目标的道德行为，为形成可能的人格特性奠定了基础。包括"道德的判断力""道德的心情""道德的实践欲望和态度"构成的各种内在资质。在日本核心价值观教育中，对学生的评价以理解学生和促进学生发展为基本立场，时刻站在学生的立场上，包容和尊重学生，以共鸣的、切实的理解为基础对学生进行道德性评价。具体方法有观察和对话法、问卷法以及面谈法等，构建成自我评价与外界评价相结合、发展性评价与终结性评价相结合、质性评价与量化评价相结合的评价体系。多元立体的评价方式可以为我国深化社会主义核心价值观教育所借鉴。

韩国

中小学核心价值观教育

South Korea

20世纪60年代以前，韩国还是世界上的贫困国家之一。经过几十年的发展，韩国的制造业和科技产业发展迅速，成为市场经济体制完善的发达国家，并且成为亚洲"四小龙"中经济体量最大的国家。近年来，韩国十分重视文化产业的发展，其文娱产业也被称为"韩流"，并逐渐在亚洲乃至世界流行起来，向世界宣扬其文化价值观。在价值体系中，有些价值处于从属地位，有些价值处于核心地位，而处于核心地位的价值观自然就是核心价值观。"所谓核心价值观，就是一个社会占统治地位的核心理念，就是一种社会制度普遍遵循的基本原则，或者说一种文化区别于另一种文化的基本价值观念。"[1] 韩国经济的发展、文化软实力的提升自然离不开韩国核心价值观的传播。核心价值观的建设统一了民众思想，规范了民众行为，是韩国国民凝聚力的力量源泉。

基于韩国的历史社会背景，深入到课程、教材、教学等层面，分析韩国中小学核心价值观教育的目标、内容、实施、评价与教师发展等方面，研究韩国核心价值观教育的建设与发展，能为我国核心价值观教育提供一定的借鉴与参考。

一、韩国中小学核心价值观教育的历史演进

国家核心价值观的形成，与其文化传统、历史境遇、社会现实等因素密不可分。韩国核心价值观亦是如此。同时，国家核心价值观一经形成，就会塑造这个国家的精神及其国民的性格，进而凝聚全社会的共识，引领经济、社会乃至国家的发展。韩国是一个十分重视核心价值观形成和教育的国家。

政府根据时代的发展不断改革，尤其注重借鉴外国理论和实践，将其与本国国情和民族文化特点融合，努力创建具有韩国民主精神特色的核心价值观教育体系。从第二次世界大战结束至今，韩国核心价值观教育主要经历了初步恢复、改革、成熟三个阶段。

（一）韩国核心价值观教育初步恢复时期（1945—1961年）

第二次世界大战之后，朝鲜半岛迎来了民族解放。光复后的朝鲜半岛南部在美国支持下成立了韩国政府。随后，由教育界和学术界的权威人士组成的"教育审议会"，确立了"弘益人间"的教育理念，以指导韩国进行重建。"弘益人间"既包含弘扬民族精神的理念，又与基督教的博爱、儒教的仁义、佛教的慈悲相通，包含着人类共同繁荣的

---

[1]　王怀超. 社会主义、科学社会主义与中国特色社会主义 [J]. 科学社会主义，2005（2）：15-21.

理想，反映了教育"民主的"和"民族的"宿念。

这一时期，韩国大量开展以"国文讲习所"为主的扫盲运动，短短两年，韩国文盲率大幅度下降。韩国还建立公民小学和公民中学，对没有接受初等教育的超龄青少年和成年人进行补偿教育，包括知识教育、公民教育和职业教育。这也为后续国民基础教育和文化事业积累了宝贵的人才资源。

同时，这一时期也实行道义教育。所谓"道义教育"，实际上就是以儒家传统的"三纲五常"为核心的道德教育。"三纲"是指"君为臣纲，父为子纲，夫为妻纲"，要求为臣、为子、为妻的必须绝对服从于君、父、夫，同时也要求君、父、夫为臣、子、妻作出表率。"五常"即"仁、义、礼、智、信"，是用以调整和规范君臣、父子、兄弟、夫妇、朋友等人伦关系的行为准则。这些伦理观念曾在日本殖民时期遭到破坏，韩国光复后，特别是朝鲜战争之后，这种传统道德文化得到重建和恢复。

（二）韩国核心价值观教育改革时期（1962—1995年）

韩国作为一个国土面积小、人口稠密和自然资源匮乏的东方国家，从20世纪60年代起，开始创造举世瞩目的"汉江奇迹"。

韩国重教兴邦，教育可以看作韩国经济飞速增长的重要引擎，其教育发展和经济增长之间有着必然联系。1962—1995年，现代化成为韩国国民共同追求的信仰和目标。在国家经济急速发展、国力增进的背景下，恢复民族自信成为国家在精神层面所重视的重要内容。这一阶段是韩国努力实现"国民教育宪章"的阶段，同时也是"国民伦理"的教育时期。随着教育改革的不断进行，1962—1995年这一阶段，韩国的核心价值观教育侧重"国民精神"教育。

为了"民族中兴、国家发展"，强化青少年和整个社会的"国民精神"教育，促进民族素质的提高，韩国于1968年12月5日公布了《国民教育宪章》，重新确立了韩国的教育目的，即"培养热爱国家，并为祖国的发展与繁荣而献身的真正的韩国人"。该宪章制定了教育的七个具体目标：①促进锻炼，保持健康的体魄，培养坚忍不拔的精神；②加强爱国主义精神，维护民族独立与世界和平；③传播和发扬民族文化，为世界文明的发展作出贡献；④培养追求真理的精神和创造能力及理性生活能力；⑤培养对自由的热爱和对国家及社会强烈的责任心；⑥增强审美观念和艺术鉴赏能力，维护人与自然的和谐，促进身心健康；⑦培养勤劳和奉献精神，成为能胜任的生产者和文明的消费者。

《国民教育宪章》在韩国学校公民教育发展进程中具有重要的意义，它在学校对学生进行国民精神教育，培养学生国民意识，教育学生投身国家建设中起到重要作用。但是也有学者指出："维新阶级的独裁思想，也被反映到了列于道德课本中的宪章精神中。"[1]这也使得后续韩国国民精神建设之中不可避免地显示出传统性和强制性的特点。

与此同时，在《国民教育宪章》的指导下，韩国准备修改学校课程，这也是韩国教育史上第三次课程改革。本次改革主要是加强道德教育和国史教育，设立独立的"道德课"和"国民伦理课"，即在小学、初中开设"道德课"，高中开设"国民伦理课"，并强调课程要建立"以学问为中心的课程体系"。

这一时期韩国的核心价值观教育目标是塑造其独立的国民精神，并通过全部的课程来实施，包括社会学科和国语课程，并且主张以课本为中心。应当承认，这种威权主义政治统治下的教育课程适用于那一时期的韩国。

（三）韩国核心价值观教育成熟时期（1995年至今）

20世纪80年代以后，韩国进入了经济调整和稳步发展时期，成为"亚洲四小龙"之一。国民文化教育水平上升，东西方关系缓和，在国家安全得到保障的同时，政府也需要满足韩国国民的另一大需求——"使国民能成为国家真正的主人"。为此，韩国通过提倡全人教育、民主教育、公民教育来加强学校的核心价值观教育。

1995—1996年，韩国开展了一次大规模的教育改革，奠定了韩国现行教育包括公民素质教育架构的基础。韩国对于公民素质的教育要求是全面的，因此，学校的课程也包罗万象，道德教育、环境教育、经济教育、勤劳精神涵养教育、保健与安全教育、性教育、出路与前途教育、统一教育等都是学校必不可少的课程，上述课程的学习"通过特别活动作为重要指导，并贯穿于中小学一切活动之中"[2]。同时，韩国注重家庭教育、学校教育、社会教育三者之间的联系，积极发挥家庭和社会对于培养学生全面素质的积极作用。

在这个阶段，韩国的教育发展战略是"21世纪初，韩国经济要进入发达国家行列，它的教育也应达到发达国家的水准"[3]。为赶超先进国家，韩国强调要培养新的韩国公民，通过创新教育和民主公民教育强化学校核心价值观教育。1995年，韩国发布《为建

---

［1］ 张凌. 战后韩国的人文教育［J］. 比较教育研究，1998（4）：37-39.

［2］ 孙启林. 战后韩国教育研究［M］. 南昌：江西教育出版社，1995：285.

［3］ 洪明. 韩国学校公民素质教育探略［J］. 福建师范大学学报（哲学社会科学版），2001（3）：144-149.

立主导世界化、信息化时代的新教育体制》教育改革报告，将民主公民教育分为小学、初中、高中三个阶段，并指出"小学以遵守基本秩序和人性教育为重点；初中以做合格公民教育为重点；高中以做世界合格公民教育为重点"[1]。在现实社会实践中，韩国的价值观教育致力于用传统礼仪培养有风度的人，用民族精神塑造有国籍的人，用西方尊重个性、追求物质财富、追求民主、崇尚科学的价值观培养世界公民。[2]

二、韩国中小学核心价值观教育的目标分析

国家是一种精神，其内核在于核心价值观。[3] 主流意识形态的普及化是一个世界性的主题。安东尼在《政治社会学》中指出："任何社会，为了能存在下去……必须紧密地围绕保持其制度完整这个中心，成功地把思想方式灌输进每个成员的脑子里。"[4] 因此，韩国将维护自己的核心价值观作为文化安全的重要内容之一，不遗余力地推动其核心价值观的培育。作为传递国家核心价值观的主要场域，韩国的中小学校从国家导向、社会促进和个体发展三个维度对学生展开全面而系统的核心价值观教育，不断地培养和塑造学生多元的文化价值观，陶冶其包容性精神，最终实现学生的社会化。

（一）国家导向：塑造国民精神，激发爱国热情

立足国家层面，韩国中小学的核心价值观教育首先表征为韩国的国民精神教育，旨在通过铸造韩国民族精神，培养一代又一代精忠报国的有文化的韩国人。[5] 在推行国民精神教育方面，国家是主导力量，通过制度、法规的形式确立，然后在学校进行推广。

追溯到1948年，韩国颁布了第一部《教育法》，对韩国教育的基本方向和目标作了较明确的阐述，即"根据'弘益人间'的教育理念，教育的目的在于协助所有的人完善其个人的品德，培养其独立生活能力和取得能参加建设民主国家和促进全人类繁荣活

［1］　金泳三. 韩国的新教育构想［J］. 教育参考资料，1995（17）.

［2］　张可辉，栾忠恒. 新媒体视域下大学生思想政治教育研究［M］. 北京：中国商务出版社，2018：65.

［3］　邱仁富. 社会主义核心价值观培育研究［M］. 上海：上海大学出版社，2015：183.

［4］　奥罗姆. 政治社会学［M］. 张华青，等译. 上海：上海人民出版社，1989：317.

［5］　孙莉. 儒家文化对思想政治教育的影响：中、日、新、韩思想政治教育之比较［J］. 山西师大学报（社会科学版），2004（S1）：1-3.

动的公民资格"[1]。其中，作为教育理念的"弘益人间"指的是"使天下苍生共同受益"，直至今日仍是韩国的教育目的和基础教育课程开发的基本原则。[2]

《国民教育宪章》中阐述了韩国道德教育的方向和目标，对青少年及全体国民进行"国民精神教育"，即振奋民族精神，提高竞争意识和民族生存精神的教育。[3] 政府强调把"国民精神教育"贯穿于一切教育教学活动之中。从小学到大学，学校核心价值观教育中"国民精神教育"的内涵逐级提高，对青少年学生的道德实践能力和水平要求不断提高。[4] 可以说，国家主导的"国民精神教育"，全面贯穿在家庭教育、学校教育和社会教育中，振奋了全体国民的民族精神，为韩国政治、经济、思想、文化等方面的发展奠定了精神基础。

（二）社会促进：培养民主市民，弘扬美德教育

具体到社会生活世界里，韩国则将核心价值观教育转化为公民教育。作为组成社会的最小单位，公民的定义是国家社会的一员，具有宪法规定的权利和义务且独立生活的自由居民。基于此，广义的公民教育涵盖了政治教育、社会教育及道德教育等，而韩国"中小学实施的主要是道德教育，大学实施的则是意识形态教育"[5]。立足这一目标，韩国的公民教育逐渐被确立为一门独立的学科，覆盖K12阶段的学生，并在高中开设了公民的"伦理/道德"教育课程。[6]

如何开展适合各学段学生的公民教育呢？在公民教育研究中，李荣安（Lee Wingon）明确指出儒家文化对于亚洲国家的影响，提出东亚公民身份及公民教育的三个独有的特征：强调精神性，强调个人与社会的关系，强调与他人的和谐关系。[7] 因

---

[1] 姚来燕，孙鸿飞，黄胜天. 韩国国立开放大学研究［M］. 北京：国家开放大学出版社，2015：4.

[2] 姜英敏. 韩国"核心素养"体系的价值选择［J］. 比较教育研究，2016，38（12）：61-65，72.

[3] 索丰，孙启林. G20国家教育研究丛书：韩国基础教育［M］. 上海：同济大学出版社，2015：230.

[4] 贾仕林. 美、日、韩三国学校的核心价值观教育比较研究及其启示［J］. 教学与管理，2014（30）：153-156.

[5] 李敦球. 韩国民主政治的变迁与走向［J］. 国际论坛，2000，2（2）：68-76.

[6] Park H C. The values and virtues promoted in the proposed seventh course of study in civic education: Implications for democratic citizenship and democratic citizenship education in Korea［J］. Asia Pacific Education Review, 2001, 2（1）: 66-73.

[7] 刘争先. 儒家文化与亚洲认同：东亚学生的价值观与态度比较——基于IEA第三次国际公民素养研究报告的分析［J］. 外国教育研究，2014，41（9）：103-112.

此，韩国的中小学主要从两个方面开展公民教育：第一，培养学生的公民意识，即民族意识和民主意识。对民族意识的培养包括民族自尊心、自信心和自豪感。[1] 20世纪90年代后的全球化时期，强调韩国的民族传统和价值观的举措被纳入了国家课程改革进程，[2] 主要目的是恢复受全球化现象影响的韩国传统和价值观，并恢复韩国人的民族身份，激发韩国人的民族意识。另外，对于法治的稳定态度被认为是支持民主价值的重要指标，[3] 从而保障民主社会的发展和公民民主意识的凸显。第二，针对生活在民主社会中的公民所面临的道德问题，培养学生所必需的道德规范和公民技能。何谓好公民？刘争先对此回答道："道德是成为好公民的重要要素，和谐、精神性、个人的道德发展等概念是亚洲国家教育好公民的关键词。"[4] 韩国首尔国立大学国家伦理研究系副教授朴孝庄（Park，H C.）认为："作为自由民主社会的一员，守法、关心他人、对环境保护的敏感、正义和形成社区意识是公民一生的美德，而爱国家、爱民族、有国家安全感、致力于和平统一以及对人类的爱被归类为公民作为一个国家成员在生活中所具备的美德。"[5]

因此，韩国学校核心价值观教育实施公民教育，以公民道德为基础，以韩国民族精神为根本，以民主公正为核心，构筑和谐向上、自由民主的社会环境。

（三）个体发展：凝练人性教育，实现全面发展

聚焦到个体层面，核心价值观教育则体现在人性教育中。2015年7月，韩国教育部制定的《人性教育振兴法实施令》规定人性教育正式列为中小学必修课，韩国成为世界首个推行义务人性教育的国家。

［1］ 刘冰清. 韩国公民道德教育研究［D］. 南宁：广西民族大学，2013.

［2］ KYUNGHEE S, JUNGYUN K, SUNYOUNG L.The formation of the South Korean identity through national curriculum in the South Korean historical context: Conflicts and challenges［J］. International Journal of Educational Development, 2012（32/6）:797−804.

［3］ HUANG M, CHU Y, CHANG Y. Quality of democracy and regime legitimacy in East Asia［R］. Asia Barometer Working Paper Series, 2007.

［4］ 刘争先. 儒家文化与亚洲认同：东亚学生的价值观与态度比较——基于IEA第三次国际公民素养研究报告的分析［J］. 外国教育研究，2014，41（9）：103−112.

［5］ PARK H C. The values and virtues promoted in the proposed seventh course of study in civic education: Implications for democratic citizenship and democratic citizenship education in Korea［J］. Asia Pacific Education Review, 2001, 2（1）: 66−73.

《人性教育振兴法实施令》将人性教育定义为"精心培养端正、健康的自我内在以及培养与他人相处必要的优秀人品与能力的教育"[1]，其核心内容是传播礼、孝、正直、责任、尊重、关怀、沟通和合作等。韩国的人性教育强调儒家"仁""礼"的修身思想，要求学生形成基本的道德礼仪，如诚信知礼，重视家庭和睦与孝悌思想，要求学生掌握家庭、邻里和学校中的道德准则与各种道德规范，养成良好的道德习惯。[2]事实上，人性教育是从个体品德的层面出发，再次回应了国民精神教育与公民教育。

在《人性教育振兴法实施令》的驱动下，韩国中小学的道德课程得到了进一步巩固。人性教育是现代韩国道德课的重要内容之一，旨在发展人的道德品质的同时，培养其丰富的个性和自我开发的素养。因此，道德教育在教育方向和内容设置过程中会注重更广义的、综合性的人的品质的形成。[3]同时，在2015年的教育课程修订中，韩国进一步扩大了人性教育的实施范围，强调人性教育要通过所有学科来实施。例如，国语课程可以通过随笔、随感等方式引导学生对自己的生活进行反思，英语课程中的写作游戏也可以培养学生之间的合作能力，数学课程可以通过小集体的合作学习模式改善学生间的人际关系，发挥团结合作的精神。[4]人性教育将教育课程与学校活动相结合，旨在培养学生具备良好的公民素质，鼓励其利用各种自我表现的机会开发自己的个性，促进自身品德修养。

总而言之，依托公民教育、人性教育等具体的课程内容，韩国核心价值观教育有了教育实践的目标、依据与土壤。从抽象的国民精神到具体的民族意识、民主精神以及公民技能，再到诚信知礼等具体的道德礼仪教育等，核心价值观就是这样被一步步解构并进入中小学教育活动之中。

三、韩国中小学核心价值观教育的内容透视

亚洲价值观是"亚洲地区独有的文化的取向、信仰、规范或态度，是构成其政治、经济、文化制度和过程的基础"[5]。在许多情况下，儒家传统被视为亚洲价值观的代

[1] 全婵兰. 韩国《人性教育五年综合计划》述评[J]. 世界教育信息，2018，31（11）：57-59.

[2] 李琳. 新加坡和韩国德育的特点及其启示[J]. 教学与管理，2013（18）：152-154.

[3] 檀传宝，王小飞. 当代东西方德育发展要览[M]. 北京：人民教育出版社，2013：249.

[4] 李嘉琦. 韩国学校人性教育实施途径研究[D]. 长春：东北师范大学，2017.

[5] KIM S Y. Do Asian values exist? Empirical tests of the four dimensions of Asian values[J]. Journal of East Asian Studies, 2010, 10（2）: 315-344.

表，特别是在东亚地区。[1] 儒家思想最终发展为韩国的基本价值体系。韩国"立足于儒家文化传统，深入挖掘儒教的精髓，使其与现代文明有机结合，培养民众的爱国主义、民族精神，又汲取和传播民主、正义、法治、人权等现代价值观"[2]，概括起来就是"家庭至上、爱国主义、诚信知礼、民主法治和宗教包容"[3]。基于这一目标，韩国的中小学核心价值观教育指向促进国家和谐共融，涵盖了爱国教育、儒家思想教育、道德教育、法治教育以及多元文化教育等五大内容模块。

（一）忠于国的爱国主义教育

爱国主义是对自己祖国的深厚情感，是国家、民族精神文化领域建设的重中之重。培养国家意识和民族意识是爱国主义教育的重要内容，也是韩国国民精神核心价值观教育的重心（见表10-1）。

表10-1　韩国中小学爱国主义教育

学段	教材	主要价值目标	涉及教材单元
小学	《道德3》	爱国家；认识朝鲜半岛分裂的现实和统一的必要性。	第五单元"共同守护幸福的世界"。
	《道德4》	爱护民族文化遗产；正确对待国家安全问题。	第六单元"一起梦想的多彩世界"。
	《道德5》	协力共同发展；和平统一的义务和方法；正确的国际文化交流。	第三单元"积极的生活"；第六单元"我们共同生活，尊重人权"。
	《道德6》	朝鲜半岛统一的未来和民族统一的意志；对海外同胞的理解和爱；世界和平与人类共荣。	第二单元"小小的援助，创造温暖的世界"；第五单元"我们梦想的统一韩国"；第六单元"共同生活的地球村"。
初中	《初中道德1》	民族的发展与文化昌盛；爱国心与民族爱；正确的爱祖国、爱民族的姿态。	第三单元与社会、共同体的关系："文化多样性""世界公民伦理"。
初中	《初中道德2》	民族分裂的原因和背景；韩国和朝鲜的现实；为实现朝鲜半岛统一的努力及问题。	第二单元与社会、共同体的关系："统一伦理意识"。

[1]　SORENSEN C W. Success and education in South Korea [J]. Comparative Education Review, 1994, 38（1）: 10-35.

[2]　张可辉，栾忠恒. 新媒体视域下大学生思想政治教育研究 [M]. 北京：中国商务出版社，2018：65.

[3]　吴永华. 论韩国核心价值观及其培育路径 [J]. 延边大学学报（社会科学版），2015，48（1）：75-81.

（续上表）

学段	教材	主要价值目标	涉及教材单元
高中	《生活与伦理》	韩国公民的国家安全观；国际关系以及作为世界公民的态度和角色。	第六单元和平与共存的伦理："围绕统一问题的争论""统一向往的价值""国际纷争的解决与和平"。
	《社会融合》	了解韩国与其他国家的关系。	第八单元全球化与和平："南北分端及东亚历史矛盾与国际和平贡献方案"。

  韩国中小学注重国家意识教育，维护国家统一、反对分裂这一观念也是从儒家"大一统"思想演变而来。韩国人长期以来一直渴望统一，并不断地为此做准备，这种独特的情况加强了在国家课程中保持统一教育的重要性，这一内容具体转化并融入了教科书之中。例如，在《道德6》第五单元"我们梦想的统一韩国"（如图10-1所示），教师引导学生预想朝鲜半岛统一后会发生的一系列变化，将"统一"这一理念传达给当代青少年，使其国家意识更加牢固。

  除此之外，韩国还注重民族意识教育在生活中的映现，蕴含民族文化传承以及"身

图 10-1 "我们梦想的统一韩国"单元教材内容 [1]

---

［1］ 韩国首尔大学道德国情图书编撰委员会.《道德6》教科书［Z］. 2021：99-100.

土不二"的民族情感养成。韩国重视对民族传统道德和文化的教育,在课堂上教师时常向学生传扬民族文化,培养其民族认同感。在学校开设历史课,让学生通过历史文化的学习,增强民族自尊心和自豪感。

(二)孝为先的家庭伦理教育

在东亚儒家文化圈中,韩国是世界上将儒家传统保留较完整的国家之一,[1]孝道、尊重长者、相互依存和关联的文化取向仍然存在。[2]尽管韩国大部分地区已经实现了现代化,但它仍以儒家传统为指导,"强调对统治阶级的忠诚、尊重长辈、对父母的尊重、对人际关系的礼貌以及对个人权利的义务"[3]。在儒家思想中,社会的构成是等级化的,基于上下级的垂直结构,家庭是社会组织的原型,家庭生活的原则适用于更大的社会,要保证家庭和社会的和谐与秩序,必须以孝道为基本价值观。[4]在韩国,"孝"是位于首位的德行,是社会道德原则的基础。[5]"孝"在韩国的社会精神文化生活中占有主导地位,渗透在社会物质生活和精神生活的方方面面,"韩国家庭成员之间的关系是建立在一种合作和互相支援的传统基础之上的,因此家庭成员之间的感情、爱和责任感十分强烈,无法割断"[6],进而形成了"家庭至上"的价值观。

表10-2 韩国中小学家庭伦理教育

学段	教材	主要价值目标	涉及教材单元
小学	《道德3》	孝顺、友爱; 打招呼、言语礼节。	第三单元"我充满爱的家"。
	《道德4》	亲切、互让; 亲戚之间的礼节。	第一单元"道德学习,幸福的我们"。

[1] KOH B I. Confucianism in contemporary Korea [J]. Confucian traditions in East Asian modernity, 1996:191-201.

[2] JEONG C. Formulating a developmentally appropriate and culturally sensitive program of moral education—A Korean example [J]. The Social Studies, 2005, 96(2):79-85.

[3] PARK J Y, JOHNSON R C. Moral development in rural and urban Korea [J]. Journal of Cross-Cultural Psychology, 1984, 15(1):35-46.

[4] HYUN K J. Sociocultural change and traditional values: Confucian values among Koreans and Korean Americans [J]. International Journal of Intercultural Relations, 2001, 25(2):203-229.

[5] 孙伟平. 价值差异与社会和谐:全球化与东亚价值观 [M]. 长沙:湖南师范大学出版社,2008:107.

[6] 安丰存,郑鲜日. 韩国传统文化概览 [M]. 延吉:延边大学出版社,2016:51.

（续上表）

学段	教材	主要价值目标	涉及教材单元
小学	《道德5》	互相爱惜、恭敬； 与邻里和睦相处。	第二单元"我珍贵的朋友"；第三单元"积极的生活"。
小学	《道德6》	勤勉、诚实地生活； 学校家乡的发展。	第三单元"反省自己的生活"；第二单元"小小的援助，创造温暖的世界"。
初中	《初中道德1》	家庭与学校生活的意义，家族、亲戚、邻里之间的礼节。	第二单元"家庭伦理""邻里生活"。
高中	《生活与伦理》	尊重伦理生活与环境。	第二单元"家庭关系伦理"。
高中	《伦理与思想》	关注东西方伦理思想与社会思想。	第二单元"东方和韩国伦理思想"；第三单元"西方伦理思想"。

　　韩国中小学校在价值观教育中也添加了家庭伦理教育的内容，让家庭至上、以孝为先、友好睦邻的概念深入学生心中（见表10-2）。韩国核心价值观教育将家庭的概念强化在日常的生活学习之中，使学生了解关爱家人是他们的责任与义务。

　　在家庭观念的塑造和教学中，韩国的道德课程受到西方文化和儒家文化的影响，传统和现代并行，塑造了一个既传统又现代的孝道观念，即以孝至上，重视家庭关系。这种新型的家庭伦理观念对于韩国经济社会的稳定发展起着积极作用。

（三）长于礼的品德行为教育

　　与西方社会相比，韩国社会保持了一种更传统、更符合要求、更独裁和更有地位导向的文化。[1] 许多韩国人支持这样一种观点，即"以个性为代价，在家庭和社会中履行预期的角色是最重要的"[2]，追求适度的生活是为了保持与他人的和谐，"忠诚度仍然支配着韩国人的社会行为"[3]。因此，韩国的核心价值观教育强调"诚信知礼"，"其主要指导原则是基于善意和同情心的互惠关系"[4]。韩国儿童从小就接受

［1］ PARK J Y, JOHNSON R C. Moral development in rural and urban Korea［J］. Journal of Cross-Cultural Psychology, 1984, 15（1）: 35-46.

［2］ KOH H C. Religion and Socialization of Women in Korea in Religion and Family in East Asia［J］. Senri Ethnological Studies Osaka, 1984（11）: 237-257.

［3］ HYUN K J. Sociocultural change and traditional values: Confucian values among Koreans and Korean Americans［J］. International Journal of Intercultural Relations, 2001, 25（2）: 203-229.

［4］ 同上。

礼节教育，学校也从幼儿园开始教授基本礼仪。韩国的礼仪教育包含在核心价值观教育之中，从幼儿园直至大学都体现了礼仪教育在韩国教育系统中的重要性。

韩国人的日常礼仪秉持着"序列意识"，即以家世、职业、性别、年龄等方面的内容作为基础发展出的一种人际关系准则，并有着与上下的身份秩序相对应的独特行为模式。[1] 例如，韩国人见面时的传统礼节是鞠躬，晚辈、下级走路时遇到长辈或上级，应鞠躬、问候，以示敬意。

表10-3　韩国中小学品德行为教育

学段	教材	主要价值目标	涉及教材单元
小学	《道德3》	清洁、卫生、整理整顿；尽责任做事；爱惜、珍惜物品。	第二单元"拥有耐心，尽力而为地生活"； 第四单元"节省的我们"。
	《道德4》	正确的姿势；自觉思考和实践；珍惜时间；言语礼节；守约、守规则。	第二单元"恭敬并亲切"； 第三单元"成为美丽的人"。
	《道德5》	正直地生活；节制地生活。	第一单元"光明磊落"； 第三单元"积极的生活"； 第四单元"阳光健康的网络生活"。
	《道德6》	勤勉、诚实地生活；爱惜生命。	第一单元"我人生的主人是我"； 第二单元"小小的援助，创造温暖的世界"。
初中	《初中道德1》	人生观念与道德思考；人生目标与人生价值，人生的多样性与价值矛盾；价值选择与道德判断。	第一单元"道德性的行为""自我认知""人生的目的"。
	《初中道德2》	人生的姿态与设计；人性发展与人格陶冶。	第一单元"信息，通信伦理"； 第三单元"和平解决矛盾""生活的重要性""幸福的人生"。
高中	《生活与伦理》	具有作为一个有伦理的、追求理想生活的人的自觉意识；在公民社会中智慧地生活；具有作为一个自由公民的能力和态度。	第一单元"对于伦理问题的探究与觉醒"； 第三单元"国家与公民的伦理"。

学校的品德行为教育依托"序列意识"的养成，并在教材中得以表征（见表10-3）。例如，教师会通过真实情境的再现，引导学生思考做出规范的行为和正确的礼

---

[1]　安丰存、郑鲜日. 韩国传统文化概览［M］. 延吉：延边大学出版社，2016：51.

仪，在《道德3》中第五单元"在公共场所规范行为"（如图10-2所示）。

图 10-2　正直的实践阶梯 [1]

"正直的实践阶梯"一图，让学生熟悉在公共场所应该如何做，并且回顾自己在公共场所是否遵守了规则。通过案例分析，学生真正了解并开始使用正确的礼貌用语，正确遵守公共场合的规章制度和遵守礼节。青少年在生活化、日常化的教育中，会逐步形成自觉行动，成为品德优良的学生，不断适应社会文化。

（四）公正为本的民主法治教育

在韩国，社会层面的核心价值观教育强调"遵守法律，关心他人，公平正义" [2]。"民主法治"是韩国核心价值观的基本内容，作为一种西方文化精神中的普世价值观念，"传统的儒家价值观可能仍然决定了韩国人在家庭关系领域的行为，而融入的西方价值观在工作和不那么亲密的社会关系领域指导他们的社会行为" [3]。自建国以来，韩国经过 9 次修宪，于1987年确立的韩国第六共和国宪法即是"民主法治"精

---

[1]　韩国首尔大学道德国情图书编撰委员会.《道德3》教科书［Z］．2021：91.

[2]　PARK H C. The values and virtues promoted in the proposed seventh course of study in civic education: Implications for democratic citizenship and democratic citizenship education in Korea［J］. Asia Pacific Education Review, 2001, 2（1）: 66-73.

[3]　HYUN K J. Sociocultural change and traditional values: Confucian values among Koreans and Korean Americans［J］. International Journal of Intercultural Relations, 2001, 25（2）: 203-229.

神的体现。[1] 韩国的民主法治教育扎根于核心价值观教育之中，并通过政府、社会、学校合力搭建完善的法治教育框架。

韩国法治教育学会会长金荣天曾表示，韩国的青少年法治教育仍处于社会发展不充分、专业研究不充足的阶段，社会和普通家庭对法治教育的意识不强。[2] 因此，学校是开展民主法治教育的主阵地，对民主公正和规范法治的教育囊括在教科书中（见表10-4）。

表10-4 韩国中小学民主法治教育

学段	教材	主要价值目标	涉及教材单元
小学	《道德3》	遵守交通规则；保护环境。	第五单元"共同守护幸福的世界"；第六单元"尊重生命的我们"。
	《道德4》	公共场合的礼节和秩序；正确的生活态度。	第三单元"成为美丽的人"；第五单元"成为集体的我们"。
	《道德5》	尊重他人的权益；追求公益的生活；遵守民主的顺序。	第一单元"光明磊落"；第三单元"积极的生活"；第五单元"解决矛盾的智慧"。
	《道德6》	遵守法律和规则；对他人关心和服务；保全和爱护自然。	第二单元"小小的援助，创造温暖的世界"；第四单元"公正的生活"；第六单元"共同生活的地球村"。
初中	《初中道德1》	现代社会与环境问题；现代社会与青少年问题；社会道德问题的解决。	第三单元"人与人之间的尊重""世界公民伦理"。
	《初中道德2》	民主社会与人的尊重；民主态度与生活方式；福利社会与经济伦理。	第一单元"和平解决矛盾""暴力的问题"；第三单元"社会正义"。
高中	《生活与伦理》	公民社会的特征与伦理环境；在自由民主社会的法治生活。	第三单元"社会正义与伦理""国家与公民的伦理"。

在《道德课6》第四单元"公正的生活"中（如图10-3所示），课堂上教师设置游戏和情境，让学生通过寻找公正的行为，或者与公正相反的行动事例。在一起讨论的过程之中，学生更加容易了解公正的意义和重要性。在推行民主法治教育时，通过个人道

---

[1] 吴永华. 论韩国核心价值观及其培育路径 [J]. 延边大学学报（社会科学版），2015，48（1）：75-81.

[2] 共青团中央国际联络部. 国外青年与青年工作（2014—2018）[M]. 北京：中国青年出版社，2020：373.

South Korea

第十章 韩国中小学核心价值观教育

德与社会规则的融合，学生认识到法律是互相尊重的重要规则，与生活密切联系，并与道德规范教育一脉相承。

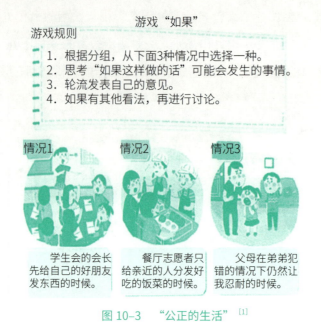

游戏"如果"

游戏规则
1. 根据分组，从下面3种情况中选择一种。
2. 思考"如果这样做的话"可能会发生的事情。
3. 轮流发表自己的意见。
4. 如果有其他看法，再进行讨论。

情况1
学生会的会长先给自己的好朋友发东西的时候。

情况2
餐厅志愿者只给亲近的人分发好吃的饭菜的时候。

情况3
父母在弟弟犯错的情况下仍然让我忍耐的时候。

图 10-3　"公正的生活"[1]

（五）融至上的多元文化教育

在韩国，民主化导致了传统价值观与民主取向相融合的教育改革。[2] 有学者认为，韩国的公民教育需要通过采用多元文化主义和世界主义的概念来适应全球化的世界。金永汉指出，"由于20世纪90年代以来移民的快速增长，韩国的课堂在语言、文化、种族和民族方面也变得多样化。在民族国家，在课程中实施多元文化教育的理论、实践、理想和价值观是所有儿童福祉和学业成功的责任"[3]。民主化要对那些信仰和信念不同的人给予很大程度的宽容，"宽容是自由社会的基本要素，特别是以道德和文化多元化为标志的社会"[4]。针对多元文化教育，贝内特认为这是"一种基于民主

［1］　韩国首尔大学道德国情图书编撰委员会.《道德6》教科书［Z］. 2021：81.

［2］　ROH Y R. Values education in the global, information age in South Korea and Singapore［M］//Citizenship Education in Asia and the Pacific. Springer, Dordrecht, 2004：257-274.

［3］　KIM Y. Multicultural education in social studies textbooks in South Korea and the United States: A comparative analysis［D］. Michigan: Proquest LLC, 2013.

［4］　PARK H C. The values and virtues promoted in the proposed seventh course of study in civic education: Implications for democratic citizenship and democratic citizenship education in Korea［J］. Asia Pacific Education Review, 2001, 2（1）：66-73.

价值观和信仰的教学方法，在相互依存的世界中，在文化多样的社会中确认文化多元性"[1]。在韩国《社会和文化》教科书中提到要"接受和强调多样性，但仍然主要关注宽容"[2]。梅琳达·费恩认为未来公民必须尊重文化、宗教和宗教的多样性。[3]

因此，为了培育学生尊重并欣赏多元文化的核心价值观，凝聚多元共识，韩国学校制定并实施多元文化教育，以期唤醒学生的共同体意识，有效解决民族矛盾和文化冲突。

多元文化教育的目标是培养学生共同体意识、宗教宽容和跨文化能力，这一内容贯穿在韩国中小学的教材中，在《道德》《生活与伦理》中均有涉及（见表10-4）。

表10-4　韩国中小学多元文化教育

学段	教材	主要价值目标	涉及教材单元
小学	《道德3》	共同体意识；和平统一；爱人类。	第五单元"共同守护幸福的世界"；第六单元"尊重生命的我们"。
	《道德4》	爱护民族文化遗产；协力共同发展。	第五单元"成为集体的我们"；第六单元"一起梦想的多彩世界"。
	《道德5》	正确的国际文化交流。	第六单元"我们共同生活，尊重人权"。
	《道德6》	对海外同胞的理解和爱；世界和平与人类共荣。	第二单元"小小的援助，创造温暖的世界"；第六单元"共同生活的地球村"。
初中	《初中道德1》	民族的发展与文化昌盛；民族共同体的繁荣；世界人眼中的韩国人。	第三单元"文化多样性""世界公民伦理"。
高中	《生活与伦理》	世界和平；了解文化变迁和文化同一性。	第五单元"艺术与大众文化伦理""多元文化社会的伦理"；第六单元"地球村和平的伦理"。

例如，在《道德4》第六单元"一起梦想的多彩世界"中（如图10-4所示），从饮食文化的角度，引导学生思考如何与世界各地的朋友相处，将多元文化这一概念传递给青少年，有助于培养学生包容、开放、互助、和谐的价值取向，从而培育全球化、国际

［1］　BENNETT C I. Comprehensive multicultural education: Theory and practice［M］. Boston: Allyn and Bacon, 1986.

［2］　KIM Y. Multicultural education in social studies textbooks in South Korea and the United States: A comparative analysis［D］. Michigan: Proquest LLC, 2013.

［3］　Dennis Lloyd .Values Education in Schools［J］. The Educational Forum, 1996, 60（2）: 185-186.

化的综合人才。韩国学校价值观教育通过加强多元文化教育，达到对韩国多民族、多文化国家的文化体认，以此建立高度的国家认同，促进社会团结。

图 10-5 "一起梦想的多彩世界"单元教材内容 [1]

四、韩国中小学核心价值观教育的实践方法

核心价值观教育"是任何有效教学和学校教育中不可分割的一部分，因为它触及所有有效学习的内在道德维度" [2]，因此，其实施关乎教育功能的实效性。而有效的价值观教育"需要一个关系网，从教室延伸到整个学校，延伸到家庭和社区" [3]。韩国中小学核心价值观教育通过构建基于国家导向的立法保障、基于规范课程的全面渗透、基于课外拓展的综合修炼和基于家校联动的文化传承四种路径，促进学生价值观在认知与情感上的内化，最终指向学生个体行为的转变。

［1］ 韩国首尔大学道德国情图书编撰委员会.《道德4》教科书［Z］. 2021：105.

［2］ CARR D. Personal and interpersonal relationships in education and teaching: A virtue ethical perspective［J］. British Journal of Educational Studies, 2005, 53（3）：255-271.

［3］ LAMING J S. In search of effective character education［J］. Educational Leadership, 1993, 51（3）：63-71.

（一）国家导向立法保障

核心价值观究其本质是国家精神的具象化，本身带有浓厚的政治色彩，是国家协调统一个人价值观和社会价值观、维护国家稳定发展的根基。明晰的价值标准、稳定真实的价值共识是保证价值观教育得以进行的前提性框架。[1] 因此，为形成国家团结、社会稳定的强大凝聚力，韩国在全社会实施核心价值观教育的过程中依托法律的"硬性规定"，为核心价值观的构建与培育提供了制度支持和保障。

1968年韩国颁布的《国民教育宪章》阐述了韩国的教育形态以及价值观教育的基本方向和目标，强调国民精神塑造和爱国主义精神的培养。此外，韩国还通过相关法律规定来促进品德行为教育和家庭伦理教育。例如，1973年，韩国颁布《关于家庭礼仪的法律》以加强家庭礼仪，健全社会风气；2007年，通过《孝行奖励资助法》推动孝行教育和孝道践行，营造了良好的社会行孝氛围；2014年，韩国政府以"自由、相生、融合"三个关键词为理念，出台了文化领域的重要法案——《文化基本法》，以此保障国民文化教育，为价值观教育提供文化土壤。通过各领域法律的出台，韩国将核心价值观有目的、有计划地传递给每一位社会成员，构成每一个体的心理定势，使人们在现实生活中以它为尺度去度量、评判现实事物与现象，通过法律"硬性规定"确立的核心价值观引导并规范着公民的道德意识与社会行为。

（二）规范课程全面渗透

规范是实现价值的规则体系，是获得价值目标的手段。[2] 韩国学校通过规范的道德教育课程以及其他学科课程的道德教育渗透，实现价值观教育的有机衔接和有序递进。在韩国，道德教育被视为重聚国民精神、解决社会问题、充分发挥个人潜能并指向幸福生活的重要途径。

韩国将道德教育融入从一到十二年级的一体化课程中，提出道德课程的作用是"帮助学生认识自己，并学习人生所需要的道德规范和礼节，理解和把握作为国家和民族之成员、国际社会一员的责任，帮助学生成为良好的韩国国民以及全球市民"[3]。在韩

［1］ 王葎. 价值观教育的合法性［M］. 北京：北京师范大学出版社，2009：29-30.

［2］ 袁贵仁. 价值观的理论与实践［M］. 北京：北京师范大学出版社，2006：81.

［3］ 索丰，孙启林. G20国家教育研究丛书·韩国基础教育［M］. 上海：同济大学出版社，2015：226.

South Korea

第十章 韩国中小学核心价值观教育

国，一、二年级的课程为正确生活课，三至十年级的课程为道德课，十一至十二年级作为选修课设有市民伦理课、伦理与思想课。[1] 三至十年级的小学道德课程主要通过价值教化、行为规范帮助学生学习社会期待的道德标准和价值原则，培养其正确的认知、良好的品德和行为；十一至十二年级的道德课程更加强调学科化和系统化学习，通过传授东西方伦理思想、公民知识等内容，培养学生的国家认同与民族自豪感。

除了道德课的直接教学外，其他学科教学也非常强调道德教育的渗透。比如，韩国小学国语教科书中涵盖了态度价值观和行为规范的内容，包含尊重长辈的传统孝道思想，如三年级下册第8单元的"参鸡汤的幸福"；渗透了保护环境的共同体意识，如六年级下册第6单元"为地球关一小时灯"；以及包含礼节养成和规则意识养成，如使用敬语、正确行为规范、交通规则、垃圾分类等。[2] 此外，以韩国京畿道的城南中学为例，其在实施道德教育的过程中采用融合方案，通过道德和音乐学科融合，培养学生探索性思考和解决问题的能力。[3] 由此，韩国通过学科教学渗透道德教育，克服了单纯理论道德教育的不足，从而对学生的道德教育起到潜移默化的作用。

（三）课外拓展综合修炼

杜威强调儿童和社会的联系，认为在两者中有一个联结的共同要求——活动，无论是从经验论考虑，还是从心理学考虑，或从社会角度考虑，活动都是儿童认识世界的最主要途径。[4] 因此，课外活动和规范课程之间相辅相成。将课程以外的活动作为基本活动，可以培养学生在集体中的个性、自律性和创造性。而丰富的课外活动是韩国学校教育的一大特色，同时也是价值观教育的重要途径。

韩国的学校通过组织学生参与课外实践活动促进价值观外化于行，进而维护社会和谐与稳定。2009年，为了培养创新型和学习型人才，韩国的综合实践类课程中添加了创意性体验活动课程，旨在通过学生积极参与创意性体验活动，开发并提升每个学生的素质和潜能，养成自律性生活态度，通过理解他人实践关爱和分享，培养共同体意识和

［1］　檀传宝，王小飞. 当代东西方德育发展要览［M］. 北京：人民教育出版社，2013：234.

［2］　江颖颖. 韩国小学国语课程的文化选择研究［D］. 延边：延边大学，2017.

［3］　李嘉琦. 韩国学校人性教育实施途径研究［D］. 长春：东北师范大学，2017.

［4］　冯克诚. 杜威实用主义教育思想与论著选读（上）［M］. 北京：人民武警出版社，2011：49-50.

市民应具备的各种素养。[1] 此外，韩国中小学积极开展有益于学生身心健康的各种课外活动，包括志愿者服务、爱护老人、为残疾儿童提供援助、为贫困儿童捐款、参加夏令营、社区体验等，帮助学生在活动中承担责任、学会思考、培养技能、积累经验。例如，国立中央青少年修炼院目前是韩国最大的青少年综合修炼场所，举办以小学生为对象的示范性修炼活动和以青少年为对象的特色夏令营、家庭夏令营、青少年文化节等多种多样的青少年活动。[2]

课外实践活动是辅助学校教育的第二课堂，是学校教育相辅相成、不可分割的一部分。通过参与广泛而丰富的课外实践活动，韩国学生能习得社会所需的知识与技能，全方位理解与他人、社会以及世界的关系，发展爱国、重孝、知礼、民主等多元价值观。

（四）家校联动传承文化

苏霍姆林斯基说过："最完备的社会教育是学校教育和家庭教育的结合。"韩国倾向于把家庭而不是学校，作为传统宗教和道德教育最有效的场所。[3] 家庭和学校的合作共育是学校价值观教育取得显著成效和成功的关键。

家长参与学校活动是家庭和学校共同合作的基础，韩国教育部规定学校参与制度分为学生家长的学校参与、学生家长的支援服务、学生家长教育、家庭和学校间的沟通四个领域。[4] 此外，韩国学校重视教师与家长的沟通交流，学校为了使家长和教师之间进行更好的交流，会安排专门的面谈时间，包括学校访问、家庭访问、电话访谈等多种形式，例如学校举办的"家长商谈周"等活动。

韩国重视家庭伦理教育，强调家庭是孕育个体价值观的早期摇篮。韩国的家庭教育重视言传，更重视身教，父母通过自身的行为礼仪来影响孩子，通过讲述蕴含爱国主义思想和民族精神的童话故事和历史神话，使孩子们树立起爱国精神和国民价值观。韩国人认为，"孝道有助于巩固、维系家庭，培养血缘关系的凝聚力，由此形成一种浓厚的

---

［1］ 张传燧. 综合实践活动课程论［M］. 广州：广东教育出版社，2005：31-35.

［2］ 索丰，孙启林. G20国家教育研究丛书·韩国基础教育［M］. 上海：同济大学出版社，2015：236.

［3］ LEE W O. Emerging concepts of citizenship in the Asian context［M］//Citizenship education in Asia and the Pacific. Springer, Dordrecht, 2004：25-35.

［4］ 李嘉琦. 韩国学校人性教育实施途径研究［D］. 长春：东北师范大学，2017.

家族亲情，由家及国，在家行孝方能为国尽忠"[1]。因此，韩国家庭教育中"孝"文化的地位无法撼动，它不断延续并成为一种信仰，虽然韩国现代社会在西方价值观的冲击下，传统价值体系受到动摇，但是以家族为根源延伸出的忠孝思想依旧是韩国核心价值观稳定的内核。

价值观教育是综合、长效的庞大工程，学校与家庭密切联系、有机结合，韩国通过构建家校共同体，推行家校合作共育，传播价值观教育理念，形成携手育人的强大合力。

五、韩国中小学核心价值观教育的评价策略

（一）韩国核心价值观教育评价概述

韩国教育部在关于现行道德教育评估的规定里强调"道德课程评估应坚持多样化原则。评估内容应包括道德知识、道德信念与态度、道德思考能力等方面，方法上体现多样化，尽量避免单一化（例如考试）。评估结果用于改善道德课教学，提高学生的道德水平"[2]。

韩国价值观教育评价的目的在于测定学生的道德性及人性发展水准，并提出适合个别学生、班级、学年的教育方法，改善教育内容与学习方法，最终促进学生的道德性发展与道德人格的涵养。可以说，全面细致地分析学生个人与集体道德学习水平以便帮助学生发展，促进学生发展道德性及人性，[3]是韩国核心价值观教育评价的核心追求。

（二）韩国核心价值观教育评价策略

目前，韩国的道德课评价分为四部分：第一，对道德知识的评估，主要为笔试，包含多选题、主观表述题等多种题型；第二，对道德信念的评估，包括行为观察、面试、课堂问答观察等形式；第三，对道德思考能力的评估，主要对道德价值判断能力进行评估；第四，对道德实践能力的评估，方法上要求多样化，包括前三种评估中提到的所有

[1] 张理智. 韩国人怎样教育孩子［M］. 北京：昆仑出版社，1999：46.

[2] 王涛，谭菲. 韩国中小学道德教育的途径、方法及评估标准［J］. 教学与管理，2011（15）：156-158.

[3] 同上.

方法。[1] 当前，韩国小学过程性价值观教育评价有以下三种方法。

1. 学校生活记录簿

在入学时，韩国以"学校生活记录簿"为基础全面评价学生。[2] 学校生活记录簿详细记录了学生出勤、学习动机与兴趣、特点、学习成绩、社会活动参与情况等信息。以往在记录学生成绩时，学校按照学生总体比例将成绩划分为9个等级，各等级有不同比例的学生分布，然后在此基础上进行分值换算。

2. 活动表现记录表

在韩国中小学《道德》课程教师用书之中，每一单元都会涉及多个表格和记录表的使用，横贯课前、课中和课后，其目的也不尽相同。课前，教师会通过观察记录学生的表现，确定这节课的课堂氛围如何把控；课中，教师则通过记录表，找准教学的重心和难点；课后，记录表则是对课堂教学效果的反馈，帮助教师更好地完善自己的教学。

3. 小组学习报告

韩国课堂不提倡灌输式教学，倾向于将学生带入情境，通过情境讨论和小组作业来完成教学。这就需要小组共同完成学习内容，生成报告，以便于教师对教学效果进行评价。

由此可以看出，韩国小学的核心价值观教育将评价与教育结合起来。在评价中，既评价学生的认知领域，也评价学生的非认知因素，同时，评价是采取多种合适方式的，贯穿在日常教育教学中。

六、韩国中小学核心价值观教育的教师发展

教师专业发展是指教师作为专业人员，在专业思想、专业知识、专业能力等方面不断完善的过程，即由一个专业新手发展成为专家型教师的过程。作为专业人员，教师具有独特的个人经历、品质、性格和专业发展的自我意识。通过分析韩国核心价值观教育，揭示韩国教师发展的内在逻辑，发现韩国中小学核心价值观教育的教师发展主要有两种途径：基于标准导向的教师培养和基于应用导向的教师发展。

---

［1］　姜英敏. 韩国道德课浅探［J］. 比较教育研究，1999（4）：42-45.

［2］　姜英敏. 韩国高中入学制度改革刍议［J］. 比较教育研究，2014，36（11）：69-73.

（一）基于标准导向的教师培养

基础教育课程改革已进入核心素养时代，教师教育也需要以核心素养为导向。[1] 培养高质量教师是推动核心价值观教育整体发展的关键。针对核心价值观教育，韩国的教师培养往往更倾向于以教师素养和能力的构建为本。其教师培养也是基于标准导向，指向专业理念塑造、专业知识积累和专业能力建构。

专业理念是指由专业人员形成并共有的观念和价值体系，是一种职业意识形态。随着社会的变化及教育的发展，教师的角色也发生了很大的变化。为了适应教育需求的变化，韩国于2006年11月颁布了《教师培养体制改革方案》，制定了新任教师应具备的资质与能力的一般标准（见表10-6），其中，"标准一"和"标准二"指出教师要具备健全的人格、教职伦理意识及社会的责任意识。这种对教师素养的高要求，关注教师对于学生的关爱、尊重、信任和培养，也保证了教师的专业地位。

教师专业知识是教师科学有效地进行教育和教学工作时必备的知识总和，是教师职业作为一门专业的最基本依据和标志，它与教师的专业理念与师德、专业能力等共同构成了教师的专业素养，也是各国中小学教师专业发展标准的重要构成部分。[2] 韩国在《教师培养体制改革方案》中，提到关于教师应具备的资质与能力的一般标准，提出将教师的专业知识积累纳入教师培养标准。无论何种知识，实际上都是在教师生成性知识观主导下。强调教师专业身份建构的主体是教师，其知识不是外在赋予，更不是强加的，而是教师通过自身对实践情境、教学内容、学生发展等的系统思考，在实践中建构的。

教师专业能力是教师在解决教育实践问题和完成教育实践任务时所表现出的专业水准。韩国的《教师培养体制改革方案》提出"标准十"和"标准八"，旨在增强教师教育研究的意识和能力以及教师的创新性实践能力。

《教师培养体制改革方案》中对教师素质的规定强调了对教师专业化、教职素养及教育效率的要求。这种对教师素养的高要求，也保证了教师的专业地位，使其身份更具保障。[3]

［1］　胡杨，王后雄. 学科核心素养视域下科学教师学科教学知识的特征与发展［J］. 课程·教材·教法，2020，40（11）：123-128.

［2］　王飞. 教师专业知识的优化路径［J］. 集美大学学报（教育科学版），2020，21（5）：22-27.

［3］　索丰，孙启林. G20国家教育研究丛书·韩国基础教育［M］. 上海：同济大学出版社，2015：53.

表10-6　教师培养体制改革方案 [1]

标准	内容
标准一	教师要具备健全的人格与教职使命感及伦理意识。要求教师要具备健全的人格；要具备教职使命感；要具备教职伦理意识及社会责任意识。
标准二	教师要献身于学生的学习及福祉。要求教师要尊重学生，公正地对待学生；要帮助学生使其自身的潜力最大限度地发挥出来；要积极满足每个学生的教育需求。
标准三	教师要理解学生及学生的学习、发展。要求教师要理解学生已有的学习习惯、学习方式、学习动机、学习要求；要理解学生的认知、社会性、情绪、身体的发展；要理解每个学生的特性和家庭、社会、经济和文化环境。
标准四	教师要具备学科的专业知识。要求教师要深入理解所教授学科的内容；要理解作为教学科目基础的核心概念、概念间的关系、探究方式；要不断地探究教学科目及基础学科的最新知识。
标准五	教师要开发并实施与学科、学生及教育环境相适应的教育课程。要求教师要理解国家水平的教育课程；要对国家教育课程按照学生及教育状况进行重组；要努力进行教育课程资料的研究及开发。
标准六	教师要有效地设计、实施课堂教学。要求教师要设计适合教育目标、学科特点及学生的课堂教学；要灵活运用多种教学方法及各种活动、资料、媒体，有效地实施课堂教学；要诊断学生对学科的学习要求，提供适当的支持。
标准七	教师要监督、评价学生的学习。要求教师要应用适合评价目的及内容的多样化的评价方法；要对评价结果进行妥当的分析并与学生进行有效的沟通；要把评价结果应用于对学生学习的支持及教学的改进。
标准八	教师要创造有助于学习的环境及文化。要求教师要支持学生自主地解决问题及决策；要民主地进行班级管理；要创造相互尊重、信任的学校文化。
标准九	教师要与教育共同体的成员一起构筑合作关系。要求教师要理解教育的社会、文化、经济脉络；要与教育共同体的成员进行有效的沟通；要诱导并维持教育共同体成员对学校教育的参与及合作。
标准十	教师要不断努力地提高其专业性。要求教师进行研究并提高自身的教育实践；要积极参与校内的进修计划与活动；不仅要关注现实，还要终身不断地学习。

［1］　索丰，孙启林. G20国家教育研究丛书·韩国基础教育［M］. 上海：同济大学出版社，2015：53.

（二）基于应用导向的教师发展

知识经济时代呼唤高素质的人才，提高教师的专业素养是造就高素质人才的必要条件，教师的专业素养是一个动态的系统结构体系，是教师作为社会个体在具备一般社会素养的基础上，通过教师教育和教育教学实践活动不断生成的。[1] 重视教师教育，建立一支庞大、专业、高质量的教师队伍，已成为发达国家新时代教育改革的焦点。韩国中小学价值观教育的教师发展通过教师进修制度、师德问责制度和教员评价制度来实现。

1. 教师进修制度

韩国的教师进修制度是从1945年光复以后形成的，但真正走上规范化、法治化是20世纪60年代初。1953年，韩国公布了《教育公务员法》，并在1963年作了全面修订，对教师的进修制度作了一系列明文规定。后来，逐步修改完善形成了具有自己特点的教师进修体制和研修教育课程。现在，其教师进修制度以法律的形式固定下来，深受中小学教师的欢迎。

按照进修的性质，现行教师在职进修的种类可分为三种，分别是资格进修、职务进修和特别研修。[2] 资格进修是为了取得上一级资格或新的资格而进行的进修课程。资格进修的时间一般为30天以上，学习时间为180小时以上。依据《初、中等教育法》《幼儿教育法》附表的规定，资格进修的对象除园长、校长外，还可以由校长或园长从具有相关教育经历者中推荐候选人，再由教育监指定最终人选。但国立学校的进修候选者由所属学校的校长指定，校长、园长课程的进修对象由教育部长最终指定。在资格进修教育中，凡学完所规定的课程者，都可以授予高一级资格，资格进修是在职进修教育的核心。职务进修是为了提高教师的教育理论水平和履行其职务时所必需的能力而进行的进修。职务进修的课程、内容与时间由进修院的院长确定。根据教师的学历、工作经历、进修课程的内容及本人的要求等因素，按进修机会均等的原则最终确定进修对象。特别研修是国家或地方自治团体制定的特别研修计划，把教育公务员派遣到国内外的教育机关或研究机关接受一定时间的研修。

2. 师德问责制度

中小学师德问责制度是指相关权益主体依据一定的规则、标准和程序，对教师的法

---

［1］ 周红. 浅谈教师专业理念素养的生成途径［J］. 中国成人教育，2009（14）：70-71.

［2］ 索丰，孙启林. G20国家教育研究丛书·韩国基础教育［M］. 上海：同济大学出版社，2015：158-159.

律责任、职业责任、道德责任等遵守情况以及教育行政部门、学校等相关责任主体的责任表现进行的监督、质询和评价，并对否定性后果进行追究的一种责任制度。[1] 韩国政府一直将教师师德水平建设放在教育的重要位置，教师职业的稳定性在一定程度上加剧了"低效能教师"现象的出现，同时，在教育活动过程中，教师的非道德行为的蔓延也使得作为一项制度设计的师德问责制逐渐建立起来，并成为韩国富有特色的教育制度。

3. 教员评价制度

教师作为教育活动中实施教育行为的重要主体，对广大学生知识结构的形成、智力情感的开发以及良好人格品质的养成具有不可替代的重要作用。教员评价制度是指针对中小学教育阶段教师的授课、指导能力以及对其核心价值观教育教学等进行综合评价的制度（见表10-7）。教员评价制度的目的是为教师个人的职业发展方向提供良好的契机，同时激发教师的职业责任感，提升学校教育教学品质，促进核心价值观的传播和发展。

表10-7 教员评价的领域、项目、指标 [2]

评价领域	评价项目	评价指标
学习指导（包括3大项、12个观测指标）	备课	对教育课程的理解和对提高教学质量的努力程度； 对学生特性和教学内容的分析； 授课战略
	上课	课堂导入的技巧；课堂提问；授课态度；师生互动；学习资料的使用；授课过程；总结
	学生考评及考评结果的使用	考评的内容和方法； 考评结果的有效运用
生活指导（包括2大项6个观测指标）	个人生活指导	对学生个人问题的把握和指导； 与家长合作进行指导； 道德指导和特殊技能训练指导
	社会生活指导	基本生活习惯指导； 学校生活适应指导； 公民社会责任意识指导

［1］ 乔花云. 中、美、英三国中小学师德问责制比较研究［J］. 佳木斯大学社会科学学报，2015，33（5）：167-169.

［2］ 艾宏歌. 当代韩国教育政策与改革动向［M］. 北京：社会科学文献出版社，2011：72.

教员评价制度与核心价值观教育融合，包含指导学生的人性教育、民主公民教育和国民精神教育的教育过程和教育结果进行评价，有效地指导教师在生活、学习中进行价值观融合教育。

七、启示与借鉴

韩国核心价值观在与社会、政治、经济、文化互动的关系中所经历的嬗变过程和形成的特色本身，正是韩国社会进步发展的直接表征。综观韩国核心价值观教育的目标、内容与实施路径，不难发现韩国核心价值观是在东西方文化冲击下，结合自身民族特色形成的，这对我国进一步推进核心价值观教育有着重要的启示。

（一）传统文化与现代文明有机结合

文化是体现人与自身、社会相关活动的一切存在的总和，是塑造人们观念、影响人们行为的一种特殊的价值观。任何国家构建社会核心价值观都立足于本国的传统文化并同时吸收现代文明，实现二者的结合。韩国核心价值观的建构立足于传统儒家文化，并与西方文明思想相融合，将儒家的"忠""孝""礼"等思想作为社会共同的道德标准，又以开放的姿态吸收和推行民主、法治、人权、正义等价值观。

中华民族的传统文化博大精深，社会主义核心价值观的形成就是对中华优秀传统文化的深刻凝练和概括。在多元文化交流碰撞的今天，要想牢牢把握社会主义核心价值观的地位，就要深入挖掘我国优秀传统文化的精髓，"在不断汲取其他民族优秀文化资源中坚持本民族文化精神内核不变，在改造外族文化的基础上又诞生孕育出了新的进步文化，并能够为本民族运用"[1]。例如，可加大对图书馆、博物馆、文化馆等公共文化设施的资金投入，积极开展各类爱国主义教育，鼓励各地举办具有地方特色的传统文化活动，加强传统文化和红色文化的宣传教育，增强社会的认同感和归属感。在全球化时代，让中国特色社会主义文化汲取传统文化中的包容思想，实现中华民族传统文化的创新性转化，使之在国际舞台上彰显中国特色，是当代中国社会主义核心价值观教育的重要旨趣。

---

[1] 丛红艳，房玲玲. 高校教学改革与文化的融合创新研究［M］. 长春：吉林人民出版社，2019：174.

（二）构建"家—校—社"三位一体合力教育

韩国核心价值观教育无论是在社会、学校或家庭各层面都十分强调将核心价值观教育融入生活。《韩国青少年宪章》明确规定了家庭、学校、社会在教育培养青少年过程中所要承担的责任和义务。首先，从社会层面看，注重发挥社会实践活动的教育作用，通过丰富多彩的实践活动锻炼青少年的意志，增强青少年的爱国情怀；其次，从学校层面来看，强调开展课堂教学，加强核心价值观的认知教育；最后，从家庭层面，注重伦理道德和个人素养的培养。

因此，我国社会主义核心价值观教育的课程体系可将"学校、家庭、社会"的"三位"充分融合为"国家、社会、个人"的"一体"。学校的社会主义核心价值观教育应该与家庭、社会教育互动，让学生在社会实践中去践行社会主义核心价值观。要积极动员各类社会组织以社会主义核心价值观为指导，积极参与各类社会服务活动，成为社会主义核心价值观宣传教育活动的重要参与者和实践者。学校可以组织学生参加社会活动，联系当地的福利机构，引导学生参加志愿者服务等。只有将学校、家庭、社会三者的教育资源有效结合起来，形成良好的合力教育格局，才能增强社会主义核心价值观教育的实效性。

（三）显性教育与隐性教育融合共育

在价值观教育中，隐性教育是显性教育的有益和重要的补充，能够促进个体的自主发展和全面发展。[1] 显性教育是受教育者能明确意识到该教育的目的与要求的一种教育方式，以进行知识传授的理性教育为主，例如韩国开设道德课和伦理课进行道德价值观和人生价值观教育。隐性教育是指通过创设一定的环境和氛围，在潜移默化中达到价值观教育目的的一种教育方式。这里的隐性课程不局限于学校，还包括家庭、社会的物质文化氛围和精神环境。在家庭教育中，韩国人注重以"身教"影响孩子，培养孩子树立良好的道德品质和价值观念。在社会层面上，韩国人通过社交媒体、标语、广告等宣传渠道渗透核心价值观教育。科尔伯格认为"隐性课程乃是一种真正的道德教育课程，是一种比其他任何正规课程都更有影响的课程"[2]，儿童和青少年是从这种隐性课程

［1］　陈章龙，周莉. 价值观研究［M］. 南京：南京师范大学出版社，2004：237.

［2］　郭本禹. 道德认知发展与道德教育：科尔伯格的理论与实践［M］. 福州：福建教育出版社，1999：204.

中获得大部分道德价值观念的。[1]

综上，我国社会主义核心价值观教育强调显性教育的重要性，将社会主义核心价值观融入学校的师资队伍建设、改进教材和课堂实施中，充分发挥课堂教育的主渠道作用，最大限度地发挥教育价值。无论是家庭、学校或是社会途径的核心价值观教育，都应该注重营造隐性教育的环境氛围。我国应当由政府主导，充分利用媒体、社会团体以及组织各类实践活动，将核心价值观的内容渗透其中。与此同时，设计课外活动和社会实践，让学生扮演不同的角色，开展贴近学生生活的实践活动，让学生在实践活动中用正确的价值观念约束自己，养成优良的道德品质，进而使核心价值观真正内化到青少年的思想行为中。

---

[1]　郭本禹. 道德认知发展与道德教育：科尔伯格的理论与实践［M］. 福州：福建教育出版社，1999：204.

第十一章

印度

中小学核心价值观教育

India

独特的价值观念、思想体系和生活方式使得印度文化在世界文明中占有极其重要的地位。马克斯·韦伯（Max Weber）认为，印度文化具有一种堪与古代希腊文化相比肩的重要意义。[1] 价值观是文化的深层体现与根本，代表着一个国家的文化风格与精神取向。印度作为一个文化大国，也格外重视自己的价值观教育，力图通过中小学教育完成自己的价值观传承，因而其努力将核心价值观教育融于各学段的教育目标、内容、方法与评价之中。

一、印度中小学核心价值观教育的历史演进

印度中小学核心价值观教育的发展历经多个时期，主要分为独立前与独立后两大阶段。无论是哪个历史时期，印度的价值观教育都受到国家意识与文化的推动。

（一）独立前：宗教教育主宰价值观教育

印度是世界四大文明古国之一，有着悠久的文化传统与颇具特色的历史遗产、宗教信仰、人生哲学以及价值观念。印度非常重视文化传统及人的精神信仰，涌现出了一大批如泰戈尔、甘地等传统价值领袖。然而，受多方面因素影响，印度在早期陷入了道德价值观的混乱与冲撞中。基于此，印度特别注重对传统道德价值观的传承，要求从初等教育开始进行有计划的价值观教育，向学生灌输个人价值、社会价值和国家价值。价值观教育在维护印度资本主义制度，促进社会的稳定和发展，培养合格公民等方面发挥了应有的作用。

1757年后，印度逐渐沦为英国殖民地，教育体制发生了重大变化，主要是以英国教育制度为样板，培养中高级官吏。泰戈尔提到"要把人民从一切精神的桎梏中解救出来，这样他们才能坚定有力地投身于祖国独立的斗争"，"要从自己的文化传统中去寻求优点并继承发扬，从而在世界上获得应有的地位"。[2] 甘地提出，"教育应该以非暴力为基础"[3]。由此可见，这个时期的价值观教育主要聚焦于"爱国""自由"和

---

［1］　姜玉洪. 中印比较视野中的印度文化［J］. 学术交流，2007（4）：15-20.

［2］　吴文侃，杨汉清. 比较教育学［M］. 北京：人民教育出版社，1999：129.

［3］　吴文侃，杨汉清. 比较教育学［M］. 北京：人民教育出版社，1999：130.

"非暴力"，旨在通过对公民进行价值观教育而获得国家的独立与解放。

可以说，一直以来，印度都重视宗教教育。古代印度的教育权直接掌握在婆罗门教和佛教手中，主要在家庭和寺院庙宇中进行。初级阶段的寺院教学是由僧师口授。僧徒记诵，到高级阶段则进行争辩和议论。婆罗门时期，人们普遍认为"学习知识是解脱或自我实现的一种手段，是追求生命最高境界即自由的一种手段，重视爱与快乐的教育"[1]。此外，"吠陀教师告诫学生，如果他们想有一个平和幸福的未来，就必须从小养成良好习惯"[2]。佛教主张"不杀生"等"五戒"，主张平等、非暴力的思想。由此可见，这一时期的价值观教育受当时社会发展的影响，主要体现在人们的生活层面，以"自由""爱""平和""非暴力"和"平等"为主，其中的"爱""非暴力"和"平等"是印度此后核心价值观的萌芽。

（二）独立后：国家与民族建构推动价值观教育的发展

1947年，印度独立后，政府认识到只有通过发展教育、解除国民的精神桎梏才能弥合碎片化的国家构成和被外来文化撕裂的传统社会，实现民族一体化与国家整合。因此，作为增强民族凝聚力最重要手段之一的价值观教育被提上重要的政府议事日程。

1949年11月26日，制宪会议上通过了新宪法，提出"我们，印度人民，庄严决定将印度建成一个具有独立主权的、非宗教的社会主义民主共和国，并确保所有公民享有以下权利：公正——表现在社会、经济以及政治方面；自由——包括思想、言论表达、信念以及信仰和崇拜的自由；平等——指地位和机会的平等，并在社会各方面加以推广；博爱——维护个人尊严并拥护国家的统一与完整"。宪法奠定了印度"公正""平等""世俗主义""自由""民主""博爱"等核心价值观的基础。此后，印度的课程皆以此为基准，进行价值观教育。

---

[1]　王长纯. 和而不同：比较教育的跨文化对话 [M]. 北京：人民教育出版社，2007：54.

[2]　王长纯. 和而不同：比较教育的跨文化对话 [M]. 北京：人民教育出版社，2007：56.

表11-1　宪法所载并进入教材的价值观

价值观	内容
公正	表现在社会、经济以及政治方面
自由	包括思想、言论表达、信念以及信仰和崇拜的自由
平等	指地位和机会的平等，并在社会各方面加以推广
博爱	维护个人尊严并拥护国家的统一与完整

1964—1966年，教育委员会将改革的焦点放在"教育和国家发展"的关系这一关键问题上。为了推动国家经济和文化的发展，促进国家团结统一和"社会主义社会"的建设，1968年，印度政府制定了《国家教育政策》（*National Policy On Education*），提出教育机会均等，为农村和落后地区提供接受教育的便利条件，对所有学校给予同等地位，加强对女童、落后阶层和落后部落的教育，以及为残疾和智障儿童提供受教育的机会；同时也提出工作经验和国家服务意识要成为教育的重要组成部分，再一次重申了"平等"和"爱国"的核心价值观。

为推动国家的发展与进步，增强普通公民意识，强调文化和民族团结精神，1986年，印度政府出台了《国家教育政策》，指出"教育有助于印度宪法所确定的社会主义、宗教平等和民主目标的实现"，强调教育的平等，包括妇女、部落、种姓、残疾人之间的平等，明确指出"道德价值教育深刻切实的内容是以继承民族和国家的宗旨、思想为基础的"，政策对"基本价值观的侵蚀和社会中日益增长的犬儒主义"表示关切，它主张把教育变成"培养社会性和道德价值观的有力工具"，认为教育应该"培养普遍和永恒的价值观，面向我们人民的团结和融合"。同时，政策强调了在消除不容忍、暴力、迷信以及坚持社会、文化和科学原则方面进行价值观教育的必要性，以使印度成为一个以其文化遗产为荣的世俗、民主和进步的国家。

在基本的、社会的、道德的和精神的价值观受到侵蚀的背景下，2020年，印度发布了《国家课程框架》（*National Curriculum Framework*），这是印度最新的课程政策。该框架提出了将价值观教育纳入课程的请求，主张"学校要能够而且必须努力解决和维持面向人民团结和融合的普遍和永恒的价值，使他们能够实现内在的财富"，以及"整个教育过程必须使这个国家的男孩和女孩能够看到善、热爱善、做好事，并成长为相互宽容的公民"。该框架进一步奠定了国家与民族建构的基础。

可以说，印度的价值观教育在独立前受到政治因素的影响，被宗教教育主导，核心

价值观主要包括"平等""尊重""爱国""自由"和"非暴力"。独立后,国家意志与民族的团结发展是重要的精神导向,国家通过一系列政策的发布,将价值观教育的关注点集中在"平等""尊重""爱国"和"自由"上。

二、印度中小学核心价值观教育的目标分析

印度是一个极为重视培养本土核心价值观的国家,自建国以来,印度先后于1968年、1986年、2020年颁布和修订了《国家教育政策》。随后又于1988年、2000年、2005年颁布和修订了《国家课程框架》等多个政策文件,用来指导中小学的课程改革,包括价值观教育改革。

《国家课程框架》强调了学校教育的愿景,确立价值观是学校教育中所固有的。该框架阐明,需要重申我们对"人类多样性"和"相互依存"这一说法中关于"平等"这一概念的承诺,以在多元文化社会中促进平和、人道和宽容等价值观的形成与发展。大力倡导合作、尊重人权、宽容、正义、负责任、尊重多样性、尊重民主以及和平解决冲突等价值观。它还将和平教育描述为一个重大的国家问题和全球问题。同时,关于教育促进和平的立场文件中也专门讨论了关于"学生要成为负责任的公民,共创和谐生活"所需要具备的态度、技能以及价值观。如果想让儿童体验到自尊、信心、尊严及道德的发展,需要培养儿童的创造力,令其对环境敏感,同时,促进民主发展,将民主作为一种生活方式,并非治理制度,以通过教育促进和平。价值观教育将进一步培养学生在平等、诚信、民主、自由和人权的价值观基础上作出明智的选择。

2020年的《国家教育政策》提出"弥合学校教育中的社会和性别差距,确保各级学校教育的平等和包容",体现了"平等"和"公平"的价值观,同时还表现出"民主""正义"等价值观。

在上述背景下,印度形成了围绕个体、社会、国家三个层面,包含自由、博爱、公正、平等、民主、世俗主义等在内的国家核心价值观体系。

个体	社会	国家
·自由 ·博爱	·公正 ·平等	·民主 ·世俗主义

图 11-1　印度核心价值观

针对价值观教育，2011年，印度全国教育研究与培训委员会（National Council of Educational Research and Training，简称NCERT）专门发布了《学校价值观框架》（the Framework on Values in Schools，以下简称《框架》）。2012年，中等教育中央委员会根据《框架》发布了价值观教育工具包，包括一本《价值观教育教师手册》（Values Education—A Handbook for Teachers）和一张光盘。《价值观教育教师手册》是教师开展价值观教学的宝贵资源，教育领域的专家通过对经济、社会和道德问题的审视，对普遍的人类价值观进行更具批判性的思考，设计出一系列的活动，使得教师可以轻松地在课堂上与学生进行生动活泼的互动交流。

那么，印度的核心价值观究竟以什么样的形态出现在教学中？本章以教材为载体，分析印度中小学核心价值观教育的具体样态。通过对印度的课程与教学资源的具体分析可知，印度中小学核心价值观教育的目标主要包含以下三个维度。

（一）关注个体知行发展：自由、博爱

"知行合一，止于至善"源自明代思想家王守仁。"知"是认知、思想、念头，"行"是行动、言语造作。知行合一，就是表达、思想、观念等与行为一致。行是知之始，知是行之成，思想控制行为，行为产生最后结果，思想与行为同等重要。印度极为重视学生知行合一的发展，然而，要想让学生思想保持一致，就必须进行统一的价值观教育，对于个体发展，印度特别强调的核心价值观是"自由"和"博爱"。

在思想层面，印度支持思想自由，允许公民有自己独立的信念和宗教信仰以及偶像崇拜，支持个人拥有尊严意识，引导公民热爱国家。在行为层面，印度认为个体的言论是自由的，每个人都可以追求自己的信仰和崇拜的人或物，支持、拥护国家的统一与完整。

所以，"自由"解释为"思想、表达、信念、信仰和崇拜"的自由，政府不对它们进行不合理的限制。"自由"是创造力和探索新思想的基础，可以推动社会进步，个体需要尊重他人思想和行动自由的权利，而不是去贬低他人的信仰和地位，负责任地行使自由的权利是确保国家和平的必要条件。"博爱"意为"维护个人尊严并拥护国家的统一与完整"。"博爱"是学校、社会和国家的核心，《框架》将"博爱"理解为所有社会个体的愿望，公民需要将平等、正义和自由的价值观进行内化，不因宗教信仰、地区的贫富和地方文化的特殊而对其他人有所不同，以此促进所有人之间的博爱。

（二）共建和谐社会：公正、平等

教育必须被视为促进学生社会责任感提升的催化剂，这涉及个体从自我到他人意识的逐渐增长，以及作为家庭、邻里、村庄、城镇、城市、社区、民族和全球社会成员的自我认识。而"公正"和"平等"是提高学生社会责任、增强社会意识必不可少的价值观念。

"公正"解释为"社会、经济和政治"方面的公平与正义，印度旨在避免公民因种姓、宗教和性别而受到歧视，使学生批判性地理解社会和经济等方面存在的不公正，鼓励学生分享权利，同情弱势群体，通过行动减少社会存在的不平等。《框架》也指出，印度重视帮助学生学会欣赏和尊重自己、他人与国家，尊重国家文化，爱护自然资源，使学生坚持社会正义，乐于分享权力，同情弱势群体，以尊重、公正的态度对待他人及各自的文化或社区，履行他们作为公民对塑造更美好社会的责任。

众所周知，印度的宗教制度和种姓制度根深蒂固、影响深远，虽然国家倡导平等，但是现实生活中，印度人民仍被这种压抑、专制的社会体系深深影响着。为了削弱这种现象，印度特别重视"平等"这一价值观念，"平等"解释为地位和机会的平等。如果"平等"得不到保证，自由和正义仍然只是空谈。事实上，"自由""博爱""公正""世俗主义""民主"都含有平等的意思，比如，"公正"的含义就是避免公民因种姓、宗教和性别而受到歧视，在"社会、经济和政治"方面表现出公平与正义；"民主"的意思就是人人享有平等的政治权利，比如选举权是平等的，人人享有并机会平等；"世俗主义"的含义就是各宗教平等，国家支持各宗教的发展，不指定特定宗教为官方宗教，等等。可以说，"平等"作为印度核心的价值观之一，是全面渗透在个体、社会和国家各层面的。

（三）国家与民族建构：民主、世俗主义

核心价值观是国家精神的主要体现，承载着国家的思想与期望，指引着国家课程的实施方向。因此，国家核心价值观具有明显的政治性与民族性。独立后，印度在国家层面的核心价值观则十分强调"民主"和"世俗主义"。

"民主"是一种政府形式：人民享有平等的政治权利，通过选举来确定他们的代表人，代表人则对他们负责。政府根据民主意愿来确立制度和运行规则。事实上，在印度，"民主"并非仅仅表现为一种固定的观念或制度，而是一种不断变化和发展的制度。

"世俗主义"是指"公民有完全的信仰自由，但是没有官方宗教，政府平等尊重所有宗教信仰和习俗"。印度宗教色彩浓厚，政府支持人民自由信仰宗教，支持所有宗教平等发展。

总之，印度国家层面的核心价值观目标指向民族的建构，使来自不同种姓、不同种族的人可以在核心价值观的指导下遵守同样的秩序，增强身份认同，维护国家稳定。

三、印度中小学核心价值观教育的内容透视

如前所述，印度独立后，其核心价值观教育主要通过国家课程来予以落实和推进。当然，所有课程的教学中或多或少都渗透一些价值观的教育，但最核心的承载课程是社会科和政治科。

（一）基于社会与政治学科教材的课程主题内容分析

通过对教材的分析，能够清楚地发现印度价值观教育的主要内容。印度的中小学分为四个阶段，分别为小学阶段（一至五年级）、小学高年级阶段（六至八年级）、初中阶段（九、十年级）和高中阶段（十一、十二年级），价值观教育主要通过小学高年级、初中阶段和高中阶段来进行教育，不同阶段价值观教育的方式和内容也表现出不同（见表11-2）。

首先，印度的社会科与政治科教材在不同的年级通过不同学习内容渗透同样的价值观目标。比如"平等""民主""公正""自由""世俗主义"在小学高年级、初中和高中阶段都有涉及，基本上遵循螺旋上升的组织形式。

其次，不同阶段价值观教育的重点不同。在小学高年级阶段以"平等"为主，初中和高中阶段以"民主"为主。

最后，不同阶段的价值观教育具有连贯性。以"平等"为例，小学阶段在各种生活以及对政治的了解中进行"平等"教育，初中阶段则直接用"性别、宗教和种姓"来帮助学生进一步认识"平等"，高中阶段直接对"平等"进行专门讲解并通过具体的事件来巩固学生对"平等"的认识。

表11-2　社会与政治科教材的课程主题内容及对应的价值观内容

课程名称	课本名称	单元主题	内容	价值观
社会科	《社会和政治生活1》（六年级）	第一单元：多样性	第一章：理解多样性	尊重多样性
			第二章：多样性和歧视	尊重多样性、平等
		第二单元：政府	第三章：什么是政府？	民主
			第四章：民主政府的关键要素	民主、平等和公正、非暴力
		第三单元：地方政府和行政机构	第五章：选民	平等
			第六章：农村行政管理	公正
		第四单元：生活	第七章：城市行政管理	民主
			第八章：农村生活	平等
			第九章：城市生活	平等
	《社会和政治生活2》（七年级）	第一单元：印度民主的平等	第一章：平等	民主、平等
		第二单元：州政府	第二章：政府在卫生方面的作用	平等
			第三章：州政府如何运作	民主
		第三单元：性别	第四章：男孩女孩的成长	性别平等、尊重
			第五章：女人改变世界	平等
		第四单元：媒体	第六章：了解媒体	民主
		第五单元：市场	第七章：我们周围的市场	平等
			第八章：市场上的衬衫	平等
		第六单元：印度民主中的平等（续）	第九章：争取平等	民主、平等
	《社会和政治生活3》（八年级）	第一单元：印度宪法与世俗主义	第一章：印度宪法	平等、自由、世俗主义
			第二章：理解世俗主义	世俗主义
		第二单元：议会与法律的制定	第三章：为什么我们需要一个议会？	民主
			第四章：理解法律	平等、民主、公正
		第三单元：司法	第五章：司法	民主、公正
			第六章：了解我们的刑事司法制度	公正、平等

(续上表)

课程名称	课本名称	单元主题	内容	价值观
社会科	《社会和政治生活3》（八年级）	第四单元：社会正义与边缘化	第七章：理解边缘化	公平、平等
			第八章：面对边缘化	公正、平等
		第五单元：政府的经济存在	第九章：公共设施	公平
			第十章：法律和社会正义	公平、正义
	《民主政治1》（九年级）	—	第一章：什么是民主？为什么要民主？	民主、自由、公平、平等
		—	第二章：宪法设计	民主、自由、平等、公正
		—	第三章：选举政治	民主、自由、公平
		—	第四章：工作机构	民主
		—	第五章：民主权利	自由、平等、反对剥削、宗教信仰自由、文化和教育权、宪法补救权
	《民主政治2》（十年级）	—	第一章：权力分享	民主
			第二章：联邦制	民主、博爱
		—	第三章：民主和多样性	民主、平等、公正
			第四章：性别、宗教和种姓	平等、博爱
		—	第五章：人民斗争和运动	民主、博爱
			第六章：政党	民主、博爱
		—	第七章：民主的结果	平等、自由、尊严
			第八章：对民主的挑战	民主、平等
政治科	《政治理论》（十一年级）	—	第一章：政治理论：导论	自由、平等、正义、民主、世俗主义
		—	第二章：自由	自由
		—	第三章：平等	平等
		—	第四章：社会正义	公正
		—	第五章：权利	自由、平等
		—	第六章：公民身份	平等
		—	第七章：民族主义	民主、平等

课程名称	课本名称	单元主题	内容	价值观
政治科	《政治理论》（十一年级）	—	第八章：世俗主义	世俗主义、平等
		—	第九章：和平	和平
		—	第十章：发展	权利、平等、公正、自由、民主
	《工作中的印度宪法》（十一年级）	—	第一章：宪法：为何与如何做？	平等、自由、民主
		—	第二章：印度宪法中的权利	自由、平等、反对剥削、宗教信仰自由、文化和教育权、宪法补救权
		—	第三章：选举和代表	自由、公平
		—	第四章：行政机构	民主
		—	第五章：立法机构	民主
		—	第六章：司法机构	民主
		—	第七章：联邦制	民主
		—	第八章：地方政府	民主
		—	第九章：宪法是有生命的文件	民主、自由
		—	第十章：宪法的哲学	自由、平等、正义
	《当代世界政治》（十二年级）	—	第一章：冷战时期	自由
		—	第二章：两极分化的终结	博爱、自由、民主
		—	第三章：美国在世界政治中的霸权	博爱
		—	第四章：交替的权力中心	博爱
		—	第五章：当代南亚	民主、自由、和平
		—	第六章：国际组织	民主、平等、公平
		—	第七章：当代世界的安全	博爱
		—	第八章：环境与自然资源	尊重多样性
		—	第九章：全球化	自由

（续上表）

课程名称	课本名称	单元主题	内容	价值观
政治科	《印度独立以来的政治》（十二年级）	一	第一章：国家建设的挑战	自由、民主、平等、公正
		一	第二章：一党独大时代	自由、公正
		一	第三章：计划发展的政治	民主、自由
		一	第四章：印度的对外关系	民主、自由、和平
		一	第五章：国会制度的挑战与恢复	民主、平等
		一	第六章：民主秩序的危机	民主
		一	第七章：人民运动的兴起	民主、公正、平等
		一	第八章：区域愿望	民主、自由、公正
		一	第九章：印度政治的最新发展	民主、世俗主义、平等、自由

由表11-2我们可以发现：价值观教育内容的广度与深度随着年级的升高而加深（见图11-2）。

七年级

- 社会生活：多样性、农村与城市生活
- 政治生活：政府（农村和城市政府）、行政管理

六年级

- 社会生活：民主平等、性别、媒体与市场
- 政治生活：州政府

- 社会生活：社会正义与边缘化、政府经济
- 政治生活：宪法、议会与法律、司法

八年级

图 11-2　价值观教育内容的深度拓展分析

在社会生活方面，六年级主要从生活入手，学习农村与城市的不同，了解多样性。七年级则在此基础上进一步深入，引导学生认识民主平等与性别的概念，同时加入市场生活。八年级进一步升华，引导学生通过之前的学习认识社会正义，同时将市场的知识拓展、深化为"经济"的概念。

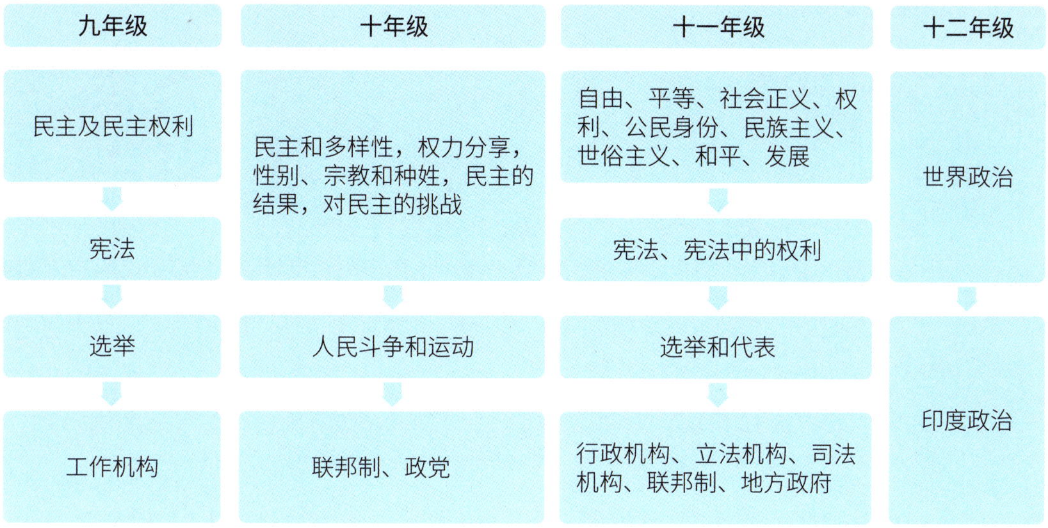

九年级	十年级	十一年级	十二年级
民主及民主权利	民主和多样性，权力分享，性别、宗教和种姓，民主的结果，对民主的挑战	自由、平等、社会正义、权利、公民身份、民族主义、世俗主义、和平、发展	世界政治
宪法		宪法、宪法中的权利	
选举	人民斗争和运动	选举和代表	印度政治
工作机构	联邦制、政党	行政机构、立法机构、司法机构、联邦制、地方政府	

图 11-3　价值观教育内容的广度拓展分析

如图11-3所示，在初中及高中阶段，印度的价值观教育更加注重教材内容的广度，主要围绕民主与民主权利、宪法、选举和工作机构等方面展开。九年级为初步了解，随后在十年级、十一年级，层层递进、展开，不同年级围绕这几个主题开展不同内容的教学。十二年级时，通过世界与印度的政治与史实进行综合价值观的教育，让学生在实际案例中加强对价值观教育的认识。

教材通过"印度宪法""宪法以及宪法中的权利""选举政治""民主权利"等与宪法和民主权利相关的主题进行渗透，并且在政治科中专门开设了"自由"一章来普及关于自由的知识及价值观。

教材也通过个案研究和实际经验的举例来体现民主，比如"什么是民主？为什么要民主？""民主权利""民主和多样性""民主的结果""民主的挑战"等一系列完整的讲解促进学生对"民主"的认识，且"民主"的价值观一直渗透在教材中。

（二）基于社会科和政治科教材的课文内容分析

印度的社会科和政治科教材大量运用了漫画，充满乐趣，通俗易懂，以此启发学生思考。这些漫画大致能够分为两种：自行设计的漫画和引用漫画家的作品。

1. 自行设计的漫画

印度的社会科和政治科教材书中使用了大量自行设计的漫画，通过描绘生活场景，引发学生思考。图11-4是课本中描述"平等"的价值观教育时插入的一则漫画。

选举当日，坎塔和她的朋友苏杰塔等待投票期间发生的一段对话：

图 11-4　平等

我们可以看到，漫画通过投票以及在医院就诊这两件事，让学生看到不同社会地位的人的不同生活方式以及想法。漫画中，虽然坎塔在政治权利上具有和别人一样平等的投票权，但是在现实生活中，却表现出了差别。根据这样一则漫画，教材对学生提出"你认为坎塔有足够的理由怀疑她是否真的平等吗""从上面的故事中列出三个可能让她有这种感觉的原因"这两个问题，引发学生对"平等"的思考与探究，为进一步讲解"平等"作铺垫。

2. 引用漫画家的漫画

教材不仅自行设计漫画，也善于引用漫画家的漫画来启发学生思考，如图11-5是《社会和政治生活3》第十章的一个课后作业。

给孩子们这样的负担真的很残忍。我不得不雇那
个男孩来帮我儿子！

图 11-5　教材中引用的漫画家的漫画

图中，一位母亲觉得自己的孩子背着大大的书包，认为读书负担太重了，便想雇佣一个男孩来帮助她的儿子。作业的问题是：你认为著名漫画家阿·可·拉克斯曼在这幅漫画中想表达什么？这和你们在第123页读到的2016年的法律有什么关系？

教材通过启发学生交流对于漫画的感受，激发学生对于"社会正义"价值观的思考，而后将视线拉回课本中学到的法律，增强社会正义与法律的联系，更加贴合本章的主题"法律与社会正义"。

四、印度中小学核心价值观教育的实践方法

为帮助学生理解和践行印度的核心价值观，印度发布了《框架》，开发了价值观教育工具包，2020年又在此基础上，发布《国家教育政策》。各种价值观教育的实践方法纷纷呈现。

（一）整体推进价值观教育：注重顶层设计

《框架》对价值观教育的背景、方法、策略、学校价值观情境映射的关键维度以及执行和评价标准等方面展开了阐述。其中第二章，对印度的价值观教育教学提出了一些

基本原则。

1. 强调全校参与

印度格外重视价值观教育在学校的地位。《框架》指出，价值观教育应被纳入学校的全部教育计划之中。在学校，价值观教育不仅仅被渗透到其他科目中进行教学，更应该突出表现为学校教育的首要问题。因此，印度首先倡导采用全校参与的方法渗透核心价值观教育。

如图11-6所示，全校参与的基本做法是整合，它是指学生各方面发展的综合表现，包括个人对社会的关注、多元文化的融合、自我与他人的整合与和谐，也是学校正式课

生命之树

图 11-6　全校参与的方法示意图

程、隐性课程、教学策略和评价体系的整合。具体措施可渗透在教师实践与课堂实践、校风建设、学校活动、管理学校的规章制度、庆祝节日等活动中，也包括鼓励教师之间分享良好的价值观教育做法和评估的程序以及教工发展系统规划，促进学生个人与社会的融合、自我与周围他人的和谐，促进合作学习。

《价值观教育教师手册》特别指出，在课堂上，价值观不能孤立地传授，需要通过各种学科在某些层面进行整合，每节课的价值观都必须传达给学生，以确保他们能更好地发展自我。学校可以在不同的层面上采用不同的方法，将学校教育与价值观方案联系起来。比如，开展活动、制定学校纪律指南、培养学生的自信、开发基于高尚行为的价值观活动、激活教师的价值观教育灵感、布置教室或学校中的展板、基于价值观事件进行教育、确定同伴促进者、学校集会等。

2．倡导价值为本的教学

价值为本的教学是不同于填鸭式教学的一种教育方式。填鸭式教学强调教师是学生知识的主要来源，并通过年底的考试测试学生保留了多少知识。在这种模式下，教师和学生之间的互动很少。

但价值为本的教学具有以下特点：

（1）建立在哲学的基础之上，即价值为本的教学认为，虽然儿童的思想不如受过教育的成年人成熟，但是儿童仍可以构建自己的世界。

（2）价值为本的教学不同于其他的课程教学，它更重视教学习者如何进行思考、反思、批判性地评估、欣赏自己和他人的价值观以及更好地作出决策。

（3）它不仅包含认知层面，更涵盖了情感和行为层面，例如，只对"合作"进行理解是不够的，只有通过实践才能使"合作"成为一个人的内在性格。价值为本的教学倡导必须提供经验和机会来培养态度、价值观和技能，只有这样才能将这种态度和价值观内化并长期保持。

价值为本的教学方法有很多，比如可以通过研究名人的生活经历，在他们的成长经历中对价值观进行澄清与感悟；也可以在家庭和学校的影响下，学习爱与善良；或者通过让学生接触他人的痛苦，培育其同理心，鼓励学生为贫困群体和弱势群体服务。因此，这类价值观教学需要从传统的填鸭模式转向体验或参与模式。其中，重要的不是教什么，而是如何教。教师采用不同的方式与学生互动、相处，并利用教学方式提供具体的学习体验，这便是价值为本教学的本质。

3. 坚持价值观发展阶段论

学生作为一个完整的人，有其自身成长的阶段特点，教育应该适应学生发展的身心特点，以更好地促进学生的成长。《框架》给出了学生在不同阶段价值观发展的不同侧重点。

（1）小学阶段。

小学阶段是奠定学生个性基础的理想时期。这个阶段，学生的特点主要表现为以下几个方面：

①非常活跃。

②虽然他们的倾听能力有限，但他们非常好奇，喜欢问很多问题。

③他们的注意力和记忆跨度很短，完成一项活动的时间感有限。

④他们对表扬和责备很敏感，通常以自我为中心。

⑤在选择玩伴时不会在意社会地位或性别。

⑥他们喜欢故事、游戏，喜欢重复、节奏、歌曲、色彩等。

⑦他们需要自由去质疑和探索周围的环境。

⑧重复和戏剧化有助于他们记住指令并按照指令行动。

所以，在这个阶段，他们需要培养自信、分享和对"其他取向"的感觉，而不是以自我为中心。通过小组合作，可以使学生拥有互相学习的机会，学会以他人可接受的方式表达喜悦、厌恶和愤怒。学生要开始学习遵守规章制度、尊重个人和公共财产、责任感。教师不要设置太多的条条框框，规定"该做"和"不该做"的事情，而要把重点放在提供成功经验，获得积极行为的支持，与成年人互动，树立值得钦佩和认同的价值观，练习正确的行为、举止、礼貌以及学会欣赏自己和他人的优点等方面。

（2）初中阶段。

随着孩子年龄的增长，到了初中阶段，他们的特点主要表现为以下方面：

①开始运用抽象的思维。

②理解为什么有些行为是对的，有些是错的。

③他们通过完成更复杂的智力任务使能力得到提高。

④开始注意到成年人的态度和行为之间的因果关系。

⑤增强人际交往技能。

⑥学校聚集了来自多种宗教、文化、地区背景的学生。

⑦对社会态度的环境、事件、习俗和社会现象产生兴趣。

所以，在这个阶段，需要在有限的范围内发展学生理性思考的能力，令学生学会处理信息并利用信息来辨别是非、善与恶，需要培养学生的洞察力，教他们以成熟的态度应对引发腐败、暴力和仇恨的信息和情况，尤其是正确看待误导性广告以及媒体中的暴力和不健康内容，进行创造性思考，发展自我反省和自律等技能，提高解决问题的能力、解决冲突的技能和避免各种形式暴力的能力。同时，培养学生学习的兴趣、积极的态度和对文化多样性的欣赏，令学生对自我形象建立信心，培养学生世俗主义和民主的价值观，注意伦理和道德方式，并发展约束、牺牲和同情的价值观。

（3）高中阶段。

高中阶段，学生各个领域都在成长，这个阶段学生的特点主要表现为以下方面：

①思维能力得到发展，但倾向于理想化，缺乏现实导向和感知，所以就会出现认知错误，出现与同伴、家长和教师的冲突。

②成年人的干预对他们的独立性构成了威胁，有时会引发他们的焦虑和蔑视，而有时会促使他们表现得过于自信。

③表现出攻击性、挫折和批判性的主张。

④需要探索自己感兴趣的领域，体验成功。

⑤成功的经历使他们能够接受自我，批判性地审视自己的个人主义思维。

⑥批评过多会导致他们叛逆。

⑦面对批评，会向成年人解释，并对自己表现出自信，尽管他们可能并不是真正感到自信。

在这个阶段，他们理性思考、沟通、自律的能力需要加强，需要培训学生的对话能力和谈判能力来帮助他们解决与父母、同龄人和教师在日常互动中遇到的冲突，他们需要认识到个人、全球和生态环境中相互关系和相互依存的重要性，从而使他们不仅能够成为公正的接受者，而且能够承担起"成为有生产力和有效率的社会成员"的责任。

（二）学校的价值观教育原则：以学生为本

国家是教育发展的指路人，课堂是落实国家意志与价值观的阵地，学校是连接国家与课堂的桥梁。《价值观教育教师手册》也为教师开展课堂教学，对学生的价值观进行指导提供了具体的教学方法。

1. 建构"课程洋葱（Curriculum onion）"

在印度，教育被认为是综合作用的结果。大家一致认为，只有当学校中的学生、教师、家长、管理人员和辅助人员都认识到学习价值观的重要性时，学校中的课堂、日常活动和环境才会以价值观教育为中心。因此，学校中各人员的关系就会因价值观教育变得更加紧密，价值观教育才能更好地进行。而能够达到这种目的的学校实践，就被称为"课程洋葱"。具体如图11-7所示。

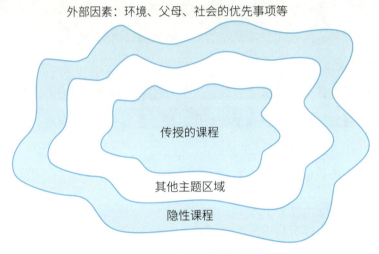

外部因素：环境、父母、社会的优先事项等

传授的课程

其他主题区域

隐性课程

图 11-7 "课程洋葱"模型

"课程洋葱"具体分为以下几层：隐性课程、其他主题区域和传授的课程。外部因素则是价值观教育必须涉及的因素，例如学校的环境、学生的父母背景和社会的优先事项，还有课程或行动计划必须适应的框架；隐性课程是除了官方课程之外，在学校学习的能够接受到核心价值观教育的其他内容，例如唱国歌、升国旗等活动就可以促进学生更加爱国。教师的隐性课程很可能是学生的"非正式"课程；其他主题领域主要体现在将道德与课程领域联系起来，促进价值观的吸收。例如，可以通过语言将社会罪恶的故事戏剧化，用科学的方法研究背后的价值观，面对历史问题并作出反应，探究社会科学或者地理等不同的生活条件如何影响文化、价值体系和行为，感悟体育运动中的竞争与合作。传授的课程指价值观可以通过定期授课来探索，有较直观的教育，也有通过课本中所承载的价值观进行隐性教育。

2. 鼓励以学生为中心

价值观教育除了加强学生认知方面的理解，更重要的是使学生的态度和情感方面得到升华。以学生为中心可以增强学生的体验感，让学生在实践中获得价值观教育。印度的《价值观教育教师手册》给出了以下五种教育原则：

（1）创设友好的课堂环境。

本要求即创造一个没有过度竞争、威胁或嘲笑的课堂环境，允许学生不受阻碍地创造性表达。这既不是一个由专制教师主导的环境，也不是一个完全没有组织的环境；相反，它旨在为学生营造一种情感氛围，让他们体验到个人的价值感、信任感、尊严感和自信心，从而实现自律，使学生愿意走进教室并获得主人翁感。他们能够根据分配的任务组成团队，并相互合作，改变学生个人的自私或以自我为中心的习惯。总的来说，学生的积极性和主动性是友好课堂环境的重要指标。

（2）为学生提供表达自己的机会。

学生从与父母和朋友的日常生活中产生自己的想法、观点、意见、看法，但他们没有能力用教师可能欣赏的方式来表达，所以当学生进入课堂之后，教师会允许学生提出问题，帮助他们将在学校学到的知识与外界发生的事情联系起来，也就是学生用自己的话，从自己的经历中回答，而不是简单地用一种方式记忆和说出正确的答案。公开辩论和讨论将让学生对自己的信念和假设有更清晰的理解，也有助于他们进行反思。学校可以通过研究名人、纪念碑等方式来给学生提供表达自己的机会。

（3）创造性方法。

教师的角色是学习的促进者，而不是知识的储存库，教师需要培养学生探究精神、大胆表达想法的勇气和勇于尝试的精神来唤醒学生的兴趣，促进学生更加活跃地参与课程。教师可以通过歌曲、研讨会、舞蹈、戏剧或诗歌等方式促进价值观与课程内容的融合。

（4）伦理范式。

学生必须能够将价值观与学科领域以及未来生活联系起来。学生正处于发展阶段，培养诚实、守纪律、尊重劳动、尊重他人、守时、承诺和奉献等道德价值观，让学生成为完整的个体、可靠的公民，为他们的成年生活做好准备。

（5）课程的视角。

课程的视角是个体对生活的基本态度，是看待世界的方式，它会影响人们对问题的看法、观点、选择、行动和做出改变的能力。一堂课的核心焦点不仅仅是内容，还有与之相关的背景。学生应该深入了解该学科的性质、逻辑结构以及方法，并吸收与该特定学科相关的态度和价值观。教师应该设计价值观方面的实践课程，在学生提出问题、探索、发现和构建对价值观的理解时，激发、唤醒学生积极的感受和体验，鼓励学生创造自我意识，鼓励开放和探究精神。当年轻人用知识、批判性思维、解决问题和决策的能力来展望未来时，教师能够作为领导者和决策者为自己和社会作出明智的选择。因此，鼓励学生发挥带头作用，而不是听从指示，这一点至关重要。

3. 发展课外活动

在联合国教科文组织的《学会做人》这一文件中，教育委员会将教育的目标确定为"完人"，即"将人身体、智力、情感和道德融入完整的人是对教育基本目标的广泛定义"。一个设计完善、组织完善、涵盖面广、潜力大的课外活动计划，一定可以帮助学校达成这样的教育目标。课外活动是价值观教育的重要组成部分，除了学科课程之外几乎所有活动都属于课外活动的范畴，它们为学生的价值观发展作出了巨大贡献。因为这些活动通常具有导向性、自愿性、创新性、非正式性和开放性，所以，有助于学生与教师及其同伴群体进行多次交流，是更适合价值观学习的教育环境。

课外活动可以在教室内、学校以及校外拓展活动中进行。比如，教室有自己的特点，具有帮助学生成长的巨大潜力，班主任的个人魅力也可以有效地使班级免受许多负面影响。一个班级应该有"班级墙、杂志板"，除了大量的信息传播之外，它还可以用于学生创造性地表达和进行有效的交流。室外的健康和体育活动组织有效的话，可以帮助培养学生合作、正直、宽容、信任、社区精神、尊重条例、组织能力、人权、身心健康、公平、正义等价值观。

（三）丰富灵活的课堂教学方法：以课堂为本

在印度，教师一直被视为知识和智慧的源泉，学生的价值观发展在很大程度上取决于教师本身的愿景、动机、技能、态度、价值观和行为。课堂是教师传递知识与价值观的主战场，教师在课堂运用的教学方法也是直接作用于学生的方法，对学生影响甚大。《框架》和《价值观教育教师手册》提供了二十多种价值观课堂教学方法，现归纳如下。

1. 课前：静坐

印度政府认为静坐是一种重要的策略，是一种热身运动。它有助于养成安静就坐的习惯，增强注意力，强化自我信念；它有助于对知识进行巩固和吸收，同时，也可以使学生保持清晰的思维、有效的记忆，有利于学生的身心健康，令学生充满活力，更好地投入课堂学习中。他们还认为，安静地坐着，有助于提升学生的自信，锻炼学生与他人相处的能力，减少负面情绪，帮助其体验平静、寻找灵感。值得注意的是，静坐适用于所有课程或科目，一般在每堂课开始前两分钟进行。

学生静坐要遵循以下要求：

（1）坐直，闭上眼睛；

（2）背部挺直，手放在大腿上；

（3）注意呼吸；

（4）注意周围所有的声音，忽略身体的所有刺激；

（5）几分钟后，搓搓手，放在眼睛上；

（6）睁开眼睛。

2．课中：促进高效反思

印度政府认为，所有的学生都很聪明，都有这样或那样的优良品质，教师要帮助学生发现自己的优点，对自己的价值观进行认知。所以，教师提问也是一门艺术和技能，可以用于激发创造力和想象力、帮助学生进行价值澄清等。当然，也可以通过符号、图画、海报、漫画、图表、照片和图片等视觉体验以及听觉和动觉体验进行学习，增加学生的视、听、动觉体验，在小学早期阶段，向学生传达态度和价值观。另外，还可以通过角色扮演、讨论、头脑风暴以及讲故事（名人生活故事、宗教故事、传说、民间故事、伟人模范故事、轶事）等方式来促进价值观的吸收与强化。此外，还可以通过团体活动等方式进行价值观教育。因为歌词中的价值观会在意识中保留很长时间，而团体又象征着团结、朝着共同的目标前进，传达着合作、纪律、自我约束和包容的精神。所以，可以选择反映牺牲、博爱、热爱自然、热爱祖国、尊重文化遗产等的歌曲进行演唱，培养爱、宽容、合作、平和共处、尊重他人的基本价值观。

给学生留出时间进行自我反思，也是一种重要的价值观教学方法。如果给学生时间和空间来回顾他们的经历，他们就可以开始看到什么对他们来说是重要的，哪里出错了，哪里可以改进，等等。任何一种活动之后都必须反思，特别的、有意义的经历光靠反思是不够的，重要的是链接它对自己的影响，让自己能够以新的视角看待事物，从而获得改变自己态度的能力。

图 11-8　学生自我反思流程图

3. 课后：推动故事写作

故事写作是内化价值观的有力策略，它可以采取不同的格式。关于想象的和生活相关的主题和人物的故事写作能够给学生提供情感和认知体验。这种与自己的生活和背景相联系的个人故事写作，随着人物获得或失去价值来展现他们的生活，可以成为个人反思、价值内化和决策的有力工具。故事写作有以下三种方式：写日记、制作自我提升的计划表、绘制自己的成绩图表。

五、印度中小学核心价值观教育的评价策略

为记录学生的核心价值观发展情况，印度在《框架》以及价值观教育工具包中，对价值观教育的评价也进行了描述，主要可归纳为以下四个方面：相信学生有发展潜能、记录学生的进步、预期的态度和行为以及及时反馈建设性意见。

（一）相信学生有发展潜能：评价的前提

印度政府认为，教师和家长对学生的期望会影响他们的实际表现水平。因此，教师和家长必须相信学生的潜在能力。个人的情绪、需求和愿望、背景会对学生成绩产生影响。并非所有的学生在所有科目的学习上都表现得出类拔萃，但是教师必须对他的优势学科加以赞扬，包括体育、戏剧等领域，都必须让学生得到认可和赞赏，并且教师应该

使所有学生都能在某个领域取得成绩，并激励他们继续为成功而努力。对学生进行评价时，可以对其在一段时间内的表现进行比较，而不是与他人的表现进行比较。如果将不同背景的学生进行比较，平等和正义就会变得没有意义。

（二）记录学生的进步：评价的目的

评价的目的在于记录学生的进步，关注学生所学的东西，然后让他们能够将注意力转向对他们来说困难的领域。但是，往往学校评估本身就被视为目的，而不是达到目的的手段。我们需要明白，考试或考试分数本身并不能很好地使学生了解自己的优势或需要改进的地方。我们需要做的是，通过分析引导学生了解自己的长处。印度的教育认为对学生任何方面的正向评价都会促进其他方面的进步。因此，欣赏他们所取得的进步是很重要的。当然，只有以正确的方式欣赏，才能激励学生，使他们表现出色，而不是使用威胁和恐吓之类的方式。

（三）预期的态度和行为：评价方法

根据学生行为的变化来评价价值观教育的结果，有助于教师了解价值观教育对学生的影响，根据对小学和中学阶段的发展理解，《框架》对学生的一些预期行为进行了描述，但这只是指导要点。学校可以根据价值观教育的目标，编制自己的预期行为清单。当然，学校现有的课程活动也可以从培养这些行为的角度重新审视。

表11-3　小学、初中、高中预期的态度和行为

阶段	预期的态度和行为
小学	良好的饮食习惯、清洁卫生、避免放纵等。
	体验参与体育活动、锻炼和将健康实践融入生活的快乐。
	喜欢娱乐活动，如阅读、唱歌、园艺等。
	参与冥想和其他活动，以获得健康和正确的体态。
	欣赏自己、他人和周围环境的优点，如积极的态度、行屈膝礼、礼貌的艺术作品、绘画等。
	通过参与各种活动，如阅读、绘画、工艺、园艺、唱歌等，发掘自己的优势并巩固/肯定它们。
	接受失败/弱点并找出克服的方法。

阶段	预期的态度和行为
小学	努力发展优秀，与自己而不是他人竞争。
	描述事件、事情和情况，而不是像这样作出判断和发表意见，不是说"这是一个脏玩具"，而是说"这个玩具上有灰尘"或"这个玩具坏了"等。
	说话要温柔有礼貌，不要大喊大叫，不要打人，不要抱怨，不要用其他不合理方式表达负面情绪和感受。
	在小组中积极主动，并负责及时完成分配的任务。
	工作中保持规律性和准时性。
	主动维护秩序，在小组情境中做好自己分内的工作，完成分配的任务，乐于完成任务。
	做自己的工作，也从事体力劳动。
	认真倾听对方的交流技巧。
	在人际互动和分享经验时，提出相关问题以提高理解能力。
	抑制情绪，保持乐观。
	学习文化差异的知识，了解不同的饮食习惯、口语、服装、宗教节日等。
	意识到自己和他人的权利和责任。
	理解他人的观点（小学高年级）。
	具备表达自己感受和倾听他人感受的能力。
	具备分析与他人（同龄人、家庭成员等）发生冲突的原因的意愿和技能。
	乐于奉献和分享自己的财产。
	照顾病人、穷人和其他不幸的人。
	表达对家人、朋友和邻居的爱和感激。
	诚实、真实、同情等行为。
	对自己的责任、职责等敏感。
	理解节约、保护和爱护环境的必要性。
	养成节约资源（水、电、学校财产、个人物品）的习惯。
	具备专注于手头任务/活动的技能。
	能够理解某些行为是对是错的原因（小学高年级）。
	观察和描述事件，确保感受的准确性。
	生成备选方案，学会选择和决策（小学高年级）。

阶段	预期的态度和行为
小学	对自然现象保持兴趣、好奇心，善于观察。
	欣赏和享受学校和其他地方的美丽、平衡与和谐。
	思考世界的奥秘（小学高年级）。
	想象不同行为的后果（小学以上）。
	核实事实、想法，辨别真假（小学高年级）。
	通过阅读和探索，自己发现问题并寻求答案。
	观察和质疑社会普遍存在的现象（小学高年级）。
初中	避免危险的行为，如吸烟、吸毒等。
	定期参加体育锻炼、游戏、冥想等，并享受它们。
	定期积极参与冥想、运动、游戏等，了解自己的特殊才能，并接受自身存在的弱点。
	除了学术爱好、运动、音乐、艺术等，还参与其他课程活动。
	尊重他人的才能和弱点。
	探索和尊重自己在课堂、家庭和冲突或其他事件中的权利和责任。
	积极倾听，具备帮助、调解冲突的能力。
	在不冒犯他人的情况下表达自己的观点、想法和看法。
	能够抵制同伴的压力或媒体的影响，自主作出正确的决定。
	表达自己的愿望、恐惧、弱点，具备寻求他人帮助和支持的能力。
	保持乐观，在面对各种困难和危机时保持冷静和沉着。
	克服对学习分数的执念，不要沉迷于过度竞争。
	能够以适当的方式承担和完成任务。
	愿意在团队工作中承担自己的责任。
	具备提前为未来规划，设定现实目标的技能，并负责出色地实现目标。
	在集体活动和项目中具有合作和团队精神，要有享受乐趣的精神，而不是独自获胜。
	具有应对挑战和实现目标的智谋，学会时间管理。
	积极对待工作和技能。
	为未来设定现实的目标，提前做好计划，并为出色地实现目标负责。
	能直面自己的错误，勇于接受和改进。

阶段	预期的态度和行为
初中	对家庭、社会和世界保持敏感性和责任感。
	具备与同伴、家庭成员和其他人解决冲突的技能。
	了解和理解印度宪法及其价值观—— 正义、平等、世俗主义、自由等。
	了解印度的历史和文化。
	理解和平运动和倡议的重要性。
	消除偏见。
	欣赏宗教、文化、语言、种姓等方面的文化多样性。
	对他人的问题和顾虑保持敏感—— 贫困、虚弱和年老。
	反思与自身生活事件相关的问题—— 当前和未来。
	自己有责任分析、寻求解决方案，并对学校、社区和社会面临的挑战作出适当反应。
	对媒体的积极和消极作用及其对他们生活影响的批评态度。
	具备处理代沟的积极态度和技巧。
	了解印度文化和历史的重要性。
	具备积极的思维、乐观的态度以及适应能力。
	掌握调动资源以促进共同利益的积极和创新方法。
	思考和反思暴力问题，并找到处理暴力问题的方法。
	拒绝社会不同阶级的暴力、粗俗和攻击态度。
	能够以符合逻辑和道德的方式表达自己并采取行动。
	具备信息处理技能。例如，在哪里寻找答案，如何选择和拒绝信息，或者有效地权衡假设的最终结果和后果，以便能够选择最合适的行动。
	认识、承认和欣赏不同的观点区分事实、观点和信仰的能力。
	认识到偏见，以确定问题和难题以及论点中的假设，并正确推理。
	具有对众生与自然的同情心。
	对他人保持尊重和信任，不论年龄、阶级、种姓、宗教等。
	一视同仁地分享和给予有需要的人。
	学会应对他人，为他人着想，并有帮助他人的能力。
	在不侵犯他人权利和自由的情况下，以合乎逻辑和道德的方式表达自己和行为。

（续上表）

阶段	预期的态度和行为
初中	审美技能—— 日常活动和生活中的平衡、和谐、美丽和表达喜欢，周围，教室，校园，美术作品等。
	参与创造性的追求，如音乐、艺术、绘画、舞蹈等。
	过简单朴素的生活。
高中	意识到积极态度、价值观和行为的重要性。
	明白班级规则和纪律惯例。
	知道表达对学校、教师和员工的感激和尊重的重要性。
	向他人提供支持，并毫不犹豫地寻求帮助。
	意识到需要支持教师与学校执行改善纪律的规则和机制。
	乐于和教师讨论自己对家庭、成就的担忧。
	对关于价值观的讨论和谈话有更大的接受度。
	愿意在学校的日常生活和活动中接受并贯彻核心价值观。
	意识到宪法及其价值观，并需要在日常生活中坚持这些价值观。
	变得愿意合作并会帮助他人。
	意识到自己有责任解决与他人的冲突。
	愿意参与学校倡议活动，帮助学校和社区的贫困学生。
	对同龄人（初中生和同学）负责，并不断提高自己。

不同阶段有不同阶段评价的侧重点，小学阶段主要是饮食习惯、健康、礼貌、人际交往等，初中阶段主要是权利、责任、技能、积极的态度，高中阶段偏向于规则、机制、形成自己的价值观。可见，随着年级的增长，对学生的发展要求也越来越高。

（四）及时反馈建设性意见：评价的应用

印度政府认为，评价必须提供建设性的反馈，要鼓励学生了解和理解他们的错误，确定补救措施。如果只是交流分数，学生就会很难了解他们缺少什么或需要改进什么。同时，需要格外注意成绩公布和传达给学生的方式，对于成绩差的学生，要关注他们的情感和内心世界，他们也有自己的感受和对自己的期待以及自己对失败的原因或者看法。评价的另一个核心问题是，如果只是基于死记硬背的测试对学生进行分类，那么对于那些只学习到表层知识的人来说是有利的，但是却不利于整体的发展，因此，评价不能只关注表面，更应该关注学生的理解与思考。

六、印度中小学核心价值观教育的教师发展

承担价值观教育主要责任的是教师。因此，针对价值观教育，印度政府要求教师能够启发学生的思考，不断增强价值观教育教学能力，通过参与教育组织与培训，同时通过教师检查表与反思日志来对教师予以评价。

（一）教师发展的目标：启发学生思考

教师作为导师，指挥着教育的交响乐。学生的价值观发展与教师本身的愿景、动机、技能、态度、价值观和行为密不可分。教师的态度、价值观决定了课堂气氛的性质。因此，教育者需要做到：

（1）促进学习者的意识；

（2）帮助学生审视自己的选择和偏好；

（3）使他们能够就价值观问题进行对话；

（4）拓展学生看待事物、理解情况和事件的方式；

（5）使学生进行深思熟虑并负责任地行动。

（二）教师发展的内容：增强价值观教育教学能力

进行价值观教育，最好的方法是教师要成为榜样，发挥示范作用，同时还要成为一个能够使用适当的教学技能和策略，促进学生价值观养成的教师，因为学生更容易吸收他们所看到的价值观。基于此，《价值观教育教师手册》提出了教师应该具有的教学能力。

1. 辨别和创造学习环境的能力

学校课程中有很多地方可以用来教授价值观，教师需要辨别并及时把价值观教授给学生。学校还通过员工会议和讨论，总结适当和必要的价值观，最后纳入课程计划。教师应该注意，日常生活中的正确态度和价值观的教学一样重要，教师不能把价值观和知识区分开来进行教学，也不能在没有相关背景的情况下教授价值观。

2．使用教学策略的能力

教师应该能够使用适合学生年龄和能力的教学技术或策略。价值观教育是一件双管齐下的事情，教师所教授的内容不仅含有价值观，更有社会行为和人性。同样，教师对于结对作业、小组作业、小组学习等技巧的培训是很重要的，小组工作、项目和学校活动的成果应得到适当的表扬。教师应该具备对可能发生的价值观冲突的敏感性。教师应该明白，多元社会必然会有价值观的冲突。应当通过研讨会、集思广益会议和角色扮演，培养学生以非评判性和开放的态度敏锐地处理这些问题的能力。

3．展现知识完整性的能力

要成为现代社会的有效参与者，学生应该吸收完整的知识，没有这一点，教育就不能有卓越的成效。价值观的国际化不仅仅要教授含义、内容、术语和定义，更要促进学生学习。教师不仅要口头定义和在课堂上讲授价值观，还要通过自己的行为为学生树立榜样。

4．具备同情和宽容

宽容他人的观点，能够不带偏见、清晰地看待问题，是所有学生都应该具有的态度。教师可以通过广泛的项目、辩论和接触不同的观点来发展学生的价值观，并且充分关照害羞或安静的学生，尝试让所有学生参与课堂讨论或活动。通过小组活动，可以鼓励所有学生参与，让善于发言的学生学会倾听其他人的意见，让不善于发言的学生更加积极地参与。

（三）教师发展的方法：教育组织与培训

学生价值观的发展不仅取决于价值观教育，还取决于教师的专业发展程度。印度教育界认为，学生更喜欢在课堂上尊重自己观点的教师。但是不是所有的教师和管理者都具备这些素质和特点，或是在与学生的互动中没有表现出来。印度政府认为成人的道德品质不是一成不变的，比如，有些成年人变得更加慷慨和富有同情心，有些则变得更加自私；有些父母变得更聪明了，有些父母道德滑坡了。所以教师需要接受培训。

教师培训主要通过教师教育机构完成，包括：了解教师对职业的承诺及其行为的道德作用；欣赏印度的复合文化和民族特性；认识到教师属于一个专业群体，肩负着建设国家和世界未来的重大责任；与学生和同事发展温暖、相互支持的人际关系；接受自我教育技能培训，解决学生之间的冲突、暴力和侵犯，促进平和；接受突出学科固有价值的主题事务处理培训。

学校也可以请外部教育价值观专家为教师展开培训。参加过校外培训的教师向其他教职员工分享他们的学习成果，可以制订计划，轮流培训，让每个教师都有主人翁感，有机会学习并与同事分享。价值观教育的相关负责人要确定进行价值观的课程领域、课堂活动和策略。指导教师什么应该教和如何教，刚开始教师可能会不适应，但经过一段时间，教师们有了经验，价值观教育就可以顺利地进行，后期通过相互交流经验和想法以及学校领导的跟进和持续激励继续进行优化提升。

（四）教师发展的评价：教师检查表与反思日志

1. 教师检查表

印度政府认为，教师态度、价值观和实践的变化反映在他们的关系、沟通方式、课堂教学实践、对工作和对学生的态度以及他们与校长、同事、家长、员工等的关系中。所以，教师要评价自己的态度、价值观和技能，以及自己的沟通技巧、课堂实践、对工作和对学生的态度与价值观发生的这些变化。为此，教育部门专门研发了教师检查表（如表11-4所示），评估结果提供给负责人讨论，负责人基于结果作出反馈和给出改进策略。

表11-4　教师检查表

序号	内容	评价
1	实践/树立学生需要效仿的价值观。	
2	认识到体罚的非法性及其对儿童心理的伤害。	
3	与学生协商制定课堂规则并在课堂上展示。	
4	接受学生的关注，并在教学过程中留出时间讨论这些问题。	
5	意识到学生的情感和社会需求，同时教授学术科目。	
6	发现积极主动的方法，让学生在上学和做作业时遵守纪律、规律和准时。	
7	培养倾听技巧，了解学生的感受。	
8	意识到需要不断更新自己的教学知识和技能，以培养价值观和反思能力。	
9	意识到自己对学生的重要偏见。	

序号	内容	评价
10	不断意识到需要与学生和同事积极沟通，创造不具威胁性的课堂氛围。	
11	认识到需要重视学生的关注点，使他们对课堂活动感兴趣并有动力参与。	
12	有意识地使用不同的策略与学生互动，以评估和加速他们的学业、社会和情感发展。	
13	变得更愿意在课堂上讨论学生之间的冲突。	
14	为学生提供支持，以增强他们对课堂活动的参与意识，并与他们一起参与。	
15	意识到有必要了解学生的校外生活，帮助他们讨论自己关心的问题。	
16	意识到所有科目的重要性，包括艺术、音乐、绘画、体育等。	
17	鼓励孩子讨论与职业相关的问题和未来计划。	
18	提高对处境不利和有特殊需要的儿童在社会经济、性别、能力或其他不利条件方面需求的认识。	
19	不断意识到需要通过分配和奖励团队绩效和合作精神来降低竞争力。	
20	意识到需要重视小组工作，并为合作项目或协作学习创造机会。	
21	在教学过程中，只要有机会，学校就会优先考虑强调价值观和核心问题的意识。	
22	意识到经常与学生家长进行磋商的重要性，以讨论学生的总体进步，并确定学生生活中的压力来源（如果有的话）。	
23	意识到需要让学生、家长和社区参与解决学校面临的平和与价值观教育问题。	

教师检查表有利于教师在实施教学的过程中，有意地向评价目标靠近，从而增强自己的教学态度、价值观和技能。

2. 反思日志

写反思日志有助于记录自己的态度、价值观和行为，日记主要用来记录一个人的重要思想和感受或一天中的事件，以及这些事件中人们的行为和促成这些行为的背后原因。通过日记可以观察和记录参与特定的活动或人、情境是如何改变思想的，反思日志也能提醒我们哪些是需要进一步努力的领域。定期反思能让一个人有意识地总结学习，吸取失败教训，为未来的成长和发展做准备。校长和教师可以保留反思日志，用于自我评价。这里摘抄两则校长和教师的反思日志。

我原以为赏识会让学生沾沾自喜，然而，当有一天我在一次学校活动中对高年级学生与学校的合作表示赞赏时，我发现这个行为使他们在课后继续真诚地参与学校活动。这件事让我重新思考我对欣赏他人的态度。

我曾经相信这样一句格言："孩子不打不成器。"有一次，我发现学生迟到并跳过了大门，然而我没有惩罚他，直接让他走了。我发现这种宽恕的行为使他变了一个人，这件事情后，他变得更加守时和尊重我。

图 11-9　校长和教师反思日志

从上述两则日志可以看出，校长和教师对自己的行为进行观察与反思，获得了全新的认知与价值观。可见，有意识地总结学习，有助于改正自己不良的想法与做法，实现更好的成长和发展。

七、启示与借鉴

印度作为文化大国，与我国同样为人口大国，其价值观的发展特点主要表现为以下五点，对我国具有一定的借鉴意义。

1. 核心价值观教育与国家意识形态紧密相连

国家意识形态是国家的社会主流意识形态，是国家制度的根据，宪法是国家的根本法，是制定其他法律的基础和依据，同时规定了公民所享有的基本权利和必须履行的基本义务，也是国家意识形态的体现。印度将价值观直接写入宪法，宪法序言写道："所有公民享有以下权利。公正，表现在社会、经济以及政治等方面；自由，即思想、言论、表达、信念、信仰和崇拜的自由；平等，指地位和机会的平等，并在社会各方面加以推广；博爱，即维护个人尊严并拥护国家的统一与完整。"价值观直接进入宪法，体现了印度对于价值观的重视程度。

通过研究教材不难发现，印度的大部分教材都将印度宪法序言置于课本的正式内容之前，尤其是社会科教材和政治科教材。宪法内容进入教材，能够保证中小学生从小重视宪法的重要作用和地位，确保领导者的领导地位，让学生从小具备法律意识，更有利于维护社会生活和国家政治的长治久安。将宪法中所载的价值观直接呈现给学生，更有助于加深学生对于价值观的关注，并且在潜移默化中影响中小学生思想观念的建立和价值观念的形成。

2. 价值观类目在教材中显性化表征

类目是分类、类别，价值观类目就是价值观概念的分类，印度的价值观类目主要为国家层面的民主与世俗主义，社会层面的公正和平等以及个体方面的自由和博爱。在印度教材中，核心价值观直接作为章节标题呈现，这一设计直接使价值观在教材中的地位得到提升。比如《社会和政治生活2》中的第一单元就是"印度民主的平等"，主要讲述"民主"和"平等"的价值观；《民主政治1》的第一章和第五章以及《民主政治2》的第七章和第八章分别讲述了"民主"的不同方面；《政治理论》整本书都在讲述"自由""平等""世俗主义"等价值观。

3. 抽象的价值观教育内容转化为直观的漫画

印度的社会科和政治科课程中大量地运用漫画，主要分为两大部分，一种是编者自己设计的漫画，一般以课本内容为依据，如第三章的"自己设计的漫画"小节里的漫画，节选自七年级教材《社会和政治生活2》的"平等"一章，本章的中心就是向学生讲述平等的概念及相关内容，漫画的作用就在于将"平等"的价值观转化为直观的漫画，向学生展示生活中的平等与不平等现象，激发学生对"平等"概念的思考，以便更好地学习课本内容。另一种就是引用漫画家的漫画。漫画家的漫画更具权威性、代表性，将漫画家的漫画与课文内容相联系，增强学生对价值观类目的认知。借助漫画，生动地呈现价值观教育主题，不失为一种有效的手段。

4. 价值观教育方法的立体化

在价值观教育方面，印度有着丰富的教学方法，形成了整体推进、学校为本、课堂为本的立体实践方法。在整体推进价值观教育方面，印度重视价值观的渗透，提出全校参与的方法；并提出价值为本的教学，指出重视学生的体验与教师的教学方法，不仅要关注知识，更要关注情感；根据学生身心发展特点，指出在不同阶段发展不同的价值观。在学校层面，印度重视教育者的态度及价值观学习的氛围，认为学生、教师、家长、管理人员和辅助人员都应该认识到学习价值观的重要性，因此提出"课程洋葱"的概念；重视学生的想法，提出大力发展课外活动。在课堂上，印度强调课前"静坐"，认为可以净化心灵、巩固知识，课中通过多元的方法比如头脑风暴、讲故事、视听觉体验等强化价值观。通过评价等方式促进学生反思，加强知识与实践之间的链接。方法的多元有利于促进价值观教育活动的丰富与提升。

5. 基于自我反思促进教师的价值观教育能力

印度政府认为，教师态度、价值观和实践的变化反映在他们的关系、沟通方式、课堂教学实践、对工作和对学生的态度以及他们与校长、同事、家长、员工等的关系中。所以，教师要评估自己的态度、价值观和技能，以及自己的沟通技巧、课堂实践、对工作和对学生的态度与价值观发生的这些变化，印度给出了教师检查表，提倡教师在符合的陈述上面打一个勾，评估结果提供给负责人讨论，负责人基于结果作出反馈和给出改进策略。同样，印度还提倡写反思日志，教师记录当天发生的具有教育意义的事情，反思自己的行为以便做出改进。这种基于工具的教师专业发展方法，具有一定的有效性，值得借鉴。

后 记

在当今充满多元文化思潮的全球化时代，中小学核心价值观教育对于保障国家政治意识形态安全、唤醒青少年对本民族的文化认同感、促进青少年身心健康发展具有至关重要的意义。反观当下，人工智能迅猛发展所带来的技术理性垄断，使得教育过程逐渐模式化、机械化甚至是冷漠化，缺乏人文关怀和情感交流，也进一步加剧了注重知识传授和技能培养这一价值取向的异化，忽视了青少年的情感智慧和价值观培养。它表征为青少年群体中"空心病""无感""摆烂"等现象正在迅速蔓延。我们不得不停下来认真反思：这个时代，我们究竟需要怎样的教育？我们的孩子究竟需要怎样的关怀和指导？

基于此背景，我国正在推行全面落实立德树人根本任务的教育改革实践。在此过程中，全面加强德育工作，注重培养学生的社会责任感，引导青少年树立正确的价值观成为当下中小学教育中不可或缺的关键内容。然而，核心价值观教育如何进入中小学校的教育场域中？应该建设怎样的课程？存在哪些教学方式方法？等等，这些问题都成为当前推进和深化我国中小学社会主义核心价值观教育的关键，有待进一步探讨。为此，本书立足我国、放眼世界，通过比较研究十个国家的中小学核心价值观教育理论和课程教学实践，总结梳理各国在价值观教育的顶层设计、课程开发、教材建设、教学实施等方面的经验，以期为我国构建大中小幼一体化社会主义核心价值观教育体系提供一定的启示和借鉴。

在本书的写作过程中，我面临诸多挑战，包括信息获取的困难、语言翻译的复杂性以及跨文化交流等。然而，正是这些挑战激发了我的思考和创造性，推动我更深入地研究核心价值观教育领域的关键问题，同时也在创作过程中不断深化关于中小学核心价值观教育意义与价值的认识。

最后，我要衷心感谢所有给予本书宝贵意见的专家们。没有他们的支持和指导，就不会有本书所取得的进步和成就。在此特别感谢李红霞和段婷两位编辑的辛勤工作，他们的细致审读和专业建议为本书的完善作出了重要贡献。同时，我还要感谢参与本书写作的团队成员：刘冰、王萍萍、曾穗芬、李嘉嘉、李娟娟、谢少菲、樊蓉、吴丹颖、谢雨婷、张廷芳、徐芷珊、杨紫琼，他们的辛勤付出和合作精神也是完成这本书的关键。

未来，我将继续致力于中小学核心价值观教育，尤其是中小学核心价值观课程与教学论的研究，为进一步推动我国社会主义核心价值观教育的不断发展略尽绵薄之力。

左　璜

2024年4月

France India South Korea Japan

Canada New Zealand Britain Singapore